非税收入
征缴实务

丁正智◎著

FEISHUI SHOURU
ZHENGJIAO SHIWU

图书在版编目(CIP)数据

非税收入征缴实务 / 丁正智著.—上海：立信会计出版社,2019.12(2021.7重印)
ISBN 978-7-5429-6383-3

Ⅰ.①非… Ⅱ.①丁… Ⅲ.①非税收收入—财政管理—中国—技术培训—教材 Ⅳ.①F812.43

中国版本图书馆 CIP 数据核字(2020)第 030406 号

策划编辑　张巧玲
责任编辑　王斯龙

非税收入征缴实务

Feishui Shouru Zhengjiao Shiwu

出版发行	立信会计出版社		
地　　址	上海市中山西路 2230 号	邮政编码	200235
电　　话	(021)64411389	传　　真	(021)64411325
网　　址	www.lixinaph.com	电子邮箱	lixinaph2019@126.com
网上书店	http://lixin.jd.com		http://lxkjcbs.tmall.com
经　　销	各地新华书店		
印　　刷	固安华明印业有限公司		
开　　本	787 毫米×1092 毫米	1/16	
印　　张	22.25	插　　页	1
字　　数	474 千字		
版　　次	2019 年 12 月第 1 版		
印　　次	2021 年 7 月第 4 次		
书　　号	ISBN 978-7-5429-6383-3/F		
定　　价	89.00 元		

如有印订差错,请与本社联系调换

前 言

非税收入是政府收入的一部分，是政府取得的除税收以外的收入。非税收入的存在，有的是基于政府提供的服务，有的是基于政府的政治权力，有的是基于资产所有权，不一一枚举。在市场经济条件下，政府的职能范围与强度，决定了政府收入的形式与规模。对非税收入的性质、范围以及获取非税收入的依据等还存在着认识上的差异，这种差异对财政制度的构建产生重大影响。在我国的财税理论和实践中，非税收入一直是我国政府收入的重要组成部分。长期以来，非税收入的种类繁多，形式多样，征缴依据不一，既不利于政府履行职责、建设人民满意政府的要求，也不利于体现政府管理水平和效率的提升，更不符合依法治国、依法理财的财税改革体制的需要。

随着社会主义市场经济制度和财政体制的不断完善，非税收入的管理经历了从自收自支到逐步规范的过程。特别是2011年以后，财政部出台《政府非税收入管理办法》，重新对非税收入进行定义，并确定非税收入的范围包括12个项目，即行政事业性收费收入、政府性基金收入、罚没收入、国有资源（资产）有偿使用收入、国有资本收益、彩票公益金收入、特许经营收入、中央银行收入、以政府名义接受的捐赠收入、主管部门集中收入、政府收入的利息收入、其他非税收入。从此以后，非税收入进入了规范化的管理渠道。从预算外资金到非税收入的转变，标志着在建立公共财政体系的过程中，在强化政府财政职能、规范非税收入管理和完善公共收入体系方面取得了思想认识和财政实践上的新突破。

以习近平同志为核心的党中央，着眼全局，立足长远，做出了国税地税征管体制改革的重大决策。2018年7月20日，中共中央办公厅、国务院办公厅印发《国税地税征管体制改革方案》，强调改革国税地税征管体制，合并省级和省级以下国税地税机构，划转社会保险费和非税收入征管职责，构建优化高效统一的税收征管体系，为高质量推进新时代税收现代化提供有力制度保证，更好地发挥税收在国家治理中的基础性、支柱性、保障性作用。按照中央的部署，2018年底，全国税务系统已经完成了征管体制改革的机构合并任务，已经进入了"划转社会保险费和非税收入征管职责"改革的具体工作阶段。

国税地税机构合并后，税务机关征缴的非税收入，除2015年以前已经由税务部门普遍征管教育费附加、地方教育附加、残保金、文化事业建设费、废弃电器电子产品处理基金5项非税收入，部分省市税务部门征管地方水利建设基金（含防洪工程维护费）、城镇垃圾处理费、水土保持补偿费、地方大中型水库库区基金、国家重大水利工程建设基金（地方部分）、外商投资企业土地使用费、海上石油矿区使用费、陆上石油矿区使用费、土地闲置费等9项非税收入外，2019年1月1日起，原由财政部专员办负责征管11大项13细项中央非税收入划转至税务部门征管。与此同时，经各省政府商税务总局，17省共确定29项省级非税收入划转税务部门征管。

为了帮助税务干部更好地了解非税收入,适应非税收入征管职责划转的工作要求,在总局税务干部进修学院党委和院领导的支持下,《非税收入理论与实务》一书得以出版。本书的出版:一方面,是为了从源头上清本正源,力图说明非税收入的基本理论和历史演变;另一方面,结合税务机关目前普遍征收的非税收入的征缴实际,力图说明非税收入的基本政策和管理实务。全书共分为八章。第一章至第三章,重点阐述非税收入的基本概念、种类划分、征管体制改革;第四章至第七章,重点介绍税务机关普遍征收的 5 项非税收入;第八章,重点介绍原由财政部专员办负责征管划转至税务部门征管的 11 大项 13 细项中央非税收入。

限于作者水平有限,且政策更新较快,错误之处在所难免,敬请读者批评指正。

2019 年 12 月

目　　录

第一部分　非税收入管理

第一章　非税收入概述 · 3
第一节　非税收入的内涵 · 3
一、非税收入的概念 · 3
二、非税收入与税收 · 5
三、非税收入与预算外资金 · 6
第二节　非税收入的职能与作用 · 7
一、非税收入的职能 · 7
二、非税收入的作用 · 8
第三节　非税收入历史演变与制度变革 · 10
一、非税收入的历史演变 · 11
二、非税收入管理制度的完善 · 13

第二章　非税收入的分类 · 14
第一节　行政事业性收费收入 · 14
一、行政事业性收费的概述 · 14
二、行政事业收费的分类 · 15
三、行政事业性收费的管理 · 16
四、收费单位违章责任 · 18
五、行政事业性收费目录清单 · 19
第二节　政府性基金收入 · 27
一、政府性基金概述 · 27
二、政府性基金分类 · 27
三、政府性基金的征收和缴库 · 28
四、政府性基金目录清单 · 29
第三节　罚没收入 · 31
一、罚没收入概述 · 31
二、罚没收入的种类 · 32
三、罚没收入的立项与征收管理 · 33
四、行政处罚的程序 · 34
五、税务机关收取的罚没收入 · 36

第四节　非税收入其他 ... 43
一、国有资源(资产)有偿使用收入 ... 43
二、国有资本收益 ... 43
三、彩票公益金收入 ... 44
四、特许经营收入 ... 44
五、中央银行收入 ... 44
六、以政府名义接受的捐赠收入 ... 44
七、主管部门集中收入 ... 44
八、政府收入的利息收入 ... 45
九、其他非税收入 ... 45

第三章　非税收入管理体制及改革 ... 46
第一节　非税收入管理体制 ... 46
一、非税收入管理体制的概念与原则 ... 46
二、非税收入管理体制的内容 ... 47
三、非税收入的管理机构 ... 48
第二节　非税收入的设立和征收管理 ... 49
一、非税收入的设立 ... 49
二、非税收入的征收管理 ... 51
第三节　税务机关征收的非税收入征管改革 ... 53
一、税务部门非税收入征管的历史沿革 ... 53
二、税务部门征收非税收入的征缴模式及分析 ... 55
三、税务部门征收非税收入改革方向 ... 58
四、征管模式的国际比较 ... 61

第四章　教育费附加与地方教育附加 ... 66
第一节　教育费附加与地方教育附加概述 ... 66
一、教育费附加与地方教育附加的征收目的 ... 66
二、教育费附加和地方教育附加的特点 ... 67
三、国外教育税收经验借鉴 ... 67
第二节　教育费附加与地方教育附加的计算与缴纳 ... 67
一、缴纳义务人和扣缴义务人 ... 67
二、计税依据与相关政策 ... 68
三、征收标准 ... 70
四、教育费附加、地方教育附加的计算 ... 71
第三节　教育费附加与地方教育附加的征收管理 ... 76
一、征收机关 ... 76
二、缴纳义务发生时间 ... 76
三、缴纳环节与地点 ... 76
四、教育费附加和地方教育附加几个具体问题 ... 77

五、登记申报 ··· 77

第五章　文化事业建设费

第一节　文化事业建设费概述 ·· 80
　　一、文化事业建设费的由来 ·· 80
　　二、文化事业建设费的特点 ·· 81
　　三、文化事业建设费的使用管理 ·· 81
　　四、文化事业建设费的制度变更 ·· 82

第二节　文化事业建设费的计算与缴纳 ··· 83
　　一、缴纳义务人和扣缴义务人 ·· 83
　　二、征费范围 ··· 83
　　三、计费依据和费率 ··· 84
　　四、减免优惠 ··· 84
　　五、应缴费额的计算 ··· 85

第三节　文化事业建设费的征收管理 ·· 87
　　一、文化事业建设费的征收管理特点 ·· 87
　　二、征收机关 ··· 88
　　三、缴纳地点 ··· 88
　　四、缴纳义务发生时间与缴纳期限 ··· 88
　　五、登记申报 ··· 88

第六章　废弃电器电子产品处理基金

第一节　废弃电器电子产品处理基金概述 ····································· 95
　　一、废弃电器电子产品处理的必要性 ·· 95
　　二、征收废弃电器电子产品处理基金的制定依据 ·························· 97
　　三、废弃电器电子产品处理基金的使用管理 ································ 97

第二节　废弃电器电子产品处理基金的计算与缴纳 ························ 98
　　一、废弃电器电子产品处理基金缴纳义务人 ································ 98
　　二、废弃电器电子产品处理基金征收范围和标准 ·························· 99
　　三、废弃电器电子产品处理基金的计算 ······································ 103
　　四、费额减免优惠 ··· 103

第三节　废弃电器电子产品处理基金的申报与征收 ······················· 105
　　一、废弃电器电子产品处理基金的征管现状 ······························· 105
　　二、废弃电器电子产品处理基金的申报 ····································· 106
　　三、废弃电器电子产品处理基金的征收管理规定 ························ 108
　　四、关于废弃电器电子产品处理基金的几个问题 ························ 109

第七章　残疾人就业保障金

第一节　残疾人就业保障金概述 ·· 111
　　一、残疾人就业保障金制度的历史沿革 ····································· 111
　　二、残保金的作用和意义 ··· 113

三、残保金的性质 ·· 114
第二节　残疾人就业保障金的计算与缴纳 ··· 114
　　一、残保金的缴费主体 ·· 114
　　二、残保金的征缴范围 ·· 114
　　三、残保金的计费依据与计算公式 ··· 114
　　四、会计处理 ·· 116
　　五、减、免、缓相关政策 ·· 117
　　六、残保金的缴纳 ··· 117
第三节　残疾人就业保障金的征收管理 ·· 118
　　一、残疾人就业保障金的征管特点 ··· 118
　　二、残保金的征管主体及相应的职权范围 ··· 118
　　三、残保金的征管流程 ·· 119
　　四、违法主体的法律责任 ·· 121

第八章　先行划转税务机关征收的其他非税收入 ······································ 123
第一节　概述 ··· 123
第二节　适用于通用申报表的非税收入 ·· 126
　　一、国家重大水利工程建设基金 ··· 126
　　二、农网还贷资金 ··· 130
　　三、中央水库移民扶持基金 ·· 130
　　四、可再生能源发展基金 ·· 134
　　五、三峡电站水资源费 ·· 135
　　六、核电站乏燃料处理处置基金 ··· 137
　　七、场外核应急准备金 ·· 137
　　八、免税商品特许经营费 ·· 138
　　九、国家留成油收入 ··· 140
　　十、非税收入通用申报表样式与填写 ··· 141
第三节　适用于专门申报表的非税收入 ·· 144
　　一、石油特别收益金专项收入 ··· 144
　　二、油价调控风险准备金 ·· 146
第四节　工会经费 ·· 152
　　一、工会经费概述 ··· 152
　　二、工会经费的计征 ··· 153
　　三、工会经费的征收管理 ·· 154

第二部分　非税收入法规政策

一、非税收入管理与票据管理 ·· 161
　　政府非税收入管理办法 ·· 161
　　财政票据管理办法（中华人民共和国财政部令第70号） ····················· 165

二、教育费附加 ··· 171

国务院关于征收教育费附加的暂行规定(国发〔1986〕50号) ································· 171

财政部关于征收教育费附加几个具体问题的通知(〔86〕财税字第120号) ··············· 172

财政部 税务总局请改正营业所缴纳教育费附加地点的函(〔86〕财税地字第005号) ······ 173

财政部 税务总局关于征收教育费附加两个政策问题的批复(〔86〕财税地字第006号) ··· 174

财政部关于"112专项"进口汽车免征教育费附加的复函(〔86〕财商字第243号) ······ 174

国务院关于修改《征收教育费附加的暂行规定》的决定(国务院令第60号) ··············· 174

国务院关于教育费附加征收问题的紧急通知(国发明电〔1994〕2号) ······················· 176

国家税务总局 海洋石油税务管理局关于中国海洋石油总公司缴纳城市维护建设税和
教育费附加的通知(国税油函〔1994〕012号) ··· 176

财政部 国家税务总局关于中国石化总公司所属生产企业供应平价柴油财政返还的价
差征收增值税的通知(财税字〔1994〕037号) ··· 177

国家税务总局关于地质矿产部所属地勘单位征税问题的通知(国税函发〔1995〕453号) ··· 177

国家税务总局关于地质矿产部所属地勘单位征税问题的补充通知(国税函〔1996〕656号)
··· 178

财政部 国家税务总局关于出口货物征收城市维护建设税教育费附加有关问题的通知
(财税字〔1996〕84号) ·· 179

国务院关于调整金融保险业税收政策有关问题的通知(国发〔1997〕5号) ················ 179

国家税务总局关于中央直属储备粮库建设有关税费问题的批复(国税函〔1998〕842号) ··· 180

财政部 国家税务总局关于黄金税收政策问题的通知(财税〔2002〕142号) ·············· 181

财政部 国家税务总局关于被撤销金融机构有关税收政策问题的通知(财税〔2003〕141号)
··· 182

财政部 国家税务总局关于中国东方资产管理公司处置港澳国际(集团)有限公司有关资产
税收政策问题的通知(财税〔2003〕212号) ·· 183

国家税务总局关于货物运输业若干税收问题的通知(国税发〔2004〕88号) ·············· 185

财政部 国家税务总局关于生产企业出口货物实行免抵退税办法后有关城市维护建设税
教育费附加政策的通知(财税〔2005〕25号) ·· 188

国家税务总局关于国家税务局为小规模纳税人代开发票及税款征收有关问题的通知
(国税发〔2005〕18号) ·· 189

财政部 国家税务总局关于国家石油储备基地建设有关税收政策的通知(财税〔2005〕23号)
··· 190

国家税务总局关于中国建银投资有限责任公司纳税申报地点问题的通知
(国税发〔2005〕52号) ·· 190

国家税务总局关于进一步加强房地产税收管理的通知(国税发〔2005〕82号) ··········· 191

财政部 国家税务总局关于增值税营业税消费税实行先征后返等办法有关城建税和教育费
附加政策的通知(财税〔2005〕72号) ·· 194

国家税务总局关于调整国家开发银行城市维护建设税和教育费附加缴纳办法的通知
(国税函〔2007〕484号) ·· 194

财政部 国家税务总局关于免征国家重大水利工程建设基金的城市维护建设税和教育费

附加的通知(财税〔2010〕44号) ··· 195
国务院关于统一内外资企业和个人城市维护建设税和教育费附加制度的通知
　(国发〔2010〕35号) ·· 195
财政部　国家税务总局关于对外资企业征收城市维护建设税和教育费附加有关问题的
　通知(财税〔2010〕103号) ··· 196
国家税务总局关于做好统一内外资企业和个人城市维护建设税和教育费附加制度有关
　工作的通知(国税函〔2010〕587号) ··· 196
国家税务总局关于中外合作开采石油资源适用城市维护建设税教育费附加有关事宜的
　公告(国家税务总局公告2010年第31号) ·· 197
国家税务总局关于中国铁路总公司及其分支机构缴纳城市维护建设税　教育费附加问题
　的通知(税总发〔2014〕17号) ··· 198
财政部　国家税务总局关于对小微企业免征有关政府性基金的通知(财税〔2014〕122号)
　 ··· 198
财政部　海关总署　国家税务总局关于支持鲁甸地震灾后恢复重建有关税收政策问题
　的通知(财税〔2015〕27号) ·· 199
财政部　国家税务总局关于扩大有关政府性基金免征范围的通知(财税〔2016〕12号) ······ 202
国家税务总局关于个人保险代理人税收征管有关问题的公告(国家税务总局公告2016年
　第45号) ··· 202
财政部　国家税务总局关于纳税人异地预缴增值税有关城市维护建设税和教育费附加政策
　问题的通知(财税〔2016〕74号) ·· 203
财政部　国家税务总局关于集成电路企业增值税期末留抵退税有关城市维护建设税　教育
　费附加和地方教育附加政策的通知(财税〔2017〕17号) ························· 204
财政部　税务总局　民政部关于继续实施扶持自主就业退役士兵创业就业有关税收政策
　的通知(财税〔2017〕46号) ·· 204
财政部　税务总局　人力资源社会保障部关于继续实施支持和促进重点群体创业就业有关
　税收政策的通知(财税〔2017〕49号) ·· 206
国家税务总局　财政部　人力资源社会保障部　教育部　民政部关于继续实施支持和促进
　重点群体创业就业有关税收政策具体操作问题的公告
　(国家税务总局公告2017年第27号) ·· 208
财政部　税务总局关于增值税期末留抵退税有关城市维护建设税　教育费附加和地方
　教育附加政策的通知(财税〔2018〕80号) ·· 212
财政部　税务总局关于实施小微企业普惠性税收减免政策的通知(财税〔2019〕13号) ······ 212
财政部　税务总局　退役军人部关于进一步扶持自主就业退役士兵创业就业有关税收政策
　的通知(财税〔2019〕21号) ·· 214
财政部　税务总局　人力资源社会保障部　国务院扶贫办关于进一步支持和促进重点群体
　创业就业有关税收政策的通知(财税〔2019〕22号) ······························ 216

三、地方教育附加 ·· 218

中华人民共和国教育法 ·· 218
财政部关于统一地方教育附加政策有关问题的通知(财综〔2010〕98号) ··············· 227
国务院关于进一步加大财政教育投入的意见(国发〔2011〕22号) ························ 228

财政部　国家税务总局关于对小微企业免征有关政府性基金的通知(财税〔2014〕122号) ………………………………………………………………………………… 231

国家税务总局关于合理简并纳税人申报缴税次数的公告(国家税务总局公告2016年第6号) …………………………………………………………………………… 232

国家税务总局关于个人保险代理人税收征管有关问题的公告(国家税务总局公告2016年第45号) …………………………………………………………………… 232

财政部　税务总局关于集成电路企业增值税期末留抵退税有关城市维护建设税　教育费附加和地方教育附加政策的通知(财税〔2017〕17号) ……………………… 234

财政部　国家税务总局关于增值税期末留抵退税有关城市维护建设税　教育费附加和地方教育附加政策的通知(财税〔2018〕80号) ……………………………… 234

四、残疾人就业保障金 ……………………………………………………………… 235

中华人民共和国残疾人保障法(1990年12月28日第七届全国人民代表大会常务委员会第十七次会议通过　2008年4月24日第十一届全国人民代表大会常务委员会第二次会议修订) …………………………………………………………………… 235

残疾人就业条例(中华人民共和国国务院令第488号) …………………………… 243

财政部　国家税务总局关于对小微企业免征有关政府性基金的通知(财税〔2014〕122号) ………………………………………………………………………………… 247

财政部　国家税务总局　中国残疾人联合会关于印发《残疾人就业保障金征收使用管理办法》的通知(财税〔2015〕72号) …………………………………………… 247

财政部关于取消、调整部分政府性基金有关政策的通知(财税〔2017〕18号) …… 251

国家税务总局关于贯彻落实降低残疾人就业保障金征收标准政策的通知(税总函〔2018〕175号) …………………………………………………………………… 253

财政部关于降低部分政府性基金征收标准的通知(财税〔2018〕39号) ………… 254

财政部关于发布《残疾人就业保障金管理暂行规定》的通知(财综字〔1995〕5号) … 255

财政部关于发布全国政府性基金项目目录的通知(财综〔2004〕第6号) ……… 257

五、文化事业建设费 ………………………………………………………………… 261

国务院关于进一步完善文化经济政策的若干规定(国发〔1996〕37号) ………… 261

财政部关于开征文化事业建设费有关预算管理问题的通知(财预字〔1996〕469号) … 263

财政部　中宣部关于颁发《文化事业建设费使用管理办法》的通知(财文字〔1997〕243号) …………………………………………………………………………… 264

财政部　国家税务总局关于对外商投资企业、外国企业和外籍个人征收文化事业建设费问题的通知(财税字〔1998〕14号) ………………………………………… 267

国务院关于支持文化事业发展若干经济政策的通知(国发〔2000〕41号) ……… 267

国家税务总局关于营业税改征增值税试点有关文化事业建设费登记与申报事项的公告(国家税务总局公告2013年第64号) ………………………………………… 269

财政部　国家税务总局关于对小微企业免征有关政府性基金的通知(财税〔2014〕122号) ………………………………………………………………………………… 271

财政部　国家税务总局关于营业税改征增值税试点有关文化事业建设费政策及征收管理问题的通知(财税〔2016〕25号) …………………………………………… 271

财政部　国家税务总局关于营业税改征增值税试点有关文化事业建设费政策及征收管理

问题的补充通知(财税〔2016〕60号) 273

六、废弃电器电子产品处理基金 274
废弃电器电子产品回收处理管理条例(国务院令第551号) 274
财政部 环境保护部 国家发展改革委 工业和信息化部 海关总署 国家税务总局
关于印发《废弃电器电子产品处理基金征收使用管理办法》的通知
(财综〔2012〕34号) 282
国家税务总局关于征收废弃电器电子产品处理基金有关税收会计统计核算问题的通知
(国税函〔2012〕387号) 289
国家税务总局关于发布《废弃电器电子产品处理基金征收管理规定》的公告
(国家税务总局公告2012年第41号) 291
财政部 国家税务总局关于进一步明确废弃电器电子产品处理基金征收产品范围的通知
(财综〔2012〕80号) 296
关于进(来)料受托加工复出口免征废弃电器电子产品处理基金有关问题的公告
(财政部公告2014年第29号) 297
关于公布《废弃电子产品处理目录(2014年版)》的公告(国家发展和改革委员会 环境
保护部 工业和信息化部 财政部 海关总署 国家税务总局公告2015年第5号) 298
国家税务总局关于修订《废弃电器电子产品处理基金申报表》的公告
(国家税务总局公告2015年第62号) 300
国家发展和改革委员会办公厅 环境保护部办公厅 工业和信息化部办公厅 财政部
办公厅 海关总署办公厅 国家税务总局办公厅关于印发《废弃电器电子产品处理
目录(2014年版)释义的通知》(发改办环资〔2016〕1050号) 302

七、工会经费 306
中华人民共和国工会法 306
国家税务总局关于税务机关代收工会经费企业所得税税前扣除凭据问题的公告
(国家税务总局公告2011年第30号) 313

八、先行划转部分非税收入 313
国家税务总局关于国家重大水利工程建设基金等政府非税收入项目征管职责划转有关
事项的公告(国家税务总局公告2018年第63号) 313
财政部 国家发展改革委 水利部关于印发《国家重大水利工程建设基金征收使用管理
暂行办法》的通知(财综〔2009〕90号) 315
财政部关于征收国家重大水利工程建设基金有关问题的通知(财综〔2010〕97号) 318
财政部关于印发农网还贷资金征收使用管理办法的通知(财企〔2001〕820号) 319
财政部关于印发《大中型水库移民后期扶持基金项目资金管理办法》的通知
(财农〔2017〕128号) 321
财政部关于印发《大中型水库库区基金征收使用管理暂行办法》的通知
(财综〔2007〕26号) 324
财政部 发展改革委 能源局关于印发《可再生能源发展基金征收使用管理暂行办法》的
通知(财综〔2011〕115号) 326
关于调整可再生能源电价附加征收标准的通知(财综〔2013〕89号) 329
关于提高可再生能源发展基金征收标准等有关问题的通知(财税〔2016〕4号) 330

关于三峡电站水资源费征收使用管理有关问题的通知(财综〔2011〕19号)……… 331
关于调整中央直属和跨省水力发电用水水资源费征收标准的通知(发改价格〔2014〕1959号)
　　……………………………………………………………………………………… 332
财政部关于印发《免税商品特许经营费缴纳办法》的通知(财企〔2004〕241号)……… 333
国务院关于开征石油特别收益金的决定(国发〔2006〕13号)……………………… 334
财政部关于印发《石油特别收益金征收管理办法》的通知(财企〔2006〕第72号)……… 334
财政部关于征收石油特别收益金有关问题的补充通知(财企〔2006〕183号)……… 337
关于提高石油特别收益金起征点的通知(财税〔2014〕115号)…………………… 338
财政部关于调整石油特别收益金征收方式的通知(财企〔2012〕42号)
　　……………………………………………………………………………………… 338
财政部　国家发展改革委关于印发《油价调控风险准备金征收管理办法》的通知
　　(财税〔2016〕137号)………………………………………………………… 339

第一部分

非税收入管理

第一部分

非法人组织

第一章

非税收入概述

第一节 非税收入的内涵

一、非税收入的概念

（一）我国非税收入的界定

我国对于非税收入的界定，目前有两种比较明确的定义。一是 2016 年财政部《政府非税收入管理办法》（财税〔2016〕33 号）明确：政府非税收入是指除税收以外，由各级国家机关、事业单位、代行政府职能的社会团体及其他组织依法利用国家权力、政府信誉、国有资源（资产）所有者权益等取得的各项收入。二是《2019 政府收支分类科目》（财预〔2018〕108 号）明确：非税收入是反映各级政府及其所属部门和单位依法利用行政权力、政府信誉、国家资源、国有资产或提供特定公共服务征收、收取、提取、募集的除税收和政府债务收入以外的财政收入。

从上述两个文件对非税收入的定义看，第一种定义突出了政府非税收入是与税收相对的范围概念，强调政府非税收入和税收收入共同构成政府财政收入；突出了非税收入取得的依据，非税收入可以依法利用国家权力、政府信誉、国有资产所有者权益等。第二种定义进一步细化了非税收入取得的方式，同时进一步明确了非税收入的范围，即除税收和政府债务收入以外的财政收入都属于非税收入。

由此可以确定，政府非税收入是指除税收以外，由各级国家机关、事业单位、代行政府职能的社会团体及其他组织依法利用国家权力、政府信誉、国有资源（资产）所有者权益或提供特定公共服务征收、收取、提取、募集的除税收和政府债务收入以外的财政收入。

非税收入包括以下内涵：

（1）非税收入是政府财政收入的重要组成部分，应当纳入财政预算管理。

（2）非税收入征收主体具有多样性，包括各级国家机关、事业单位、代行政府职能的社会团体及其他组织。如行政事业性收费中的签证费、驻外使领馆收费由外交部门收取，公民出入境证件费、机动车号牌工本费、中国国籍申请手续费由公安部门收取,公办幼儿园保育费、住宿费由教育部门收取。

(3) 非税收入的收缴需依法进行,按照规定的程序(包括国家赋予地方政府及税收部门的审批权限)批准后方可收取。

(4) 非税收入的征缴凭借的是国家政治权力、政府信誉、国有资源(资产)所有者权益等多种权利。如罚没收入的收缴凭借的是国家权力,知识产权部门收取的专利费凭借的是政府信誉。

还需要说明的是,社会保险费基本满足了非税收入定义的每一个要件,但是,《政府非税收入管理办法》(财税〔2016〕33号)又明确指出"本办法所称非税收入不包括社会保险费、住房公积金(指计入缴存人个人账户部分)"。因此,社会保险费是否属于非税收入,目前还存在争论。由于社会保险费与其他非税收入相比更具有税收的属性,而且规模相对庞大,此外,目前中央层面对税务部门征管职责转化的表述常将社会保险费与非税收入并称①,因此本书论述的非税收入不包括社会保险费。

依据《2019政府收支分类科目》(财预〔2018〕108号)中对非税收入的描述:非税收入是反映各级政府及其所属部门和单位依法利用行政权力、政府信誉、国家资源、国有资产或提供特定公共服务征收、收取、提取、募集的除税收以外的财政收入。因此,本书论述的非税收入也不包括政府债务收入。

(二) 国际上对非税收入的界定

国际上通常将政府收入分为经常性收入、资本收入和赠与收入三大类,其中,经常性收入又分为税收收入和非税收入。因此,国外非税收入通常是政府经常性收入之中的一个概念。我国将赠与收入和财产变现收入等归为非税收入的范畴。

世界银行认为,经常性非税收入是政府为公共目的而取得的无须偿还的收入,如罚款、管理费、政府财产经营收入等,以及政府以外的单位自愿和无偿地向政府支付的款项等。经常性非税收入不包括政府间拨款、借款、前期贷款收回以及固定资产、股票、土地、五星资产的售卖变现收入,也不包括来自非政府部门的以资本形成为目的的赠与收入。

经济合作与发展组织(OECD)对税收和非税收入的界定,以征收是否具有对应的报偿性作为标准。由于实践中税与费的差别并不容易辨清,其原因在于所谓的"报偿性"的界定存在一定困难。因此,OECD在对税收分类进行界定时强调,在满足以下条件时,征收可以被视为是无偿的:一是费的收入大大超过了该项公共服务的提供成本;二是费的

---

① 2018年6月1日,韩正副总理在国税地税征管体制改革座谈会上强调,"按照成熟一批、划转一批的原则,稳妥有序开展社会保险费和非税收入征管职责划转"。中共中央办公厅、国务院办公厅印发的《国税地税征管体制改革方案》也做了同样的表述,将社会保险费与非税收入并称。

缴纳者并非利益的获得者;三是政府并不根据取得的征收额来提供相应的具体服务;四是尽管只有付费的人受益,但每个人所得到的利益并不必然同自己所支付的金额呈比例。如果一种收入形式满足以上条件之一,那么这种收入从性质上说就是税,除此之外的就是非税。

国际货币基金组织(IMF)关于非税收入的定义与世界银行的定义基本一致,即非税收入是指政府在税收之外取得的收入,它包括因公共目的而获得的不需要归还的补偿性收入以及非政府单位自愿和无偿向政府支付的款项,具体包括经营和资产收益、罚款收入、收费等。

二、非税收入与税收

财政收入主要由作为主体的税收收入和重要组成的非税收入构成。非税收入作为政府财政收入的一种形式和重要组成部分。因此,非税收入与税收收入就成为一对互相对应的概念。

税收是国家为了向社会提供公共产品、满足社会共同需要,按照法律的规定,强制、无偿取得财政收入的一种规范形式。目前我国征收的18个税种虽然具体征管要素不同,但基本属性都类似,具有"强制性、无偿性、固定性"的典型特征。非税收入与税收收入虽然同为财政收入的重要组成部分,但是非税收入种类多、项目多、具体征管要素差异大,各项非税收入有部分"强制性、无偿性、固定性"的表现,并具有共同的典型特征。因此,非税收入与税收既有相似之处,又有较大区别。两相比较,两者在职能作用、性质目的、预算管理、征管模式等方面存在显著差异。

(一)职能作用不同

税收的主要功能是筹集财政收入,此外还有调节经济、监督反映的职能,在此基础上一般坚持"税收中性"的原则,尽量减少对市场经济的干预。而非税收入除筹集财政收入之外,还承担了更多的职能作用。

一是减少拥挤和补偿成本。对准公共产品收费,既可以在一定程度上防止"公地的悲剧",减少对公共品的过度使用,还可以充分体现"谁受益谁负担、多收益多负担"的原则,实现了准公共品提供与分配的经济效率和社会福利最大化。

二是减少负外部效应。当税收无法有效解决负外部效应时,便可依据政府强制性行政权力,采用收费或罚没的方式,促使缴费人自觉减少负外部效应。

三是国有资产保值增值。国家凭借国有资产所有者的身份,对其进行管理和经营,使其保值增值,并从中获取收益。

(二)性质目的不同

众所周知,税收具有"强制性、无偿性、固定性"三性。与税收三性相比,各项非税收入的特点不完全一致,呈现多种特点:有的具有"强制性、无偿性、固定性",比如企业缴纳的教育费附加、地方教育附加、残保金等,需要按期缴纳,具有一定的强制性,且缴费人和受益人不直接关联;有的具有"强制性、无偿性、一次性",比如各种罚没收入,没有固定的收缴对象;有的具有"自愿性、补偿性、一次性",比如各种考试收费、检验检测收费等,缴费人自愿缴纳,是政府服务成本的一定补偿,大多是一次性缴费,随事而收。

(三) 预算管理不同

一是预算类别不同。根据《预算法》,政府的全部收入和支出都应当纳入预算。税收和非税收入虽然都纳入了预算管理,但税收只在一般公共预算中核算,而政府非税收入分布在一般公共预算、政府性基金预算、国有资本经营预算3个预算中。

二是收入分成方式不同。税收一般是分税种按比例确定中央与地方的收入分成方式,比如企业所得税60%归属中央,40%归属地方。而政府非税收入的分成方式呈现多样化:第一种是按比例分成,比如水资源费10%归中央,90%归地方;第二种是按地区分成,比如国家重大水利工程建设基金,北京等14个省属于中央收入,山西等16个省属于地方收入;第三种是按照缴费对象分成,比如国有资本收益,中央企业缴纳的属于中央收入,地方企业缴纳的属于地方收入。

(四) 征管模式不同

税收的征管模式基本一致,分为登记、申报、征收、检查、处罚、保全强制等征管环节,而政府非税收入征管模式却差异比较大。

一是自愿与强制并存。有的非税收入是缴费人自愿缴纳的,比如捐赠收入,各类检验检测费等行政事业性收费;有的非税收入是强制缴纳的,比如残保金,不仅需要自行申报缴纳,还具有强制性。

二是征收部门多样化。税收的征收集中于税务部门和海关部门,而政府非税收入的执收部门比较多,大多数政府部门都涉及非税收入的收缴。

三是管理方式不同。税务部门大多使用"征收管理"的模式,纳税人依法自行申报,税务部门开展风险应对,对税收缴纳情况进行全方位管理。而非税收入大多是用"收缴"或"执收"的概念,大多采取事前核对的方式,核对无误后再开具缴款书征收入库。

四是票据管理方式不同。目前税收都是使用税收票证,而非税收入一般是使用非税收入票据。根据《财政部关于将国家重大水利工程建设基金等政府非税收入项目划转税务部门征收的通知》(财税〔2018〕147号,以下简称147号文),对于首批划转的13项专员办非税收入项目,将按照税务部门全国统一信息化方式,使用财政非税收入票样打印票据。

三、非税收入与预算外资金

非税收入和预算外资金,都是政府性收入,甚至大部分观点认为现在的非税收入就是传统概念里的预算外资金。但本质上它们是两个不同的概念,两者是按照不同的分类标准得出的收入形式。按照收入形式划分,政府财政收入分为税收收入和非税收入;按照资金管理方式对政府财政收入进行分类可以分为预算内资金和预算外资金。从资金管理方式上看,预算内资金也存在非税收入的情况。2011年1月1日起,我国将预算外资金全部纳入预算管理,在财政收入中也就不存在预算外资金,描述到预算外资金的时候习惯称之为非税收入。

第二节 非税收入的职能与作用

非税收入的职能是指非税收入所具有的满足国家需要的能力。它以非税收入的内在功能为基础,以国家行使职能的需要为依据,是非税收入内在功能和国家行使职能需要的有机统一。非税收入的职能一般包括财政职能、经济职能和监督职能。财政职能是非税收入最基本的职能,是实现经济管理职能和监督职能的基础条件。经济职能和监督职能是在财政职能的基础上发生的,并且各项非税收入发挥的经济和监督职能在具体作用发挥上存在差异。

一、非税收入的职能

(一) 财政职能

和税收一样,非税收入也有财政职能,即筹集财政收入的职能。国家为了实现其职能,需要大量的财政资金,在财政收入中,税收收入是主体,非税收入是重要补充,特别是地方财政收入的重要补充。

(二) 经济管理职能

和税收一样,非税收入也有经济职能,即经济杠杆职能,调节经济的职能。非税收入是政府参与国民收入分配和再分配的一种形式,非税收入在参与分配和再分配的过程中,必然改变国民收入在各部门、各地区、各缴纳义务人之间的分配比例,改变利益分配格局,对经济产生影响。所以,非税收入作为政府拥有的众多经济调节工具或手段之一,政府可以通过有目的地利用非税收入手段,调节各种经济组织和社会成员的经济利益,使他们的微观经济行为尽可能符合国家预期的社会经济发展方向,以有助于社会经济的顺利发展,从而使非税收入成为国家调节社会经济活动的重要经济杠杆。

政府非税收入调节经济的职能主要体现在两个方面:一是公平社会负担,体现谁受益、谁负担的原则;二是作为政府行使社会经济管理职能的经济手段之一,与政府的法律手段、行政手段一起,成为政府管理社会经济活动的三大基本手段。

(三) 监督职能

非税收入在调节社会成员经济利益的同时,其征收管理过程也能反映各级政府部门及其所属单位、社会成员遵守国家相关法律、法规的情况,反映政府提供公共服务的数量、质量及其满足社会成员需要的情况。因此,非税收入具有监督政府及其所属单位履行其职责、监督社会成员行为的功能。非税收入监督社会经济活动的广泛性与深入性,是随着市场经济的发展和国家干预社会经济生活的程度而发展的。一般来说,市场经济越发达,经济生活越复杂,政府干预或调节社会经济生活的活动就越复杂,非税收入监督也就越广泛而深入。

二、非税收入的作用

(一) 非税收入在深化财税体制改革中发挥的作用

2014年中央深改组和中央政治局审议通过了《深化财税体制改革总体方案》。该方案强调,财政是国家治理的基础和重要支柱,财税体制在治国安邦中始终发挥着基础性、制度性、保障性作用。新一轮财税体制改革是一场关系国家治理体系和治理能力现代化的深刻变革,是立足全局、着眼长远的制度创新。深化财税体制改革重点推进三个方面的改革:一是预算制度的改革;二是深化税收制度改革,优化税制结构、完善税收功能、稳定宏观税负、推进依法治税,建立有利于科学发展、社会公平、市场统一的税收制度体系,充分发挥税收筹集财政收入、调节分配、促进结构优化的职能作用;三是调整中央和地方政府间财政关系。新一轮财税体制改革于2016年基本完成重点工作和任务,2020年基本建立现代财政制度。

非税收入作为财税体制的组成部分直接影响着财税体制改革的成败,在深化财税体制改革重点推进的三个方面的改革中都发挥着重要作用。

1. 促进预算管理制度的改革

2011年以后,非税收入虽然纳入预算管理,但管理不规范。部分非税收入虽然实行了"收支两条线"管理,但实质上仍由相关部门和单位支配,财政部门仅起到出纳作用。

同时,非税收入项目多、涉及范围广、资金性质各异,在纳入预算管理后与预算管理制度会产生一些不适应。例如,一些成本补偿性非税收入,按照预算管理的要求,应按统一的支出标准来核定支出,当统一的支出标准不能全部弥补其公共服务成本时,将会影响有关部门和单位正常履行职能。又如,资本性的非税收入管理应当反映资本运营过程和成效,但现行的预算管理还不具备这样的功能。

深化财税体制改革重点之一是改进预算管理制度,强化预算约束、规范政府行为、实现有效监督,加快建立全面规范、公开透明的现代预算制度。非税收入的预算制度改革是预算制度改革的重点和难点,直接影响着改革的成果。

2. 促进税收制度改革

深化财税体制改革重点之二是深化税收制度改革,优化税制结构、完善税收功能、稳定宏观税负、推进依法治税,建立有利于科学发展、社会公平、市场统一的税收制度体系,充分发挥税收筹集财政收入、调节分配、促进结构优化的职能作用。其中费改税是税收制度改革的重点。费改税就是在对现有的政府收费进行清理整顿的基础上,用税收取代一些具有税收特征的收费。这些政府收费大部分都是非税收入。2018年1月1日起我国开征了环境保护税,实际是将原属于非税收入的排污费将改为环境保护税。将一部分具有税收特征的非税收入改为税收,将各种不规范的收费、基金等纳入税收轨道上来,使用税收的手段进行征管,使管理更加法制化和规范化,使非税收入的结构更合理,同时也促进了税收制度的改革。

3. 促进中央和地方政府间财政关系的调整

深化财税体制改革重点之三是调整中央和地方政府间财政关系,在保持中央和地方收入格局大体稳定的前提下,进一步理顺中央和地方收入划分,合理划分政府间事权和支出责任,促进权力和责任、办事和花钱相统一,建立事权和支出责任相适应的制度。

在财政收入中,税收收入是主体,非税收入是重要补充,特别是地方财政收入的重要补充。所以非税收入的改革,有利于进一步理顺中央和地方的收入划分,有利于合理划分政府间事权和支出责任。

(二)非税收入在健全公共财政体系中的作用

非税收入是一个完整的公共财政体系中不可缺少的组成板块。规范、健全非税收入征收管理,有利于充分发挥非税收入在健全公共财政体系中的作用。

1. 非税收入是政府提供准公共产品的成本补偿

公共产品具有消费上的非竞争性和非排他性,因此只能通过强制征税的方式弥补其供给成本。对于介于私人产品和公共产品之间的准公共品而言,在消费上,一方面具有一定的公共性或外部性,市场要么不会提供,要么由市场提供会带来低效性;另一方面又具有一定的排他性和竞争性特征,在此种情况下,依据成本补偿原则,向使用者收费或征收基金就显得更为合理,且具有实际操作的可行性。对准公共产品征收非税收入,不仅能够在一定程度上减少拥挤,还可以充分体现"谁受益谁负担、多收益多负担"的原则,在政府对所提供产品的成本费用支出全部或部分收回的同时,也给予了所有社会成员消费的机会,实现了准公共产品提供与分配的经济效率和社会福利最大化。

2. 非税收入是政府解决负外部效应的重要方式

外部效应是指在市场活动中没有得到补偿的额外成本或额外收益,分为正外部效应和负外部效应。矫正负外部效应的方法一般有两种:征税和收费。当征税在现实环境中无法实施时,便可依据政府所具有的强制性行政权力采用收费或罚没的方式,促使生产者自觉减少负外部效应的产生。收费或罚没收入的标准确定与取得依据既不能超出负外部效应所存在的区间范围,也不能突破法律所赋予行政权力的权限。

3. 非税收入是依据国家财产所有权获得收益的主要途径

财产所有权是指财产所有人依法对自己的财产享有的占有、使用、收益和处分的权利。社会中除了私人财产,还存在大量的公共财产,这些财产的所有权归属于国家,在我国被称为国有资产,具体包括经营性国有资产、行政事业性国有资产和资源性国有资产。国家凭借国有资产所有者的身份,对其进行管理和经营,使其保值增值,并从中获取收益。这部分收益,自然成为政府非税收入重要的来源渠道之一。

4. 非税收入是参与国民收入分配的重要手段

在实行市场经济制度的国家,非税收入也是政府参与国民收入初次分配和再分配的重要手段。例如,通过发行彩票筹集彩票公益金和以政府名义接受捐赠收入等方式来解决经济和社会建设的资金供求缺口,既符合国际上的通行惯例,也是现阶段我国经济发展的客观需要。同时,以政府名义接受的捐赠收入和彩票公益金主要依据政府信誉为社会公益事业的发展而融资,是实现分配正义途径的重要补充。

(三)非税收入在政府转型和构建和谐社会中发挥的作用

服务型政府是我国政府转型的目标。服务型政府是廉洁高效的政府,这是服务型政府职能实现过程的总体要求。建成人民满意的政府是服务型政府建设的最终目的和评判标准。而非税收入涉及领域广,缴纳义务人多样化,包括公民、法人或者其他组织等。这使得非税收入的征收管理与人民群众生活息息相关,其规范与否不仅关系到广大人民群众的切身利益,更关系到政府的廉洁和效率,关系到人民群众对政府的满意度。非税收入征收管理的公开化和规范化,不仅可以堵住权力"寻租"的贪腐空间,还可以有效避免财政收入的流失,有效保障人民群众的切身利益。因此,非税收入是促进政府转型和构建和谐社会的重要组成部分。

第三节　非税收入历史演变与制度变革

目前,非税收入已全部纳入财政预算管理,相应地,其来源渠道、收入规模和结构、使用方向、支出结构等,都通过年度财政收支预算来体现和规范,并经各级人民代表大会批准后,开始年度执行。

一、非税收入的历史演变

梳理我国非税收入管理的发展历史,非税收入管理经过了以下几个阶段的发展历程。

(一) 1958—1995年:预算外资金管理时期

在2005年以前,非税收入是以"预算外资金"的形式存在的,完全游离于预算管理体制之外。作为政府的来源,预算外资金在中华人民共和国成立之初就开始存在。1958年的财政体制改革中财政部明确提出了预算外资金的概念。之后,预算外资金的范围在不同时期差异较大。1958年的财政体制改革后,预算外资金的范围主要包括国有企业及其主管部门集中的各种专项基金以及地方和中央主管部门管理的预算外资金。

1978年后,我国处于改革开放初期,经济基础比较薄弱,财政比较困难。为缓解国民经济发展的"瓶颈",国家鼓励国内民间资金和境外企业投资国内的基础设施建设,允许以收费的方式回收投资成本。同时,国家积极推进行政事业单位管理改革,鼓励事业单位开展有偿服务活动,创收单位、主管部门和财政部门实施"谁创收、谁所有、谁使用"的管理体制。创收单位的经营收入归单位所有,不需要上缴财政,属于预算外资金。预算外管理体制,必然导致分配主体的多元化和分配秩序的混乱,导致预算外资金的范围迅速增加、规模迅速扩大。

1993年,针对预算外资金的膨胀,财政部对预算外资金做了一次大的调整,缩减了预算外资金的范围,将拥有法人财产权的企业及其主管部门集中的资金不再列作预算外收入。1993—1995年预算外资金收入项目只包括行政事业性收费和地方财政收入两项。

(二) 1996—2003年:预算外资金和非税收入"双轨"并存时期

1996年7月,国务院下发《关于加强预算外资金管理的决定》(国发〔1996〕29号)规定:预算外资金是指国家机关、事业单位和社会团体为履行或代行政府职能,依据国家法律、法规和具有法律效力的规章而收取、提取和安排使用的未纳入国家预算管理的各种财政性资金;"预算外资金是国家财政性资金,不是部门和单位自有资金,必须纳入财政管理"。与以前的政策相比,预算外资金的管理发生两个重要改变:一是明确了预算外资金是国家的财政性资金,不是部门和单位自有资金,所有权归财政;二是必须纳入财政管理,就是说管理权也归财政。这就从政策上明确了"预算外资金"的所有权和管理权都属于财政。依据《国务院关于加强预算外资金管理的决定》(国发〔1996〕29号)的规定,预算外资金的范围主要包括:法律、法规规定的行政事业性收费、基金和附加收入等;国务院或省级人民政府及其财政、计划(物价)部门审批的行政事业性收费;国务院以及财政部审批建立的基金、附加收入等；主管部门从所属单位集中的上缴资金；用于乡镇政府开支的乡自筹和乡统筹资金；其他未纳入预算管理的财政性资金。

从1996年开始，电力建设基金、铁路建设基金等中央政府性基金（收费）纳入预算管理，加入乡镇自筹、统筹资金；从1997年开始，又取消地方财政收入，增加政府性基金收入、国有企业和主管部门收入和其他收入。

2001年12月，国务院办公厅转发了《财政部关于深化收支两条线改革进一步加强财政管理意见的通知》（国办发〔2001〕93号），将30个政府部门和系统的预算外资金全部纳入财政预算管理。该文件第一次提出了预算外资金"收支脱钩"的管理理念，从根本上指出了解决"谁征收，谁使用"问题必须实施收支脱钩的方向，同时，还第一次将纳入预算管理的原"预算外资金"称为非税收入。2003年5月，财政部、国家发改委、监察部、审计署印发《关于加强中央部门和单位行政事业性收费等收入"收支两条线"管理的通知》（财综〔2003〕29号），进一步将行政事业性收费、政府性基金、罚没收入、彩票资金收入、国有资本经营收益、以政府名义接受的捐赠收入、主管部门集中收入等不论纳入预算管理与否，都明确为政府非税收入。自此，虽然大部分预算外资金被纳入了非税收入的范畴，但国有资源和国有资产有偿使用收入仍然作为预算外资金管理。这一时期称为预算外资金和非税收入"双轨"并存时期。

（三）2004年至今：政府非税收入管理新时代

2004年财政部下发《关于加强非税收入管理的通知》（财综〔2004〕53号），将国有资源和国有资产有偿使用收入、应缴财政资金产生的利息收入等都纳入了非税收入管理范畴。根据《财政部关于将按预算外资金管理的收入纳入预算管理的通知》（财预〔2010〕88号）的规定，为贯彻落实全国人大和国务院有关规定，决定从2011年1月1日起，将按预算外资金管理的收入（不含教育收费）全部纳入预算管理。自此，我国将预算外资金全部纳入预算管理，预算外资金退出历史舞台。2016年财政部出台《政府非税收入管理办法》，重新对非税收入进行定义，并确定非税收入的范围包括12个项目，即行政事业性收费收入、政府性基金收入、罚没收入、国有资源（资产）有偿使用收入、国有资本收益、彩票公益金收入、特许经营收入、中央银行收入、以政府名义接受的捐赠收入、主管部门集中收入、政府收入的利息收入、其他非税收入。从此以后，非税收入进入了规范化的管理渠道。从预算外资金到非税收入的转变，标志着在建立公共财政体系的过程中，在强化政府财政职能、规范非税收入管理和完善公共收入体系方面取得了思想认识和财政实践上的新突破。

从上述政府非税收入与预算外资金交替出现和转化的过程可以看出，非税收入是与税收收入相对应的财政概念，两者都是组织财政收入的重要来源。预算外资金是与预算内资金相对应的概念，是不同的资金管理方式。当非税收入的所有权归属于执收部门时，就是财政预算管理以外的收入,简称预算外收入;当非税收入的所有权归属于政府时,就是政府的非税收入。所以,非税收入与预算外资金在资金的表现形式上没有区别,它们体现的是所有权归属的差异。所有权的改变,导致了审视角度的转变。预算外资金时期,对部门来讲,"谁创收、谁所有、谁使用"。非税收入管理框架下,非税收入是部门收取、政府所有、预算使用。收入归属政府所有,先作为非税收入上缴财政部门,然后根据部门支出需要申请财政拨款。

二、非税收入管理制度的完善

我国非税收入的历史演变与政府非税收入的管理方式紧密联系。在非税收入的发展中,相应的,其管理方式经过了以下几个发展阶段。

(一)预算外资金管理的"两权"不变管理模式

我国预算外资金传统的管理模式是"两权"不变,即不纳入国家预算管理,由各地区、各部门、各单位自收自支,资金所有权和使用权归同一主体。

(二)并轨时期的"收支两条线"管理模式

1996年,中央开始对预算外资金进行治理整顿,《国务院关于加强预算外资金管理的决定》(国发〔1996〕29号)的精神,预算外资金的管理发生了根本性的改变,打破了"两权"不变的管理模式,明确了预算外资金的三权所属关系,即所有权归国家、调控权归政府、管理权归财政。

2001年国务院出台了《国务院办公厅转发财政部关于深化收支两条线改革进一步加强财政管理意见的通知》(国办发〔2001〕93号),要求深化"收支两条线"的改革,并指出深化"收支两条线"改革需要做好三个方面的工作:一是要将各部门的预算外收入全部纳入财政专户管理,有条件的纳入预算管理,任何部门不得"坐收""坐支"。二是部门预算要全面反映部门及所属单位预算内外资金收支状况,提高各部门支出的透明度。同时,财政部门要合理核定支出标准,并按标准足额供给经费。三是要根据新的情况,修订、完善有关法规和规章制度,使"收支两条线"管理工作法制化、制度化、规范化。

(三)非税收入管理阶段的预算管理模式

2011年非税收入全部纳入预算管理。预算管理是整个非税收入管理的核心内容,包括了资金的预测和筹划、资金的取得、分配使用所组成的系统。

非税收入纳入预算管理应遵循国家预算管理的基本管理要求,非税收入预算要与财政预算统一布置、统一编制、统一审批,将非税收入按不同类别分别纳入财政收支预算的相应类别,按照财政收支预算的口径,全面、系统、完整地予以反映。将非税收入的征收与执收单位的经费支出完全脱钩,真正做到非税收入纳入财政预算,实行统筹安排。

第二章

非税收入的分类

> 《政府非税收入管理办法》(财税〔2016〕33号)规定,非税收入共计12项,具体包括:行政事业性收费收入、政府性基金收入、罚没收入、国有资源(资产)有偿使用收入、国有资本收益、彩票公益金收入、特许经营收入、中央银行收入、以政府名义接受的捐赠收入、主管部门集中收入、政府收入的利息收入、其他非税收入,不包括社会保险费、住房公积金(指计入缴存人个人账户部分)。本章主要介绍行政事业性收费收入、政府性基金收入、罚没收入,对国有资源(资产)有偿使用收入、国有资本收益、彩票公益金收入、特许经营收入、中央银行收入、以政府名义接受的捐赠收入、主管部门集中收入、政府收入的利息收入、其他非税收入等9项内容进行合并介绍。

第一节 行政事业性收费收入

一、行政事业性收费的概述

(一) 行政事业性收费的概念

《行政事业性收费项目审批管理暂行办法》规定,行政事业性收费是指国家机关、事业单位、代行政府职能的社会团体及其他组织,根据法律、行政法规、地方性法规等有关规定,依照国务院规定程序批准,在向公民、法人提供特定服务的过程中,按照成本补偿和非营利原则向特定服务对象收取的费用。

(二) 行政事业性收费的特点

行政事业性收费具有以下特点:

(1) 主体限定性。行政事业性收费的主体包括行政机关和事业单位,还包括代行政府职能的社会团体及其他组织。

(2) 事项特定性。只有依法特别限定(指定、规定)的某些行政管理项目和某些事业服务项目才准收费,非特定的行政管理和事业服务不准收费。

(3) 依据强制性。行政事业性收费依据国家法律征收,只要属于被管理、被指定服务的对象,就必须按期如数缴费,逾期缴纳的还要交滞纳金,拒不缴纳的要受到国家法律的制裁。这明显不同于具有明显的市场性(或竞争性)的经营服务性收费。

(4) 费用补偿性。行政事业性收费的补偿性是行政事业性收费的另一个明显特点。事业性收费所提供社会事业服务的成本耗费,其部分或大部分要向服务受益人收取补偿,谁直接享受服务,直接受益,就由谁补偿;谁不直接享受服务,不直接受益,就不用负担补偿。行政性收费,除部分干预性和惩罚性收费之外,一些行政管理也为被管理者带来一定的特别受益,或者其特别权益受到国家的保护,这些特别受益都必须向国家做出补偿;从另一角度看,行政事业性收费还可看作是对国家财政支出的一种补偿。

(5) 行政事业性收费是属于纳入财政管理的财政性资金收入,一般为不征税收入。

二、行政事业收费的分类

行政事业性收费项目包括中央设立的行政事业性收费项目和省级设立的行政事业性收费项目。

1. 按收费对象分

行政事业性收费按收费对象分为:涉企收费、涉农收费、其他收费等三类。

(1) 涉企收费。涉企收费是指行政机关、事业单位、代行政府职能的社会团体面向企业收取的行政事业性收费。

(2) 涉农收费。涉农收费是指所有涉及农民生产、生活的行政事业性收费。

(3) 其他收费。行政事业性收费中除上述项目以外的收费为行政事业性收费其他收费。

2. 按收费性质分

行政事业性收费按收费性质分为:行政性收费、事业性收费两类。

(1) 行政性收费。行政性收费是指根据法律、法规等有关规定,在履行政府行政管理职能时,向公民、法人和其他组织收取的费用。

(2) 事业性收费。事业性收费是指根据法律、法规等有关规定,在向公民、法人和其他组织提供特定服务时,收取的费用。

3. 按管理权限分

行政事业性收费按管理权限分为:中项中标收费、中项省标收费、省项省标收费、其他收费等四类。

(1) 中项中标收费。中项中标收费是指中央审批项目、中央制定标准的行政事业性收费。

(2) 中项省标收费。中项省标收费是指中央审批项目、省(区、市)制定标准的行政事业性收费。

（3）省项省标收费。省项省标收费是指省（区、市）审批项目、省（区、市）制定标准的行政事业性收费。

（4）其他收费。其他收费是指省（区、市）审批项目、省（区、市）委托下级价格主管部门制定标准的行政事业性收费。

4. 按收费类别分

行政事业性收费按收费类别分为：行政管理类收费、资源补偿类收费、鉴定类收费、考试类收费、培训类收费、其他类收费等六类。

（1）行政管理类收费。行政管理类收费是指国家行政机关依据有关法律、法规规定，在行使国家管理职能时，向被管理对象收取的费用。其中，"证照类收费"是指国家行政机关根据社会、经济、技术、资源管理的需要，依据法律、法规和省以上人民政府的规定制发各种证件、牌照、簿卡而收取的工本费，主要包括注册费、登记费、手续费、审验费、审查费、签证费以及各种证照收费。

（2）资源补偿类收费。资源补偿类收费是指开采、利用自然和社会公共资源，按照法律、法规规定缴纳的费用，主要包括无线电频率占用费、水资源费等资源类收费和特许权等无形资产使用费；排污费、水土流失防治费、林地补偿费、社会抚养费等补偿和治理类收费。

（3）鉴定类收费。鉴定类收费是指按照法律、法规规定，从事检验、检测、鉴定、检定、认证、检疫等活动而收取的费用，主要包括检验费、检测费、鉴定费、检定费、认证费、检疫费等。

（4）考试类收费。考试类收费是指国家行政机关、事业单位和社会团体按照法律、法规以及国务院或省级政府文件规定组织的考试，或实施经人事部批准的专业技术资格和执业资格考试，以及经劳动和社会保障部批准的职业资格考试而收取的费用。

（5）培训类收费。培训类收费是指根据法律、法规规定开展强制性培训活动而收取的费用。

（6）其他类收费。其他类收费是指上述五类收费以外的行政事业性收费。

三、行政事业性收费的管理

（一）行政事业性收费立项管理

立项管理是决策行为，其目标是做正确的事情。立项之后的管理活动的目标是正确地做事情。

对于行政事业性收费要进行立项调查，进行可行性分析，撰写立项建议书，申请立项。通过立项的形式实行行政事业性收费归口管理。

立项管理的目的是加强行政事业性收费标准管理，保护公民、法人和其他组织的合法权益,规范对收费标准的管理行为,堵塞管理漏洞,提高收费决策的科学性和透明度。

1. 中央立项管理

中央有关部门和单位(包括中央驻地方单位,下同),以及全国或区域(跨省、自治区、直辖市)范围内的行政事业性收费,由收费单位按规定的管理权限,向国务院价格、财政部门提出书面申请,提供相应的材料。

价格、财政部门收到申请后,应对申请材料的形式及内容进行初步审查。对符合行政事业性收费标准管理暂行办法规定的,应予以受理;对不符合行政事业性收费标准管理暂行办法规定的,应及时通知申请单位对申请材料做出修改或补充。

2. 省级立项管理

全省范围内收取行政事业性收费,由省人民政府有关业务主管部门提出收费项目、收费标准的具体方案,按照管理权限向省人民政府财政、价格主管部门申报;省人民政府财政主管部门会同省级价格主管部门审批,省人民政府及其财政、价格主管部门设立行政事业性收费项目时,应当通过座谈会、论证会、书面征求意见或者听证会等形式听取社会意见。

3. 县(市)级立项管理

在县(市)范围内收取的,由县(市)人民政府有关业务主管部门提出收费项目、收费标准的具体方案,报县(市)人民政府财政、价格主管部门审核,经县(市)人民政府同意后,由设区的市人民政府财政、价格主管部门审核并经本级人民政府同意后,按照管理权限向省人民政府财政、价格主管部门申报。

(二) 行政事业性收费审批原则

1. 符合国际惯例

符合国际惯例或国际对等原则的行政事业性收费,依照国际惯例或国际对等原则审批收费项目。

2. 符合法律行政法规

法律、行政法规明确规定的行政许可收费,按照法律、行政法规规定审批收费项目。

3. 符合地方性法规

法律、行政法规、地方性法规明确规定的收费,且不属于行政许可收费的,按照法律、行政法规、地方性法规规定审批收费项目。

4. 符合服务对象

向公民、法人提供除行政许可事项以外的特定公共服务,虽然没有法律、行政法规、地方性法规收费依据,但其服务对象具体、明确的,按照规定审批收费项目。除国务院和省级政府及其财政、价格主管部门外,其他国家机关、事业单位、社会团体,以及省级以下(包括计划单列市和副省级省会城市)政府均无权审批。

(三) 行政事业性收费标准管理

行政事业性收费标准实行中央和省两级审批制度。国务院和省、自治区、直辖市人民政府(省级政府)的价格、财政部门按照规定权限审批收费标准。

1. 中央审批制度

中央有关部门和单位(包括中央驻地方单位,下同),以及全国或区域(跨省、自治区、直辖市)范围内实施收费的收费标准,由国务院价格主管部门、财政部门审批。其中,重要收费项目的收费标准应由国务院价格主管部门、财政部门审核后报请国务院批准。

国务院价格主管部门、财政部门负责审批的收费标准,应统一归口由中央有关部门提出书面申请,并以公文形式报国务院价格主管部门、财政部门。

价格主管部门、财政部门可以采用召开座谈会、论证会、听证会或书面征求意见等形式,征求社会有关方面的意见。对技术含量高、专业性强的收费标准可进行专家论证。

对符合规定申请的收费标准,应根据收费的不同性质实行分类审核。例如,行政管理类收费、证照印制费用、资源补偿类收费、鉴定类收费、考试类收费、培训类收费等。

其他收费类别的收费标准,根据管理或服务需要,按照成本补偿和非营利原则审核。

收费涉及与其他国家或地区关系的,收费标准按照国际惯例和对等原则审核。

2. 省级审批制度

全省范围内收取行政事业性收费的标准应当由省人民政府价格主管部门会同省级财政主管部门核定。省财政、物价部门根据管理权限公布行政事业性收费管理目录,接受社会监督。

例如,公办高校学历教育学费、水资源费等重要收费项目、标准以及财政、价格主管部门作为收费主体的收费项目、标准应当报省人民政府审批。

3. 县(市)审批制度

县级以上地方人民政府财政、价格主管部门负责本行政区域内行政事业性收费管理工作。

县级以上地方人民政府有关业务主管部门应当协同财政、价格主管部门对行政事业性收费进行监督管理。

除法律、行政法规另有规定外,不得设立专门面向农民的收费项目。

四、收费单位违章责任

(1)擅自设立行政事业性收费项目,对直接负责的主管人员和其他直接责任人员给予降级或者撤职处分。

(2)擅自变更行政事业性收费,对直接负责的主管人员和其他直接责任人员给予记大过处分;情节严重的,给予降级或者撤职处分。

(3) 对行政事业性收费项目审批机关已经明令取消或者降低标准的收费项目,仍按原定项目或者标准收费的,对直接负责的主管人员和其他直接责任人员给予记大过处分;情节严重的,给予降级或者撤职处分。

(4) 违反财政票据管理规定实施行政事业性收费的,对直接负责的主管人员和其他直接责任人员给予降级或者撤职处分;以实施行政事业性收费,不出具任何票据的,给予开除处分。

(5) 不履行行政事业性收费职责,应收不收,经批评教育仍不改正的,对直接负责的主管人员和其他直接责任人员给予警告处分;情节严重的,给予记过或者记大过处分。

(6) 不按照规定将行政事业性收费纳入单位财务统一核算、管理的,对直接负责的主管人员和其他直接责任人员给予记过处分;情节严重的,给予记大过或者降级处分。

(7) 不按照规定将行政事业性收费缴入国库的,对直接负责的主管人员和其他直接责任人员给予记大过处分;情节严重的,给予降级或者撤职处分。

(8) 截留、挪用、坐收坐支行政事业性收费的,对直接负责的主管人员和其他直接责任人员给予降级处分;情节严重的,给予撤职或者开除处分。

(9) 违反规定,将行政事业性收费用于提高福利补贴标准或者扩大福利补贴范围、滥发奖金实物、挥霍浪费或者有其他超标准支出行为的,对直接负责的主管人员和其他直接责任人员给予记大过处分;情节严重的,给予降级或者撤职处分。

(10) 对坚持原则抵制违法违纪的行政事业性收费的单位或者个人打击报复的,给予降级处分;情节严重的,给予撤职或者开除处分。

五、行政事业性收费目录清单

根据财政部2018年最新发布的行政事业性收费目录清单,目前在征的中央设立的行政事业性收费共有51项(见表2-1)。

表2-1 全国性及中央部门和单位行政事业性收费目录

序号	部门		收费项目	资金管理方式	政策依据
一	外交部门	1	认证费(含加急)	缴入中央和地方国库	计价格〔1999〕466号,价费字〔1992〕198号
		2	签证费		
			(1) 代办外国签证(含加急,限于各国家机关收取的)	缴入中央和地方国库	财综〔2003〕45号,计价格〔1999〕466号,价费字〔1992〕198号
			(2) 代填外国签证申请表(限于国家机关)	缴入中央和地方国库	财综〔2003〕45号,计价格〔1999〕466号,价费字〔1992〕198号

(续表)

序号	部门		收费项目	资金管理方式	政策依据
	外交部门	3	驻外使领馆收费	缴入中央国库	计价格〔1999〕466号,价费字〔1992〕198号,公境外〔1992〕898号,公通字〔1996〕89号
二	教育部门	4	公办幼儿园保教费、住宿费	缴入中央和地方财政专户	《幼儿园管理条例》,发改价格〔2011〕3207号
		5	普通高中学费、住宿费	缴入中央和地方财政专户	教财〔2003〕4号,教财〔1996〕101号
		6	中等职业学校学费、住宿费	缴入中央和地方财政专户	财综〔2004〕4号,教财〔2003〕4号,教财〔1996〕101号
		7	高等学校(含科研院所、各级党校等)学费、住宿费、委托培养费、函大电大夜大及短期培训费	缴入中央和地方财政专户	财教〔2013〕19号,发改价格〔2013〕887号,教财〔2006〕2号,发改价格〔2005〕2528号,发改价格〔2003〕1011号,教财〔2003〕4号,计价格〔2002〕838号,计价格〔2002〕665号,计办价格〔2000〕906,教财〔1996〕101号,价费字〔1992〕367号,教财〔1992〕42号,发改价格〔2006〕702号,教财〔2006〕7号,教电〔2005〕333号,教财〔2005〕22号
		8	国家开放大学收费	缴入中央和地方财政专户	财综〔2014〕21号,发改价格〔2009〕2555号,计价格〔2002〕838号,教财厅〔2000〕110号,财办综〔2003〕203号
三	公安部门	9	证照费		
			(1) 外国人证件费		价费字〔1992〕240号,公通字〔2000〕99号
			① 居留许可	缴入中央和地方国库	财综〔2004〕60号,发改价格〔2004〕2230号
			② 永久居留申请	缴入中央和地方国库	财综〔2004〕32号,发改价格〔2004〕1267号
			③ 永久居留证	缴入中央国库	财综〔2004〕32号,发改价格〔2004〕1267号
			④ 出入境证	缴入地方国库	公通字〔1996〕89号
			⑤ 旅行证	缴入地方国库	公通字〔1996〕89号
			(2) 公民出入境证件费		价费字〔1993〕164号,价费字〔1992〕240号,公通字〔2000〕99号

(续表)

序号	部门		收费项目	资金管理方式	政策依据
三	公安部门	9	① 因私护照（含护照贴纸加注）	缴入中央和地方国库	发改价格〔2013〕1494号，计价格〔2000〕293号，价费字〔1993〕164号
			② 出入境通行证	缴入中央和地方国库方	价费字〔1993〕164号，公通字〔2000〕99号
			③ 往来（含前往）港澳通行证（含签注）	缴入中央和地方国库	发改价格〔2005〕77号，计价格〔2002〕1097号
			④ 台湾居民来往大陆通行证	缴入中央和地方国库	发改价格〔2004〕334号，价费字〔1993〕164号
			⑤ 台湾同胞定居证	缴入地方国库	发改价格〔2004〕2839号，价费字〔1993〕164号
			⑥ 大陆居民往来台湾通行证（含签注）	缴入中央和地方国库	发改价格〔2016〕352号，计价格〔2001〕1835号，价费字〔1993〕164号
			（3）户籍管理证件工本费（限于丢失、补办和过期失效重办）	缴入地方国库	财综〔2012〕97号，价费字〔1992〕240号
			① 居民户口簿		
			② 户口迁移证件		
			（4）居民身份证工本费	缴入地方国库（2018年4月1日起，免征首次申领身份证工本费）	《居民身份证法》，财综〔2007〕34号，发改价格〔2005〕436号，财综〔2004〕8号，发改价格〔2003〕2322号，财税〔2018〕37号
			（5）机动车号牌工本费	缴入地方国库	《道路交通安全法》，发改价格〔2004〕2831号，计价格〔1994〕783号，价费字〔1992〕240号，行业标准GA36—2014
			① 号牌（含临时）		
			② 号牌专用固封装置		
			③ 号牌架		
			（6）机动车行驶证、登记证、驾驶证工本费	缴入地方国库	《道路交通安全法》，发改价格〔2004〕2831号，财综〔2001〕67号，计价格〔2001〕1979号，计价格〔1994〕783号，价费字〔1992〕240号
			（7）临时入境机动车号牌和行驶证、临时机动车驾驶许可工本费	缴入地方国库	《道路交通安全法》，财综〔2008〕36号，发改价格〔2008〕1575号
		10	外国人签证费	缴入中央和地方国库	计价格〔2003〕392号，价费字〔1992〕240号，公通字〔2000〕99号
		11	中国国籍申请手续费（含证书费）	缴入地方国库	价费字〔1992〕240号，公通字〔2000〕99号，公通字〔1996〕89号

(续表)

序号	部门		收费项目	资金管理方式	政策依据
四	民政部门	12	殡葬收费	缴入地方国库	价费字〔1992〕249号，发改价格〔2012〕673号
五	国土资源部门	13	土地复垦费	缴入地方国库	《土地管理法》《土地复垦条例》
		14	土地闲置费	缴入地方国库	《土地管理法》《城市房地产管理法》，国发〔2008〕3号
		15	不动产登记费	缴入中央和地方国库	《物权法》，财税〔2016〕79号，发改价格规〔2016〕2559号
		16	耕地开垦费	缴入地方国库	《土地管理法》《土地管理法实施条例》
六	住房城乡建设部门	17	污水处理费	缴入地方国库	《城市排水和污水处理条例》，财税〔2014〕151号，发改价格〔2015〕119号
		18	城镇垃圾处理费	缴入地方国库	《城市市容和环境卫生管理条例》，国发〔2011〕9号，计价格〔2002〕872号
		19	城市道路占用、挖掘修复费	缴入地方国库	《城市道路管理条例》，建城〔1993〕410号，财税〔2015〕68号
		20	车辆通行费（限于政府还贷）	缴入地方国库	《公路法》《收费公路条例》，交公路发〔1994〕686号
		21	长江干线船舶引航收费	缴入中央国库	发改价格〔2013〕1494号，发改价格〔2011〕1536号，财综〔2007〕60号，财办税〔2015〕14号
八	工业和信息化部门	22	无线电频率占用费	缴入中央和地方国库	发改价格〔2013〕2396号，发改价格〔2011〕749号，发改价格〔2005〕2812号，发改价格〔2003〕2300号，计价费〔1998〕218号
		23	电信网码号资源占用费	缴入中央国库	信部联清〔2004〕517号，信部联清〔2005〕401号
九	水利部门	24	水资源费	缴入中央和地方国库	《水法》《取水许可和水资源费征收管理条例》，财税〔2016〕2号，发改价格〔2014〕1959号，发改价格〔2013〕29号，财综〔2011〕19号，发改价格〔2009〕1779号，财综〔2008〕79号，财综〔2003〕89号，价费字〔1992〕181号
		25	水土保持补偿费	缴入中央和地方国库	《水土保持法》，财综〔2014〕8号，发改价格〔2014〕886号

(续表)

序号	部门		收费项目	资金管理方式	政策依据
十	农业部门	26	农药实验费	缴入中央和地方国库	价费字〔1992〕452号，发改价格〔2015〕2136号
			（1）田间实验费		
			（2）残留实验费		
			（3）药效实验费		
		27	渔业资源增殖保护费	缴入中央和地方国库	《渔业法》，财税〔2014〕101号，发改价格〔2015〕2136号，财综〔2012〕97号，计价格〔1994〕400号，价费字〔1992〕452号
		28	草原植被恢复费	缴入地方国库	《草原法》，财综〔2010〕29号，发改价格〔2010〕1235号
十一	卫生计生部门	29	预防接种服务费	缴入地方国库	《疫苗流通和预防接种管理条例》，财税〔2016〕14号，国办发〔2002〕57号，财综〔2002〕72号，财综〔2008〕47号，发改价格〔2016〕488号
		30	鉴定费		
			（1）医疗事故鉴定费	缴入中央和地方国库	《医疗事故处理条例》，财税〔2016〕14号，财综〔2003〕27号，发改价格〔2016〕488号
			（2）职业病诊断鉴定费	缴入地方国库	《职业病防治法》，财税〔2016〕14号，发改价格〔2016〕488号
			（3）预防接种异常反应鉴定费	缴入地方国库	《疫苗流通和预防接种管理条例》《医疗事故处理条例》，财税〔2016〕14号，财综〔2008〕70号，发改价格〔2016〕488号
		31	社会抚养费	缴入地方国库	《人口与计划生育法》《社会抚养费征收管理办法》（国务院令第357号），财税〔2016〕14号，财规〔2000〕29号
十二	人防部门	32	防空地下室易地建设费	缴入中央和地方国库	中发〔2001〕9号，计价格〔2000〕474号
十三	法院	33	诉讼费	缴入中央和地方国库	《诉讼费用交纳办法》（国务院令481号），财行〔2003〕275号
十四	工商部门	34	商标注册收费	缴入中央国库	《商标法》，财税〔2017〕20号，发改价格〔2013〕1494号，发改价格〔2008〕2579号，财综〔2004〕11号，计价费〔1998〕1077号，财综字〔1995〕88号，计价格〔1995〕2404号，价费字〔1992〕414号，发改价格〔2015〕2136号
			（1）受理商标注册费		

（续表）

序号	部门		收费项目	资金管理方式	政策依据
十四	工商部门	34	(2) 补发商标注册证费（含刊登遗失声明费用）		
			(3) 受理转让注册商标费		
			(4) 受理商标续展注册费		
			(5) 受理商标注册延迟费		
			(6) 受理商标评审费		
			(7) 变更费		
			(8) 出具商标证明费		
			(9) 受理集体商标注册费		
			(10) 受理证明商标注册费		
			(11) 商标异议费		
			(12) 撤销商标费		
			(13) 商标使用许可合同备案费		
十五	质检部门	35	特种设备检验检测费	缴入地方国库	《特种设备安全法》《特种设备安全监察条例》，发改价格〔2015〕1299号，财综〔2011〕16号，财综〔2001〕10号，价费字〔1992〕268号
十六	环境保护部门	36	排污费	缴入中央和地方国库	《环境保护法》《排污费征收使用管理条例》，发展改革委(四部委)令第31号，财综〔2003〕38号，财税〔2015〕71号，发改价格〔2015〕2185号
十七	民航部门	37	航空业务权补偿费	缴入中央国库	发改价格〔2011〕3214号，财综〔2002〕54号
		38	适航审查费	缴入中央国库	发改价格〔2011〕3214号，财综〔2002〕54号
十八	体育部门	39	外国团体来华登山注册费	缴入中央和地方国库	财综〔2004〕7号，价费字〔1992〕207号
十九	食品药品监管部门	40	药品注册费	缴入中央和地方国库	《药品管理法实施条例》，财税〔2015〕2号，发改价格〔2015〕1006号
			(1) 新药注册费		
			(2) 仿制药注册费		
			(3) 补充申请注册费		
			(4) 再注册费		
			(5) 加急费		

(续表)

序号	部门		收费项目	资金管理方式	政策依据
十九	食品药品监管部门	41	医疗器械产品注册费	缴入中央和地方国库	《医疗器械监督管理条例》，财税〔2015〕2号，发改价格〔2015〕1006号
			(1) 首次注册费		
			(2) 变更注册费		
			(3) 延续注册费		
			(4) 临床试验申请费		
			(5) 加急费		
二十	知识产权部门	42	专利收费	缴入中央国库	
			(1) 专利收费（国内部分）		《专利法》《专利法实施细则》，财税〔2017〕8号，发改价格〔2017〕270号，财税〔2016〕78号、财税〔2018〕38号
			① 申请费、申请附加费、公布印刷费、优先权要求费		
			② 发明专利申请实质审查费、复审费		
			③ 专利登记费、公告印刷费、年费、年费滞纳金		
			④ 恢复权利请求费、延长期限请求费		
			⑤ 著录事项变更费、专利权评价报告请求费、无效宣告请求费		
			⑥ 专利文件副本证明费		
			(2) PCT专利申请收费		
			① 申请国际阶段收取的国际申请费和手续费，传送费、检索费、优先权文件费、初步审查费、单一性异议费、副本复制费、后提交费、恢复权利请求费、滞纳金		《专利法》《专利法实施细则》，财税〔2017〕8号，发改价格〔2017〕270号
			② 申请进入中国国家阶段收取的宽限费、译文改正费、单一性恢复费、优先权恢复费		

(续表)

序号	部门		收费项目	资金管理方式	政策依据
二十	知识产权部门	42	（3）为其他国家和地区提供检索和审查服务收费	缴入中央国库	《专利法》《专利法实施细则》，财税〔2017〕8号，发改价格〔2017〕270号
		43	集成电路布图设计保护收费		《集成电路布图设计保护条例》，财税〔2017〕8号，发改价格〔2017〕270号
			（1）布图设计登记费		
			（2）布图设计登记复审请求费		
			（3）著录事项变更手续费		
			（4）延长期限请求费		
			（5）恢复布图设计登记权利请求费		
			（6）非自愿许可使用布图设计请求费		
			（7）报酬裁决费		
二十一	银监会	44	银行业监管费	缴入中央国库	财税〔2015〕21号，发改价格〔2016〕14号
二十二	证监会	45	证券、期货业监管费	缴入中央国库	财税〔2015〕20号，发改价格〔2016〕14号、财税〔2018〕38号
二十三	保监会	46	保险业监管费	缴入中央国库	财税〔2015〕22号，发改价格〔2016〕14号
二十四	海洋部门	47	海洋废弃物倾倒费	缴入中央国库	《海洋环境保护法》，发改价格〔2008〕1927号
		48	海洋工程污水排污费	缴入中央国库	《海洋环境保护法》，财综〔2003〕2号，发展改革委（四部委）令第31号
二十五	仲裁部门	49	仲裁收费	缴入地方国库	《仲裁法》，财综〔2010〕19号，国办发〔1995〕44号
二十六	红十字会	50	造血干细胞配型费		财税〔2016〕115号，发改价格〔2016〕2492号
二十七	相关部门	51	考试考务费	缴入中央和地方国库或财政专户	见《全国性考试考务费目录清单》

第二节 政府性基金收入

一、政府性基金概述

(一) 政府性基金概念

政府性基金是指各级人民政府及其所属部门根据法律、行政法规和中共中央、国务院文件规定,为支持特定公共基础设施建设和公共事业发展,向公民、法人和其他组织无偿征收的具有专项用途的财政资金。

(二) 政府性基金特点

政府性基金具有以下特点:

(1) 政府性基金收费的主体是各级人民政府及其所属部门,有部分政府性基金由企业代为收取后上缴各级人民政府及其所属部门。如重大水利基金由省级电网企业在向电力用户收取电费时一并代征,其中北京、天津、河北、河南、山东、江苏、上海、浙江、安徽、江西、湖北、湖南、广东、重庆等14个南水北调和三峡工程直接受益省份电网企业代征的重大水利基金,由财政部驻当地财政监察专员办事处负责征收,并全额上缴中央国库。山西、内蒙古、辽宁、吉林、黑龙江、福建、广西、海南、四川、贵州、云南、陕西、甘肃、青海、宁夏、新疆等16个南水北调和三峡工程非直接受益省份电网企业代征的重大水利基金,由当地省级财政部门负责征收,并全额上缴省级国库。

(2) 政府性基金属于政府非税收入,全额纳入财政预算,实行"收支两条线"管理。各级人民政府财政部门(以下简称各级财政部门)以及政府性基金征收、使用部门和单位按照规定权限,分别负责政府性基金的征收、使用、管理和监督。

(3) 政府性基金一般具有专项用途。如铁路建设基金主要用于国家计划内大中型铁路建设项目以及与建设有关的支出,国家重大水利工程建设基金主要用于南水北调工程建设、解决三峡工程后续问题以及加强中西部地区重大水利工程建设。

(4) 政府性基金一般无偿征收。

二、政府性基金分类

政府性基金按照所在领域、项目名称、设立依据、项目级次、课征基础、征收程序、资金使用用途等方面可做如下分类:

(1) 按照所在领域,可以将政府性基金分为经济类政府性基金和社会类政府性基金两大类。经济类政府性基金是指履行政府的经济职能,实现特定经济政策的基金,比如提供交通、水利等基础设施建设资金的部分政府性基金项目；社会类政府性基金是指履行政府的社会职能，实现特定社会政策的基金，比如教育、科技、文化等领域的部分政府性基金项目。

（2）按照项目名称，可以将政府性基金分为基金、资金、附加、专项收费等类别。基金类如水利建设基金、新菜地开发建设性基金；资金类如国家电影事业发展专项资金；附加类如城市公用事业附加；专项收费类如文化事业建设费等。

（3）按照设立依据，可以将政府性基金分为法定型基金和行政型基金。前者是以狭义的法律即全国人大及其常委会制定的法律为设立依据的政府性基金，如育林基金、森林植被恢复费、教育费附加、残疾人就业保障金等；后者是指依据政府和部门规定设立的政府性基金，这类基金占据了现行政府性基金项目的主体。

（4）按照项目级次或收入归属，可以将政府性基金分为中央基金、地方基金和中央地方共享基金。中央基金，如民航基础设施建设基金等；地方基金，如新菜地开发建设基金等；中央地方共享基金，如水利建设基金等。

（5）按照课征基础，政府性基金包括以税收为依据征收的基金，如教育费附加；以价格为依据征收的基金，如国家重大水利工程建设基金等；以销售（营业）收入为依据征收的基金，如国家电影事业发展专项资金等。

（6）按照征收程序，可以将政府性基金分为按照税收征收管理程序征收的政府性基金和按照非税收入管理程序征收的政府性基金。各类税收附加通常采用税收管理程序征收，其他的基金通常采用非税收入管理程序征收。

（7）按照资金使用用途，可分为建设集资类基金和专项事业发展类基金。列入全国政府性基金征收目录的建设集资类基金包括农网还贷资金、国家重大水利工程建设基金、港口建设费、民航发展基金、铁路建设基金、水利建设基金、水库移民扶持基金等。支持专项事业发展的基金包括旅游发展基金、残疾人就业保障金、文化事业建设费、国家电影事业发展专项资金、城市基础设施配套费、可再生能源发展基金等。

三、政府性基金的征收和缴库

（一）政府性基金的征收

1. 征收部门

政府性基金按照规定实行国库集中收缴制度。各级财政部门可以自行征收政府性基金，也可以委托其他机构代征政府性基金。

委托其他机构代征政府性基金的，其代征费用由同级财政部门通过预算予以安排。

2. 征收标准

政府性基金征收机构应当严格按照法律、行政法规和中共中央、国务院或者财政部规定的项目、范围、标准和期限征收政府性基金。

公民、法人或者其他组织不得拒绝缴纳符合规定设立的政府性基金。

3. 票据开具

除财政部另有规定外,政府性基金征收机构在征收政府性基金时,应当按照规定开具财政部或者省级政府财政部门统一印制或监制的财政票据;不按规定开具财政票据的,公民、法人和其他组织有权拒绝缴纳。

(二) 政府性基金的缴库

政府性基金收入应按规定及时、足额缴入相应级次国库,不得截留、坐支和挪作他用。各级财政部门应当按照有关规定,监督政府性基金的征收和解缴入库。

四、政府性基金目录清单

按照国务院有关规定,政府性基金实行中央一级审批,由财政部审核后报国务院批准。除法律、行政法规和中共中央、国务院或者财政部规定外,其他任何部门、单位和地方各级人民政府均不得批准设立或者征收政府性基金,不得改变征收对象、调整征收范围、标准及期限,不得减征、免征、缓征、停征或者撤销政府性基金,不得以行政事业性收费名义变相设立政府性基金项目。

财政部于每年 3 月 31 日前编制截至上年 12 月 31 日的全国政府性基金项目目录,向社会公布。各省、自治区、直辖市人民政府财政部门按照财政部规定,于每年 4 月 30 日前编制截至上年 12 月 31 日在本行政区域范围内实施的政府性基金项目,向社会公布。通过建立和实施收费目录清单制度;将依法合规设立的收费项目全部纳入清单并主动公开,给社会一本明白账,有助于从源头上防止各类乱收费、乱摊派。

中华人民共和国财政部公告 2014 年第 80 号公布了全国政府性基金目录清单(见表 2-2)。

表 2-2 全国政府性基金目录清单

序号	项目名称	资金管理方式	政策依据
1	铁路建设基金	缴入中央国库	国发〔1992〕37 号,财工字〔1996〕371 号,财综〔2007〕3 号
2	港口建设费	缴入中央和地方国库	财综〔2011〕29 号,财综〔2011〕100 号,财综〔2012〕40 号
3	民航发展基金	缴入中央国库	财综〔2012〕17 号

(续表)

序号	项目名称	资金管理方式	政策依据
4	高等级公路车辆通行附加费（海南）	缴入地方国库	财综〔2008〕84号
5	国家重大水利工程建设基金	缴入中央和地方国库	财综〔2009〕90号，财综〔2010〕97号，财税〔2010〕44号
6	水利建设基金	缴入中央和地方国库	财综〔2011〕2号，财综函〔2011〕33号，财办综〔2011〕111号
7	城市公用事业附加	缴入地方国库	(64)财预王字第380号，(78)财预26号，(78)建发城584号，财综〔2007〕3号。2017年4月1日取消
8	城市基础设施配套费	缴入地方国库	计价格〔2001〕585号，财综函〔2002〕3号
9	农网还贷资金	缴入中央和地方国库	财企〔2001〕820号，财企〔2002〕266号，财综〔2007〕3号，财综〔2012〕7号
10	教育费附加	缴入中央和地方国库	《教育法》，国务院令第60号，国发〔1986〕50号，国发明电〔1994〕2号、23号，国发〔2010〕35号，财税〔2010〕103号
11	地方教育附加	缴入地方国库	《教育法》，财综〔2001〕58号，财综函〔2003〕2号、9号、10号、12号、13号、14号、15号、16号、18号，财综〔2004〕73号，财综函〔2005〕33号，财综〔2006〕2号、61号，财综函〔2006〕9号，财综函〔2007〕45号，财综函〔2008〕7号，财综函〔2010〕2号、3号、7号、8号、11号、71号、72号、73号、75号、76号、78号、79号、80号，财综〔2010〕98号，财综函〔2011〕1号、2号、3号、4号、5号、6号、7号、8号、9号、10号、11号、12号、13号、15号、16号、17号、57号
12	文化事业建设费	缴入中央和地方国库	国发〔1996〕37号，财税字〔1997〕95号，国办发〔2006〕43号，财综〔2012〕68号，财综〔2012〕96号，财综〔2013〕88号，财综〔2013〕102号
13	国家电影事业发展专项资金	缴入中央国库	国办发〔2006〕43号，财税〔2015〕91号
14	旅游发展基金	缴入中央国库	国办发〔1995〕57号，旅办发〔1991〕124号，财外字〔1996〕396号，财行〔2001〕24号，财综〔2007〕3号，财综〔2010〕123号
15	水库移民扶持基金（含大中型水库移民后期扶持基金、跨省大中型水库库区基金、三峡水库库区基金、省级大中型水库库区基金、小型水库移民扶助基金）	缴入中央和地方国库	国务院令第299号，国发〔2006〕17号，财综〔2006〕29号，监察部、人事部、财政部令第13号，财综〔2007〕26号，财综〔2007〕69号，财企〔2011〕303号，财企〔2012〕315号，财综〔2008〕17号，财综〔2008〕29号、30号、31号、32号、33号、34号、35号、64号、65号、66号、67号、68号、85号、86号、87号、88号、89号、90号，财综〔2009〕51号、59号，财综〔2010〕15号、16号、43号、113号，财综函〔2010〕10号、39号

(续表)

序号	项目名称	资金管理方式	政策依据
16	残疾人就业保障金	缴入地方国库	《残疾人保障法》,财税〔2015〕72号,财综〔2001〕16号
17	新菜地开发建设基金	缴入地方国库	《土地法》《国家建设征用土地条例》,〔1985〕农(土)字第11号。2016年2月1日起,标准降为零
18	森林植被恢复费	缴入中央和地方国库	《森林法》,财综〔2002〕73号
19	育林基金	缴入中央和地方国库	《森林法》,经重〔1988〕122号,林财字〔1991〕74号,(91)财农字第333号,(93)财农字第144号,财综〔2009〕32号。2016年2月1日起,标准降为零
20	新型墙体材料专项基金	缴入地方国库	国发〔1992〕66号,财综〔2007〕3号,财综〔2007〕77号。2017年4月1日起取消
21	散装水泥专项资金	缴入地方国库	国函〔1997〕8号,财综〔2002〕23号,财综〔2007〕3号。2016年2月1日并入新型墙体材料专项基金,2017年4月1日起取消
22	可再生能源发展基金	缴入中央国库	财综〔2011〕115号,财建〔2012〕102号,财综〔2013〕89号
23	船舶油污损害赔偿基金	缴入中央国库	财综〔2012〕33号,交财审发〔2014〕96号
24	核电站乏燃料处理处置基金	缴入中央国库	财综〔2010〕58号
25	废弃电器电子产品处理基金	缴入中央国库	财综〔2012〕34号,财综〔2012〕48号,财综〔2012〕80号,财综〔2013〕109号,财综〔2013〕110号,财政部公告2014年第29号

注:
1. 自2016年2月1日起,将散装水泥专项资金并入新型墙体材料专项基金。
2. 自2017年4月1日起,取消城市公用事业附加和新型墙体材料专项基金。
3. 自2016年2月1日起,将新菜地开发建设基金、育林基金征收标准降为零。
4. 自2016年2月1日起,按月纳税的月销售额或营业额不超过10万元(按季度纳税的季度销售额或营业额不超过30万元)的缴纳义务人免征教育费附加、地方教育附加、水利建设基金。
5. 重大水利工程基金从2010年1月1日起开始征收,至2019年12月31日止。2019年4月财政部印发《关于调整部分政府性基金有关改革的通知》(财税〔2019〕46号)中明确延期征收至2025年12月31日。

第三节 罚没收入

一、罚没收入概述

(一)罚没收入概念

罚没收入是指国家行政机关、司法机关和法律、法规授权的机构依据法律、法规,对公民、法人和其他组织实施处罚所取得的罚没款以及没收赃物的折价收入。税务机关经办的税款滞纳金、补税罚款收入，通过税收渠道上缴，不属于罚没收入。

（二）罚没收入的特点

罚没收入是对违法违章行为实施的一种经济处罚，具有以下特点。

1. 强制性

罚没收入的取得具有明显的强制性特征，如行政处罚决定依法做出后，就具有法律效力，当事人应在行政处罚期限内无条件地履行。除国家法律另有规定外，当事人对行政处罚不服的可以申请行政复议或提起行政诉讼，但行政处罚不停止执行。当事人不履行行政处罚的，做出行政处罚的机关可以采取强制措施：一是到期不缴纳罚款的，每日按罚款数额的3％加处罚款；二是根据法律规定，将查封、扣留的财物拍卖或冻结的存款划拨抵缴罚款；三是申请人民法院强制执行，用强制手段保证国家法律得以顺利实施。

2. 无偿性

收取罚没款是执法机关对违法者的一种经济惩处方式，具有惩罚的性质，收取的罚没收入是无偿的，不是执法者与违法者之间的"等价交换"，政府不需要对当事人提供对应的服务或者补偿。

3. 不稳定性

罚没收入的取得不是稳定可靠的，是以当事人违反相关法律法规为前提，它取决于多种因素：第一，违法事件的多少，事先难以预料，往往只有可能性，只有违规行为发生了才有现实性；第二，违法者的经济状况也决定罚没收入的数额；第三，执法单位管理水平和执法人员的政治业务素质对罚没收入也有影响。

因此，罚没收入是国家实施社会管理的一项重要手段，罚没方式和罚没数额以公民、法人和其他社会组织的违法类型和程度为前提，其出发点是对当事人的违规行为进行惩戒，目的不是获取较多的罚没收入，而是减少违规行为的发生。

罚没收入与税收存在较大的区别，主要表现为：罚没收入是对违章、违规行为实施的一种经济处罚，罚没收入比税收具有更明显的强制性和无偿性，是财政收入的一种特殊形式。与税收相比，罚没收入缺乏固定性，具有定向性、一次性的特征，对取得财政收入缺乏稳定可靠的保证。

二、罚没收入的种类

按照2016年政府收支分类科目（收入分类科目），罚没收入分为：一般罚没收入、缉私罚没收入和缉毒罚没收入三大类。

罚没收入是财政收入的一种形式。国家司法、公安、行政、海关或其他经济管理部门对违反法律、法令或行政法规的行为按规定课以罚金、罚款或没收品变价收入，以及各部门、各单位追回的赃款和赃物变价收入等。

在法律、法规之外,任何地方、部门和个人均无权擅自设置收费、罚没项目。各级政府和财政部门要对本级各部门、各单位的收费和罚没情况进行管理,凡越权自行设立的收费、罚没项目,要一律取消。

三、罚没收入的立项与征收管理

(一)罚没收入的立项

罚没收入项目是由国家法律、法规和规章规定的。我国现行法律法规有上千部,如刑法、刑事诉讼法、民事诉讼法、行政诉讼法、企业法、公司法、合同法、反不正当竞争法、价格法、执业医师法、计量法、信托法、银行法、保险法、食品卫生法、消费者权益保护法、城市房地产管理法、土地管理法、环境保护法等,国务院及省、自治区、直辖市人大和地方政府根据国家法律规定,结合各自情况制定了相配套的行政法规、地方性法规和规章。一般来说,行政法律、规章都涉及对违法者进行罚款和没收物品的规定,有多少违法行为就有多少罚没项目。例如,我国《刑法》对各种犯罪行为处以罚金和没收财产进行了详细的规定,如对生产、销售不符合卫生标准的食品,足以造成严重食物中毒事故或者其他严重食源性疾患的,处罚金或没收财产;在生产、销售的食品中掺入有毒、有害的非食品原料的,或者销售明知掺有有毒、有害的非食品原料的食品的,处罚金;走私武器、弹药、核材料或者伪造的货币的,处罚金或者没收财产等。我国《执业医师法》第三十九条规定:未经批准擅自开办医疗机构行医或者非医师行医的,由县级以上人民政府卫生行政部门予以取缔,没收其违法所得及其药品、器械,并处 10 万元以下的罚款;对医师吊销其执业证书;给患者造成损害的,依法承担赔偿责任;构成犯罪的,依法追究刑事责任。

(二)罚没收入的管理

根据《中共中央办公厅、国务院办公厅关于转发财政部〈关于对行政性收费、罚没收入实行预算管理的规定〉的通知》规定,各执法机关对依法获得的罚没收入必须严格按照"收支两条线"的规定进行管理,实行罚缴分离,设立专用账簿,并建立相应的账物交接、验收、登记、保管、定期结算对账制度。

各级执收、执罚部门和单位要严格执行罚没项目的规定。罚没收入必须全部上缴财政,绝不允许将罚没收入与本部门的经费划拨和职工的奖金、福利挂钩,严禁搞任何形式的提留、分成和收支挂钩。各级财政部门和主管部门不得给执收、执罚单位和个人下达收费、罚没收入指标。

有关罚没收入的归属,按财政部的有关规定执行。

各级执收部门,应在每年 11 月 15 日以前,将下一年度各项收费收入和相关的行政管理补助支出编入本部门的预算草案,报本级财政部门审核,财政部门要在预算中做出安排。在执行中,如果收入和支出情况发生变化,有关部门应及时提出调整预算的方案,报本级财政部门审批。

行政管理补助支出预算应明确列出具体项目和数额。支出项目和范围,应按国家有关规定执行,不得擅自突破或变动。

各级执收、执罚部门和单位所取得罚没收入,应在3日内上缴国库。对零星收入,账面余额不足1 000元的,经本级财政部门同意,可每15日上缴一次;达到1 000元的,应即时上缴国库。任何单位和个人不得拖欠、截留、坐支、挪用、私分。

各级执收、执罚部门和单位应使用财政部门统一制发的罚没票据,将罚没收入上缴国库时,应使用"一般缴款书"。有关单位应按《国家金库条例实施细则》的规定,认真办理缴库手续。每年2月底以前,根据上一年度的罚没收入和经费补助支出编制本部门的决算草案,报本级财政部门审批。

各级财政部门要建立、健全票据的领发、使用、缴销、保管制度,并严格管理,堵塞漏洞。应加强对罚没收入的管理,建立、健全内部管理和核算制度。应加强对罚没收入的监督和检查。对拖欠、截留、坐支、挪用、私分罚没收入,实行提留、分成和收支挂钩办法或者下达罚没收入指标的,要按违反财经纪律论处,情节严重的,要追究直接责任人员和有关领导人的法律责任。

四、行政处罚的程序

按照《中华人民共和国行政处罚法》的规定,行政机关在做出行政处罚决定之前,应当告知当事人做出行政处罚决定的事实、理由及依据,并告知当事人依法享有的权利。

当事人有权进行陈述和申辩。行政机关必须充分听取当事人的意见,对当事人提出的事实、理由和证据,应当进行复核;当事人提出的事实、理由或者证据成立的,行政机关应当采纳。行政机关不得因当事人申辩而加重处罚。行政处罚的程序主要包括以下两种。

(一)简易程序

《中华人民共和国行政处罚法》第三十三条至第三十五条规定:违法事实确凿并有法定依据,对公民处以50元以下、对法人或者其他组织处以1 000元以下罚款或者警告的行政处罚的,可以当场做出行政处罚决定。

执法人员当场做出行政处罚决定的,应当向当事人出示执法身份证件,填写预定格式、编有号码的行政处罚决定书。行政处罚决定书应当当场交付当事人。行政处罚决定书应当载明当事人的违法行为、行政处罚依据、罚款数额、时间、地点以及行政机关名称,并由执法人员签名或者盖章。

执法人员当场做出的行政处罚决定,必须报所属行政机关备案。

当事人对当场做出的行政处罚决定不服的,可以依法申请行政复议或者提起行政诉讼。

(二) 一般程序

《中华人民共和国行政处罚法》第三十六条至第四十三条规定:除本法第三十三条规定的可以当场做出的行政处罚外,行政机关发现公民、法人或者其他组织有依法应当给予行政处罚的行为的,必须全面、客观、公正地调查,收集有关证据;必要时,依照法律、法规的规定,可以进行检查。

行政机关在调查或者进行检查时,执法人员不得少于两人,并应当向当事人或者有关人员出示证件。当事人或者有关人员应当如实回答询问,并协助调查或者检查,不得阻挠。询问或者检查应当制作笔录。

行政机关在收集证据时,可以采取抽样取证的方法;在证据可能灭失或者以后难以取得的情况下,经行政机关负责人批准,可以先行登记保存,并应当在 7 日内及时做出处理决定,在此期间,当事人或者有关人员不得销毁或者转移证据。

执法人员与当事人有直接利害关系的,应当回避。

调查终结,行政机关负责人应当对调查结果进行审查,根据不同情况,分别做出如下决定:

(1) 确有应受行政处罚的违法行为的,根据情节轻重及具体情况,做出行政处罚决定。

(2) 违法行为轻微,依法可以不予行政处罚的,不予行政处罚。

(3) 违法事实不能成立的,不得给予行政处罚。

(4) 违法行为已构成犯罪的,应移送司法机关。

对情节复杂或者重大违法行为给予较重的行政处罚,行政机关的负责人应当集体讨论决定。

在行政机关负责人做出决定之前,应当由从事行政处罚决定审核的人员进行审核。行政机关中初次从事行政处罚决定审核的人员,应当通过国家统一法律职业资格考试取得法律职业资格。

行政机关按规定给予行政处罚,应当制作行政处罚决定书。行政处罚决定书应当载明下列事项:

(1) 当事人的姓名或者名称、地址。

(2) 违反法律、法规或者规章的事实和证据。

(3) 行政处罚的种类和依据。

(4) 行政处罚的履行方式和期限。

(5) 不服行政处罚决定,申请行政复议或者提起行政诉讼的途径和期限。

(6) 做出行政处罚决定的行政机关名称和做出决定的日期。

行政处罚决定书必须盖有做出行政处罚决定的行政机关的印章。

行政处罚决定书应当在宣告后当场交付当事人;当事人不在场的,行政机关应当在7日内依照民事诉讼法的有关规定,将行政处罚决定书送达当事人。

行政机关及其执法人员在做出行政处罚决定之前,不依照《中华人民共和国行政处罚法》第三十一条、第三十二条的规定向当事人告知给予行政处罚的事实、理由和依据,或者拒绝听取当事人的陈述、申辩,行政处罚决定不能成立;当事人放弃陈述或者申辩权利的除外。

行政机关做出责令停产停业、吊销许可证或者执照、较大数额罚款等行政处罚决定之前,应当告知当事人有要求举行听证的权利;当事人要求听证的,行政机关应当组织听证。当事人不承担行政机关组织听证的费用。听证依照以下程序组织:

(1) 当事人要求听证的,应当在行政机关告知后3日内提出。

(2) 行政机关应当在听证的7日前,通知当事人举行听证的时间、地点。

(3) 除涉及国家秘密、商业秘密或者个人隐私外,听证公开举行。

(4) 听证由行政机关指定的非本案调查人员主持;当事人认为主持人与本案有直接利害关系的,有权申请回避。

(5) 当事人可以亲自参加听证,也可以委托1~2人代理。

(6) 举行听证时,调查人员提出当事人违法的事实、证据和行政处罚建议;当事人进行申辩和质证。

(7) 听证应当制作笔录;笔录应当交当事人审核无误后签字或者盖章。

当事人对限制人身自由的行政处罚有异议的,依照治安管理处罚法有关规定执行。

听证结束后,行政机关依照《中华人民共和国行政处罚法》第三十八条的规定,做出决定。

五、税务机关收取的罚没收入

根据《中华人民共和国行政处罚法》《中华人民共和国税收征收管理法》《中华人民共和国税收征收管理法实施细则》《税务行政处罚裁量权行使规则》(国家税务总局公告2016年第78号)等相关法律法规,税务机关对违反税收法律、法规和规章进行行政处罚。本书对此进行了归类,大致分为以下几类。

(一) 税务管理违法行为的处罚

税务管理违法行为包括税务登记、纳税申报、会计核算及凭证管理、税务代理管理以及妨碍税务检查五个方面的违法行为。

1. 税务登记

1) 对未按照规定的期限申报办理税务登记、变更或者注销登记的

① 处罚依据：《中华人民共和国税收征收管理法》第六十条第一款第(一)项。

② 处罚标准：由税务机关责令限期改正，可以处2 000元以下的罚款；情节严重的，处2 000元以上10 000元以下的罚款。

2) 对纳税人未按照规定办理税务登记证件验证或者换证手续的行政处罚

① 处罚依据：《中华人民共和国税收征收管理法实施细则》第九十条。

② 处罚标准：由税务机关责令限期改正，可以处2 000元以下的罚款；情节严重的，处2 000元以上10 000元以下的罚款。

3) 对骗取税务登记证的行政处罚

① 处罚依据：《税务登记管理办法》第四十三条。

② 处罚标准：纳税人通过提供虚假的证明资料等手段，骗取税务登记证的，处2 000元以下的罚款；情节严重的，处2 000元以上10 000元以下的罚款。

4) 对扣缴义务人未按照规定办理扣缴税款登记的行政处罚

① 处罚依据：《税务登记管理办法》第四十四条。

② 处罚标准：税务机关应当自发现之日起3日内责令其限期改正，并可处以1 000元以下的罚款。

5) 对银行和其他金融机构未依照规定登录税务登记证件号码或者未按规定登录账户账号的行政处罚

① 处罚依据：《中华人民共和国税收征收管理法实施细则》第九十二条。

② 处罚标准：由税务机关责令其限期改正，处2 000元以上20 000元以下的罚款；情节严重的，处20 000元以上50 000元以下的罚款。

6) 对纳税人未按照规定使用税务登记证件，或者转借、涂改、损毁、买卖、伪造税务登记证件的行政处罚

① 处罚依据：《中华人民共和国税收征收管理法》第六十条第三款。

② 处罚标准：纳税人未按照规定使用税务登记证件，或者转借、涂改、损毁、买卖、伪造税务登记证件的，处2 000元以上10 000元以下的罚款；情节严重的，处10 000元以上50 000元以下的罚款。

2. 纳税申报

1) 对纳税人未按照规定的期限办理纳税申报和报送纳税资料的行政处罚

① 处罚依据：《中华人民共和国税收征收管理法》第六十二条。

② 处罚标准：纳税人未按照规定的期限办理纳税申报和报送纳税资料的，由税务机

关责令限期改正,可以处 2 000 元以下的罚款;情节严重的,可以处 2 000 元以上 10 000 元以下的罚款。

2) 对扣缴义务人未按照规定的期限向税务机关报送代扣代缴、代收代缴税款报告表和有关资料的行政处罚

处罚依据和处罚标准同 1)。

3) 对纳税人不进行纳税申报,不缴或者少缴应纳税款的行政处罚

① 处罚依据:《中华人民共和国税收征收管理法》第六十四条第二款。

② 处罚标准:由税务机关追缴其不缴或者少缴的税款、滞纳金,并处不缴或者少缴的税款 50% 以上 5 倍以下的罚款。

3. 会计核算及凭证管理

1) 对未按照规定设置、保管账簿或者保管记账凭证和有关资料的行政处罚

① 处罚依据:《中华人民共和国税收征收管理法》第六十条第一款第(二)项。

② 处罚标准:由税务机关责令限期改正,可以处 2 000 元以下的罚款;情节严重的,处 2 000 元以上 10 000 元以下的罚款。

2) 对未按照规定将财务、会计制度或者财务、会计处理办法和会计核算软件报送税务机关备查的行政处罚

① 处罚依据:《中华人民共和国税收征收管理法》第六十条第一款第(三)项。

② 处罚标准:同 1)。

3) 对未按照规定将其全部银行账号向税务机关报告的行政处罚

① 处罚依据:《中华人民共和国税收征收管理法》第六十条第一款第(四)项。

② 处罚标准:同 1)。

4) 对未按照规定安装、使用税控装置,或者损毁或者擅自改动税控装置的行政处罚

① 处罚依据:《中华人民共和国税收征收管理法》第六十条第一款第(五)项。

② 处罚标准:同 1)。

5) 对非法印制、转借、倒卖、变造或者伪造完税凭证的行政处罚

① 处罚依据:《中华人民共和国税收征收管理法实施细则》第九十一条。

② 处罚标准:由税务机关责令改正,处 2 000 元以上 10 000 元以下的罚款;情节严重的,处 10 000 元以上 50 000 元以下的罚款;构成犯罪的,依法追究刑事责任。

6) 对扣缴义务人未按照规定设置、保管代扣代缴、代收代缴税款账簿或者保管代扣代缴、代收代缴税款记账凭证及有关资料的行政处罚

① 处罚依据:《中华人民共和国税收征收管理法》第六十一条。

② 处罚标准:由税务机关责令限期改正,可以处 2 000 元以下的罚款;情节严重的,处 2 000 元以上 5 000 元以下的罚款。

7) 对扣缴义务人未按规定开具税收票证的行政处罚

① 处罚依据:《税收票证管理办法》(国家税务总局令第 28 号)第五十四条第二款。

② 处罚标准:可以根据情节轻重,处以 1 000 元以下的罚款。

4. 税务代理管理

对税务代理人违法行为造成纳税人未缴或者少缴税款的行政处罚:

① 处罚依据:《中华人民共和国税收征收管理法实施细则》第九十八条。

② 处罚标准:税务代理人违反税收法律、行政法规,造成纳税人未缴或者少缴税款的,除由纳税人缴纳或者补缴应纳税款、滞纳金外,对税务代理人处纳税人未缴或者少缴税款 50% 以上 3 倍以下的罚款。

5. 妨碍税务检查

1) 对纳税人、扣缴义务人逃避、拒绝或者以其他方式阻挠税务机关检查的行政处罚

① 处罚依据:《中华人民共和国税收征收管理法》第七十条。

② 处罚标准:由税务机关责令改正,可以处 10 000 元以下的罚款;情节严重的,处 10 000 元以上 50 000 元以下的罚款。

2) 对纳税人、扣缴义务人提供虚假资料,不如实反映情况,或者拒绝提供有关资料;对拒绝或者阻止税务机关记录、录音、录像、照相和复制与案件有关的情况和资料;对在检查期间,纳税人、扣缴义务人转移、隐匿、销毁有关资料以及对有不依法接受税务检查的其他情形的行政处罚

① 处罚依据:《中华人民共和国税收征收管理法》第九十六条第(一)至第(四)项。

② 处罚标准:依照《中华人民共和国税收征收管理法》第七十条的规定处罚,即由税务机关责令改正,可以处 10 000 元以下的罚款;情节严重的,处 10 000 元以上 50 000 元以下的罚款。

3) 对金融机构拒绝配合税务机关执行的行政处罚

① 处罚依据:《中华人民共和国税收征收管理法》第七十三条。

② 处罚标准:纳税人、扣缴义务人的开户银行或者其他金融机构拒绝接受税务机关依法检查纳税人、扣缴义务人存款账户,或者拒绝执行税务机关做出的冻结存款或者扣缴税款的决定,或者在接到税务机关的书面通知后帮助纳税人、扣缴义务人转移存款,造成税款流失的,由税务机关处 100 000 元以上 500 000 元以下的罚款,对直接负责的主管人员和其他直接责任人员处 1 000 元以上 10 000 元以下的罚款。

4) 对拒绝协助检查单位的行政处罚

① 处罚依据:《中华人民共和国税收征收管理法实施细则》第九十五条。

② 处罚标准:税务机关依照《中华人民共和国税收征收管理法》第五十四条第(五)项的规定,到车站、码头、机场、邮政企业及其分支机构检查纳税人有关情况时,有

关单位拒绝的,由税务机关责令改正,可以处 10 000 元以下的罚款;情节严重的,处 10 000 元以上 50 000 元以下的罚款。

(二) 发票管理违法行为的处罚

1) 对非法印制发票的行政处罚

① 处罚依据:《中华人民共和国税收征收管理法》第七十一条。

② 处罚标准:由税务机关销毁非法印制的发票,没收违法所得和作案工具,并处 10 000 元以上 50 000 元以下的罚款;构成犯罪的,依法追究刑事责任。

2) 违反《中华人民共和国发票管理办法》规定的发票开具、使用、缴销、存放和保管的行政处罚

具有下列情形之一的:

(1) 应当开具而未开具发票,或者未按照规定的时限、顺序、栏目,全部联次一次性开具发票,或者未加盖发票专用章。

(2) 使用税控装置开具发票,未按期向主管税务机关报送开具发票的数据。

(3) 使用非税控电子器具开具发票,未将非税控电子器具使用的软件程序说明资料报主管税务机关备案,或者未按照规定保存、报送开具发票的数据。

(4) 拆本使用发票。

(5) 扩大发票使用范围。

(6) 以其他凭证代替发票使用。

(7) 跨规定区域开具发票。

(8) 未按照规定缴销发票。

(9) 未按照规定存放和保管发票的。

① 处罚依据:《中华人民共和国发票管理办法》第三十五条第(一)项至第(九)项。

② 处罚标准:由税务机关责令改正,可以处 10 000 元以下的罚款;有违法所得的予以没收。

3) 对跨规定的使用区域携带、邮寄、运输空白发票,以及携带、邮寄或者运输空白发票出入境和对丢失发票或者擅自损毁发票的行政处罚

① 处罚依据:《中华人民共和国发票管理办法》第三十六条第一款至第二款。

② 处罚标准:由税务机关责令改正,可以处 10 000 元以下的罚款;情节严重的,处 10 000 元以上 30 000 元以下的罚款;有违法所得的予以没收。

4) 虚开发票、非法代开发票的行政处罚

虚开发票行为包括:第一,为他人、为自己开具与实际经营业务情况不符的发票;第二,让他人为自己开具与实际经营业务情况不符的发票;第三,介绍他人开具与实际经营

业务情况不符的发票。

① 处罚依据:《中华人民共和国发票管理办法》第三十七条第一款至第二款。

② 处罚标准:由税务机关没收违法所得;虚开金额在 10 000 元以下的,可以并处 50 000 元以下的罚款;虚开金额超过 10 000 元的,并处 50 000 元以上 500 000 元以下的罚款;构成犯罪的,依法追究刑事责任。

5) 对私自印制、伪造、变造发票,非法制造发票防伪专用品,伪造发票监制章的行政处罚

① 处罚依据:《中华人民共和国发票管理办法》第三十八条。

② 处罚标准:由税务机关没收违法所得,没收、销毁作案工具和非法物品,并处 10 000 元以上 50 000 元以下的罚款;情节严重的,并处 50 000 元以上 500 000 元以下的罚款;对印制发票的企业,可以并处吊销发票准印证;构成犯罪的,依法追究刑事责任。

6) 对转借、转让、介绍他人转让发票、发票监制章和发票防伪专用品的;知道或者应当知道是私自印制、伪造、变造、非法取得或者废止的发票而受让、开具、存放、携带、邮寄、运输的行政处罚

① 处罚依据:《中华人民共和国发票管理办法》第三十九条。

② 处罚标准:由税务机关处 10 000 元以上 50 000 元以下的罚款;情节严重的,处 50 000 元以上 500 000 元以下的罚款;有违法所得的予以没收。

7) 对违反发票管理法规,导致其他单位或者个人未缴、少缴或者骗取税款的行政处罚

① 处罚依据:《中华人民共和国发票管理办法》第四十一条。

② 处罚标准:由税务机关没收非法所得,可以并处未缴、少缴或者骗取的税款 1 倍以下的罚款。

(三) 税款征收违法行为的处罚

税款征收违法行为可分为偷骗抗税、税款征收管理两个部分。

1. 偷骗抗税

1) 对纳税人偷税的行政处罚

① 处罚依据:《中华人民共和国税收征收管理法》第六十三条第一款。

② 处罚标准:对纳税人偷税的,由税务机关追缴其不缴或者少缴的税款、滞纳金,并处不缴或者少缴的税款 50% 以上 5 倍以下的罚款;构成犯罪的,依法追究刑事责任。

2) 对扣缴义务人采取偷税手段,不缴或少缴已扣、已收税款的行政处罚

① 处罚依据:《中华人民共和国税收征收管理法》第六十三条第二款。

② 处罚标准:由税务机关追缴其不缴或者少缴的税款、滞纳金,并处不缴或者少缴

的税款 50% 以上 5 倍以下的罚款；构成犯罪的，依法追究刑事责任。

3）对以假报出口或者其他欺骗手段，骗取国家出口退税款的行政处罚

① 处罚依据：《中华人民共和国税收征收管理法》第六十六条。

② 处罚标准：追缴骗取的退税款，并处骗取税款 1 倍以上 5 倍以下罚款；对骗取国家出口退税款的，可以在规定期间内停止为其办理出口退税。

4）对纳税人抗税的行政处罚

① 处罚依据：《中华人民共和国税收征收管理法》第六十七条。

② 处罚标准：以暴力、威胁方法拒不缴纳税款的，是抗税，除由税务机关追缴其拒缴的税款、滞纳金外，依法追究刑事责任。情节轻微，未构成犯罪的，由税务机关追缴其拒缴的税款、滞纳金，并处拒缴税款 1 倍以上 5 倍以下的罚款。

2. 税款征收管理

1）对编造虚假计税依据的行政处罚

① 处罚依据：《中华人民共和国税收征收管理法》第六十四条第一款。

② 处罚标准：由税务机关责令限期改正，并处 50 000 元以下的罚款。

2）对纳税人逃避追缴欠税的行政处罚

① 处罚依据：《中华人民共和国税收征收管理法》第六十五条。

② 处罚标准：纳税人欠缴应纳税款，采取转移或者隐匿财产的手段，妨碍税务机关追缴欠缴的税款的，由税务机关追缴欠缴的税款、滞纳金，并处欠缴税款 50% 以上 5 倍以下的罚款；构成犯罪的，依法追究刑事责任。

3）对纳税人、扣缴义务人在规定期限内不缴或者少缴应纳或者应解缴的税款，经税务机关责令限期缴纳，逾期仍未缴纳的行政处罚

① 处罚依据：《中华人民共和国税收征收管理法》第六十八条。

② 处罚标准：税务机关除依照本法第四十条的规定采取强制执行措施追缴其不缴或者少缴的税款外，可以处不缴或者少缴的税款 50% 以上 5 倍以下的罚款。

4）对扣缴义务人应扣未扣、应收而不收税款的行政处罚

① 处罚依据：《中华人民共和国税收征收管理法》第六十九条。

② 处罚标准：由税务机关向纳税人追缴税款，对扣缴义务人处应扣未扣、应收未收税款 50% 以上 3 倍以下的罚款。

5）对为纳税人、扣缴义务人非法提供银行账户、发票、证明或者其他方便，导致未缴、少缴税款或者骗取国家出口退税款的行政处罚

① 处罚依据：《中华人民共和国税收征收管理法实施细则》第九十三条。

② 处罚标准：税务机关除没收其违法所得外，可以处未缴、少缴税款或者骗取退税款 1 倍以下的罚款。

6) 对境内机构或个人发包工程作业或劳务项目,未按规定向主管税务机关报告有关事项的行政处罚

① 处罚依据:《非居民承包工程作业和提供劳务税收管理暂行办法》(国家税务总局令第 19 号)第三十三条。

② 处罚依据:责令限期改正,可以处 2 000 元以下的罚款;情节严重的,处 2 000 元以上 10 000 元以下的罚款。

7) 纳税人、纳税担保人采取欺骗、隐瞒等手段提供担保的,或者非法为纳税人、纳税担保人实施虚假纳税担保提供方便的行政处罚

① 处罚依据:《纳税担保试行办法》第三十一条。

② 处罚依据:由税务机关处以 1 000 元以下的罚款;属于经营行为的,处 10 000 元以下的罚款。

第四节　非税收入其他

一、国有资源(资产)有偿使用收入

国有资源(资产)有偿使用收入是指有偿转让国有资源(资产)使用权而取得的收入,包括国有资产有偿使用收入和国有资源有偿使用收入。

国有资产有偿使用收入,包括国家机关、实行公务员管理的事业单位、代行政府职能的社会团体以及其他组织的固定资产和无形资产出租、出售、出让、转让等取得的收入,世界文化遗产保护范围内实行特许经营项目的有偿出让收入和世界文化遗产的门票收入,利用政府投资建设的城市道路和公共场地设置停车泊位取得的收入,及利用其他国有资产取得的收入。

国有资源有偿使用收入,包括土地出让金收入、新增建设用地土地有偿使用费、海域使用金、探矿权和采矿权使用费及价款收入、场地和矿区使用费收入;出租汽车经营权、公共交通线路经营权、汽车号牌使用权等有偿出让取得的收入;政府举办的广播电视机构占用国家无线电频率资源取得的广告收入,以及利用其他国有资源取得的收入。

二、国有资本收益

国有资本收益是指国家以所有者身份依法取得的国有资本投资收益。

国家以所有者身份进行投资成立国家出资企业,国家出资企业的形式主要有国有独资公司、国有资本控股公司和国有资本参股公司。国有资本收益主要包括国有资本分享

的企业税后利润、国有股股利、红利、股息,企业国有产权(股权)出售、拍卖、转让收益和依法由国有资本享有的其他收益。

三、彩票公益金收入

彩票公益金是从彩票发行收入中按规定比例提取的,专项用于社会福利、体育等社会公益事业的资金。按彩票类型划分,彩票公益金收入分为福利彩票公益金收入、体育彩票公益金收入和其他彩票公益金收入。

四、特许经营收入

特许经营收入是指国家依法特许企业、组织或个人垄断经营某种产品或服务而获得的收入,主要包括烟草专卖收入、酒类产品专卖收入、免税商品专营收入、货币发行收入、印钞造币收入、纪念邮票(纪念币)发行收入、食盐批发专营收入等。

五、中央银行收入

中央银行收入是指中国人民银行按规定上缴国家的收入,具体包括利息收入、业务收入、租赁收入和赔款收入。

六、以政府名义接受的捐赠收入

以政府名义接受的捐赠收入是指以各级政府、国家机关、实行公务员管理的事业单位、代行政府职能的社会团体以及其他组织名义接受的非定向捐赠货币收入,不包括定向捐赠货币收入、实物捐赠收入以及以不实行公务员管理的事业单位、不代行政府职能的社会团体、企业、个人或者以其他民间组织名义接受的捐赠收入。

以政府名义接受的捐赠收入,必须坚持自愿原则,不得强行摊派,不得将以政府名义接受的捐赠收入转交不实行公务员管理的事业单位、不代行政府职能的社会团体、企业、个人或者其他民间组织管理。

七、主管部门集中收入

主管部门集中收入主要是指国家机关、实行公务员管理的事业单位、代行政府职能的社会团体及其他组织集中所属事业单位收入,这部分收入必须经同级财政部门批准。今后,随着事业单位体制改革的深入进行,主管部门应当与事业单位财务实行彻底脱钩,逐步取消主管部门集中事业单位收入。作为过渡性措施,目前主管部门集中收入应当统一纳入非税收入管理范围,实行"收支脱钩"管理,有关支出纳入部门预算,实行统一安排。

八、政府收入的利息收入

政府财政资金产生的利息收入是指税收和非税收入产生的利息收入,按照中国人民银行规定计息,统一纳入政府非税收入管理范围。

九、其他非税收入

其他非税收入是指上述收入外其他利用国家权力、政府信誉等取得的,应当纳入政府非税收入管理的资金。

第三章

非税收入管理体制及改革

第一节 非税收入管理体制

一、非税收入管理体制的概念与原则

(一) 非税收入管理体制的概念

非税收入管理体制是指中央和地方及地方政府之间、财政与相关部门及单位之间非税收入管理权限划分的制度,具体表现为特定的非税收入管理模式,以及基于管理模式下的管理组织机构设置、管理职能及管理权责划分、人力等管理要素资源的配置等。

(二) 非税收入管理体制的原则

非税收入管理体制隶属于财政管理体制。财政管理体制的确立原则,是非税收入管理体制的基本依据和原则。这些原则包括统一领导、分级管理的原则;财权与事权相匹配的原则。

1. 统一领导、分级管理的原则

统一领导、分级管理就是中央集权和地方分权的关系问题。集权与分权,是一对矛盾。一般地说,凡是关系国家全局的管理权限一定要集中到中央,不能任意分散,以保证中央的统一领导;凡是需要由地方因地制宜的管理权限,一定要放给地方,中央不能统得过死,以充分调动地方的积极性。在非税收入的管理体制中,统一领导要求非税收入管理政策和制度由政府制定,非税收入立项权、标准制定或审定权由政府掌握,属于全国性的非税收入项目由中央负责,属于地方性的非税收入项目由地方负责;非税收入管理制度的审批和发布按照立项权限由同级人大或政府负责;非税收入资金使用必须纳入政府预算和财政国库进行管理。分级管理要求具体非税收入项目的审定和批准、非税收入管理制度的制定与发布分别由中央与地方政府分权管理;在人大与政府之间、政府部门(财政部门、物价管理部门)之间、部门与相关单位之间在政府非税收入的立项、标准制定、征收管理和资金使用方面,按照分权与制衡的原则和非税收入征收管理方式进行分权管理。

2. 财权与事权相匹配的原则

财权与事权相匹配本质上就是事权与支出责任相适应。理顺中央与地方的收入分配关系，合理界定中央与地方的财权和事权，使财权与事权相匹配，是财税体制改革十分重要的一个方面。非税收入管理体制也要求坚持财权与事权相匹配的原则。事权就是非税收入资金使用各主体的职能范围和权责关系，财权是指在法律或上级机关赋予的非税收入资金使用各主体拥有支配收入的权力。财权与事权相匹配要求各级政府在非税收入资金使用上按行业或系统进行跨区域资金调节中的责任，明确财政部门与部门单位之间各自在跨区域资金调节中的责任。财权与事权相匹配要求在同级政府内部，按照政府、部门与单位之间的财政预算管理权责，明确其预算管理、资金管理与结果报告及财务监督等方面各自职责。

二、非税收入管理体制的内容

非税收入税收管理权限包括非税收入立法权、非税收入法律解释权、非税收入立项权或停征权、非税收入征收管理权、非税收入资金使用权等。

（一）非税收入的立法权

非税收入立法权是国家最高权力机关根据法律程序赋予非税收入法律效力时所具有的权力，包括非税收入法律的制定权、审议权、表决权、批准权及公布权等。

目前我国没有法律层次高的非税收入法律，只有《政府非税收入管理办法》等规范性文件，还有一些地方性的管理办法。

（二）非税收入法律解释权

非税收入法律解释权是指经过立法机关授权，对非税收入有关法律法规进行解释的权限。

（三）非税收入立项权或停征权

非税收入立项权是指设立开征某项非税收入的权利，包括确定开征的具体项目、开征的时间、征收的范围、征收标准等。非税收入停征权是指对已经开征的某项非税收入停止征收的权利，包括停止征收的条件、时间等。

（四）非税收入征收管理权

非税收入征收管理权包括非税收入的征收权、票据管理权、资金管理权、对缴纳义务人的稽查权、对各管理方的监督检查权、行政处罚权等。

（1）我国非税收入的征收权比较分散，各级国家机关、事业单位、代行政府职能的社会团体及其他组织都可能拥有某项非税收入的征收权。国税地税机构合并后，税务机关将具体承担所辖区域内各项税收、非税收入征管等职责。

（2）非税收入票据管理权是对非税收入征收过程中使用的合法凭证的管理，包括票据的印制管理、领购与发放管理、使用管理、保管管理等内容。非税收入票据管理的职能部门是各级财政部门，健全非税收入的票据管理，有利于规范征收单位的征收行为，从源头上杜绝乱收费，并确保依法合规的非税收入及时足额上缴国库。

（3）非税收入的资金管理权包括非税收入的资金收缴、存储、退付、清算、核算等权利。非税收入收缴实行国库集中收缴制度，应当全部上缴国库，通过国库单一账户体系收缴、存储、退付、清算和核算。

（4）对缴纳义务人的稽查权一般归属于拥有征收权的主体，有的也归属于受托代征的主体。

（5）对各管理方的监督检查的职能部门是各级财政机关和审计机关，同时也应接受公众的监督。

（6）非税收入行政处罚权是指对违反规定设立、征收、缴纳、管理非税收入等行为依法给予处罚的权利。处罚的依据包括《中华人民共和国预算法》《财政违法行为处罚处分条例》和《违反行政事业性收费和罚没收入收支两条线管理规定行政处分暂行规定》等规定；涉嫌犯罪的，依法移送司法机关处理。

（五）非税收入资金使用权

非税收入资金使用权是指非税收入的收益归属权，即收入缴入哪级国库、由谁支配使用等权利。传统的非税收入管理体制的做法是"谁征收谁使用"，也即资金使用权因非税收入征管权的实现而产生。现代的非税收入管理体制是"收缴分享，统一征管"，如税务机关有非税收入的征收权，但无非税收入的资金使用权。例如，水利建设基金中的中央水利建设基金，专项用于关系经济社会发展全局的防洪和水资源配置工程建设及其他经国务院批准的水利工程建设；中央水利工程维修养护；防汛、应急度汛。资金使用结构为55％用于水利工程建设；30％用于水利工程维修养护；15％用于应急度汛，各部分资金结余可统筹安排使用。

三、非税收入的管理机构

我国非税收入管理机构的设置无统一规定。总体上讲，政府非税收入的管理职责主要由政府财政部门负责管理。中央没有专门负责非税收入的管理机构，管理职责由财政综合部门负责。地方政府在管理机构设置上，各地区差异较大，但都在各级财政部门设置了专门负责政府非税收入管理的工作机构。各级政府内部，有的地方非税收入管理职责从立项到征收及资金使用的管理全部由财政部门负责，有的则在财政、物价等部门之间划分了职责。

依据《政府非税收入管理办法》第十一条规定:"非税收入可以由财政部门直接征收,也可以由财政部门委托的部门和单位(以下简称执收单位)征收。未经财政部门批准,不得改变非税收入执收单位。法律、法规对非税收入执收单位已有规定的,从其规定。"由此可见,非税收入征收单位有三种:一是财政部门;二是财政部门授权的其他部门;三是其他法律、法规特别规定的部门。具体来看包括以下几种:

(1)由财政部门直接征收的非税收入,包括彩票公益金(中央部分)、中央企业国有资本收益等。各省财政部门征收的非税收入,包括彩票公益金(地方部分)、地方企业国有资本收益等。

(2)财政部门授权其他部门征收的非税收入,包括残疾人就业保障金(由财政部授权税务部门征收)、废弃电器电子产品处理基金(由财政部授权税务部门征收)等。

(3)其他法律、法规特别规定的征收部门征收的非税收入。例如,教育费附加就是由国务院依据《中华人民共和国征收教育费附加的暂行规定》(国务院令〔1990〕第60号)直接明确由税务部门征收。

2018年3月17日,第十三届全国人大第一次会议表决通过了关于国务院机构改革方案的决定。国务院机构改革方案的内容之一是改革国税地税征管体制。为降低征纳成本,理顺职责关系,提高征管效率,为纳税人提供更加优质、高效、便利的服务,将省级和省级以下国税地税机构合并,具体承担所辖区域内各项税收、非税收入征管等职责。依据改革方案的决定,税务机关成为非税收入的征管部门。由于非税收入涉及的项目多,全部一次性划归税务机关征管难度大。当前根据国家的安排,按照"成熟一批划转一批,逐步推进"的基本思路。非税收入正在分步骤、分时期地逐步划转至税务机关征收。

值得注意的是,财政部门和其他部门在征收非税收入时,大多是用的"收缴"的概念,注重通过非税收入票据,采取以票控费的方式将非税收入收缴入库。而税务部门大多使用的是"征管"的概念,注重通过日常管理、风险识别、缴费检查等措施,对非税收入缴纳情况进行全方位征收管理。因此,税务部门征收非税收入,具有更强的规范性和刚性。

第二节 非税收入的设立和征收管理

一、非税收入的设立

(一)非税收入设立的主体

设立非税收入,应当依据法律、法规的规定或者按下列管理权限予以批准。

1. 行政事业性收费按照国务院和省、自治区、直辖市（以下简称省级）人民政府及其财政、价格主管部门的规定设立

行政事业性收费设立的主体有国务院和省级人民政府及其财政、价格主管部门。由于行政事业性收费设立的主体多，所以行政事业性收费项目也比较多。

当前，按照中央的要求，我国多年持续清理规费，很多省份取消了大部分省级人民政府设立的行政事业性收费项目，还有不少省份不设立针对企业的涉企行政事业性收费。所以很多省份的行政事业性收费项目中只有国务院设立的行政事业性收费项目。

2. 政府性基金按照国务院和财政部的规定设立

政府性基金设立的主体有国务院和财政部。省级人民政府无权设立政府性基金。政府性基金项目只有铁路建设基金、港口建设费、民航发展基金、高等级公路车辆通行附加费（海南）、国家重大水利工程建设基金、水利建设基金、城市基础设施配套费、农网还贷资金、教育费附加、地方教育附加、文化事业建设费、国家电影事业发展专项资金、旅游发展基金、中央水库移民扶持基金（包括大中型水库移民后期扶持基金、跨省大中型水库库区基金、三峡水库库区基金）、地方水库移民扶持基金（包括省级大中型水库库区基金、小型水库移民扶助基金）、残疾人就业保障金、森林植被恢复费、可再生能源发展基金、船舶油污损害赔偿基金、核电站乏燃料处理处置基金、废弃电器电子产品处理基金，共计21项。

3. 其他非税收入的设立

（1）国有资源有偿使用收入、特许经营收入按照国务院和省级人民政府及其财政部门的规定设立。

（2）国有资产有偿使用收入、国有资本收益由拥有国有资产（资本）产权的人民政府及其财政部门按照国有资产（资本）收益管理规定征收。

（3）彩票公益金按照国务院和财政部的规定筹集。

（4）中央银行收入按照相关法律、法规征收。

（5）罚没收入按照法律、法规和规章的规定征收。

（6）主管部门集中收入、以政府名义接受的捐赠收入、政府收入的利息收入及其他非税收入按照同级人民政府及其财政部门的管理规定征收或者收取。

（二）非税收入设立的内容

非税收入的设立包括具体非税收入项目的确定、征收的对象、征收的范围、征收的标准、征收期限、征收管理等内容。

任何部门和单位不得违反规定设立非税收入项目或者设定非税收入的征收对象、范围、标准和期限。

取消、停征、减征、免征或者缓征非税收入，以及调整非税收入的征收对象、范围、标准和期限,应当按照设立和征收非税收入的管理权限予以批准,不许越权批准。

取消法律、法规规定的非税收入项目,应当按照法定程序办理。

二、非税收入的征收管理

(一)征收主体

非税收入执收主体由法律、法规、规章规定,法律、法规、规章没有规定执收主体的,由非税收入管理机构直接征收或依法委托相关单位征收。未经财政部门批准,不得改变非税收入执收主体。法律、法规对非税收入执收主体已有规定的,从其规定。

执收主体应当履行下列职责:

(1)公示非税收入征收依据和具体征收事项,包括项目、对象、范围、标准、期限和方式等;

(2)严格按照规定的非税收入项目、征收范围和征收标准进行征收,及时足额上缴非税收入,并对欠缴、少缴收入实施催缴;

(3)记录、汇总、核对并按规定向同级财政部门报送非税收入征缴情况;

(4)编报非税收入年度收入预算;

(5)执行非税收入管理的其他有关规定。

执收主体不得违规多征、提前征收或者减征、免征、缓征非税收入。

各级财政部门应当加强非税收入执收管理和监督,不得向执收主体下达非税收入指标。

(二)缴纳义务人

公民、法人或者其他组织(以下简称缴纳义务人)应当按规定履行非税收入缴纳义务。例如,水利建设基金的缴纳义务人是从事生产、经营的单位和个人。城市基础设施配套费缴纳义务人是建设单位。

对违规设立非税收入项目、扩大征收范围、提高征收标准的,缴纳义务人有权拒绝缴纳并向有关部门举报。

缴纳义务人因特殊情况需要缓缴、减缴、免缴非税收入的,应当向执收单位提出书面申请,并由执收单位报有关部门按照规定审批。

(三)非税收入的票据管理

非税收入的票据管理的内容包括印制、领取、发放、使用、保管、核销、销毁、监督检查等内容。

各级财政部门应当通过加强非税收入票据管理,来规范执收单位的征收行为,从源头上杜绝乱收费,并确保依法合规的非税收入及时足额上缴国库。

(四) 非税收入的收缴管理

1. 非税收入收缴的电子化管理

各级财政部门应当加快推进非税收入收缴电子化管理,逐步降低征收成本,提高收缴水平和效率。

2. 非税收入的资金管理

非税收入的资金管理包括收缴、存储、退付、清算、核算等内容。

1) 非税收入收缴实行国库集中收缴制度

非税收入收缴实行国库集中收缴制度,非税收入应当全部上缴国库,任何部门、单位和个人不得截留、占用、挪用、坐支或者拖欠。

非税收入国库集中收缴制度是国库集中收付制度的组成部分。国库集中收付制度是指建立国库单一账户体系,所有财政性资金都纳入国库单一账户管理,收入直接缴入国库或财政专户,支出通过国库单一账户体系,按照不同支付类型,采用财政直接支付与授权支付的方法,支付到商品或货物供应者或用款单位。

非税收入应当通过国库单一账户体系收缴、存储、退付、清算和核算。

上下级政府分成的非税收入,由财政部门按照分级划解、及时清算的原则办理。

已上缴中央和地方财政的非税收入依照有关规定需要退付的,分别按照财政部和省级财政部门的规定执行。

2) 非税收入应当依照法律、法规规定或者按照管理权限确定的收入归属和缴库要求,缴入相应级次国库

非税收入实行分成的,应当按照事权与支出责任相适应的原则确定分成比例,并按下列管理权限予以批准:

(1) 涉及中央与地方分成的非税收入,其分成比例由国务院或者财政部规定。

(2) 涉及省级与市、县级分成的非税收入,其分成比例由省级人民政府或者其财政部门规定。

(3) 涉及部门、单位之间分成的非税收入,其分成比例按照隶属关系由财政部或者省级财政部门规定。

未经国务院和省级人民政府及其财政部门批准,不得对非税收入实行分成或者调整分成比例。

3) 非税收入的预算管理

根据非税收入不同性质,分别纳入一般公共预算、政府性基金预算和国有资本经营预算管理。

(五) 非税收入的监督管理

(1) 各级财政部门应当建立健全非税收入监督管理制度,加强非税收入政策执行情

况的监督检查,依法处理非税收入违法违规行为。

(2) 执收单位应当建立健全内部控制制度,接受财政部门和审计机关的监督检查,如实提供非税收入情况和相关资料。

(3) 各级财政部门和执收单位应当通过政府网站和公共媒体等渠道,向社会公开非税收入项目名称、设立依据、征收方式和标准等,并加大预决算公开力度,提高非税收入透明度,接受公众监督。

(4) 任何单位和个人有权监督和举报非税收入管理中的违法违规行为。

各级财政部门应当按职责受理、调查、处理举报或者投诉,并为举报人保密。

(5) 对违反《政府非税收入管理办法》规定设立、征收、缴纳、管理非税收入的行为,依照《中华人民共和国预算法》《财政违法行为处罚处分条例》和《违反行政事业性收费和罚没收入收支两条线管理规定行政处分暂行规定》等国家有关规定追究法律责任;涉嫌犯罪的,依法移送司法机关处理。

第三节 税务机关征收的非税收入征管改革

一、税务部门非税收入征管的历史沿革

从相关文件看,税务部门征管非税收入起步于1986年教育费附加的开征,历经2015年以前、2015—2018年、2018年以后三个阶段。

(一) 委托征管阶段(2015年以前)

2015年以前,从税务部门征管效率高、征管成本低的角度出发,各级政府及财政等部门将普遍征管、具有"同税"特点的非税收入主动划转税务部门征管,主要存在两种形式:

一是设立阶段,即明确由税务部门征管。比如教育费附加、废弃电器电子产品处理基金等。1986年,国务院发布《征收教育费附加的暂行规定》,即明确"教育费附加由税务机关负责征收。"2012年,国务院设立废弃电器电子产品处理基金时,授权财政部、环境保护部、国家发展改革委、工业和信息化部、海关总署、国家税务总局等6部委,联合印发《废弃电器电子产品处理基金征收使用管理办法》(财综〔2012〕34号),明确"由国家税务局对电器电子产品生产者征收废弃电器电子产品处理基金。"

二是征收中逐步划转税务部门征收。典型例子是残保金。残保金初期是由残联部门征收,由于征收面广,与企业员工数量、工资总额等指标具有密切联系,为提高征管效率,在各地政府的主导下,财政、残联纷纷委托税务部门代征。其主要模式是残联核定缴费

额,税务部门征收入库,既提高了征缴效率,又减轻了缴费人的缴费成本。为了进一步提高征管效率,财政部于2005年发布了《残疾人就业保障金征收使用管理办法》(财税〔2015〕72号,以下简称财税〔2015〕72号文件),提出了原则上由税务部门直接征收残保金的改革导向。各地政府陆续发文,明确由税务部门直接征收残保金,即残联部门不再核定缴费额,而是缴费人直接向税务部门申报缴纳。

初步统计,2015年以前,各地税务部门共征管14项非税收入。其中,税务部门普遍征管教育费附加、地方教育附加、残保金、文化事业建设费、废弃电器电子产品处理基金5项非税收入,部分省市税务部门征管地方水利建设基金(含防洪工程维护费)、城镇垃圾处理费、水土保持补偿费、地方大中型水库库区基金、国家重大水利工程建设基金(地方部分)、外商投资企业土地使用费、海上石油矿区使用费、陆上石油矿区使用费、土地闲置费等9项非税收入。

(二)拓展征管阶段(2015—2018年)

2015年10月,中办国办出台《深化国税、税务征管体制改革方案》,明确要求要发挥税务部门税费统征效率高等优势,按照便利征管、节约行政资源的原则,将依法保留、适宜由税务部门征收的行政事业性收费、政府性基金等非税收入项目,改由税务部门统一征收。

在营改增改革的大背景下,原地税部门与国税部门的收入规模平分秋色的局面被打破,国税部门的收入规模远超地税部门。为促进地税部门的可持续发展,从制度层面,考虑到地税部门服务地方经济的特点和已征收多项非税收入的实际,为拓展地税部门服务地方财政收入的能力,提出了地税部门征收非税收入的改革目标。

从落实的情况来看,部分省市划转了10余项非税收入由地税部门征管,主要包括:北京市将城市基础设施配套费、防空地下室易地建设费、国家电影事业发展专项资金、无线电频率占用费、彩票公益金、彩票发行和销售机构业务费等6项非税收入划转税务部门征收;云南省将防空地下室易地建设费、国家电影事业发展专项资金、无线电频率占用费、国有资产有偿使用收入(包括出租收入、处置收入、利息收入)、国有资本收益、土地复垦费等6项非税收入划转税务部门征收;广西壮族自治区将国有资本收益划转税务部门征收,等等。

(三)研判征管阶段(2018年以后)

2018年3月,中共中央《深化党和国家机构改革方案》指出:为降低征纳成本,理顺职责关系,提高征管效率,为纳税人提供更加优质高效便利服务,将省级和省级以下国税地税机构合并,具体承担所辖区域内各项税收、非税收入征管等职责。中办国办随之出台了《国税地税征管体制改革方案》,明确"按照'便民、高效'的原则,合理确定非税收入征管职责划转到税务部门的范围,对依法保留、适宜划转的非税收入项目,成熟一批划转一批,逐步推进。"

中央项目方面,根据机构改革方案,财政部印发了147号文,确定自2019年1月1日起,原由专员办负责征管11大项13细项中央非税收入划转至税务部门征管。一是对电力企业征收的9项,包括国家重大水利工程建设基金(中央部分)、农网还贷资金、大中型水库移民扶持基金、可再生能源发展基金、核电站乏燃料处理处置基金、核事故应急准备专项收入、跨省大中型水库库区基金、三峡水库库区基金、三峡电站水资源费;二是对石油生产经营企业征收的3项,包括油价调控风险准备金、石油特别收益金、国家留成油收入;三是对免税商品经营企业征收的1项,主要是免税商品特许经营收入。首批划转项目多属于政府性基金类,涉及全国绝大多数省份(仅西藏暂无),且税费关联性强,其费基与增值税或企业所得税税基相同或相近。划转税务部门征管后,既能方便缴费企业,又能联动税费规范征管。近年来收入规模相对稳定,2018年总收入规模在1 300亿元左右。

省级项目方面,现行12大类非税收入中,省级设立的项目主要集中在行政事业性收费、国有资源(资产)有偿使用类和特许经营权3类,且有19个省已推行涉企零收费改革,总体来看适宜划转的项目不多。2018年,经各省政府商税务总局,17省共确定29项省级非税收入划转税务部门征管,其中有13项资源资产补偿费,6项路损赔偿费,4项广告收入,3项价差收入,1项竞价收入,1项招生经费,1项基础设施配套费。这些项目划转后,税务部门能充分利用现有的征管服务资源,采取多种缴费方式,切实减少缴费人多头跑、来回跑。初步统计,这29项涉及近900万缴费人,2018年收入规模在80亿元左右。

总体看,专员办划转13项、省级划转29项,加上税务部门原已征24项,2019年起税务部门共征管66项非税收入。上述66项非税收入具有三方面特点:一是从收入规模来看,税务部门征管的66项非税收入约7 600亿元,占2018年全国非税收入10.53万亿元的7.2%;二是从分省情况来看,省均征管12.5项,最多的北京21项,除西藏2项外,最少的厦门7项;三是从性质类别来看,征收的中央项目主要是政府性基金(14大项16细项)和国有资源(资产)有偿使用收入(6项),省级项目主要是公共资源资产有偿使用方面(19项)。

二、税务部门征收非税收入的征缴模式及分析

(一)税务部门征收非税收入的主要征缴模式

按照执收单位征收非税收入权限的不同,可分为全流程征收、部门协作征收、委托代征三种模式。如果将非税收入征收环节定义为征(申报征收)、管(征前管理/后续监管)、罚(费款追缴)三个部分,执收单位仅负责"征"的模式可称为"委托代征",负责"征+管"的

模式可称为"部门协作征管",负责"征+管+罚"的模式可称为"全流程征管"。三种模式的适用条件及利弊如表 3-1 所示。

表 3-1 税务部门征收非税收入征缴模式分析表

征缴模式	涵盖征管环节	适用对象	优点	不足
全流程征管	征前管理、申报征收、后续监管、费款追缴	缴纳期限比较长,需要进行费款追缴,且具有一定的强制性	有利于发挥税务部门征管效率高、征缴成本低、执法严格规范的优势	工作量大,执法责任重
部门协作征管	征前管理、申报征收、后续监管	缴纳期限比较长,需要进行费款追缴	有利于发挥税务部门的征管效率高、成本低的优势	工作量比较大
委托代征	申报征收	一般为一次性征收	提高征纳效率,税务部门执法责任少	没有完全发挥税务部门执法严格、规范的优势

1. 全流程征管模式

全流程征管模式包括完整的征、管、罚三个环节,其主要特点是"税务全程管理,无需外部干预",各项职能由税务部门独立完成。采取这种征缴模式:一是征收单位可主动进行税费比对,能有效提高申报准确率。比如,社会保险费和个人所得税的计算依据类似,税务部门利用个人所得税和企业所得税数据,能够对社会保险费开展比对、审核,有效避免了缴费基数不实的问题。二是征收单位可主动开展检查处罚等执法行为,能有效提高缴费遵从度。有的非税收入有加收滞纳金或处罚等强制性条款,如果授予税务部门全责征收,能够充分发挥执法刚性,有效提高缴费遵从度。虽然全流程征管模式有利于最大化发挥税务部门优势,但一定程度上也增加了税务部门的工作量和执法责任,而且涉及原征收单位的职责调整、人员安置等事项,社会影响也较大。

2. 部门协作征管模式

部门协作征管也可称为半责征管。该模式是执收单位仅负责征、管两个环节,其主要特点是"税务管前期申报征收,其他部门管后续处理处罚",税务部门必须与其他部门配合,才能实现对费种的完整管理。目前部分地区社会保险费的征管采取的就是此种征收模式。部门协作征管模式具有以下优点:一是执收单位工作相对单一,有时间和精力细化日常管理;二是工作压力相对减小,有助于进一步做好不同费种间数据比对,提高征管质量。但也存在着弊端:一是工作中需要花费大量精力进行部门间协调;二是部门间软件系统匹配性、数据传递质量等对工作效率产生影响;三是执收单位失去制衡手段,缴费人遵从度不高。

3. 委托代征模式

委托代征模式仅包括"征"这个环节,主要特点是"部门核定费额、税务照单征收"。对于一次性缴纳,且需要其他部门提前核定缴费金额的非税收入,比如土地出让金、土地闲置费、防空地下室易地建设费、城市基础设施配套费等非税收入,采取代征的方式更加适宜,一是工作量相对较少,税务人员的执法责任也较轻。二是不影响主管单位的管理职责,面临阻力较小。

(二) 税务部门征收非税收入的优势

在长期的税费征管实践中,税务部门已建立起成熟的税费征管体系,具有显著的征管优势,具体表现为以下七个方面。

1. 组织优势明显

税务部门实行以国家税务总局为主与省(自治区、直辖市)政府双重领导管理体制,机构上下联动,工作统一部署,能够实现对非税收入征收工作的集中统一领导,确保相关政策得到有效落实,征收任务顺利完成。

2. 信息资源充分

税务部门已经建立了"征、管、查"三分离的征管模式,对税源进行分级分类专业化管理。税务部门可以基于对企业生产经营状况的掌握,充分利用财务信息、申报信息及第三方信息进行税费比对,深入开展风险管理,强化非税收入费源监控,最大限度地减少虚假申报。随着金税三期系统的不断完善和第三方信息的大量获取,税务部门将对各种非税收入费源变化情况掌握得更加充分,有利于对非税收入征收工作的精细化管理。

3. 征收成本降低

税务部门信息化程度较高,金税三期系统在满足目前征收税费的基础上,稍加修改,即可满足征收其他非税收入的需要,且征收效率更高。同时,税务部门人员充足,无须为承担非税收入征收职责增员扩编,只需适当调整处室职责,合理调配人员和设备,即可迅速实现机构人员和配套措施到位,减少了机构人员冗余和行政资源浪费的现象。另外,税务部门对非税收入的管理和检查可以与税收风险应对一并进行,不会额外增加甚至会大幅降低非税收入征收成本,比较经济高效。

4. 缴费负担减轻

利用税务部门完善的网络申报平台,缴费人在缴纳费款的同时,足不出户即可办结申报、缴纳费款,降低了缴费人的负担。在办税大厅方面,缴费人进一家门办多家事,税费同步办理,能够减少缴费人多头奔波的成本。

5. 资金安全完整

税务部门征收非税收入,能够确保及时、足额地将资金缴入国库,从机制上实现财政资金"收支两条线",有利于促进形成"税务征收、国库记账、财政管理、部门使用、审计监督"的科学管理机制,最大限度地保障财政资金安全。

6. 管理规范有效

税务部门在非税收入征收中,始终坚持税费同管、税费联管、信息管费和综合治费,在管理标准上提高到税收征管的层次,符合非税收入法治化的发展要求。税务部门有着完善的分析平台和风险监控指标体系,对以销售收入、职工人数、工资总额、应缴税额等指标为计费依据的非税收入,能够及时识别纳税人的涉费风险,并采取风险应对措施加以处理,从而有效管控非税收入征缴风险。

7. 执法保障有力

目前,税务部门在省、市、县三级都有相应的非税收入征收管理职能部门,经过多年的锻炼,拥有了一支业务熟练、素质较高的专业组织非税收入队伍,为征收非税收入提供了坚强的人力资源保障。同时,税务部门属于组织收入的专业执法部门,处罚、保全、强制等系列执法手段完善,能够保障税费及时足额入库。

三、税务部门征收非税收入改革方向

税务部门征收非税收入,可以借鉴税收管理的成功经验,在征管系统、信息共享、风险管理、信用管理、税费联办、票证管理等方面,采取统一的征管模式,实现征管模式的科学化、规范化。

(一)征管系统

目前税务部门统一使用金税三期系统征收各项税收和非税收入。目前金税三期是按照《中华人民共和国税收征管法》的规定,分登记、申报、征收、开票、违章处罚等环节设计,各环节环环相扣,其中登记是后续申报征收的起点。对于定期缴费的非税收入,税务部门在管理上也需要登记、申报、征收、开票,因此可以直接纳入金税三期系统。但随着划转项目的增加,非定期缴纳的非税收入呈现出不同的征管特点。比如,四川省划转的公路赔偿费,主要是对损坏公路的缴费人征收,由公路管理部门确定赔偿金额,由税务部门负责代征入库。由于公路赔偿费缴纳义务人大多为自然人,且属于一次性缴费,缴费人无须进行登记即可直接缴费。这与金税三期系统先办理登记再申报缴费的模式产生了差异。目前只能采取变通的方式,即由主管部门提前采集缴费人信息和应缴金额,提前传递给税务部门,税务部门直接将登记信息和应缴信息提前写入金税三期数据库,缴费人登录后可以直接调取应缴金额,直接缴费。

但是此种变通的缴费方式不是长久之计。为做好非税收入项目的征管工作,需根据非税收入的征管流程,分类设计征管系统,初步考虑可以分为两类:一类是需按期缴纳的项目,可为缴费人办理税务登记、进行缴费认定后,缴费人按期通过电子税务局或金税三期系统缴纳;另一类是一次性缴纳的项目,可以不办理税务登记,或者建立简化的登记信息,缴费人通过在线验证证件号码或缴费人名称,即可完成身份确认,直接进行后续的缴费。

(二) 信息共享

税收具有无偿性的特点,与纳税人其他办事关联程度低,与其他部门共享信息的需求较弱。非税收入与税收不同之处在于,税务部门为了"便民高效"地征收非税收入,有的非税收入需从其他部门获取缴费信息,有的非税收入需将缴费明细传递给财政等相关部门。

从信息共享的类型上看,目前实践中信息共享具体有三种情况:

一是从其他部门接收费源信息。比如部分省市税务部门征收的国家电影事业发展基金,需要定期从宣传主管部门获取电影播映单位的登记信息,及时将新增播映单位纳入基金管理范围。

二是将征缴明细传递给其他部门。比如核应急处理处置基金,是对核电站征管的应急准备资金,需及时传递给财政部门及其他业务主管部门,在应急处理的时候能够随时查询可用资金情况及已缴资金明细。

三是既接收费源信息又外传征缴明细。比如残保金。根据财税〔2015〕72号文件,残保金按上年用人单位安排残疾人就业未达到规定比例的差额人数和本单位在职职工年平均工资之积计算缴纳。残保金年缴纳额=(上年用人单位在职职工人数×所在地省、自治区、直辖市人民政府规定的安排残疾人就业比例-上年用人单位实际安排的残疾人就业人数)×上年用人单位在职职工年平均工资。其中,上年用人单位实际安排的残疾人就业人数由残联进行审核确认,传递给税务部门,作为残保金的计算依据。同时根据财税〔2015〕72号文件,用人单位未按规定缴纳残保金的,按照《残疾人就业条例》的规定,由税务部门提交财政部门,由财政部门予以警告,责令限期缴纳;逾期仍不缴纳的,除补缴欠缴数额外,还应当自欠缴之日起,按日加收5‰的滞纳金。因此,残保金的征管需要残联、税务、财政三部门合作共治。税务部门征收残保金,既需残联部门提供残疾人安置信息,又需将未缴信息及时传递给财政部门进行违规处理,可以称为"两头在外"的征管模式。

根据上述情况,税务部门征管非税收入,应根据非税收入是否需要其他部门提供费源信息或核定应缴费额,以及是否需与后续征管流程相衔接,综合研判需共享的信息内容、方式方法等。在共享的层级上,根据信息的需求,确定共享的层级:一是中央层面的共享,即税务总局与财政部的共享,主要是专员办划转的非税收入项目可以通过税务总局云平台定期汇总各省数据,然后采取与财政部直连的方式,将征缴明细信息及时传递给财政部;二是省级层面的共享,主要是省级税务部门与省级财政等部门的共享。在共享的方式：一是部门直接连接，即需要共享的两部门直接连接，比如税务总局与财政部直接连接共享数据。这种做法的好处是时效性高，缺点是需按部门单设专线，建设维护成本较高。二是部门间接连接，即依托政府数据共享平台，各部门与政府数据共享平台连接，提供数据的部门将共享数据传入数据共享平台，数据需求方根据授权，定期到共享平台提取数据。在共享的频率上，可以实施即时共享和延时共享。对于时效性较强的缴费行为，比如办证中缴纳的证件费、办事中缴纳的工本费、在线考试的报名费等，要求缴费后实时反馈缴费结果，需即时共享，即在缴费入库后立即将缴费情况反馈给主管部门。对实时性要求不高的信息，如税务部门向财政部门传递残保金未缴信息，可以采取在征期后，一次性传递未缴信息或采取按日传递未缴信息等方式实施延时共享。

（三）风险管理

目前税务部门对税收开展风险管理大多局限于企业财务数据，缺乏企业其他相关数据的交叉验证，一定程度上降低了风险管理的有效性。税务部门征管非税收入后，可以直接获取其他部门的费源数据，将非税收入征管信息纳入税务部门风险管理系统，能够丰富风险管理的数据来源，搭建"税收＋非税"的数据库，建立税费联动、分类管控的风险应对机制，能够大幅提高风险管理的水平。比如，在契税和耕地占用税管理方面，如果能够及时获取自然资源部门的土地出让金信息，则能够及时有效地对两税开展风险管理。税务部门可在集成"税收＋非税"的基础上，进一步拓展风险指标内容，既可以通过非税数据比对税收数据，也可以用税收数据比对非税数据，还可以用非税数据比对非税数据，在征管上实现 1＋1＞2 的效果。

（四）信用管理

目前非税收入存在征管制度不完善、征管办法不统一、违规处理手段不健全等现实问题，在减税降费的大背景下，非税收入征管职责划转改革初期，不宜一步到位强化征管，宜保持征管模式不变，征管手段上适宜采取征纳冲突较小的管理方式促进缴费遵从度。比较有效的方式是将应报未报、申报不实、不按规定缴纳等违规行为，纳入社会信用体系，对守信者实施联合激励，对失信者实施联合惩戒，提高非税收入违法违规成本，打造诚信缴费环境。

（五）税费联办

非税收入划转税务部门征收后，税务部门依托布点广泛的办税服务厅、便捷的电子税务局、灵活多样的缴费方式，可为缴费人提供更加便捷高效的缴纳服务。

一是简化申报资料。对于税务部门已掌握的信息，缴费人可以免于报送。对于定期申报事项，可取消原审核审批方式，按照诚信原则，由缴费人自行申报，相关优惠政策自行享受，相关资料自行留存备查。

二是拓展缴费渠道。税务部门可以根据缴费人的需求变化,在巩固和夯实原有缴费渠道的基础上,进一步完善实体办税服务厅和电子税务局功能,拓展"实体、网上、掌上、自助"等多样化缴费渠道,提升缴费服务水平,最大限度地便利缴费人,持续优化营商环境。

三是探索协同服务。按照各项非税收入的特点,深入分析税费协同服务的共同点和差异性,探索开展税费"一并申报、同窗办理"与缴费特色服务"专窗办理、绿色通道"相结合的方式,增强缴费人满意度和获得感。

四是优化缴费辅导。跟踪分析缴费服务和降费政策执行中的堵点、难点,研究解决办法,充实12366咨询库,借助税务部门12366平台和纳税人学堂,推动精准辅导。同时在政策宣传上,可以协同税费宣传,扩大政策知晓面,探索"一站式"税费优惠政策的联申联办,确保降费政策落地落实。

(六) 票证管理

税务部门征收税收使用税收票证。在2018年之前,税务部门征收的教育费附加、地方教育附加、文化事业建设费、废弃电器电子产品处理基金等非税收入,都是使用税收票证,能够在一张税收票证上合并开具多个项目,甚至可以和税收同时开具,既方便了缴费人,又便于征管,降低了征收成本。

上述非税收入主要是"同税"类非税收入,缴费人一般是纳税人,使用税收票证较为方便。但税收票证主要是征收税款,而税收具有一定的强制性,如果"租税""似税""非税"类非税收入也统一开具税收票证,缴费人容易误认为非税收入都是与税收一样,具有强制性,也容易造成税收负担过重的误解。后续划转的非税收入项目多种多样,有的从名称或性质上,明显与税收不一样,比如公路损坏赔偿收入。将非税收入专门开具财政部门的非税收入票据,则能够让缴费人从票据上明确区分税收与非税收入,既有利于税务部门征管,也有利于厘清税费缴纳。

对于成本问题,税务部门目前已经推行了电子税票,在非税收入方面,财政部门也在推行电子票据,因此可以在财政部门的授权下,给税务部门赋予一定的号段,将非税收入电子票据纳入税务部门金税三期系统开具,既不增加征纳成本,又实现了分类开票的功能。这一点已经在147号文件中进行了明确。

四、征管模式的国际比较

我国虽然自2004年起开始加强和规范非税收入的管理,但是与其他国家尤其是与经济发达国家相比,在非税收入的项目管理、收费标准、预算管理、财务管理、政策制定等方面都存在较大差距。值得我们从国际比较的角度去研究。

(一) 部分国家非税收入管理方式比较

表 3-2 部分国家非税收入管理方式比较

比较点	美国	加拿大	澳大利亚	韩国	新加坡	芬兰
收费项目的确定	需要通过议会或选民投票来决定,并对是否要民主投票、谁来投票和多少票数通过才能有效都做出了具体明确的规定	实行听证协商制度,在设立新的收费项目前,要与缴费人进行充分磋商	通过严格的法律程序确定政府收费项目。收费机构必须向联邦政府国库部或州政府国库部提出申请,审核后再上报总理内阁讨论及国会(州议会)审议,最终以法律的形式颁布实施	任何收费项目均经法定程序确定	由相关部门在征求社会意见后制定	宪法规定;政府收费行为和数额应依法管理;《收费法》对收费行为进行了具体规定;地方收费主要由地方议会负责审批
收费标准的确定	需要通过议会或选民投票来决定,而且美国法律条款明确规定每项收费水平不能超过政府提供服务或福利的成本,不能超过外溢损失的额度	实行听证协商制度,邀请缴费人参与确定收费标准。另外,分类制定收费标准。原则上规定使用者收费不能超过成本	以"成本补偿"为原则确定收费标准。澳大利亚有关法律规定,制定政府性收费标准应以"成本补偿"为原则,不能以营利为目的	变动收费标准要经过复杂而严格的法律和行政审批程序	由相关部门在征求社会意见后确定收费标准	《收费法》分类定价:受公共法律约束的行为的收费,按成本收费,如驾驶执照,同时也可按地域成本收费或免费提供,如卫生保健、教育;政府商业行业收费则依据市场原则进行
非税收入的管理	所有非税收入都要纳入预算管理。但只是严格地比照预算管理的方式,不在预算收入表上反映	依法分联邦、省(地区)和地方三级管理,设立收费项目,分别管理本级收费。同时,所有非税收入都由政府集中统管统支	统一纳入预算管理	全部纳入政府财政预算,但反映社会公益性服务事业的收费和支出,一般是专款专用	由税务部门、法庭、相关部门分别征收,征收款项统上缴国库	全部纳入政府财政账户

（续表）

比较点	美国	加拿大	澳大利亚	韩国	新加坡	芬兰
非税收入的监管		实行收费收支监督制度。收费情况要接受议会的审查			受多个机构的监督：审计机构审计，公平竞争，调查管理局调查，有关部门的监督检查	
非税收入的使用	收费收入具有专用性	政府统一安排使用，不与有关部门和机构的支出相挂钩	政府统一安排使用，不与有关部门和机构的支出相挂钩		上缴国库，统一支出	由政府统一安排使用
其他方面			有适当的非税收入激励机制，给收费机构适当增加支出预算		有完备的电子计算机税收管理系统，税收成本低	通过银行、网上付费、邮寄付费等方式收缴资金

资料来源：马洪范、蒋义："政府非税收入管理国际经验及借鉴"，《地方财政研究》2009 年第 9 期。

从上述国家非税收入管理方式的比较看，有以下几个方面的特点：

第一，项目管理的法制化。市场经济国家一般将费界定在提供准公共产品的领域，主要包括反垄断的规则性收费、反欺诈的规范性收费、非营利组织的补偿性收费、消除负外部效应的惩罚性收费、消除拥挤的准入性收费和发展公共物品生产的集资性收费。公共部门出台任何政府非税收入项目都要求有严格的法律依据和程序，若要变动收费项目也需经过严格的法律和行政审议程序。立法层次一般集中在中央和省两级。对于社会公益事业的收入和支出的预算和决算，同样要经过政府审查和批准，并对其财务情况进行审议和监督。

第二，收费标准的科学化。对于以提供准公共产品为核心的政府非税收入，大多数市场经济国家普遍按低于平均成本的边际成本收费。政府对所提供的的公共服务成本测算非常严格，以使其制定的收费标准，既能满足政府补偿成本的需要，又能使社会公众普遍接受。

第三，预算管理的规范化。非税收入作为政府收入来源的一部分，与其他收入一起纳入了政府预算，统一管理。

第四，财务管理透明化。这些国家将收费收支过程都纳入监督管理过程，防止非税收入的多征、滥用的发生。

第五,政策制定的民主化。为避免向缴费人收取不合理费用,并取得缴费人的理解和支持,这些国家的中央政府部门和机构在收费项目设立过程中,往往采取听证的形式,与服务对象进行磋商,确保缴费人在收费政策制定中具有实际的发言权。在设立新的收费项目或修订收费标准之前,有关部门和机构会向缴费人说明为什么要实施收费,收费标准是如何控制的;与缴费人一起,对联邦政府现有的相关收费以及收费设立的环境进行分析;对收费可能产生的正反两方面的影响进行评估;设立答辩程序,就可能出现的问题与各类代表性的缴费人进行磋商,阐明对缴费人提出意见和建议的吸收程度及其原因。有关部门和机构未履行上述程序,或者未经协商和达成一致意见的,不能实施收费。各省和地方政府设立收费的有关程序与联邦政府大体相似,也要在本区域范围内征求意见。

(二)部分国家非税收入管理方式对我国的启示

改革开放以来,我国各级政府一直在利用各种非税收入形式多渠道筹措财政资金,为经济建设和社会发展服务。1984年国家相继颁布了一系列允许地方和部门收费的政策,此后的几十年来,非税收入在政府收入中起着十分重大的作用。同国外非税收入相比,我国的非税收入管理尚存在一定的差距。管理好非税收入已成为完善现代财政制度的重要环节。对比美国、加拿大、韩国、新加坡等国非税收入的共性和管理经验,结合中国非税收入现状,可以得到如下启示:

第一,清理规范收费基金。一是要清理取消不合法、不合理的收费基金。凡未经国务院或财政部批准,地方及部门越权设立的政府性基金应一律取消;凡未经国务院和省级政府及其财政、价格管理部门批准设立的行政事业性收费应一律取消。取消用于政府一般性管理职能、"收费养人"的收费项目。二是要整合性质相近、重复设置的收费基金,合并不同部门分别设立但性质相近的收费基金。三是将部分收费转为经营性收费。随着政府职能转变,要将相关机构体现市场经济服务性质的收费转为经营性收费,并对其依法征税。四是将部分具有税收性质的收费基金改为税收。

第二,加强非税收入征收管理。一是对执收单位加强监督,规范收费行为,确保按规定的征收范围、标准和期限征收非税收入,杜绝随意减免和截留挪用行为,依法征管、应收尽收。二是重视对重大基金项目的征管检查,分析查找征管漏洞,确保政策完整有效落实。三是建立完善征收责任追究制度,特别是对擅自减免、缓征、停征非税收入的,要依法处罚,并追究有关责任人的责任。四是继续推进非税收入收缴改革,扩大试点范围,优化收缴流程,加快研究电子缴款,提高收缴管理水平和效率。

第三,加快非税收入立法进程。一是修订《中华人民共和国预算法》,明确非税收入在财政收入中的地位、管理范围、分类及各类非税收入的基本管理原则,尽快出台政府性基金预算、国有资本经营预算和社会保险基金预算的实施细则。二是积极研究制定《非税收入管理条例》,全面加强非税收入征收管理,规范征收行为。三是建立健全非税收入专项管理制度体系,包括非税收入预算管理制度、财政票据管理办法、收入收缴管理办法、罚没收入管理办法、捐赠管理办法、政府性基金管理办法、国有资源(资产)有偿使用管理办法等。

与此同时,重视政策宣传和舆论引导,破除对于政府非税收入在认识和体制机制方面的桎梏,真正使非税收入管理进入有法可依的发展阶段。

第四章

教育费附加与地方教育附加

第一节 教育费附加与地方教育附加概述

一、教育费附加与地方教育附加的征收目的

教育费附加是国家为扶持教育事业发展,计征用于教育的专项收入。1984年,国务院颁布了《关于筹措农村学校办学经费的通知》,开征了农村教育事业经费附加。1985年,中共中央做出了《关于教育体制改革的决定》指出"发展教育事业不增加投资是不行的。在今后一定时期内,中央和地方政府的教育拨款的增长要高于财政经常性收入的增长,并使按在校学生人数平均的教育费用逐步增长"。国家在增拨教育经费的同时,开辟多种渠道筹措经费。为此,1986年,国务院颁布《征收教育费附加的暂行规定》(国发〔1986〕50号),从1986年7月起,以各单位和个人实际缴纳的增值税、营业税、消费税总额的2%计征。1994年,国务院发布的《国务院关于教育费附加征收问题的紧急通知》(国发明电〔1994〕2号)规定从1994年1月1日起,教育费附加率提高为3%,2005年,国务院《关于修改〈征收教育费附加的暂行规定〉的决定》对《征收教育费附加的暂行规定》做出修订。分别与增值税、营业税、消费税同时缴纳。教育附加费作为专项收入,由教育部门统筹安排使用。根据2011年1月8日《国务院关于废止和修改部分行政法规的决定》,国务院对《征收教育费附加的暂行规定》进行了第三次修订。地方政府为发展地方教育事业,由各省、自治区、直辖市人民政府根据《中华人民共和国教育法》和国务院有关规定,决定是否开征及征收率。2010年,根据《财政部关于统一地方教育附加政策有关问题的通知》(财综〔2010〕98号)和《国务院关于进一步加大财政教育投入的意见》(国发〔2011〕22号)的精神,从2011年起,部署各省全面开征地方教育附加。

教育费附加和地方教育附加由中央一级审批,遵循统一领导、分级管理原则,纳入预算管理,统一由税务机关征收。作为教育专项资金,根据"先收后支、列收列支、收支平衡"的原则,在《2018年政府收支科目分类》中,教育费附加收入(1030203)属于103类"非税收入"下02款"专项收入"款下的第3项,反映税务部门以增值税、消费税为计征依据征收

的教育费附加收入;地方教育附加收入(1030216)属于103类"非税收入"下02款"专项收入"款下的第16项,反映按各省按规定征收的地方教育附加收入。

二、教育费附加和地方教育附加的特点

1. 专款专用

教育费附加纳入预算管理,作为教育专项资金,根据"先收后支、列收列支、收支平衡"的原则使用和管理。地方各级人民政府应当依照国家有关规定,使预算内教育事业费逐步增长,不得因教育费附加纳入预算专项资金管理而抵顶教育事业费拨款。

2. 附加征收

两者本身没有特定的课税对象,而以纳税人实际缴纳的增值税和消费税的税额为计征依据。

3. 征收简便

两者的纳费环节、纳费地点、纳费期限等方面的规定,与增值税、消费税的规定相似、趋同。在申报方式、信息化支撑、入库及退库方式上,均与两税入库、退库方式一致。

三、国外教育税收经验借鉴

教育经费的来源一般多为政府拨款,而政府拨款的资金来源主要是税收收入。从财政学的角度来看,义务教育为纯公共产品,非义务教育为准公共产品。所以,教育经费最终应该来源于或者主要来源于税收收入。

世界范围内,教育经费的筹资方式主要有三种:一是不开征独立的教育税,教育经费从一般财政支出中安排;二是开征独立的教育税,教育税收独立于一般税收,教育方面的税收收入与财政支出都处于独立地位;三是开征教育税,但是教育支出并不独立,教育支出是与一般财政支出结合在一起的。

我国一直采用征收一般税收和征收教育费附加相结合的方式来筹措教育经费,但尚未有效满足教育经费的充足性需求。我国应该借鉴国际经验,将各种教育性收费改征教育税,提高其法律地位,从而确保教育经费的足额征收、满足教育事业发展的需要。

第二节 教育费附加与地方教育附加的计算与缴纳

一、缴纳义务人和扣缴义务人

依据《财政部 国家税务总局关于对外资企业征收城市维护建设税和教育费附加有

关问题的通知》(财税〔2010〕103号)的规定,缴纳增值税、消费税、营业税"三税"的单位和个人(2010年12月1日起,包括外商投资企业、外国企业及外籍个人)均应缴纳教育费附加和地方教育附加。相应地,营改增后,调整为凡缴纳增值税、消费税(以下简称"两税")的单位和个人。

按照《国务院关于筹措农村学校办学经费的通知》的规定,缴纳农村教育事业费附加的单位不再缴纳教育费附加。

凡代征"两税"的单位和个人,亦为代征教育费附加的义务人。

二、计税依据与相关政策

教育费附加与"两税"的征收范围相同。但是需要注意的是:

(1) 依据《财政部关于征收教育费附加几个具体问题的通知》(财税字〔1986〕120号)的规定,海关对进口产品征收增值税、消费税,不征收教育费附加。

(2) 依据《财政部关于征收教育费附加几个具体问题的通知》(财税字〔1986〕120号)的规定,对由于减免增值税、消费税而发生退税的,同时退还已征的教育费附加。但对出口产品退还增值税、消费税的,不退还已征的教育费附加。

(3) 依据《财政部 国家税务总局关于生产企业出口货物实行免抵退税办法后有关城市维护建设税教育费附加政策的通知》(财税〔2005〕25号)的规定,自2005年1月1日起,经国家税务局正式审核批准的当期免抵的增值税税额应纳入城市维护建设税和教育费附加的计征范围,分别按规定的税(费)率征收城市维护建设税和教育费附加。2005年1月1日前,已按免抵的增值税税额征收的城市维护建设税和教育费附加不再退还,未征的不再补征。

(4) 依据《财政部 国家税务总局关于增值税营业税消费税实行先征后返等办法有关城市维护建设税和教育费附加政策的通知》(财税〔2005〕72号)的规定,对增值税、消费税实行先征后返、先征后退、即征即退办法的,除另有规定外,对随之附征的城市维护建设税和教育费附加,一律不予退(返)还。

(5) 依据《财政部 国家税务总局关于免征国家重大水利工程建设基金的城市维护建设税和教育费附加政策的通知》(财税〔2010〕44号)的规定,自2010年5月25日起,经国务院批准,为支持国家重大水利工程建设,对国家重大水利工程建设基金免征城市维护建设税和教育费附加。

(6) 依据《财政部关于免征全国中小学校舍安全工程建设有关政府性基金的通知》(财综〔2010〕54号)的规定,自2010年6月28日起,对全国城乡公办和民办、教育系统和非教育系统的所有中小学校"校舍安全工程"建设所涉及的政府性基金项目,均应当予以免收,包括教育费附加和地方教育附加。

(7) 依据《国务院关于统一内外资企业和个人城市维护建设税和教育费附加制度的通知》(国发〔2010〕35号)的规定,自2010年12月1日起,外商投资企业、外国企业及外籍个人适用国务院1985年发布的《中华人民共和国城市维护建设税暂行条例》和1986年发布的《征收教育费附加的暂行规定》。1985年及1986年以来国务院及国务院财税主管部门发布的有关城市维护建设税和教育费附加的法规、规章、政策同时适用于外商投资企业、外国企业及外籍个人。

(8) 依据《财政部 国家税务总局关于扩大政府性基金免征范围的通知》(财税〔2016〕12号)的规定,自2016年2月1日起,将免征教育费附加、地方教育附加、水利建设基金的范围,由现行按月纳税的月销售额或营业额不超过3万元(按季度纳税的季度销售额或营业额不超过9万元)的缴纳义务人,扩大到按月纳税的月销售额或营业额不超过10万元(按季度纳税的季度销售额或营业额不超过30万元)的缴纳义务人。

(9) 依据《财政部 税务总局关于增值税期末留抵退税有关城市维护建设税教育费附加和地方教育附加政策的通知》(财税〔2018〕80号)的规定,自2018年7月27日起,对实行增值税期末留抵退税的纳税人,允许其从城市维护建设税、教育费附加和地方教育附加的计税(征)依据中扣除退还的增值税税额。

(10) 依据《财政部 税务总局关于实施小微企业普惠性税收减免政策的通知》(财税〔2019〕13号)的规定,2019年1月1日至2021年12月31日,由省、自治区、直辖市人民政府根据本地区实际情况,以及宏观调控需要确定,对增值税小规模纳税人可以在50%的税额幅度内减征教育费附加、地方教育附加。增值税小规模纳税人已依法享受教育费附加、地方教育附加其他优惠政策的,可叠加享受以上规定的优惠政策。

(11) 依据《财政部 税务总局 退役军人部关于进一步扶持自主就业退役士兵创业就业有关税收政策的通知》(财税〔2019〕21号)的规定,2019年1月1日至2021年12月31日,对自主就业退役士兵从事个体经营的,在3年内按每户每年12 000元为限额依次扣减其当年实际应缴纳的增值税、城市维护建设税、教育费附加、地方教育附加和个人所得税。限额标准最高可上浮20%,各省、自治区、直辖市人民政府可根据本地区实际情况在此幅度内确定具体限额标准。

企业招用自主就业退役士兵,与其签订1年以上期限劳动合同并依法缴纳社会保险费的,在3年内按实际招用人数予以定额依次扣减增值税、城市维护建设税、教育费附加、地方教育附加和企业所得税优惠。定额标准为每人每年6 000元,最高可上浮50%,各省、自治区、直辖市人民政府可根据本地区实际情况在此幅度内确定具体定额标准。

(12) 依据《财政部 税务总局 人力资源社会保障部 国务院扶贫办部关于进一步支持和促进重点群体创业就业有关税收政策的通知》(财税〔2019〕22号)的规定,2019年1月1日至2021年12月31日,建档立卡贫困人口、持《就业创业证》(注明"自主创业税收政策"或"毕业年度内自主创业税收政策"或《就业失业登记证》(注明"自主创业税收政策")的人员从事个体经营的,在3年内按每户每年12 000元为限额依次扣减其当年实际应缴纳的增值税、城市维护建设税、教育费附加、地方教育附加和个人所得税。限额标准最高可上浮20%,各省、自治区、直辖市人民政府可根据本地区实际情况在此幅度内确定具体限额标准。

企业招用建档立卡贫困人口,以及在人力资源社会保障部门公共就业服务机构登记失业半年以上且持《就业创业证》或《就业失业登记证》(注明"企业吸纳税收政策")人员,与其签订1年以上期限劳动合同并依法缴纳社会保险费的,在3年内按实际招用人数予以定额依次扣减增值税、城市维护建设税、教育费附加、地方教育附加和企业所得税优惠。定额标准为每人每年6 000元,最高可上浮30%,各省、自治区、直辖市人民政府可根据本地区实际情况在此幅度内确定具体定额标准。城市维护建设税、教育费附加、地方教育附加的计税依据是享受本项税收优惠政策前的增值税应纳税额。

(13) 对部分特殊行业教育费附加缴纳的规定。

① 依据《国家税务总局关于调整国家开发银行城市维护建设税和教育费附加缴纳办法的通知》(国税函〔2007〕484号),自2007年1月1日起,将国家开发银行城市维护建设税和教育费附加由"集中划转,返还各地,各地入库"的缴纳方式改为由国家开发银行各省(区、市)分行直接向各地税务局申报缴纳。

② 依据《国家税务总局关于中外合作开采石油资源适用城市维护建设税、教育费附加有关事宜的公告》(国家税务总局公告2010年第31号),中外合作油(气)田开采的原油、天然气,在依据《国务院关于外商投资企业和外国企业适用增值税、消费税、营业税等税收暂行条例有关问题的通知》(国发〔1994〕10号)和《国家税务总局关于中外合作开采石油资源缴纳增值税有关问题的通知》(国税发〔1994〕114号),按5%税率缴纳实物增值税后,以合作油(气)田实际缴纳的增值税税额为计税依据,缴纳城市维护建设税和教育费附加。

合作油(气)田的城市维护建设税和教育费附加的申报缴纳事宜,由参与中外合作开采石油资源的中国石油公司负责办理。

③ 依据《国家税务总局关于个人保险代理人税收征管有关问题的公告》(国家税务总局公告2010年第31号),个人保险代理人为保险企业提供保险代理服务应当缴纳的增值税和城市维护建设税、教育费附加、地方教育附加,税务机关可以根据《国家税务总局关于发布〈委托代征管理办法〉的公告》(国家税务总局公告2013年第24号)的有关规定,委托保险企业代征。

三、征收标准

教育费附加征收比率经历了一个由低到高的变化过程。1986年在全国范围内统一开征时,征收比率为1‰;1990年5月,《国务院关于修改〈征收教育费附加的暂行规定〉的决定》将征收比率调整至2%;按照1994年2月7日《国务院关于教育费附加征收问题的紧急通知》的规定,从1994年1月1日起,教育费附加征收比率调整至3%。该征收比率沿用至今。

2010年11月7日,财政部下发的《财政部关于统一地方教育附加政策有关问题的通知》(财综〔2010〕98号)规定,各地统一开征地方教育附加,地方教育附加的征收比率统一为2%。

四、教育费附加、地方教育附加的计算

(一) 计算公式

应纳教育费附加=(实际缴纳的增值税+实际缴纳的消费税)×征收比率

应纳地方教育附加=(实际缴纳的增值税+实际缴纳的消费税)×征收比率

(二) 一般情况下,教育费附加与地方教育附加的计算

【例4-1】 A企业2018年1月实际缴纳增值税100万元,实际缴纳消费税50万元。计算该企业应缴纳的教育费附加和地方教育附加。

应纳教育费附加=(实际缴纳的增值税+实际缴纳的消费税)×征收比率
=(100+50)×3%=4.5(万元)

应纳地方教育附加=(实际缴纳的增值税+实际缴纳的消费税)×征收比率
=(100+50)×2%=3(万元)

(三) 生产企业出口货物增值税"免、抵、退"办法下,教育费附加与地方教育附加的计算

自2005年1月1日起,生产企业出口货物全面实行"免、抵、退"税办法后,经国家税务局正式审核批准的当期免抵的增值税税额应纳入教育费附加的计征范围,按规定的费率征收教育费附加。2005年1月1日前,已按免抵的增值税税额征收的城市维护建设税和教育费附加不再退还,未征的不再补征。

1. 生产企业出口货物、劳务、服务和无形资产的增值税"免、抵、退"税

生产企业出口货物、劳务、服务和无形资产的增值税"免、抵、退"税,依下列公式计算:

(1) 当期应纳税额的计算:

当期应纳税额 = 当期销项税额 − (当期进项税额 − 当期不得免征和抵扣税额)

当期不得免征和抵扣税额 = 当期出口货物离岸价 × 外汇人民币折合率 × (出口货物适用税率 − 出口货物退税率) − 当期不得免征和抵扣税额抵减额

$$\text{当期不得免征和抵扣税额抵减额} = \text{当期免税购进原材料价格} \times (\text{出口货物适用税率} - \text{出口货物退税率})$$

出口货物离岸价(FOB)以出口发票计算的离岸价为准。实际离岸价应以出口发票上的离岸价为准,但如果出口发票不能反映实际离岸价,主管税务机关有权予以核定。

从上述计算公式看,出口退税在"销项税额"方面并非执行真正的零税率,而是一种"超低税率",即征税率与退税率(各货物不同)之差。

(2) 当期"免、抵、退"税额的计算:

$$\text{当期"免、抵、退"税额} = \text{当期出口货物离岸价} \times \text{外汇人民币折合率} \times \text{出口货物退税率} - \text{当期"免、抵、退"税额抵减额}$$

$$\text{当期"免、抵、退"税额抵减额} = \text{当期免税购进原材料价格} \times \text{出口货物退税率}$$

(3) 当期应退税额和免抵税额的计算:

① 如果当期期末留抵税额≤当期"免、抵、退"税额,则:

$$\text{当期应退税额} = \text{当期期末留抵税额}$$

$$\text{当期免抵税额} = \text{当期"免、抵、退"税额} - \text{当期应退税额}$$

② 如果当期期末留抵税额>当期"免、抵、退"税额,则:

$$\text{当期应退税额} = \text{当期"免、抵、退"税额}$$

$$\text{当期免抵税额} = 0$$

当期期末留抵税额为当期增值税纳税申报表中的"期末留抵税额"。

(4) 当期免税购进原材料价格,包括当期国内购进的无进项税额且不计提进项税额的免税原材料的价格和当期进料加工保税进口料件的价格,其中当期进料加工保税进口料件的价格为进料加工出口货物耗用的保税进口料件金额[①]:

$$\text{进料加工出口货物耗用的保税进口料件金额} = \text{进料加工出口货物人民币离岸价} \times \text{进料加工计划分配率}$$

$$\text{计划分配率} = \text{计划进口总值} \div \text{计划出口总值} \times 100\%$$

计算不得免征和抵扣税额时,应按当期全部出口货物的销售额扣除当期全部进料加工出口货物耗用[②]的保税进口料件金额后的余额乘以征退税税率之差计算。

进料加工出口货物收齐有关凭证申报免抵退税时,以收齐凭证的进料加工出口货物人民币离岸价扣除其耗用的保税进口料件金额后的余额计算免抵退税额。

(5) 就当期免抵的增值税税额应纳的教育费附加的计算:

[①②] 参见《财政部 国家税务总局关于出口货物劳务增值税和消费税政策的通知》(财税〔2012〕39号)《国家税务总局关于〈出口货物劳务增值税和消费税管理办法〉有关问题的公告》(国家税务总局公告2013年第12号)。

$$\text{就当期免抵的增值税税额应纳的教育费附加} = \frac{\text{经税务局正式审核批准的当期免抵的增值税税额}}{} \times \text{征收比率}$$

【例 4-2】 某内资生产型企业为增值税一般纳税人,经营内销与出口业务。2017 年 4 月份实际缴纳增值税 40 万元,出口货物免抵税额 5 万元。另外,进口货物缴纳增值税 17 万元、消费税 30 万元。

说明:进口不征,出口不退。

【解答】

该企业 4 月份应缴纳的教育费附加=(40+5)×3%=1.35(万元)

该企业 4 月份应缴纳的教育费附加=(40+5)×2%=0.9(万元)

【例 4-3】 自营出口的生产企业 A 公司,为增值税一般纳税人。2018 年 8 月,A 公司出口货物的征税率为 16%,退税率为 13%。当月,A 公司购进原材料 4 000 万元,税率 16%,已经取得增值税专用发票并通过认证。上月月末留抵税款 55 万元,当月内销货物 1 000 万元,税率 16%。当月出口货物实际离岸价(FOB)折合人民币 2 500 万元。

说明:A 公司所属行业不在《财政部 国家税务总局关于 2018 年退还部分行业增值税留抵税额有关税收政策的通知》(财税〔2018〕70 号)关于退还增值税期末留抵税额的特定行业范围内。

1. 计算 A 公司当期的"免、抵、退"税额,以及当期就免抵的增值税税额而应纳的教育费附加。

2. 写出相关会计分录。

【解答】

1. 计算

(1)"免、抵、退"税不得免征和抵扣税额=2 500×(16%−13%)=75(万元)

(2)当期应纳税额=1 000×16%−(4 000×16%−75)−55=−460(万元)

(3)当期出口货物"免、抵、退"税额=当期出口货物离岸价×外汇人民币折合率×出口货物退税率=2 500×13%=325(万元)

(4)此时,当期期末留抵税额>当期"免、抵、退"税额

所以,当期应退税额=当期"免、抵、退"税额=325(万元)

(5)当期免抵税额=0

(6)期末留抵结转下期继续抵扣税额=(460−325)=135(万元)

(7)当期就免抵的增值税税额而应纳的教育费附加=0×3%=0

2. 主要会计分录(单位:万元)

(1)出口货物确认收入:

借：应收账款　　　　　　　　　　　　　　　　　　　　　　　2 500
　　贷：主营业务收入　　　　　　　　　　　　　　　　　　　　　2 500

（2）内销货物确认收入：

借：应收账款　　　　　　　　　　　　　　　　　　　　　　　1 160
　　贷：主营业务收入　　　　　　　　　　　　　　　　　　　　　1 000
　　　　应交税费——应交增值税（销项税额）　　　　　　　　　　　160

（3）购进原材料：

借：原材料　　　　　　　　　　　　　　　　　　　　　　　　4 000
　　应交税费——应交增值税（进项税额）　　　　　　　　　　　　640
　　贷：应付账款　　　　　　　　　　　　　　　　　　　　　　　4 640

（4）进项税额转出：

借：主营业务成本　　　　　　　　　　　　　　　　　　　　　　75
　　贷：应交税费——应交增值税（进项税额转出）　　　　　　　　　75

（5）收到退税款：

借：银行存款　　　　　　　　　　　　　　　　　　　　　　　　325
　　贷：应交税费——应交增值税（出口退税）　　　　　　　　　　　325

【例4-4】　自营出口的生产企业A公司，为增值税一般纳税人。2016年2月，A公司出口货物的征税率为17%，退税率为13%。当月，A公司购进原材料2 000万元，税率17%，已经取得增值税专用发票并通过认证。上月月末留抵税款55万元，当月内销货物1 000万元，税率17%。当月出口货物实际离岸价（FOB）折合人民币2 500万元。

1. 计算A公司当期的"免、抵、退"税额，以及当期就免抵的增值税税额而应纳的教育费附加。

2. 写出相关会计分录。

【解答】

1. 计算

（1）当期"免、抵、退"税不得免征和抵扣税额＝2 500×（17%－13%）＝100（万元）

（2）当期应纳税额＝1 000×17%－（2 000×17%－100）－55＝－125（万元）

（3）当期出口货物"免、抵、退"税额＝当期出口货物离岸价×外汇人民币折合率×出口货物退税率＝2 500×13%＝325（万元）

（4）此时，当期期末留抵税额≤当期"免、抵、退"税额

所以，当期应退税额＝当期期末留抵税额＝125（万元）

(5) 当期免抵税额＝当期"免、抵、退"税额－当期应退税额＝325－125＝200(万元)

(6) 当期期末留抵结转下期继续抵扣税额＝(125－125)＝0

(7) 当期就免抵的增值税税额而应纳的教育费附加＝200×3％＝6(万元)

2. 主要会计分录(单位：万元)

(1) 出口货物确认收入：

借：应收账款　　　　　　　　　　　　　　　　　　　　　　　　　2 500
　　贷：主营业务收入　　　　　　　　　　　　　　　　　　　　　　2 500

(2) 内销货物确认收入：

借：应收账款　　　　　　　　　　　　　　　　　　　　　　　　　1 170
　　贷：主营业务收入　　　　　　　　　　　　　　　　　　　　　　1 000
　　　　应交税费——应交增值税(销项税额)　　　　　　　　　　　　170

(3) 购进原材料：

借：原材料　　　　　　　　　　　　　　　　　　　　　　　　　　2 000
　　应交税费——应交增值税(进项税额)　　　　　　　　　　　　　　340
　　贷：应付账款　　　　　　　　　　　　　　　　　　　　　　　　2 340

(4) 进项税额转出：

借：主营业务成本　　　　　　　　　　　　　　　　　　　　　　　100
　　贷：应交税费——应交增值税(进项税额转出)　　　　　　　　　　100

(5) 应退税额：

借：其他应收款——应收补贴款　　　　　　　　　　　　　　　　　125
　　贷：应交税费——应交增值税(出口退税)　　　　　　　　　　　　125

(6) 免抵税额：

借：应交税费——应交增值税(出口抵减内销产品应纳税额)　　　　　200
　　贷：应交税费——应交增值税(出口退税)　　　　　　　　　　　　200

(7) 收到退税款：

借：银行存款　　　　　　　　　　　　　　　　　　　　　　　　　125
　　贷：其他应收款——应收补贴款　　　　　　　　　　　　　　　　125

(8) 应纳教育费附加：

借：税金及附加——教育费附加　　　　　　　　　　　　　　　　　6
　　贷：应交税费——应交教育费附加　　　　　　　　　　　　　　　6

第三节 教育费附加与地方教育附加的征收管理

一、征收机关

依据《国务院征收教育费附加暂行规定》（国发〔1986〕50号）的规定，自1986年7月1日起，教育费附加由税务机关负责征收。教育费附加的征收管理，按照消费税、增值税的有关规定办理。

各省对地方教育附加的征收管理，也与教育费附加保持一致，按照增值税、消费税的规定办理。在缴纳增值税、消费税时同时缴纳教育费附加和地方教育附加。

二、缴纳义务发生时间

义务发生时间，与缴纳义务人的增值税、消费税纳税义务发生时间相同。

教育费附加和地方教育附加的扣缴义务发生时间，为缴纳义务人的增值税、消费税纳税义务发生时间。

三、缴纳环节与地点

教育费附加和地方教育附加的缴纳环节和地点，原则上与增值税、消费税一样。

（1）固定业户应当向其机构所在地主管税务机关申报缴纳。

（2）总机构和分支机构不在同一县（市）的，应当分别向各自所在地主管税务机关申报缴纳。

（3）非固定业户销售货物或者应税劳务，应当向销售地主管税务机关申报缴纳。

（4）依据《财政部 国家税务总局关于纳税人异地预缴增值税有关城市维护建设税和教育费附加政策问题的通知》（财税〔2016〕74号），根据全面推开"营改增"试点后增值税政策调整情况，明确了：

① 纳税人跨地区提供建筑服务、销售和出租不动产的，应在建筑服务发生地、不动产所在地预缴增值税时，以预缴增值税税额为计税依据，并按预缴增值税所在地的城市维护建设税适用税率和教育费附加征收率就地计算缴纳城市维护建设税和教育费附加。

② 预缴增值税的纳税人在其机构所在地申报缴纳增值税时，以其实际缴纳的增值税税额为计税依据，并按机构所在地的城市维护建设税适用税率和教育费附加征收率就地计算缴纳城市维护建设税和教育费附加。

四、教育费附加和地方教育附加几个具体问题

(一) 滞纳金和处罚问题

目前,对应缴未缴、应缴少缴教育费附加和地方教育附加等违规事项,没有征收滞纳金或进行处罚的依据,虽然部分省份规定了滞纳金的比例,但是不能处以罚款。

(二) 优惠政策的适用范围问题

目前财税〔2016〕12号优惠政策适用所有纳税人,财税〔2019〕13号优惠政策只适用小规模纳税人,两者适用范围不一,而金税三期系统在通用代扣代缴申报中也未能作相应的系统设置,基层操作易造成失误,产生超范围享受或应享未享问题。因此,需要统一两个优惠政策适用范围,同时进一步完善金税三期核心征管系统,实现教育费附加、地方教育附加和主税种统一申报扣款、统一比对审核。

五、登记申报

(一) 教育费附加与地方教育附加的登记

在对纳税人进行设立登记后,税务机关根据纳税人的生产经营范围及税法的有关规定,对纳税人的增值税和消费税进行税种登记时,一并进行教育费附加和地方教育附加的登记。

(二) 税务机关申报处理管理流程

1. 受理

税务机关办税受理岗核对报送资料是否齐全,是否符合法定形式,对符合的,应受理并即时办理。办税受理岗在系统内录入相关信息,录入信息必须规范、完整,并与纳税人提供的资料信息一致。纳税人提交资料不齐全或不符合法定形式的,办税受理岗制作《税务事项通知书》(补正通知),一次性告知需补正的内容。依法不属于本机关职权或本业务受理范围的,制作《税务事项通知书》(不予受理通知),告知不予受理的原因。

随增值税、消费税、营业税附征的城市维护建设税、教育费附加和地方教育附加免于零申报。

2. 出件

办税受理岗在《城市维护建设税、教育费附加、地方教育附加税(费)申报表》上签名并加盖业务专用章,一份返还纳税人,一份作为资料归档。

涉及税款的,办税受理岗可开具税收缴款书或税收完税凭证。

(三) 申报方式及申报表

缴纳义务人、扣缴义务人应在申报期内随增值税、消费税申报的同时,填写《城市维护

建设税 教育费附加 地方教育附加申报表》，如表 4-1 所示。

表 4-1　城市维护建设税　教育费附加　地方教育附加申报表

税款所属期限：自　　年　　月　　日至　　年　　月　　日
纳税人识别号（统一社会信用代码）：
纳税人名称：　　　　　　　　　　　　　　　　　　　金额单位：人民币元（列至角分）

本期是否适用增值税小规模纳税人减征政策（减免性质代码____城市维护建设税：07049901，减免性质代码____教育费附加：61049901，减免性质代码____地方教育附加：99049901）	□是 □否	减征比例____城市维护建设税（%）										
^	^	减征比例____教育费附加（%）										
^	^	减征比例____地方教育附加（%）										
本期是否适用试点建设培育产教融合型企业抵免政策	□是 □否	当期新增投资额										
^	^	上期留抵可抵免金额										
^	^	结转下期可抵免金额										

税（费）种	计税（费）依据					税率（征收率）	本期应纳税（费）额	本期减免税（费）额		本期增值税小规模纳税人减征额	试点建设培育产教融合型企业		本期已缴税（费）额	本期应补（退）税（费）额
^	增值税		消费税	营业税	合计	^	^	减免性质代码	减免税（费）额	^	减免性质	本期抵免金额	^	^
^	一般增值税	免抵税额	^	^	^	^	^	^	^	^	^	^	^	^
^	1	2	3	4	5=1+2+3+4	6	7	8	9	10	11	12	13	14=7−9−10−12−13
城建税											—	—		
教育费附加														
地方教育附加														
—														
合计					—									

谨声明：本申报表是根据国家法律法规及相关规定填报的，是真实的、可靠的、完整的。

纳税人（签章）：　　　　　　　　　　　　　　　　　　　　　　　年　　月　　日

经办人： 经办人身份证号： 代理机构签章： 代理机构统一社会信用代码：	受理人： 受理税务机关（章）： 受理日期：　年　月　日

填表说明：

1."纳税人识别号（统一社会信用代码）"，填报税务机关核发的纳税人识别号或有关部门核发的统一社会信用代码。"纳税人名称"，填报营业执照、税务登记证等证件载明的纳税人名称。

2."本期是否适用增值税小规模纳税人减征政策（减免性质代码____城市维护建设税：07049901，减免性质代码____教育费附加：61049901，减免性质代码_地方教育附加：99049901）"：纳税人自增值税一般纳税人按规定转登记为小规模纳税人的，自成为小规模纳税人的当月起适用减征优惠。增值税小规模纳税人按规定登记为一般纳税人的，自一般纳税人生效之日起不再适用减征优惠；增值税年应税销售额超过小规模纳税人标准应当登记为一般纳税人而未登记，经税务机关通知，逾期仍不办理登记的，自逾期次月起不再适用减征优惠。纳税人本期适用增值税小规模纳税人减征政策的,勾选"是";否则,勾选"否"。

3. "减征比例(％)",当地省级政府根据财税〔2019〕13号文件确定的减征比例,系统自动带出。

4. "本期是否适用试点建设培育产教融合型企业抵免政策":符合财税〔2019〕46号文件规定的试点建设培育产教融合型企业,选择"是";否则,选择"否"。

5. "当期新增投资额",填写试点建设培育产教融合型企业当期新增投资额减去股权转让、撤回投资等金额后的投资净额,该数值可为负数。

6. "上期留抵可抵免金额",填写上期"结转下期可抵免金额"。

7. "结转下期可抵免金额",填写本期抵免应缴教育费附加、地方教育附加后允许结转下期抵免部分。计算公式:"结转下期可抵免金额"="当期新增投资额"×30％+"上期留抵可抵免金额"−教育费附加"本期试点建设培育产教融合型企业抵免金额"−地方教育附加"本期试点建设培育产教融合型企业抵免金额",该数值应大于等于零,若计算结果为负,填零。

8. 第1栏"一般增值税",填写本期缴纳的一般增值税税额。

9. 第2栏"免抵税额",填写增值税免抵税额。

10. 第3栏"消费税",填写本期缴纳的消费税税额。

11. 第4栏"营业税",填写本期补缴以前年度的营业税税额,其附加不适用减征规定。

12. 第5栏"合计",反映本期缴纳的增值税、消费税、营业税税额合计。

13. 第6栏"税率(征收率)",填写城市维护建设税、教育费附加、地方教育附加的税率或征收率。

14. 第7栏"本期应纳税(费)额",反映本期按适用税率(征收率)计算缴纳的应纳税额。计算公式为:7=5×6。

15. 第8栏"减免性质代码",该项按照国家税务总局制定下发的最新《减免税政策代码目录》中的最细项减免性质代码填写。有减免税(费)情况的必填,试点建设培育产教融合型企业抵免不填列此栏。

16. 第9栏"减免税(费)额",反映本期减免的税(费)额。

17. 第10栏"本期增值税小规模纳税人减征额",反映符合条件的增值税小规模纳税人减征的税(费)额。计算公式为:10=(7−9)×减征比例。

18. 第11栏"减免性质",符合财税〔2019〕46号文件规定的试点建设培育产教融合型企业分别填写教育费附加产教融合试点减免性质代码61101402、地方教育附加产教融合试点减免性质代码99101401。

19. 第12栏"本期抵免金额",填写试点建设培育产教融合型企业本期抵免的教育费附加、地方教育附加金额。

20. 第13栏"本期已缴税(费)额",填写本期应纳税(费)额中已经缴纳的部分。

21. 第14栏"本期应补(退)税额",计算公式为:14=7−9−10−12−13。

22. 本表一式两份,一份纳税(缴费)人留存,一份税务机关留存。

第五章

文化事业建设费

第一节 文化事业建设费概述

文化事业建设费是为筹集必要经费、促进文化事业健康发展而对广告服务和娱乐服务征收的一种政府非税收入。在《2019年政府收支科目分类》中，按照政府收入科目分类，文化建设事业费收入被归类为非税收入下的专项收入。按照收入属性分类，文化建设事业费收入则属于政府性基金收入。

一、文化事业建设费的由来

文化事业建设费源于国务院为进一步完善文化经济政策，拓展文化事业资金投入渠道而开征。

1996年10月10日召开的党的十四届六中全会，从战略和全局的高度，全面分析了当时社会主义精神文明建设的形势，明确了社会主义精神文明建设的指导思想和奋斗目标，审议通过了《中共中央关于加强社会主义精神文明建设若干重要问题的决议》（以下简称《决议》）。《决议》提出，要从社会主义现代化建设的全局出发，把精神文明建设纳入经济和社会发展的总体规划，保证必需的资金；要适应社会主义市场经济的要求，建立规范有效的筹资机制，逐渐形成对精神文明建设多渠道投入的体制。《决议》强调，要切实解决目前宣传文化事业投入总量偏少、比例偏低的问题，认真落实《国务院关于进一步完善文化经济政策的若干规定》（国发〔1996〕37号）。中央和地方财政对宣传文化事业的投入，要随着经济的发展逐年增加，增加幅度不低于财政收入的增长幅度。健全宣传文化事业的财政专项资金制度，运用税收、贷款、价格等经济手段支持宣传文化事业。进一步完善宣传文化事业的财税优惠政策，鼓励社会力量资助宣传文化事业。对中西部欠发达地区和少数民族地区的文化事业，要采取有效措施增加投入。对政府兴办的图书馆、博物馆、科技馆、文化馆、革命历史纪念馆等公益性事业单位，应给予经费保证。对反映国家和民族学术、艺术水平的精神产品，代表国家水平的艺术院校、表演团体和国家重点文物保护单位，有代表性的地方、民族特色艺术团体，要加大扶持力度。

1997年6月17日，经国务院批准，财政部和国家税务总局制定《文化事业建设费征收管理暂行办法》（财税字〔1997〕95号）并正式公布执行。文化事业建设费的开征，是国务院为加强社会主义精神文明建设、促进文化事业健康发展，拓宽文化事业资金投入渠道、逐步建立适应社会主义市场经济要求的筹资机制的多渠道投入体制而出台的一项重大举措。

二、文化事业建设费的特点

（1）专款专用。纳入财政预算管理，建立专项资金，用于文化事业建设。

（2）仅对特定服务开征。"营改增"之前，仅在广告业和娱乐业征收文化事业建设费；"营改增"之后，仅对广告服务和娱乐服务征收文化事业建设费。

（3）征收简便。文化事业建设费缴纳义务人按照提供广告服务和娱乐服务取得的计费销售额和3%的费率计算应缴费额，政策全国统一。

三、文化事业建设费的使用管理

财政部、中宣部根据《中共中央关于加强社会主义精神文明建设若干重要问题的决议》（党的十四届六中全会）精神和《国务院关于进一步完善文化经济政策的若干规定》（国发〔1996〕37号）文件精神，制定了《文化事业建设费使用管理办法》（财文字〔1997〕243号）。2017年11月29日，财政部发布《关于修改〈文化事业建设费使用管理办法〉的决定》（2018年中华人民共和国财政部第91号令）。根据上述文件中文化事业建设费的使用管理规定：

（1）文化事业建设费的征收目的是"引导和调控文化事业的发展"。

（2）文化事业建设费的征收机关是税务机关[①]。

（3）明确文化事业建设费的收入范围：中央单位缴纳的文化事业建设费，由地方税务机关征收后全额上缴中央金库。地方单位缴纳的文化事业建设费，全额缴入省级金库。

（4）中央级文化事业建设费由财政部会同中央精神文明建设指导委员会办公室管理。省级文化事业建设费由省级财政部门会同省级精神文明建设指导委员会办公室管理。

（5）文化事业建设费的支出范围。文化事业建设费主要用于国家对社会主义精神文明建设，重点是思想道德和文化建设进行宏观调控等方面的开支。

---

① 随着税收征管体制的不断改革，文化事业建设费的征收机关也在发生变化。我国于2012年1月1日、2013年8月1日、2016年5月1日分三次逐步扩大营改增实施范围，营改增之前的文化事业建设费由地税机关征收，营改增后的文化事业建设费由国家税务局征收，2018年国税地税机构合并后，由合并后的税务局征收。

其中,中央级文化事业建设费的具体支出范围包括:重大活动经费、培训经费、优秀作品奖励经费、中央级国家公益性文化事业单位维修购置补助经费、中央级国家公益性文化事业单位的特殊需要。省级文化事业建设费的支出范围参照上述规定范围办理。

(6)文化事业建设费不得用于下列各项开支:部门和单位人员支出、正常办公支出、行政后勤支出、职工福利支出,部门和单位的基本建设支出,宣传文化企业的支出,其他不属于文化事业建设费开支范围的支出。

(7)文化事业建设费支出预算,根据"先收后支、收支平衡、专款专用,重点扶持"的原则编制和核定。

(8)各级财政部门和相关主管部门及其工作人员在文化事业建设费审批工作中,存在违反《文化事业建设费使用管理办法》规定的行为,以及其他滥用职权、玩忽职守、徇私舞弊等违法违纪行为的,依照《中华人民共和国预算法》《中华人民共和国公务员法》《中华人民共和国行政监察法》《财政违法行为处罚处分条例》等国家有关规定追究相应责任;涉嫌犯罪的,依法移送司法机关处理。

四、文化事业建设费的制度变更

《财政部 国家税务总局关于印发文化事业建设费征收管理暂行办法的通知》(财税字〔1997〕95号)的规定,自1997年纳税年度起,在广告业和娱乐业全国统一开征文化事业建设费[①]。《财政部 国家税务总局关于营业税改征增值税试点有关文化事业建设费征收管理问题的通知》(财综〔2013〕88号)的规定,自2013年8月1日起,对广告服务征收文化事业建设费。2016年3月28日,财政部、国家税务总局发布《财政部 国家税务总局关于营业税改征增值税试点有关文化事业建设费政策及征收管理问题的通知》(财税〔2016〕25号)的规定,中华人民共和国境外的广告媒介单位和户外广告经营单位在境内提供广告服务,在境内未设有经营机构的,以广告服务接受方为文化事业建设费的扣缴义务人。2018年5月13日,财政部、国家税务总局发布《财政部 国家税务总局关于营业税改征增值税试点有关文化事业建设费政策及征收管理问题的补充通知》(财税〔2016〕60号)的规定,在中华人民共和国境内提供娱乐服务的单位和个人应按照本通知以及《财政部 国家税务总局关于营业税改征增值税试点有关文化事业建设费政策及征收管理问题的通知》(财税〔2016〕25号)的规定缴纳文化事业建设费。

---

① 此前,部分地区已经开始了局部征收文化事业建设费的实践。

第二节 文化事业建设费的计算与缴纳

一、缴纳义务人和扣缴义务人

1. 缴纳义务人

在中华人民共和国境内提供广告服务的广告媒介单位和户外广告经营单位、提供娱乐服务的单位和个人(以下称缴纳义务人),应按照规定缴纳文化事业建设费。缴纳义务人包括外商投资企业、外国企业和个人,无论境内还是境外的单位和个人在境内发生应当缴纳文化事业费的行为,均应按照相关规定缴纳文化事业建设费。

广告媒介单位和户外广告经营单位是指发布、播映、宣传、展示户外广告和其他广告的单位,以及从事广告代理服务的单位。需要特别指出的是广告服务文化事业建设费缴纳义务人不包括提供广告服务的个体工商户和其他个人。缴纳义务人确定的主要依据有:第一,《财政部 国家税务总局关于营业税改征增值税试点有关文化事业建设费征收管理问题的通知》(财综〔2013〕88号)规定提供广告服务的单位和个人应缴纳文化事业建设费,文件自2013年8月1日起施行,自2016年5月1日起废止。第二,依据2014年2月26日发布的《国务院关于推进文化创意和设计服务相关产业融合发展的若干意见》(国发〔2014〕10号),其第三条第八款明确规定广告领域文化事业建设费征收范围严格限定在广告媒介单位和户外广告经营单位。

2. 扣缴义务人

中华人民共和国境外的广告媒介单位和户外广告经营单位在境内提供广告服务,在境内未设有经营机构的,以广告服务接受方为文化事业建设费的扣缴义务人。

二、征费范围

广告服务、娱乐服务是指《财政部 国家税务总局关于全面推开营业税改征增值税试点的通知》(财税〔2016〕36号)的《销售服务、无形资产、不动产注释》中"广告服务""娱乐服务"范围内的服务。

广告服务是指利用图书、报纸、杂志、广播、电视、电影、幻灯、路牌、招贴、橱窗、霓虹灯、灯箱、互联网等各种形式为客户的商品、经营服务项目、文体节目或者通告、声明等委托事项进行宣传和提供相关服务的业务活动,包括广告代理和广告的发布、播映、宣传、展示等。

娱乐服务是指为娱乐活动同时提供场所和服务的业务,具体包括歌厅、舞厅、夜总会、酒吧、台球、高尔夫球、保龄球、游艺(包括射击、狩猎、跑马、游戏机、蹦极、卡丁车、热气球、动力伞、射箭、飞镖等)。

三、计费依据和费率

缴纳义务人应按照提供广告服务、娱乐服务取得的计费销售额和3%的费率计算应缴费额。其中,广告业缴纳义务人的计费销售额,为提供广告服务取得的全部含税价款和价外费用,减除支付给其他广告公司或广告发布者的含税广告发布后的余额;娱乐业缴纳义务人的计费销售额,为提供广告服务和娱乐服务取得的全部含税价款和价外费用。

依据《财政部关于调整部分政府性基金有关政策的通知》(财税〔2019〕46号)的精神,自2019年7月1日至2024年12月31日,对归属中央收入的文化事业建设费,按照缴纳义务人应缴费额的50%减征;对归属地方收入的文化事业建设费,各省(区、市)财政、党委宣传部门可以结合当地经济发展水平、宣传思想文化事业发展等因素,在应缴费额50%的幅度内减征。各省(区、市)财政、党委宣传部门应当将本地区制定的减征政策文件抄送财政部、中共中央宣传部。

四、减免优惠

(一)起征点

未达到增值税起征点的缴纳义务人(即提供娱乐服务的个人),免征文化事业建设费。

(二)优惠政策

为减轻广告业缴纳义务人负担,财税〔2016〕25号文件明确,增值税小规模纳税人中月销售额不超过2万元(按季纳税6万元)的企业和非企业性单位提供的应税服务,免征文化事业建设费。自2015年1月1日起至2017年12月31日,对按月纳税的月销售额不超过3万元(含3万元),以及按季纳税的季度销售额不超过9万元(含9万元)的缴纳义务人,免征文化事业建设费。娱乐业纳入营改增试点范围后,财政部和国家税务总局又共同制发财税〔2016〕60号文明确,娱乐业缴纳义务人可以按照上述规定,享受免征文化事业建设费的优惠政策。2017年底,对月销售额2万~3万元的缴纳义务人免征文化事业建设费政策执行到期后未延续,现行免征文化事业建设费的月销售额标准仍为2万元。

自2019年1月1日起,对月销售额10万元以下(含本数)的增值税小规模纳税人,免征增值税。那么文化事业建设费是否也相应免征?这需要对文化事业建设费与起征点政策进行简要回顾。小规模纳税人免税标准为2万元时,为减轻文化事业建设费缴费人负担,财政部、国家税务总局发文明确,小规模纳税人中月销售额不超过2万元的缴费义务人,同时免征文化事业建设费,这是一项长期有效的政策。小规模纳税人免税标准提高至3万元后,财政部、国家税务总局又发文明确,对月销售额不超过3万元的缴费义务人,同时免征文化事业建设费,但此项政策有明确的执行期限,并于2017年12月31日到期停止执行。小规模纳税人免税标准提高至10万元后,财政部、国家税务总局也未再相应提高免征文化事业建设费的标准。因此,目前仅有月销售额不超过2万元免征文化事业建设费的政策仍继续有效。下一步文化事业建设费有关征缴问题,需要等相关部门明确。

五、应缴费额的计算

(一)一般费额计算

$$应缴费额 = 计费销售额 \times 3\%$$

其中,计费销售额的具体意义是指:

(1)广告服务计费销售额,为缴纳义务人提供广告服务取得的全部含税价款和价外费用,减除支付给其他广告公司或广告发布者的含税广告发布费后的余额。

缴纳义务人减除价款的,应当取得增值税专用发票或国家税务总局规定的其他合法有效凭证,否则,不得减除。

(2)娱乐服务计费销售额,为缴纳义务人提供娱乐服务取得的全部含税价款和价外费用。

(二)扣缴费额计算

中华人民共和国境外的广告媒介单位和户外广告经营单位在境内提供广告服务,在境内未设有经营机构的,以广告服务接受方为文化事业建设费的扣缴义务人。按规定扣缴文化事业建设费的,扣缴义务人应按下列公式计算应扣缴费额:

$$应扣缴费额 = 支付的广告服务含税价款 \times 费率$$

(三)会计账务处理

1. 直接缴纳文化事业建设费的账务处理

借:税金及附加
  贷:货币资金或银行存款

2. 先计提后缴纳文化事业建设费的账务处理

(1)借:税金及附加
   贷:应交税费——应交文化事业建设费

(2)借:应交税费——应交文化事业建设费
   贷:货币资金或银行存款

(四)文化事业建设费缴纳、核算举例

1. 一般纳税人文化事业建设费缴纳、核算

【例5-1】 A广告公司2018年6月收到客户广告发布费,价税合计106万元,并开

具了增值税专用发票,款已收到。支付给广告发布者B媒体广告费53万元(含税),并取得了增值税专用发票;取得C广告公司由税务机关代开的价税合计10万元的增值税普通发票;上述款项均已支付。

(1) 收到广告发布费时:

借:银行存款   1 060 000
    贷:主营业务收入——广告服务收入   1 000 000
        应交税费——应交增值税(销项税额)   60 000

(2) 支付B媒体广告费时:

借:主营业务成本   500 000
    应交税费——应交增值税(进项税额)   30 000
    贷:银行存款   530 000

(3) 支付C广告公司时:

借:主营业务成本   100 000
    贷:银行存款   100 000

(4) 由于企业还有其他进项税额抵扣,计算增值税、城市维护建设税和教育费附加计算及会计分录从略。

(5) 计算文化事业建设费时:

$$应缴费额=(106-53-10)\times 3\%=1.29(万元)$$

借:税金及附加   12 900
    贷:应交税费——应交文化事业建设费   12 900

(6) 上交文化事业建设费时:

借:应交税费——应交文化事业建设费   12 900
    贷:银行存款   12 900

2. 小规模纳税人文化事业建设费缴纳、核算

【例 5-2】 D广告公司为小规模纳税人。2018年6月收到客户广告发布费10.3万元(含税),已收款并开具增值税普通发票。支付给广告发布者E媒体广告费5万元(含税),并取得了增值税专用发票;支付F广告公司广告发布费2万元,取得F公司开具的增值税普通发票;上述款项均已支付。

(1) 收到广告发布费:

借:银行存款   103 000
    贷:主营业务收入——广告服务收入   100 000
        应交税费——应交增值税   3 000

(2) 支付 E 媒体广告费时：

借：主营业务成本　　　　　　　　　　　　　　　　　　　　50 000
　　贷：银行存款　　　　　　　　　　　　　　　　　　　　　　　　50 000

(3) 支付 F 广告公司时：

借：主营业务成本　　　　　　　　　　　　　　　　　　　　20 000
　　贷：银行存款　　　　　　　　　　　　　　　　　　　　　　　　20 000

(4) 计算城市维护建设税和教育费附加计算及会计分录从略。

(5) 计算文化事业建设费时：

$$应缴费额＝(103\,000－50\,000－20\,000)\times 3‰＝990(元)$$

借：税金及附加　　　　　　　　　　　　　　　　　　　　　　990
　　贷：应交税费——应交文化事业建设费　　　　　　　　　　　　　990

(6) 上交文化事业建设费时：

借：应交税费——应交文化事业建设费　　　　　　　　　　　　990
　　贷：银行存款　　　　　　　　　　　　　　　　　　　　　　　　990

第三节　文化事业建设费的征收管理

一、文化事业建设费的征收管理特点

(一) 全国性统一事项

凡应缴纳和扣缴文化事业建设费的单位和个人，须按规定填写《文化事业建设费登记表》，向主管税务机关申报办理文化事业建设费登记事项。缴纳人、扣缴人应在增值税申报期内分别向主管税务机关报送《文化事业建设费申报表》和《文化事业建设费代扣代缴报告表》，并按规定缴纳文化事业建设费。

(二) 各省统一事项

各省对文化事业建设费都采用税费"同征同管"方式，由税务机关征收入库，主要体现如下：一是在申报方式上，采用网上申报与上门申报结合，网上申报为主；二是在信息化支撑方面，依托总局金税三期系统和各省电子税务局实现申报与征收；三是在票证使用方面，统一使用税收票证；四是在入库及退库方式上，与税收入库、退库方式一致。

二、征收机关

随着税收征管体制的不断改革,文化事业建设费的征收机关也在发生变化。我国于2012年1月1日、2013年8月1日、2016年5月1日分三次逐步扩大营改增实施范围,营改增之前的文化事业建设费由地税机关征收,营改增后的文化事业建设费由国家税务局征收,2018年国税地税机构合并后,由合并后的税务局征收。

三、缴纳地点

缴纳义务人缴纳文化事业建设费的地点,与缴纳义务人的增值税纳税地点相同。文化事业建设费的扣缴义务人应当向其机构所在地或者居住地主管税务机关申报缴纳其扣缴的文化事业建设费。

四、缴纳义务发生时间与缴纳期限

文化事业建设费的缴纳义务发生时间,与缴纳义务人的增值税纳税义务发生时间相同。

文化事业建设费的扣缴义务发生时间,为缴纳义务人的增值税纳税义务发生时间。

文化事业建设费的缴纳期限与缴纳义务人的增值税纳税期限相同。

文化事业建设费扣缴义务人解缴税款的期限,与缴纳义务人的增值税纳税期限相同。

五、登记申报

(一) 登记事项

文化事业建设费的缴纳义务人和扣缴义务人,须按以下规定填写《文化事业建设费登记表》(见表5-1),向主管税务机关办理文化事业建设费缴费信息登记事项。

(1)缴纳义务人、扣缴义务人在办理税务登记或扣缴税款登记的同时,办理文化事业建设费登记。

(2)已经办理税务登记或扣缴税款登记,但未办理文化事业建设费登记的缴纳义务人、扣缴义务人,应在首次申报缴纳文化事业建设费前,补办登记事项。

(3)不经常发生文化事业建设费应缴纳行为或按规定不需要办理税务登记、扣缴税款登记的缴纳义务人、扣缴义务人,可以在首次文化事业建设费应缴纳行为发生后,办理登记事项。

表 5-1 文化事业建设费登记表

填表日期：　　年　月　日

缴纳（扣缴）人名称		缴纳（扣缴）人识别号			
法定代表人（负责人）		身份证件名称		证件号码	
财务负责人		固定电话		移动电话	
经办人		固定电话		移动电话	
隶属关系		登记注册类型		注册地址	
中央投资比例		%			
地方投资比例		%			
无隶属关系投资比例		%			

文化事业建设费缴纳（扣缴）人：
经办人：　　　　法定代表人（负责人）：　　　　单位（签章）：
年　月　日

以下由税务机关填写	
缴纳人□是□否	扣缴人□是□否
对应税目：□广告业　　是否允许差额扣除□是□否　□娱乐业	
缴纳期限：　　　　申报期限：　　　　征收率：	
经办人：　　　　负责人：　　　　税务机关（签章）： 年　月　日	

填表说明：
一、本表适用于营业税改征增值税后，文化事业建设费缴纳人、扣缴人，向税务机关办理登记时使用。
二、有关栏目填写说明：
（一）"缴纳（扣缴）人名称"：填写缴纳（扣缴）人名称全称，即税务机关核发的税务登记证或扣缴税款登记证件上注明的名称。
（二）"缴纳（扣缴）人识别号"：填写税务机关为缴纳（扣缴）人确定的号码，即税务登记证号码或扣缴税款登记证件号码。
（三）"身份证件名称"：一般填写"居民身份证"，如无身份证，则填写"军官证""士兵证""护照"等有效身份证件。
（四）"登记注册类型""注册地址"：填写办理税务登记或扣缴税款登记时填报的"登记注册类型""注册地址"。
（五）"隶属关系"：缴纳人隶属关系确定和清晰的，填写本栏。缴纳人为中央所属企事业单位，则本栏填写"中央"，"中央投资比例"栏填写100%；缴纳人为地方所属企事业单位，则本栏填写"地方"，"地方投资比例"栏填写100%；缴纳人为集体企业、私营企业、外商独资企业、其他等，则本栏填写"无隶属关系"，"无隶属关系投资比例"栏填写100%。
（六）"中央投资比例""地方投资比例""无隶属关系投资比例"：缴纳人有多种投资主体，无确定和清晰隶属关系的，不填写"隶属关系"栏，分别填写各投资主体在缴纳人中的投资比例。其中，"中央投资比例"填写中央所属企事业单位在缴纳人中的投资比例；"地方投资比例"填写地方所属企事业单位在缴纳人中的投资比例；"无隶属关系投资比例"填写无隶属关系主体（集体企业、私营企业、外商、其他等）在缴纳人中的投资比例。
（七）税务机关填写项目，按有关税费政策进行判定后填写。
（八）若仅具有扣缴行为，不填写隶属关系、各投资主体投资比例等栏次。
三、本表一式两份，税务机关受理后留存一份，退缴纳人或扣缴人一份。

(二) 申报事项

(1) 缴纳义务人、扣缴义务人应在申报期内分别向主管税务机关报送《文化事业建设费申报表》(见表5-2)、《文化事业建设费代扣代缴报告表》(见表5-3)。

表5-2 文化事业建设费申报表

缴纳人识别号：☐☐☐☐☐☐☐☐☐☐☐☐☐☐☐☐☐☐☐

缴纳人名称(公章)： 金额单位：元(列至角分)

费款所属期： 年 月 日至 年 月 日 填表日期： 年 月 日

项目		栏次	本月(期)数	本年累计
计费收入	应征收入	1		
	免征收入	2		
费额计算	减除项目期初金额	3		—
	减除项目本期发生额	4		
	本期减除额 应征收入减除额	5		
	本期减除额 免征收入减除额	6		
	减除项目期末余额	7=3+4-5-6		
	计费销售额	8=1-5		
	费率	9		—
	应缴费额	10=8×9		
费额缴纳	期初未缴费额(多缴为负)	11		—
	本期已缴费额	12=13+14+15		
	其中：本期预缴费额	13		
	本期缴纳上期费额	14		
	本期缴纳欠费额	15		
	期末未缴费额(多缴为负)	16=10+11-12		
	其中：欠缴费额(≥0)	17=11-14-15		—
	本期应补(退)费额	18=10-13		—
	本期检查已补缴费额	19		

缴纳人或代理人声明： 此申报表是根据国家相关规定填报的，我确定填报内容是真实的、可靠的、完整的。	如缴纳人申报，由缴纳人填写以下各栏：	
	经办人员(签章)：	财务负责人(签章)：
	法定代表人(签章)：	联系电话：
	如委托代理人申报，由代理人填写以下各栏：	
	代理人名称：	经办人(签章)：
	代理人(公章)：	联系电话：

以下由税务机关填写：
收到日期：　　　　　　接收人：　　　　　　主管税务机关盖章：
填表说明：
一、本申报表适用于营业税改征增值税后，文化事业建设费缴纳人向税务机关办理申报时使用。
二、有关栏目填写说明：
（一）"缴纳人识别号"，填写税务机关为缴纳人确定的号码，即税务登记证号码。
（二）"缴纳人名称"，填写缴纳人名称全称，不得填写简称。
（三）"费款所属期"，指缴纳人申报的文化事业建设费所属时间，应填写具体的起止年、月、日。
（四）"填表日期"，指缴纳人填写本表的具体日期。
（五）"计费收入"，指缴纳人本期提供有关应税服务取得的全部含税价款和价外费用，包括"应征收入"和"免征收入"。当期第1栏"应征收入"有发生额时，第2栏"免征收入"应为零，当期第2栏"免征收入"有发生额时，第1栏"应征收入"应为零。
（六）第1栏"应征收入"：反映缴纳人本期按规定应征文化事业建设费的收入。按规定可以减除相关价款的，本栏填写减除之前的全部含税价款和价外费用。"本年累计"栏数据，为年度内各月（期）数之和。
（七）第2栏"免征收入"：反映缴纳人本期按规定免征文化事业建设费的收入。按规定可以减除相关价款的，本栏填写减除之前的全部含税价款和价外费用。"本年累计"栏数据，为年度内各月（期）数之和。
（八）第3栏"减除项目期初金额"：反映本期期初减除项目的金额，为上期本表第7栏"减除项目期末余额"。
（九）第4栏"减除项目本期发生额"：反映缴纳人本期发生的按规定可以从计费收入中减除的相关价款，等于文化事业建设费申报表附列资料《应税服务减除项目清单》的"合计"项。"本年累计"栏数据，为年度内各月（期）数之和。
（十）第5栏"应征收入减除额"：反映本期从应征收入中实际减除的价款数额。若第3栏"减除项目期初金额"＋第4栏"减除项目本期发生额"≤第1栏"应征收入"，则第5栏"应征收入减除额"＝第3栏"减除项目期初金额"＋第4栏"减除项目本期发生额"；若第3栏"减除项目期初金额"＋第4栏"减除项目本期发生额"＞第1栏"应征收入"，则第5栏"应征收入减除额"＝第1栏"应征收入"。"本年累计"栏数据，为年度内各月（期）数之和。
（十一）第6栏"免征收入减除额"：反映本期从免征收入中实际减除的价款数额。若第3栏"减除项目期初金额"＋第4栏"减除项目本期发生额"≤第2栏"免征收入"，则第6栏"免征收入减除额"＝第3栏"减除项目期初金额"＋第4栏"减除项目本期发生额"；若第3栏"减除项目期初金额"＋第4栏"减除项目本期发生额"＞第2栏"免征收入"，则第6栏"免征收入减除额"＝第2栏"免征收入"。"本年累计"栏数据，为年度内各月（期）数之和。
（十二）第7栏"减除项目期末余额"：反映本期期末尚未减除的项目金额，按表中公式计算填列。"本年累计"栏数据，与"本月（期）"数相同。
（十三）第8栏"计费销售额"：反映计算文化事业建设费的销售额，按表中公式计算填列。"本年累计"栏数据，为年度内各月（期）数之和。
（十四）第10栏"应缴费额"：反映本期应缴文化事业建设费金额，按表中公式计算填列。"本年累计"栏数据，为年度内各月（期）数之和。
（十五）第11栏"期初未缴费额"：反映本期期初欠缴费额、应缴未缴上期费额的合计数，等于上期本表第16栏"期末未缴费额"。
（十六）第12栏"本期已缴费额"：反映本期已缴上期费额、已缴欠缴费额、已预缴本期费额的合计数，按表中公式计算填列。其中，"本期预缴费额"填写本期已预缴的本期应缴费额；"本期缴纳上期费额"填写本期缴纳的上期应缴未缴费额；"本期缴纳欠费额"填写本期缴纳的以前各期形成的欠费额。"本年累计"栏数据，为年度内各月（期）数之和。
（十七）第16栏"期末未缴费额"：反映本期期末应缴未缴费额，按表中公式计算填列。其中，"欠缴费额"反映已形成的欠费额，按表中公式计算填列。"本年累计"栏数据，与"本月（期）"数相同。
（十八）第18栏"本期应补（退）费额"：反映本期应缴费额中应补缴或应退回的数额，按表中公式计算填列。
（十九）第19栏"本期检查已补缴费额"：反映税务、财政、审计部门检查已补缴的费额。
三、本表一式两份，税务机关受理审核后留存一份，退缴纳人一份。

表 5-3　文化事业建设费代扣代缴报告表

扣缴人识别号：□□□□□□□□□□□□□□□□□□

扣缴人名称(公章)：　　　　　金额单位：元(列至角分)

费款所属期：　　年　月　日至　　年　月　日　　填表日期：　　年　月　日

项目	栏次	本月(期)数	本年累计
计费依据	1		
费率	2		—
本期应扣缴费额	3＝1×2		

扣缴人或代理人声明： 此表是根据国家相关规定填报的，我确定填报内容是真实的、可靠的、完整的。	如扣缴人申报，由扣缴人填写以下各栏：
	经办人员(签章)：　　　　　财务负责人(签章)：
	法定代表人(签章)：　　　　　联系电话：
	如委托代理人申报，由代理人填写以下各栏：
	代理人名称：　　　　　　　　经办人(签章)：
	代理人(公章)：　　　　　　　联系电话：

以下由税务机关填写：

收到日期：　　　　　接收人：　　　　　主管税务机关盖章：

填表说明：

一、本表适用于营业税改征增值税后，文化事业建设费扣缴人，向税务机关办理代扣代缴申报时使用。

二、有关栏目填写说明：

（一）"扣缴人识别号"，填写税务机关为扣缴人确定的号码，即税务登记证号码或扣缴税款登记证件号码。

（二）"扣缴人名称"，填写扣缴人名称全称，不得填写简称。

（三）"费款所属期"，指代扣代缴文化事业建设费的所属时间，填写具体的起止年、月、日。

（四）"填表日期"，指扣缴人填写本表的具体日期。

（五）第 1 栏"计费依据"：反映代扣代缴文化事业建设费的计算依据，"本年累计"栏数据，应为年度内各月(期)数之和。

（六）第 3 栏"本期应扣缴费额"：反映扣缴人本期应扣缴文化事业建设费金额，按表中公式计算填列。"本年累计"栏数据，为年度内各月(期)数之和。

三、本表一式两份，税务机关受理审核后留存一份，退扣缴人一份。

（2）缴纳义务人计算缴纳文化事业建设费时，允许从提供相关应税服务所取得的全部含税价款和价外费用中减除有关价款的，应根据取得的合法有效凭证逐一填列《应税服务减除项目清单》（见表5-4），作为文化事业建设费申报表附列资料，向主管税务机关同时报送。

表 5-4　应税服务减除项目清单

缴纳人识别号：□□□□□□□□□□□□□□□□□□□

缴纳人名称（公章）：　　　　金额单位：元（列至角分）

费款所属期：　年　月　日至　年　月　日　　填表日期：　年　月　日

开票方纳税人识别号	开票方单位名称	服务项目名称	凭证种类	凭证号码	金额
合计	—				

填表说明：

一、本表适用于营业税改征增值税后，文化事业建设费缴纳人向税务机关办理申报时，填列按规定允许减除计算价款项目明细时使用。

二、有关填写说明：

（一）"缴纳人识别号"，填写税务机关为缴纳人确定的号码，即税务登记证号码。

（二）"缴纳人名称"，填写缴纳人名称全称，不得填写简称。

（三）"费款所属期"，与申报表所属期相同。

（四）"填表日期"，指缴纳人填写本表的具体日期。

（五）本清单按照缴纳人取得的合法有效凭证内容填写，其中"凭证种类"为"发票"的，必须填写"开票方纳税人识别号"；"金额"均为价税合计金额。

三、本表一式两份，税务机关受理审核后留存一份，退缴纳人一份。

（3）缴纳义务人应将合法有效凭证的复印件加盖财务印章后编号并装订成册，作为备查资料并妥善保管，以备税务机关检查审核。

（4）文化事业建设费的申报期限与缴纳义务人、扣缴义务人的增值税申报期限相同。

（三）申报办理

（1）办理渠道。办税服务厅（场所），电子税务局、移动终端、自助办税终端。具体渠道由省税务机关确认。

(2) 办理时限。资料齐全、符合法定形式、填写内容完整的,税务机关受理后即时办结。

(3) 报送资料。

提供广告服务的广告媒介单位和户外广告经营单位应提供:《文化事业建设费申报表》2份;允许从提供相关应税服务所取得的全部含税价款和价外费用中减除有关价款的,还应该报送《应税服务减除项目清单》1份,并根据取得的合法有效凭证逐一填列。

提供娱乐服务的单位和个人应提供:《文化事业建设费申报表》2份。

(4) 办理结果。税务机关反馈申报结果。

(5) 缴费人注意事项。在申报办理中,缴费人应该注意对报送材料的真实性和合法性承担责任;在资料完整且符合法定受理条件的前提下,最多只需要到税务机关跑一次;文化事业建设费的申报期限与缴纳人、扣缴人的增值税申报期限相同;增值税小规模纳税人缴纳文化事业建设费,原则上实行按季申报;未按照规定的期限办理纳税申报和报送纳税资料的,将影响纳税信用评价结果;缴费人应将合法有效凭证的复印件加盖财务印章后编号并装订成册,留存备查;办税服务厅地址、电子税务局网址,可在省税务机关门户网站或拨打12366纳税服务热线查询。

第六章

废弃电器电子产品处理基金

第一节 废弃电器电子产品处理基金概述

一、废弃电器电子产品处理的必要性

2009年2月25日,国务院公布《废弃电器电子产品回收处理管理条例》(国务院令第551号,以下简称《回收处理管理条例》)于2011年1月1日起施行。该条例实施的主要原因是我国正逐渐成为电器电子产品生产和消费大国,许多产品已到了淘汰报废的高峰期。根据2006年《中国统计年鉴》的数据计算,2006年我国主要电器电子产品的社会保有量,电视机约为4.9亿台,电冰箱约为2.2亿台,洗衣机约为2.6亿台,空调器约为1.5亿台,计算机约为8 000万台,合计12亿台。2006年这5种产品的实际废弃量,电视机约为460万台,电冰箱约为210万台,洗衣机约为250万台,空调器约为140万台,计算机约为200万台,合计1 260万台。由此可以判断我国主要电子产品每年的废弃率约占保有量的10%。

根据2017年《中国统计年鉴》中提供的我国"2013—2016年全国居民平均每百户年末主要电器拥有量"(见表6-1)可以进一步估算,我国作为电子产品报废大国,保有的电子产品数量巨大,每年不断递增,每年废弃的电子产品数量巨大,并且呈现逐年递增的趋势。此外,每年还有大量的复印机、传真机、打印机等电子产品报废淘汰。如果大量废弃电器电子产品没有得到合理处置,既浪费资源、又污染环境,对人体健康也存在较大危害。家用电器、电脑、手机、数码相机等电子产品的快速更新,使电子垃圾的处理成为越来越受到关注的社会问题,所以废旧的电子产品如何处理就成为一个难题。

我国废旧电器电子产品的流向主要有三个:一是通过商贩上门回收或者生产厂家、销售商采用"以旧换新"等方式回收后,流入旧货市场,二次销售给消费者。二是通过捐赠等方式,向西部地区、希望小学等特定地域、群体转移利用。三是通过拆解、处理等方式,提取贵金属等原材料。环境污染问题主要集中在第三个流向中,即由于一些地方存在较多的拆解处理废弃电器电子产品的个体手工作坊,部分手工作坊为追求短期效益,采用露

表 6-1　2013—2016 年全国居民平均每百户年末主要电器消费品拥有量

年份 指标	2013	2014	2015	2016
洗衣机(台)	80.8	83.7	86.4	89.8
电冰箱(台)	82.0	85.5	89.0	93.5
微波炉(台)	34.6	36.0	36.9	38.4
彩色电视机(台)	116.1	119.2	119.9	120.8
空调(台)	70.4	75.2	81.5	90.9
热水器(台)	64.2	67.7	71.2	76.2
脱排油烟机(台)	42.5	44.3	45.7	48.6
移动电话(部)	203.2	215.9	224.8	235.4
计算机(台)	48.9	53.0	55.5	57.5
照相机(台)	21.0	21.7	20.4	17.7

天焚烧、强酸浸泡等原始落后方式提取贵金属，随意排放废气、废液、废渣，对大气、土壤和水体造成严重污染。尽管各级人民政府对电子废弃物引发的环境和健康问题给予了高度关注，但某些地方仍存在着应对措施不力的问题，有必要对电子废弃物处理加强法制化管理，以利于可持续发展。

废弃电器电子产品中有许多有用的资源，如铜、铝、铁及各种稀贵金属、玻璃和塑料等，具有很高的再利用价值。通过再生途径获得资源的成本大大低于直接从矿石、原材料等冶炼加工获取资源的成本，而且节约能源。加强废弃电器电子产品的回收利用，对于发展循环经济，克服资源短缺对中国经济发展的制约，具有重要意义。我国作为电器电子产品生产和消费大国，规范废弃电器电子产品回收处理活动，有利于防止和减少环境污染，有利于促进资源综合利用，发展循环经济，创建节约型社会，保障人体健康。

《回收处理管理条例》的颁布规范了废弃电器电子产品在处理中所涉及的各项管理活动。根据《回收处理管理条例》第二条规定，废弃电器电子产品的处理活动是指将废弃电器电子产品进行拆解，从中提取物质作为原材料或者燃料，用改变废弃电器电子产品物理、化学特性的方法减少已产生的废弃电器电子产品数量，减少或者消除其危害成分，以及将其最终置于符合环境保护要求的填埋场的活动，不包括产品维修、翻新以及经维修、翻新后作为旧货再使用的活动。考虑到旧电器电子产品的管理主要涉及产品安全、知识产权保护、打击违法销赃等问题，管理的主要目的是保护旧电器电子产品消费者的合法权益，这与规范废弃电器电子产品的回收处理活动，促进资源综合利用、保护和改善环境、保障人体健康的目标以及管理的内容，有很大差别。因此，《回收处理管理条例》未规定旧货管理的内容，条例所称废弃电器电子产品的处理活动不包括产品维修、翻新以及经维修、翻新后作为旧货再使用的活动。

二、征收废弃电器电子产品处理基金的制定依据

废弃电器电子产品处理基金是国家为促进废弃电器电子产品回收处理而设立的政府性基金。基金全额上缴中央国库，纳入中央政府性基金预算管理，实行专款专用，年终结余结转下年度继续使用。

建立废弃电器电子产品处理专项基金制度，是依据有关法律规定，立足我国国情，并借鉴国外"生产者责任制"的做法而提出的。一是《固体废物污染环境防治法》规定，国家对固体废物污染环境防治实行污染者依法负责的原则，产品的生产者、销售者、使用者对其产生的固体废物依法承担污染防治责任。二是为推动生产者承担一定的废弃电器电子产品的回收处理责任，支持处理企业实现产业化经营，需要国家出台一定的激励措施。三是从一些国家的实践情况看，生产者也是通过缴纳回收处理费用，由专门机构统一组织回收处理。四是为提高废弃电器电子产品处理专项基金收取和使用的公平性和透明度，《回收处理管理条例》规定，制订废弃电器电子产品处理基金的征收标准和补贴标准，应当充分听取电器电子产品生产企业、处理企业、有关行业协会及专家的意见。

三、废弃电器电子产品处理基金的使用管理

（一）废弃电器电子产品处理基金使用管理的总原则

根据《回收处理管理条例》第七条规定，国家建立废弃电器电子产品处理基金，用于废弃电器电子产品回收处理费用的补贴。电器电子产品生产者、进口电器电子产品的收货人或者其代理人应当按照规定履行废弃电器电子产品处理基金的缴纳义务。废弃电器电子产品处理基金应当纳入预算管理，其征收、使用、管理的具体办法由国务院财政部门会同国务院环境保护、资源综合利用、工业信息产业主管部门制订，报国务院批准后施行。

（二）废弃电器电子产品处理基金的使用范围

根据《废弃电器电子产品处理基金征收使用管理办法》（财综〔2012〕34号）第十七条规定，废弃电器电子产品处理基金的使用范围包括：

（1）废弃电器电子产品回收处理费用补贴。

（2）废弃电器电子产品回收处理和电器电子产品生产销售信息管理系统建设，以及相关信息采集发布支出。

（3）基金征收管理经费支出。

（4）经财政部批准与废弃电器电子产品回收处理相关的其他支出。

（三）对废弃电器电子产品处理企业的补贴管理

根据《废弃电器电子产品处理基金征收使用管理办法》第十八至第二十二条规定：

(1) 依照《回收处理管理条例》和《废弃电器电子产品处理资格许可管理办法》(环境保护部令第 13 号)的规定,在取得废弃电器电子产品处理资格的企业(以下简称处理企业),对列入《废弃电器电子产品处理目录》的废弃电器电子产品进行处理,可以申请基金补贴。

给予基金补贴的处理企业名单,由财政部、环境保护部会同国家发展改革委、工业和信息化部向社会公布。

(2) 对处理企业按照实际完成拆解处理的废弃电器电子产品数量给予定额补贴。基金补贴标准为:电视机 85 元/台、电冰箱 80 元/台、洗衣机 35 元/台、房间空调器 35 元/台、微型计算机 85 元/台。上述实际完成拆解处理的废弃电器电子产品是指整机,不包括零部件或散件。

(3) 财政部会同环境保护部、国家发展改革委、工业和信息化部根据废弃电器电子产品回收处理成本变化情况,在听取有关企业和行业协会意见的基础上,适时调整基金补贴标准。

(4) 处理企业拆解处理废弃电器电子产品应当符合国家有关资源综合利用、环境保护的要求和相关技术规范,并按照环境保护部制定的审核办法核定废弃电器电子产品拆解处理数量后,方可获得基金补贴。

(5) 处理企业按季对完成拆解处理的废弃电器电子产品种类、数量进行统计,填写《废弃电器电子产品拆解处理情况表》,并在每个季度结束次月的 5 日前报送各省(区、市)环境保护主管部门。

第二节　废弃电器电子产品处理基金的计算与缴纳

为了规范废弃电器电子产品处理基金征收使用管理,根据《回收处理管理条例》规定,2012 年 5 月,财政部、环境保护部、国家发展改革委、工业和信息化部、海关总署与国家税务总局联合下发了《废弃电器电子产品处理基金征收使用管理办法》(财综〔2012〕34 号,以下简称《基金征收使用管理办法》),自 2012 年 7 月 1 日起执行。根据国务院批准的《关于印发〈废弃电器电子产品处理基金征收使用管理办法〉的通知》的规定,国家税务总局制定了《废弃电器电子产品处理基金征收管理规定》(国家税务总局公告 2012 年第 41 号,以下简称《基金征收管理规定》),自 2012 年 7 月 1 日起施行。

一、废弃电器电子产品处理基金缴纳义务人

我国境内电器电子产品生产者、进口电器电子产品的收货人或者其代理人应当履行

基金缴纳义务。电器电子产品生产者包括自主品牌生产企业和代工生产企业。

（1）根据《基金征收使用管理办法》第四条"电器电子产品生产者、进口电器电子产品的收货人或者其代理人应当按照本办法的规定履行基金缴纳义务"的规定，履行废弃电器电子产品处理基金缴纳义务的包括电器电子产品生产者、进口电器电子产品的收货人或者其代理人两种情况。其中：

① 电器电子产品生产者应缴纳的基金，由税务局负责征收。税务局对电器电子产品生产者征收基金，适用税收征收管理的规定。

② 进口电器电子产品的收货人或者其代理人应缴纳的基金，由海关负责征收。海关对基金的征收缴库管理，按照关税征收缴库管理的规定执行。

（2）根据《基金征收管理规定》，中华人民共和国境内电器电子产品的生产者，为基金缴纳义务人，应当按照本规定缴纳基金。

① 电器电子产品生产者包括自主品牌生产企业和代工生产企业。

② 基金缴纳义务人销售应征基金产品时缴纳基金。本规定所称销售是指通过从购买方取得货物、货币或其他经济利益转让应征基金产品所有权。

③ 基金缴纳义务人受托加工生产应征基金产品的，不论原料和主要材料由何方提供，不论在财务上是否做销售处理，均由受托方缴纳基金。

④ 基金缴纳义务人将应征基金产品用于生产非应征基金产品、在建工程、管理部门、非生产机构、提供劳务、馈赠、赞助、集资、广告、样品、职工福利、奖励等方面，于移送使用时缴纳基金。

⑤ 废弃电器电子产品处理基金缴纳义务人向其主管税务机关申报缴纳基金。对基金缴纳义务人征收基金，适用税收征收管理的规定。

基金缴纳义务人应当自觉接受税务机关的监督检查，提供有关资料，如实反映情况，不得拒绝、隐瞒。未经国务院批准或者授权，任何地方、部门和单位不得擅自减免基金，不得改变基金征收对象、范围和标准。任何单位和个人有权监督和举报基金缴纳和使用中的违法违规问题。有关部门应当按照职责分工对单位和个人举报投诉的问题进行调查和处理。

二、废弃电器电子产品处理基金征收范围和标准

废弃电器电子产品处理基金分别按照电器电子产品生产者销售、进口电器电子产品的收货人或者其代理人进口的电器电子产品数量定额征收。

（一）国内销售电器电子产品基金征收范围和标准

根据《废弃电器电子产品处理基金征收使用管理办法》和《基金征收管理规定》的有关规定，中华人民共和国境内电器电子产品的生产者销售时应缴纳的废弃电器电子产品处

理基金,其征收范围、征收标准依照《国内销售电器电子产品基金征收范围和标准》(见表6-2)执行。

表6-2 国内销售电器电子产品基金征收范围和标准

序号	产品种类	产品范围	征收标准(元/台)
1	电视机	阴极射线管(黑白、彩色)电视机	13
		液晶电视机	13
		等离子电视机	13
		背投电视机	13
		其他用于接收信号并还原出图像及伴音的终端设备	13
2	电冰箱	冷藏冷冻箱(柜)	12
		冷藏箱(柜)	12
		冷冻箱(柜)	12
		其他具有制冷系统、消耗能量以获取冷量的隔热箱体	12
3	洗衣机	波轮式洗衣机	7
		滚筒式洗衣机	7
		搅拌式洗衣机	7
		脱水机	7
		其他依靠机械作用洗涤衣物(含兼有干衣功能)的器具	7
4	房间空调器	整体式空调(窗机、穿墙机等)	7
		分体式空调(分体壁挂、分体柜机等)	7
		一拖多空调器	7
		其他制冷量在14 000 W及以下的房间空气调节器具	7
5	微型计算机	台式微型计算机的显示器	10
		主机、显示器一体形式的台式微型计算机	10
		便携式微型计算机(含平板电脑、掌上电脑)	10
		其他信息事务处理实体	10

注:对电器电子产品生产者销售台式微型计算机整机不征收基金,但台式微型计算机显示器生产者将其生产的显示器组装成计算机整机销售的除外。对台式微型计算机显示器生产者组装的计算机整机按照10元/台的标准征收基金。

上述列入征收范围的各类电器具体的含义是:

纳入基金征收范围的电视机是指含有电视调谐器(高频头)的用于接收信号并还原出图像及伴音的终端设备,包括阴极射线管(黑白、彩色)电视机、液晶电视机、等离子电视机、背投电视机以及其他用于接收信号并还原出图像及伴音的终端设备。

纳入基金征收范围的电冰箱是指具有制冷系统、消耗能量以获取冷量的隔热箱体,包括各自装有单独外门的冷藏冷冻箱(柜)、容积≤500升的冷藏箱(柜)、制冷温度>-40℃且容积≤500升的冷冻箱(柜),以及其他具有制冷系统、消耗能量以获取冷量的隔热箱体。对上述产品中分体形式的设备,按其制冷系统设备的数量计征基金。对自动售货机、容积<50升的车载冰箱以及不具有制冷系统的柜体,不征收基金。

纳入基金征收范围的洗衣机是指干衣量≤10 kg 的依靠机械作用洗涤衣物(含兼有干衣功能)的器具,包括波轮式洗衣机、滚筒式洗衣机、搅拌式洗衣机、脱水机以及其他依靠机械作用洗涤衣物(含兼有干衣功能)的器具。

纳入基金征收范围的房间空调器是指制冷量≤14 000 W(12 046 大卡/时)的房间空气调节器具,包括整体式空调(窗机、穿墙机、移动式等)、分体形式空调(分体壁挂、分体柜机、一拖多、单元式空调器等)以及其他房间空气调节器。对分体形式空调器,按室外机的数量计征基金。对不具有制冷系统的空气调节器,不征收基金。

纳入基金征收范围的微型计算机是指接口类型仅包括VGA(模拟信号接口)、DVI(数字视频接口)或HDMI(高清晰多媒体接口)的台式微型计算机的显示器、主机和显示器一体形式的台式微型计算机、便携式微型计算机(含笔记本电脑、平板电脑、掌上电脑)以及其他信息事务处理实体。

(二)对进口电器电子产品征收基金适用的商品名称、海关税则号列和征收标准

根据《基金征收使用管理办法》的有关规定,目前,进口电器电子产品的收货人或者其代理人进口的电器电子产品应缴纳的废弃电器电子产品处理基金,其征收范围、征收标准依照《对进口电器电子产品征收基金适用的商品名称、海关税则号列和征收标准》(见表6-3)执行。

表6-3 对进口电器电子产品征收基金适用的商品名称、海关税则号列和征收标准

序号	产品种类	商品名称	税则号列	征收标准(元/台)
1	电视机	其他彩色的模拟电视接收机,带阴极射线显像管的	85287211	13
		其他彩色的数字电视接收机,阴极射线显像管的	85287212	13
		其他彩色的电视接收机,阴极射线显像管的	85287219	13
		彩色的液晶显示器的模拟电视接收机	85287221	13
		彩色的液晶显示器的数字电视接收机	85287222	13
		其他彩色的液晶显示器的电视接收机	85287229	13
		彩色的等离子显示器的模拟电视接收机	85287231	13
		彩色的等离子显示器的数字电视接收机	85287232	13
		其他彩色的等离子显示器的电视接收机	85287239	13
		其他彩色的模拟电视接收机	85287291	13
		其他彩色的数字电视接收机	85287292	13
		其他彩色的电视接收机	85287299	13
		黑白或其他单色的电视接收机	85287300	13

(续表)

序号	产品种类	商品名称	税则号列	征收标准（元/台）
2	电冰箱	容积＞500升冷藏—冷冻组合机（各自装有单独外门的）	84181010	12
		200升＜容积≤500升冷藏—冷冻组合机（各自装有单独外门的）	84181020	12
		容积≤200升冷藏—冷冻组合机（各自装有单独外门的）	84181030	12
		容积＞150升压缩式家用型冷藏箱	84182110	12
		压缩式家用型冷藏箱（50升＜容积≤150升）	84182120	12
		容积≤50升压缩式家用型冷藏箱	84182130	12
		半导体制冷式家用型冷藏箱	84182910	12
		电气吸收式家用型冷藏箱	84182920	12
		其他家用型冷藏箱	84182990	12
		制冷温度＞－40℃小的其他柜式冷冻箱（小的指容积≤500升）	84183029	12
		制冷温度＞－40℃小的立式冷冻箱（小的指容积≤500升）	84184029	12
3	洗衣机	干衣量≤10 kg全自动波轮式洗衣机	84501110	7
		干衣量≤10 kg全自动滚筒式洗衣机	84501120	7
		其他干衣量≤10 kg全自动洗衣机	84501190	7
		装有离心甩干机的非全自动洗衣机（干衣量≤10 kg）	84501200	7
		干衣量≤10 kg的其他洗衣机	84501900	7
4	房间空调器	独立窗式或壁式空气调节器（装有电扇及调温、调湿装置，包括不能单独调湿的空调器）	84151010	7
		制冷量≤4 000大卡/时分体式空调，窗式或壁式（装有电扇及调温、调湿装置，包括不能单独调湿的空调器）	84151021	7
		4 000大卡/时＜制冷量≤12 046大卡/时（14 000 W）分体式空调，窗式或壁式（装有电扇及调温、调湿装置，包括不能单独调湿的空调器）	ex84151022	7
		制冷量≤4 000大卡/时热泵式空调器（装有制冷装置及一个冷热循环换向阀的）	84158110	7
		4 000大卡/时＜制冷量≤12 046大卡/时（14 000 W）热泵式空调器（装有制冷装置及一个冷热循环换向阀的）	ex84158120	7
		制冷量≤4 000大卡/时的其他空调器（仅装有制冷装置，而无冷热循环装置的）	84158210	7
		4 000大卡/时＜制冷量≤12 046大卡/时（14 000 W）的其他空调（仅装有制冷装置，而无冷热循环装置的）	ex84158220	7

(续表)

序号	产品种类	商品名称	税则号列	征收标准（元/台）
5	微型计算机	便携式自动数据处理设备（重量≤10 kg，至少由一个中央处理器、键盘和显示器组成）	84713000	10
		微型机	84714140	10
		以系统形式报验的微型机	84714940	10
		含显示器的微型机的处理部件	ex84715040	10
		专用或主要用于84.71商品的阴极射线管监视器	85284100	10
		专用或主要用于84.71商品的液晶监视器	85285110	10
		其他专用或主要用于84.71商品的监视器	85285190	10
		其他彩色的监视器	85285910	10
		其他单色的监视器	85285990	10

三、废弃电器电子产品处理基金的计算

废弃电器电子产品处理基金缴纳义务人销售或受托加工生产相关电器电子产品，按照从量定额的办法计算应缴纳基金。应缴纳基金的计算公式：

$$应缴纳基金＝销售数量(受托加工数量)×征收标准$$

【例6-1】 某电视机生产企业2018年6月销售电视机2 000台，取得销售收入600万元，计算缴纳废弃电器电子产品处理基金。

2018年6月应申报废弃电器电子产品处理基金为：2 000×13＝26 000(元)。

企业应做分录：

借：生产成本　　　　　　　　　　　　　　　　　　　　　　　26 000
　　贷：应交税费——应交废弃电器电子产品处理基金　　　　　　26 000
借：应交税费——应交废弃电器电子产品处理基金　　　　　　　26 000
　　贷：银行存款　　　　　　　　　　　　　　　　　　　　　　26 000

四、费额减免优惠

(1) 废弃电器电子产品处理基金缴纳义务人出口电器电子产品，免征基金。由电器电子产品生产者依据《中华人民共和国海关出口货物报关单》列明的出口产品名称和数量，向税务局申请从应缴纳基金的产品销售数量中扣除。

(2) 基金缴纳义务人购进或者收回委托加工电器电子产品已缴纳基金的，从应征基

金产品销售数量中扣除；不足扣除部分，可留待下期继续扣除。

（3）基金缴纳义务人应当准确核算购进和委托加工收回的已缴纳基金的电器电子产品数量，不能准确核算的，按实际销售数量征收基金。

（4）基金缴纳义务人已缴纳基金的电器电子产品发生销货退回的，准予在当期申报中扣除，不足扣除部分，可留待下期继续扣除。

（5）对采用有利于资源综合利用和无害化处理的设计方案以及使用环保和便于回收利用材料生产的电器电子产品，可以减征基金，具体办法由财政部会同环境保护部、国家发展改革委、工业和信息化部、税务总局、海关总署另行制定。

（6）电器电子产品生产者生产用于出口的电器电子产品免征基金，由电器电子产品生产者依据《中华人民共和国海关出口货物报关单》列明的出口产品名称和数量，向税务机关申请从应缴纳基金的产品销售数量中扣除。

（7）电器电子产品生产者进口电器电子产品已缴纳基金的，国内销售时免征基金，由电器电子产品生产者依据《中华人民共和国海关进口货物报关单》和《进口废弃电器电子产品处理基金缴款书》列明的进口产品名称和数量，向税务机关申请从应缴纳基金的产品销售数量中扣除。

资料链接

废弃电器电子产品处理基金案例分析

某税务局根据《中华人民共和国税收征收管理法》的有关规定，于2013年5月28日至2014年11月30日，对辖区内某公司2011年1月1日至2012年12月31日期间的纳税情况进行了检查。检查结果显示，该公司2012年度共生产平板电脑315 351台，用于国外销售140 314台，国内销售149 832台，结存25 205台，未按规定缴纳废弃电器电子产品处理基金。税务人员认为该公司的行为违反了《基金征收使用管理办法》第四条、第九条第一款，《基金征收管理规定》第二条、第五条第一款、第十四条第一款规定。根据《基金征收使用管理办法》第九条第二款，《基金征收管理规定》第三条、第四条、第七条规定，该公司2012年度应缴废弃电器电子产品处理基金1 498 320元（149 832×10）。同时适用《中华人民共和国税收征收管理法》第三十二条规定加收滞纳金。该公司不服，并辩称，2012年7月至12月，该公司累计生产并出口平板电脑290 136台，其中140 304台是公司直接报关出口的，149 832台是销售给客户，由客户再出口的（其中销售给某市A企业服务公司19 000台，某市B电器有限公司117 702台，某市C股份有限公司13 130台）。该公司遂认为他们生产的平板电脑全部是用于出口的电子产品，符合免征废弃电器电子产品处理基金的范围。于是该公司2015年5月8日向该税务机关申请行政复议。税务机关认为，根据《基金征收使用管理办法》第二条规定"中华人民共和国境内电器电子产品的生产者,为基金缴纳义务人,应当按照本规定缴纳基金。"本案中,该公司生产平板电脑,即为基金缴纳义务人。《基金征收使用管理办法》第九条规定"基金缴纳义务人出口电器电子产品,免征基金"。但是 2012 年 7 月至 12 月期间,该公司有 149 832 台平板电脑是销售给国内客户,国内销售 149 832 台平板电脑的行为并不构成"基金缴纳义务人出口电器电子产品",不符合免征基金的条件。最后,该税务局查处了该公司不缴废弃电器电子产品处理基金的违规行为,追缴其少缴废弃电器电子产品处理基金 149 万多元,并加收了滞纳金。

第三节 废弃电器电子产品处理基金的申报与征收

一、废弃电器电子产品处理基金的征管现状

自 2012 年 7 月基金开征以来,对境内电器电子产品生产者的基金缴纳义务人征收基金由国家税务局系统负责。总局层面由征管和科技发展司负责,于 2019 年 3 月起划转至非税收入司管理。

(一)总局层面

1. 配合财政部制定基金征收政策

国家税务总局、财政部共同研究起草并发布了《废弃电器电子产品处理基金征收使用管理办法》《进一步明确废弃电器电子产品处理基金征收产品范围的通知》《关于进(来)料受托加工复出口免征废弃电器电子产品处理基金有关问题的公告》《废弃电器电子产品处理目录(2014 年版)释义》等政策文件。

2. 制发基金征管政策文件

国家税务总局起草制发了《废弃电器电子产品处理基金征收管理规定》;修订了《废弃电器电子产品处理基金申报表》;要求各省局在季度征期结束后当月底向总局报送本省基金征收情况;在总局数据资源建设项目云平台开发了基金统计分析项目,提高了基金征管信息化水平。

3. 提出基金征管经费分配建议

国家税务总局配合财务管理司制发《废弃电器电子产品处理基金征管经费管理暂行规定》。在编制年度预算时,根据确定的分配原则、标准等,提出基金征管经费预算初步分配方案。2019 年基金征管经费总额为 4 000 万元,其中总局机关为 50 万元。

(二)各省层面

各省对废弃电器电子产品处理基金采取"同征同管"方式,由税务机关征收入库。自

2012年7月基金开征以来,均由国税局负责征收,各省废弃基金主管部门为省国税局征管科技处。国家税务局对电器电子产品生产者征收基金,适用税收征收管理的规定。基金缴纳义务人的主管税务机关为其征管机关。根据国家税务总局关于明确非税收入主管税务机关有关事宜的通知(税总函〔2019〕71号),自2019年3月20日起,省级和省级以下税务局非税收入业务主管部门对包括废弃基金在内的非税收入项目实行扎口统管。

二、废弃电器电子产品处理基金的申报

1. 废弃电器电子产品处理基金的申报

废弃电器电子产品处理基金缴纳义务人按季申报缴纳基金。基金缴纳义务人应当自季度终了之日起15日内申报缴纳基金,向主管税务机关报送《废弃电器电子产品处理基金申报表》。电器电子产品生产者缴纳的基金计入生产经营成本,准予在计算应纳税所得额时扣除。

经国务院批准,发展改革委、环境保护部、工业和信息化部、财政部、海关总署和税务总局于2015年2月9日联合发布了《废弃电器电子产品处理目录(2014年版)》(发展改革委 环境保护部 工业和信息化部 财政部 海关总署 税务总局公告2015年第5号,以下简称《公告》)。为保证《公告》顺利实施,《国家税务总局关于发布〈基金征收管理规定〉的公告》中附件2《废弃电器电子产品处理基金申报表》修订为《废弃电器电子产品处理基金申报表(2015年版)》。新申报表(见表6-4)自2016年3月1日起启用,原申报表同时废止。

表6-4 废弃电器电子产品处理基金申报表(2015年版)

金额单位:元
数量单位:台

纳税人识别号(统一社会信用代码):　　　　　　基金所属期:　年　月　日至　年　月　日
纳税人名称(公章):　　　　　　　　　　　　　填表日期:　　年　月　日

	应征基金产品名称	征收标准	本期销售数量	其中		本期应征金额
				应征销售数量	出口免征销售数量	
	1	2	3=4+5	4	5	6=4*2
一、应征金额计算						
	合计					

（续表）

	本期可扣除数量	其中				本期可扣除金额
		进口数量	国内购进数量	委托加工收回数量	已征基金产品可抵退货数量	
	7=8+9+10+11	8	9	10	11	12=7×2
二、扣除金额计算						
	合计					
三、应缴金额计算	本期合计应征金额	13（第6项合计数）		如缴纳义务人填报，由缴纳义务人填写以下两栏：		
	本期合计可扣除金额	14（第12项合计数）		经办人（签章）：		
	本期减征金额	15		法定代表人（签章）：		
	已预缴金额	16		如委托代理人填报，由代理人填写以下两栏：		
	上期结转金额	17				
	本期应缴金额	18（若13－14－15－16－17＞0，为13－14－15－16－17；否则为0）		代理人名称（公章）： 授权人（签章）：		
	本期结转下期金额	19（若14＋15＋16＋17－13＞0，为14＋15＋16＋17－13；否则为0）		代理经办人（签章）： 联系电话：		

缴纳义务人或代理人声明：
  本基金申报表是根据国家关于废弃电器电子产品处理基金的相关规定填报的，我确定它是真实的、可靠的、完整的。

受理税务机关：   受理人：   受理日期： 年 月 日
填表说明：
（1）本表适用于废弃电器电子产品处理基金（以下简称基金）缴纳义务人填报。

（2）"纳税人识别号"：填写税务机关为基金缴纳义务人确定的识别号或统一社会信用代码。

（3）"纳税人名称"：填写基金缴纳义务人单位名称全称，不得填写简称。

（4）"填表日期"：填写基金缴纳义务人填写本表的具体日期。

（5）"基金所属期"：填写基金缴纳义务人申报的应缴纳基金所属时间，填写具体的起止年、月、日。

（6）第1项"应征基金产品名称"：按照《国内销售电器电子产品基金征收范围和标准》填写相应的基金产品种类。

（7）第2项"征收标准"：按照《国内销售电器电子产品基金征收范围和标准》对应填写。

（8）第5项"出口免征销售数量"：填写出口的产品数量。

（9）第8项"进口数量"：填写已由海关征收基金的进口产品数量。

（10）第9项"国内购进数量"：填写从国内购进的已征基金产品数量。

（11）第10项"委托加工收回数量"：填写从受托方收回委托加工已征基金的产品数量。

（12）第11项"已征基金产品可抵退货数量"：填写已征基金产品发生销货退回的数量。

（13）第15项"本期减征金额"：在国务院相关部门的具体规定未明确之前暂不填写。

（14）第16项"已预缴金额"：填写已预缴的基金金额。

（15）第17项"上期结转金额"：填写本表上期第19项"本期结转下期金额"。

2. 申报方式

纳税人、扣缴义务人可以直接到税务机关办理纳税申报，也可以按照规定采取邮寄、数据电文或者其他方式办理上述申报、报送事项。纳税人采取电子方式办理纳税申报的，应当按照税务机关规定的期限和要求保存有关资料，并定期书面报送主管税务机关。

三、废弃电器电子产品处理基金的征收管理规定

（一）征收机关

电器电子产品生产者应缴纳的基金，由税务局负责征收。进口电器电子产品的收货人或者其代理人应缴纳的基金，由海关负责征收。

税务机关对电器电子产品生产者征收基金，适用税收征收管理的规定。税务机关征收基金应使用税收票证。基金缴纳义务人应妥善保管基金缴款凭证、增值税专用发票及清单、海关进（出）口货物报关单、代理出口货物证明、委托代理出口协议、委托加工协议、退货证明及其他相关资料。

（二）废弃电器电子产品处理基金缴纳义务时间

废弃电器电子产品处理缴纳义务人销售应征基金产品时缴纳基金。所称销售是指通过从购买方取得货物、货币或其他经济利益转让应征基金产品所有权。废弃电器电子产品处理基金缴纳义务的发生时间按照如下要求确定：

（1）基金缴纳义务人销售电器电子产品的，按不同的销售结算方式分别为：

① 采取赊销和分期收款结算方式的，为书面合同约定的收款日期的当天，书面合同没有约定收款日期或者无书面合同的，为发出电器电子产品的当天。

② 采取预收货款结算方式的，为发出电器电子产品的当天。

③ 采取托收承付和委托银行收款方式的，为发出电器电子产品并办妥托收手续的

当天。

④ 采取其他结算方式的,为收讫销售款或者取得索取销售款凭据的当天。

(2) 受托加工应征基金产品,基金缴纳义务人只收取加工费的,为委托方提货的当天。

(3) 基金缴纳义务人将应征基金产品用于《基金征收管理规定》第六条规定情形的,为移送使用的当天。

(4) 基金缴纳义务人以委托代销方式销售应征基金产品的,为收到代销单位的代销清单或者收到全部或者部分货款的当天。未收到代销清单及货款的,为发出应征基金产品满180天的当天。

(三) 违章处罚

单位和个人有下列情形之一的,依照《财政违法行为处罚处分条例》(国务院令第427号)和《违反行政事业性收费和罚没收入收支两条线管理规定行政处分暂行规定》(国务院令第281号)等法律法规进行处理、处罚、处分;构成犯罪的,依法追究刑事责任:

(1) 未经国务院批准或者授权,擅自减免基金或者改变基金征收范围、对象和标准的。

(2) 以虚报、冒领等手段骗取基金补贴的。

(3) 滞留、截留、挪用基金的。

(4) 其他违反政府性基金管理规定的行为。

基金缴纳义务人违反基金征收管理规定的,税务机关比照税收违法行为予以行政处罚。基金征收、使用管理有关部门的工作人员违反本办法规定,在基金征收和使用管理工作中滥用职权、玩忽职守、徇私舞弊,构成犯罪的,依法追究刑事责任;尚不构成犯罪的,依法给予处分。

四、关于废弃电器电子产品处理基金的几个问题

(一) 关于废弃电器电子产品处理基金扩围实施

按照国务院部署,从2016年3月1日起,废弃电器电子产品处理基金征收范围由现有的洗衣机、电冰箱、电视机、房间空调器、微型计算机等5类产品,扩大到包含以上5类产品在内共14类产品,增加了吸油烟机、电热水器、燃气热水器、打印机、复印机、传真机、监视器、移动通信手持机、电话单机等9类产品。但财政部一直未公布具体征收标准,导致税务部门无法落实基金扩围政策。

(二) 关于废弃电器电子产品处理基金政策的完善

废弃电器电子产品处理基金政策需持续完善。从量计征、永不退库的弊端逐渐显现,

并影响到基金扩围的实施。电器电子产品生产企业直接出口的免征基金,但通过第三方出口的目前还需缴纳基金,凸显制度设计不完善,相关企业多次表示希望能尽快完善基金征收政策。对采用有利于资源综合利用和无害化处理的设计方案以及使用环保和便于回收利用材料生产的电器电子产品,可以减征基金的具体办法始终未公布。

第七章

残疾人就业保障金

第一节 残疾人就业保障金概述

一、残疾人就业保障金制度的历史沿革

残疾人就业保障金（以下简称残保金）是为保障残疾人权益，由未按规定安排残疾人就业的机关、团体、企业、事业单位和民办非企业单位（以下简称用人单位）缴纳的资金。残保金属于政府性基金，收入全部归属地方。我国实施残保金制度发展比较晚，其过程主要经历以下三个阶段。

（一）残保金制度的探索阶段（1990—2005年）

改革开放以后，随着市场经济的确立，残疾人就业面临着十分严峻的形势，为了解决这一问题，为残疾人切实提供有效的生活保障，1990年12月28日，全国人大常委会审定并通过了《中华人民共和国残疾人保障法》（1991年5月15日起实施，以下简称《残疾人保障法》），其中第三十条规定，机关、团体、企业事业组织、城乡集体经济组织等用人单位应当按一定比例安排残疾人就业。这为按比例安排残疾人就业提供了制度保障。此后，按比例就业的试点工作逐步推开。实践证明，按比例就业政策解决了部分残疾人的就业问题。例如，根据《1993年民政事业发展统计报告》，1993年我国城镇街道分散安置的残疾人就业人数为20.9万人。然而，《残疾人保障法》只是进行了政策导向性的规定，并没有其他措施来保障该制度的实行，使得这一制度在实践中履行的效果大打折扣，作用有限。面对这样的困境，地方政府率先借鉴国外的做法，尝试探索带税金的按比例就业制度。带税金的按比例就业制度是指达不到法定的雇佣比例的用人单位必须缴纳一定的残保金，用于支持残疾人福利事业的发展，这实际上是政府试图通过经济手段促进按比例就业的发展，也为无法安排残疾人就业的用人单位提供履行按比例安排残疾人就业责任的代偿方式。

为了规范地方政府对残保金的收支和管理，1995年1月14日，财政部发布了《残疾

人就业保障金管理暂行规定》(财综字[1995]5号),肯定了地方政府以收取残保金来贯彻落实按比例就业制度,并对残保金的定义、主管机关、收支管理办法、减免方式以及资金的用途等都做了详细的规定,该文件现已废止失效,但它构成了我国残保金政策的雏形。

此后,在财综字[1995]5号文件基础之上,相关部门又陆续发文对一些问题做了进一步的规范,比如1995年2月17日,财政部发布《关于印发〈企业缴纳残疾人就业保障金有关会计处理规定〉的通知》(财会字[1995]10号),明确了企业缴纳残保金的会计处理规定;1995年5月8日,中国残疾人联合会(简称残联)发布《关于制定地方〈残疾人就业保障金管理暂行规定〉实施办法的若干意见》,为地方政府制定地方的具体实施办法提出了要求。地方政府除了转发财综字[1995]5号文件之外,也积极制定本地的地方性法规或规章来明确相关问题。比如,江苏省政府在1996年8月5日,就颁布了《江苏省按比例安排残疾人就业办法》(江苏省人民政府令第78号),该政府规章对残保金的收取条件、征收主体、征收程序和制裁措施等有进一步详细的规定。但是此阶段,残保金的征收还没有纳入税务机关的职权征收范围。

(二) 残保金制度的确立阶段(2007—2015年)

虽然出台了上述政策,但实践中由于征缴力度不足,用人单位既不按比例安排残疾人就业,也不按照规定缴纳残保金。为了强化征缴力度,各地在征缴部门上不断地探索变换,由最初政策确立的残疾人就业服务机构负责征收,改由工商管理部门和社保部门负责征收,最后各地普遍的做法是由地税部门负责代收。比如,江苏省早在2004年就由财政厅、省地税局、省残联专门联合发文《关于由地方税务机关征缴残疾人就业保障金的通知》(苏地税发[2004]242号);2006年6月21日,北京市人民政府发布《北京市残疾人就业保障金征缴管理办法》(京政发[2006]18号)规定,残保金由主管地方税务机关代征。由此,在征缴机关这一问题上,实践中的普遍做法是由税务机关来担任。对相应的程序各地也有规定。

残保金的征收毕竟是对用人单位少量财产权的转移,而此前的相关规范均停留在规范性文件层面,显然法律效力层级过低。2007年2月25日,国务院发布了《残疾人就业条例》(2007年5月1日起实施),从而在较高效力的法律层面真正落实了残疾人按比例就业制度以及残保金制度。该条例第九条明确规定,用人单位安排残疾人就业达不到其所在地省、自治区、直辖市人民政府规定比例的,应当缴纳残疾人就业保障金。同时,第十六条首次明确了将残保金纳入财政预算。而关于残保金的征收、使用和管理的具体办法则授权国务院财政部门会同国务院有关部门规定。

2008年4月24日,《残疾人保障法》进行了修订,在法律上进一步明确了按比例就业制度的具体内容。其第三十三条明确规定,"国家实行按比例安排残疾人就业制度。国家机关、社会团体、企业事业单位、民办非企业单位应当按照规定的比例安排残疾人就业,并为其选择适当的工种和岗位。达不到规定比例的,按照国家有关规定履行保障残疾人就业义务。国家鼓励用人单位超过规定比例安排残疾人就业。"而在对何为"达不到规定比例的,按照国家有关规定履行保障残疾人就业义务"进行解释的时候,全国人大法工委认为,该条文就是指《残疾人就业条例》第九条规定的缴纳残疾人就业保障金制度。

至此,残保金制度作为残疾人按比例就业制度的重要组成部分终于在法律层面完全确立。

(三) 残保金制度的发展阶段(2015 年以后)

为了进一步规范残保金的征收使用管理,在充分吸收残保金征缴的实践经验的基础上,2015 年 9 月 9 日,财政部、国家税务总局、中国残疾人联合会三个部门联合发布《关于印发〈残疾人就业保障金征收使用管理办法〉的通知》(财税〔2015〕72 号,自 2015 年 10 月 1 日起施行),就残保金的征收、使用、管理做了进一步的规范,财综字〔1995〕5 号文件废止。随后,财政部又相继出台了《关于取消、调整部分政府性基金有关政策的通知》(财税〔2017〕18 号)和《关于降低部分政府性基金征收标准的通知》(财税〔2018〕39 号),为残疾人保障金设定了上限。

以下介绍的关于残保金征缴的相关内容,均以 2007 年发布的《残疾人就业条例》和 2015 年发布的《残疾人就业保障金征收使用管理办法》(以下简称《征收使用管理办法》)以及相关部门出台的现行有效的规范性文件为主要依据。

二、残保金的作用和意义

首先,残保金制度作为残疾人按比例就业制度的重要组成部分,是为了提高残疾人就业比例、促进残疾人就业而存在的。但它本身又不是履行残疾人最低就业比例的强制手段,而是间接地通过经济调整来达到立法的目的。全国人大法工委在对 2008 年修订的《残疾人保障法》第三十三条规定的"各单位安排残疾人就业达不到规定比例的,应当按照国家有关规定履行保障残疾人就业义务"进行解释时就阐释道,要求未达到标准的用人单位缴纳残保金,"一方面,保障了各单位履行法律责任的严肃性;另一方面,又考虑到现实情况,体现出各单位履行责任的灵活性。"这说明,残保金制度的设立为用人单位提供了履行直接法律义务的一种替代方式。而根据相关法律规定,残保金又是用于残疾人就业的专项资金,这又不同于其他国家在残疾人就业问题上设置的不履行按比例就业的罚款制度。这说明,缴纳残保金,本身也是用人单位履行保障残疾人就业义务的一种方式。用人单位可以基于理性考量,来选择是安排最低比例以上的残疾人就业来直接促进残疾人就业,还是缴纳残保金来间接促进残疾人就业。

三、残保金的性质

根据 2016 年 3 月 15 日财政部公布的《政府非税收入管理办法》(财税〔2016〕33 号文件)第三条对非税收入的内容界定,政府性基金收入属于非税收入的一类。而在财政部公布的《全国政府性基金目录清单》中,残保金赫然在列。可见,残保金属于非税收入中的政府性基金。

残保金的预算方式为一般公共预算,纳入地方一般公共预算并统筹安排。资金管理方式则为缴入地方国库。

第二节 残疾人就业保障金的计算与缴纳

一、残保金的缴费主体

残保金的缴费主体是未按规定安排残疾人就业的机关、团体、企业、事业单位和民办非企业单位(以下简称用人单位),包括个人独资企业、合伙企业,不包括个体工商户和个人。

二、残保金的征缴范围

用人单位安排残疾人就业的比例不得低于本单位在职职工总数的 1.5%。具体比例由各省、自治区、直辖市人民政府根据本地区的实际情况规定。

用人单位安排残疾人就业达不到其所在地省、自治区、直辖市人民政府规定比例的,应当缴纳残保金。其中,残疾人是指持有《中华人民共和国残疾人证》(以下简称《残疾人证》)上注明属于视力残疾、听力残疾、言语残疾、肢体残疾、智力残疾、精神残疾和多重残疾的人员,或者持有《中华人民共和国残疾军人证》(以下简称《残疾军人证》,1~8 级)的人员。

三、残保金的计费依据与计算公式

按照相关文件的规定,残疾人保障金按上年用人单位安排残疾人就业未达到规定比例的差额人数和本单位在职职工年平均工资之积计算缴纳,计算公式如下:

残疾人保障金年缴纳额=(上年用人单位在职职工人数×所在地省、自治区、直辖市人民政府规定的安排残疾人就业比例1-上年用人单位实际安排的残疾人就业人数)
×上年用人单位在职职工年平均工资

这里有三个需要进一步计算确定的指标。

1. 用人单位在职职工人数的计算方式

用人单位在职职工是指用人单位在编人员或依法与用人单位签订1年以上（含1年）劳动合同（服务协议）的人员。

季节性用工应当折算为年平均用工人数。

劳务派遣单位与派遣职工签订劳动合同（服务协议）的，无论是否代发工资、代扣代缴个人所得税或代缴社会保险费，派遣职工均计入派遣单位在职职工人数。劳务派遣单位与派遣职工未签订劳动合同（服务协议），仅代发工资、代扣代缴个人所得税或代缴社会保险费，用人单位与派遣职工签订劳动合同（服务协议）的，派遣职工计入用人单位在职职工人数。

依据《中华人民共和国劳动合同法实施条例》第二十一条规定："劳动者达到法定退休年龄的，劳动合同终止。"和《最高人民法院关于审理劳动争议案件适用法律若干问题的解释（三）》第七条规定："用人单位与其招用的已经依法享受养老保险待遇或领取退休金的人员发生用工争议，向人民法院提起诉讼的，人民法院应当按劳务关系处理"的规定，用人单位雇佣已法定退休人员，不应计入在职职工人数中。

外籍员工与用人单位签订劳动合同（服务协议）的，应当计算在职职工人数。

2. 用人单位实际安排的残疾人就业人数计算

（1）计入用人单位实际安排的残疾人就业人数的条件是：持有《残疾人证》（1～4级均可）或《残疾军人证》（需1～8级，9～10级不计入）；用人单位与其依法签订1年以上（含1年）劳动合同（服务协议）；用人单位实际支付的工资不低于本市最低工资标准，并足额缴纳社会保险费。

（2）特殊情况。用人单位安排1名持有《中华人民共和国残疾人证》（1～2级）或《中华人民共和国残疾军人证》（1～3级）的人员就业的，按照安排2名残疾人就业计算。

用人单位跨地区招用残疾人的，应当计入所安排的残疾人就业人数。

需要说明的是，在职职工人数与实际安置残疾人人数可以不是整数，计算全年人数时取各月末时点人数的算术平均值即可。如9月份雇佣10名残疾职工，劳动关系约定从10月1日开始，到年末共在职3个月，占全年时间的1/4，计算人数时按照10÷4＝2.5（人）计算；也可取各月末平均值，前9个月为0，后3个月为10，按照(10＋10＋10)÷12＝2.5（人）计算。用人单位安排残疾人就业未达到规定比例的差额人数，以公式计算结果为准，可以不是整数。

3. 上年度用人单位在职职工年平均工资

上年用人单位在职职工年平均工资，按用人单位上年在职职工工资总额除以用人单

位在职职工人数计算。其中:

(1) 工资总额组成包括:计时工资;计件工资;奖金;津贴和补贴;加班加点工资;特殊情况下支付的工资。

(2) 用人单位在职职工工资总额不包括用人单位支付的职工福利费、职工教育经费、工会经费以及养老保险费、医疗保险费、失业保险费、工伤保险费、生育保险费等社会保险费和住房公积金,应包括职工个人负担的医疗保险费、养老保险费、失业保险费、住房公积金、工会经费及个人所得税。

从2017年后,为减轻企业负担,财政部又连续制定了两份规范性文件,为残保金设置了上限。

根据《财政部关于取消、调整部分政府性基金有关政策的通知》(财税〔2017〕18号),自2017年4月1日起,用人单位在职职工年平均工资未超过当地社会平均工资(用人单位所在地统计部门公布的上年度城镇单位就业人员平均工资)3倍(含)的,按用人单位在职职工年平均工资计征残保金;超过当地社会平均工资3倍以上的,按当地社会平均工资3倍计征残保金。用人单位在职职工年平均工资的计算口径,按照国家统计局关于工资总额组成的有关规定执行。

根据《财政部关于降低部分政府性基金征收标准的通知》(财税〔2018〕39号),自2018年4月1日起,将残保金征收标准上限,由当地社会平均工资的3倍降低至2倍。其中,用人单位在职职工平均工资未超过当地社会平均工资2倍(含)的,按用人单位在职职工年平均工资计征残保金;超过当地社会平均工资2倍的,按当地社会平均工资2倍计征残保金。

随着减税降费的进一步深化,预计2020年1月1日至2022年12月31日,将在职职工人数30人以上企业,对实际安排残疾人就业比例1%以上的,按"本期应纳费数"的50%计算减免费额;对于实际安排就业比例低于1%的,按"本期应纳费额"的10%计算减免费额。同时,对申报表格式进行调整。

【例7-1】 某市2014年成立的一般纳税人企业,2018年在职职工人数1 000人,其中实际安置就业残疾人10人。该市上年用人单位安排残疾人就业比例规定为1.5%。当年在职职工工资总额9 000万元,不含残疾人职工工资总额100万元,假设2018年该市社会平均工资为90 500元,则该企业2018年度应缴纳残疾人保障金=(1 000×1.5%—10)×90 000=450 000(元)。

四、会计处理

按照《财政部关于印发企业缴纳残疾人就业保障金有关会计处理规定的通知》(财会字〔1995〕10号)和会计准则要求处理。

1. 计提保障金

借：管理费用——残疾人就业保障金
　　贷：应交税费——残疾人就业保障金

2. 缴纳保障金

借：应交税费——残疾人就业保障金
　　贷：银行存款等

3. 收到超比例安置残疾人奖励

借：银行存款等
　　贷：管理费用——残疾人就业保障金

五、减、免、缓相关政策

1. 小微企业优惠

自 2017 年 4 月 1 日起，自工商注册登记之日起 3 年内，在职职工总数 30 人（含）以下小微企业，免征残保金。工商注册登记未满 3 年、在职职工总数 30 人（含）以下的企业，可在剩余时期内按规定免征残保金。

自 2015 年 10 月 1 日起，自工商登记注册之日起 3 年内，对安排残疾人就业未达到规定比例、在职职工总数 20 人以下（含）的小微企业，免征残保金。（财税〔2015〕72 号）

2. 困难减免和缓缴

用人单位遇不可抗力自然灾害或其他突发事件遭受重大直接经济损失，可以申请减免或者缓缴残保金。具体办法由各省、自治区、直辖市财政部门规定。

用人单位申请减免残保金的最高限额不得超过 1 年的残保金应缴额，申请缓缴残保金的最长期限不得超过 6 个月。

3. 减免和缓缴的管理

批准减免或者缓缴残保金的用人单位名单，应当每年公告一次。公告内容应当包括批准机关、批准文号、批准减免或缓缴残保金的主要理由等。

六、残保金的缴纳

用人单位应按规定时限向残保金征收机关（即税务局）申报缴纳残保金。在这一过程中，税务机关需要注意实务中对申报缴纳期限的变通规定。

根据《征收使用管理办法》第十条的规定，残保金按月缴纳。《国家税务总局办公厅关于认真贯彻落实〈残疾人就业保障金征收使用管理办法〉的通知》（税总办发〔2015〕206 号）又规定，残保金一般按月缴纳，暂不具备条件的，应当设置过渡期，在过渡期内按原有缴纳频次缴纳,过渡期结束后按月缴纳。

但是按照申报所要求提供的材料和数据来看,都是上一年度的整年度数据,而残疾人保障金的计算公式也是以年为时间单位,可见按月申报缴纳,给缴费人和征收机关都带来不必要的重复。因此,实务中地方性政策一般不会照搬上述规定,而是根据实际情况按年或按季申报缴费。

第三节 残疾人就业保障金的征收管理

一、残疾人就业保障金的征管特点

财税〔2015〕72号文件明确,各省、自治区、直辖市财政部门可以会同税务部门、残疾人联合会根据本办法制定具体实施办法,因此各地残保金征期、具体算法、残疾人安置比例等规定均有差异。一般来看:在安置比例上,绝大部分省市采用了1.5%的规定下限;在征期设计上,大部分省市采用按年申报,也有小部分省市采用按季或按月申报;在优惠政策上,除统一执行2倍上限政策外,部分省市仍在执行一些地方性优惠政策;在票证使用方面,统一使用税收票证;在入库及退库方式上,与税收入库、退库方式一致。

二、残保金的征管主体及相应的职权范围

残保金的征收和管理涉及三个机构之间的分工与合作,即残疾人服务机构、财政部门和税务机关,因而显得比较复杂,实践中各地的操作模式也不尽相同。根据现行规定,可以明确的职责主体有:

(1)残保金由用人单位所在地的税务局负责征收。国税地税征管体制改革之前,实践中的普遍做法是残保金由地方税务局代征,国税地税合并以后,由合并后的税务机关征收。

(2)用人单位未按照规定缴纳残保金的,由残保金征收机关提交财政部门,由财政部门给予警告,责令限期缴纳;逾期仍不缴纳的,除补缴欠缴数额外,还应当自欠缴之日起,按日加收5‰的滞纳金(参见《残疾人就业条例》第二十七条、财税〔2015〕72号文件第二十六条)。

(3)用人单位弄虚作假,虚报安排残疾人就业人数,骗取集中使用残疾人的用人单位享受的税收优惠待遇的,由税务机关依法处理(参见《残疾人就业条例》第二十八条)。

三、残保金的征管流程

1. 用人单位向税务局如实申报缴纳残保金

用人单位应按规定时限向保障金征收机关（即税务局）申报缴纳残保金。在申报时，应提供本单位在职职工人数、实际安排残疾人就业人数、在职职工年平均工资等信息，并保证信息的真实性和完整性。

残保金申报表及其填列的注意事项如表7-1所示。

表7-1 残疾人就业保障金缴费申报表

用人单位名称(公章)： 　　　　　　纳税人识别号：
通信地址： 　　　　　　　　　　　联系电话：

*序号	*费款所属期起	*费款所属期止	*上年在职职工工资总额	*上年在职职工人数	*应安排残疾人就业比例	*上年实际安排残疾人就业人数	*上年在职职工年平均工资	*本期应纳费额	本期减免费额	本期已缴费额	本期应补(退)费额
1	2	3	4	5	6	7	8=4÷5	9=(5×6−7)×8	10	11	12=9−10−11

*申报声明	本单位所申报的残疾人就业保障金相关信息真实、准确并完整，与事实相符。 法定代表人(负责人)签名： 年 月 日	*经办人		*申报日期	年 月 日
		*受理税务机关	(公章)	*受理日期	年 月 日
		*受理人			

填表说明：

1. 标记"*"为必填项目。
2. "用人单位名称"是指《营业执照》《组织机构代码证》或其他核准证照上的"名称"。
3. "在职职工"是指用人单位在编人员或依法与用人单位签订1年以上(含1年)劳动合同(服务协议)的人员，季节性用工应当折算为年平均用工人数，以劳务派遣用工的，计入派遣单位在职职工人数。
4. "应安排残疾人就业比例"依据各省、自治区、直辖市、计划单列市人民政府规定填写，不得低于本单位在职职工总数的1.5%。(预计2020年，按实际就业比例实行分档减免)
5. "上年实际安排残疾人就业人数"依据残疾人就业服务机构核定后数据填写；如用人单位安排1名持有《中华人民共和国残疾人证》(1~2级)或《中华人民共和国残疾军人证》(1~3级)的人员就业的，按照安排2名残疾人就业计算。
6. 本表一式两份，申报单位按照税务机关规定的申报期限向主管税务机关申报缴费，主管税务机关受理后，一份由缴费用人单位留存，一份由税务机关留存。

2. 残保金申报表的审核

在接收到用人单位的申报材料后,税务机关需要注意以下两个方面:

(1) 在对申报材料审核的过程中,要注意保持和残联数据的一致性。

根据《征收使用管理办法》第十二条的规定,残疾人就业服务机构应当配合残保金征收机关做好保障金征收工作。用人单位应按规定时限如实向残疾人就业服务机构申报上年本单位安排的残疾人就业人数。未在规定时限申报的,视为未安排残疾人就业。残疾人就业服务机构进行审核后,确定用人单位实际安排的残疾人就业人数,并及时提供给残保金征收机关。

也就是说,关于上年度本单位安排的残疾人就业人数,用人单位不仅在申报缴纳时向税务局提供,也要向残联进行申报并进行审核,残联审核后还要向税务局提供。但是该政策并没有要求税务局一定要以残联提供的数据为准来核算残保金,所以在理论上有可能存在残联审核的数据和用人单位向纳税人自主申报的数据不一致的情况。

为了弥补上述程序上的不足,有些地方政策有相应的规定,以江苏省为例,其在本省的残保金征收管理办法中规定,用人单位应当在每年 3 月 31 日前向同级残疾人就业服务机构申报上年度本单位安排的残疾人就业人数。经审核后,确定用人单位实际安排的残疾人就业人数,并实时提供给同级税务机关。而在规定向税务机关申报缴纳残保金时,则要求,按年申报缴纳的,用人单位应当在 6 月 1 日至 6 月 30 日期间向主管税务机关申报缴纳残保金。按季申报缴纳的,每季申报缴纳额为全年应缴纳额的四分之一,用人单位应当在季末终了后 15 日内(节假日顺延)向主管税务机关申报缴纳残保金。可见,即使是按季申报,第一季的申报也是在 3 月 31 日之后。可以推断,无论何种方式,用人单位在向税务机关申报缴费时,该单位上年度实际安排的残疾人就业人数已经得到残联的审核并确定。

(2) 关于申报材料真实性、完整性的法律责任问题。《征收使用管理办法》第十条规定,"用人单位应按规定时限向保障金征收机关申报缴纳保障金……保证信息的真实性和完整性。"该条款明确了征纳双方的法律责任,即用人单位对申报材料的真实性和完整性负责,并承担相应的法律责任。税务部门在实践中对申报资料并不在申报环节逐一审查,而是采用信息化手段,通过风险管理的方式,获取残联部门的数据,结合个人所得税明细申报等资料,开展数据比对分析,发现异常再进行处理。

3. 征收检查与催报催缴

根据《征收使用管理办法》第十一条的规定,残保金征收机关应当定期对用人单位进行检查。发现用人单位申报不实、少缴纳残保金的,征收机关应当催报并追缴。在这个过程中,税务局要厘清自己的权限范围,注意和其他部门程序上的衔接。

(1) 根据财税〔2015〕72 号文件第二十六条的规定,用人单位未按规定缴纳残保金的,按照《残疾人就业条例》的规定,由残保金征收机关提交财政部门,由财政部门予以警告,责令限期缴纳;逾期仍不缴纳的,除补缴欠缴数额外,还应当自欠缴之日起,按日加收5‰的滞纳金。

也就是说,税务机关只能督促申报和督促缴纳,但正式的警告(属于行政处罚)和责令限期缴纳的行政命令,甚至加收滞纳金的决定(属于行政处理决定),则要由税务机关提交财政部门后,由财政部门做出。

(2)催报催缴是不是警告和责令限期缴纳的前置程序呢?税务机关未经催报催缴就将材料提交财政部门,而财政部门直接给予警告和责令限期缴纳,算不算违反了法定程序呢?从《征收使用管理办法》第十一条的文字表述上来看,答案应该是肯定的,"征收机关应当催报并追缴保障金",此处用的是"应当"。因此,在用人单位未按规定缴纳保障金时,先由税务机关进行催报催缴,用人单位仍然不愿意申报或缴费的,则再由财政部门警告并责令限期缴纳。

4. 票证管理

残保金征收机关征收残保金时,应当向用人单位开具省级财政部门统一印制的票据或税收票证。

实践中,税务部门征收都是用税收票证,既方便税务部门征收,又便于纳税人税费同报同缴。

5. 入库级次

残保金全额缴入地方国库。地方各级人民政府之间残保金的分配比例,由各省、自治区、直辖市财政部门商残疾人联合会确定。具体缴库办法按照省级财政部门的规定执行。

四、违法主体的法律责任

(1)《征收使用管理办法》第二十五条规定,单位和个人违反本办法规定,有下列情形之一的,依照《财政违法行为处罚处分条例》和《违反行政事业性收费和罚没收入收支两条线管理规定行政处分暂行规定》等国家有关规定追究法律责任;涉嫌犯罪的,依法移送司法机关处理:

① 擅自减免残保金或者改变残保金征收范围、对象和标准的。

② 隐瞒、坐支应当上缴的残保金的。

③ 滞留、截留、挪用应当上缴的残保金的。

④ 不按照规定的预算级次、预算科目将残保金缴入国库的。

⑤ 违反规定使用残保金的。

⑥ 其他违反国家财政收入管理规定的行为。

(2)《征收使用管理办法》第二十七条规定,残保金征收、使用管理有关部门的工作人员违反《征收使用管理办法》规定,在残保金征收和使用管理工作中滥用职权、玩忽职守、徇私舞弊的,依法给予处分;涉嫌犯罪的,依法移送司法机关。

(3) 在征管过程中,用人单位违反相关规定该如何追究法律责任,现行规定的制裁手段比较有限。比如,只有在用人单位未按规定缴纳残保金时,才由财政部门警告并责令限期缴纳。面对仍然不缴纳的情况,按日加收5‰的滞纳金。这里的滞纳金由于高于市场利率,兼有金钱补偿和惩罚的性质。

那么残保金能不能强制执行呢?如果可以强制执行,那么谁是强制执行的申请人,谁又是强制执行人?这也是实务中急需解决的问题。

首先,残保金作为政府性基金,是法律法规给相关用人单位设定的法律义务,必须得到履行,当然可以强制执行。按照《中华人民共和国行政强制法》第十三条的规定,行政强制执行必须由法律设定。法律没有规定的,只能申请法院强制执行。由于残保金的强制执行法律没有规定,因此只能向法院申请强制执行。

其次,从现有对残保金强制执行报道的案例[①]来看,在《征收使用管理办法》下发之前,对不缴纳残保金做出行政处理决定的是残联,向法院申请强制执行的也是残联。根据《征收使用管理办法》的规定,残保金的征收机关是税务部门,给予违法用人单位警告和责令限期改正的是财政部门。所以,现在面临的难题是,究竟由税务部门还是财政部门来申请法院强制执行?因为没有明确的规定,这也是相关部门比较困惑的地方。笔者试图结合《中华人民共和国行政强制法》的相关规定来回答这一问题。

《中华人民共和国行政强制法》第四十六条第三款规定:"没有强制执行权的行政机关应当申请法院强制执行……"这条规定对应的是其第1款,"行政机关依照本法第四十五条规定实施加处罚款或者滞纳金超过三十日……具有行政强制执行权的行政机关可以强制执行。"行政机关依照本法第四十五条该怎么做呢?第四十五条规定:"行政机关依法做出金钱给付义务的行政决定,当事人逾期不履行的,行政机关可以依法加处罚款或者滞纳金……"也就是说,申请法院强制执行的行政机关应该是做出金钱给付义务的行政决定的行政机关。结合残保金的征收管理,前面已经介绍过,具体残保金的金额是由用人单位自己申报的,税务局只做形式上的审查,不做金钱给付义务的行政决定。如果用人单位申报后拒不缴纳,税务局只是催报催缴,警告和责令限期缴纳则是由财政部门做出的。责令限期缴纳属于行政命令,其中包含有金钱给付义务的行政决定。因此,从《中华人民共和国行政强制法》的相关规定来推断,由财政部门向法院提出强制执行更符合法律的规定,但这并不排除以后会出台新政策将这部分职责再做具体规定。

---

① 参见:http://news.cntv.cn/20120108/120600.shtml。

第八章

先行划转税务机关征收的其他非税收入

第一节 概 述

根据《财政部关于将国家重大水利工程建设基金等政府非税收入项目划转税务部门征收的通知》(财税〔2018〕147号)的精神,国家重大水利工程建设基金13项由财政专员办征收的非税收入自2019年1月1日起划转至税务机关征收。由于13项非税收入的征税范围的差异,各省(自治区、直辖市和计划单划市)税务机关划转的非税收入情况如表8-1所示。

表8-1 专员办划转非税收入分省(自治区、直辖市和计划单划市)分项情况表

序号	省(自治区、直辖市和计划单划市)	划转数量	划转项目
1	北京	6	①国家重大水利工程建设基金;②可再生能源发展基金;③大中型水库移民后期扶持基金;④免税商品特许经营费;⑤油价调控风险准备金;⑥国家留成油收入
2	天津	4	①国家重大水利工程建设基金;②可再生能源发展基金;③大中型水库移民后期扶持基金;④免税商品特许经营费
3	河北	4	①国家重大水利工程建设基金;②可再生能源发展基金;③大中型水库移民后期扶持基金;④油价调控风险准备金
4	山西	4	①农网还贷资金;②可再生能源发展基金;③大中型水库移民后期扶持基金;④跨省大中型水库库区基金
5	内蒙古	2	①可再生能源发展基金;②大中型水库移民后期扶持基金
6	辽宁	4	①可再生能源发展基金;②大中型水库移民后期扶持基金;③跨省大中型水库库区基金;④油价调控风险准备金
7	大连	1	免税商品特许经营费
8	吉林	4	①农网还贷资金;②可再生能源发展基金;③大中型水库移民后期扶持基金;④油价调控风险准备金
9	黑龙江	4	①可再生能源发展基金;②大中型水库移民后期扶持基金;③跨省大中型水库库区基金;④免税商品特许经营费

(续表)

序号	省(自治区、直辖市和计划单列市)	划转数量	划转项目
10	上海	5	①国家重大水利工程建设基金;②可再生能源发展基金;③大中型水库移民后期扶持基金;④免税商品特许经营费;⑤石油特别收益金
11	江苏	7	①核电站乏燃料处理处置基金;②国家重大水利工程建设基金;③可再生能源发展基金;④大中型水库移民后期扶持基金;⑤免税商品特许经营费;⑥油价调控风险准备金;⑦核事故应急准备专项收入
12	浙江	8	①核电站乏燃料处理处置基金;②国家重大水利工程建设基金;③可再生能源发展基金;④大中型水库移民后期扶持基金;⑤跨省大中型水库库区基金;⑥免税商品特许经营费;⑦油价调控风险准备金;⑧核事故应急准备专项收入
13	宁波	1	免税商品特许经营费
14	安徽	3	①国家重大水利工程建设基金;②可再生能源发展基金;③大中型水库移民后期扶持基金
15	福建	5	①核电站乏燃料处理处置基金;②可再生能源发展基金;③大中型水库移民后期扶持基金;④油价调控风险准备金;⑤核事故应急准备专项收入
16	厦门	1	免税商品特许经营费
17	江西	3	①国家重大水利工程建设基金;②可再生能源发展基金;③大中型水库移民后期扶持基金
18	山东	5	①国家重大水利工程建设基金;②可再生能源发展基金;③大中型水库移民后期扶持基金;④免税商品特许经营费;⑤油价调控风险准备金
19	青岛	1	免税商品特许经营费
20	河南	6	①国家重大水利工程建设基金;②可再生能源发展基金;③大中型水库移民后期扶持基金;④跨省大中型水库库区基金;⑤免税商品特许经营费;⑥油价调控风险准备金
21	湖北	8	①三峡电站水资源费(中央分成和湖北分成部分);②农网还贷资金;③可再生能源发展基金;④大中型水库移民后期扶持基金;⑤三峡水库库区基金;⑥跨省大中型水库库区基金;⑦免税商品特许经营费;⑧油价调控风险准备金
22	湖南	5	①农网还贷资金;②国家重大水利工程建设基金;③可再生能源发展基金;④大中型水库移民后期扶持基金;⑤跨省大中型水库库区基金
23	广东	6	①核电站乏燃料处理处置基金;②国家重大水利工程建设基金;③可再生能源发展基金;④大中型水库移民后期扶持基金;⑤免税商品特许经营费;⑥核事故应急准备专项收入
24	深圳	6	①核电站乏燃料处理处置基金;②国家重大水利工程建设基金;③可再生能源发展基金;④大中型水库移民后期扶持基金;⑤免税商品特许经营费;⑥核事故应急准备专项收入

(续表)

序号	省（自治区、直辖市和计划单列市）	划转数量	划转项目
25	广西	8	①农网还贷资金；②可再生能源发展基金；③大中型水库移民后期扶持基金；④跨省大中型水库库区基金；⑤免税商品特许经营费；⑥油价调控风险准备金；⑦石油特别收益金；⑧核事故应急准备专项收入
26	海南	4	①可再生能源发展基金；②大中型水库移民后期扶持基金；③免税商品特许经营费；④核事故应急准备专项收入
27	重庆	7	①农网还贷资金；②国家重大水利工程建设基金；③可再生能源发展基金；④大中型水库移民后期扶持基金；⑤跨省大中型水库库区基金；⑥免税商品特许经营费；⑦三峡电站水资源费（重庆分成部分）
28	四川	5	①农网还贷资金；②可再生能源发展基金；③大中型水库移民后期扶持基金；④跨省大中型水库库区基金；⑤免税商品特许经营费
29	贵州	4	①可再生能源发展基金；②大中型水库移民后期扶持基金；③跨省大中型水库库区基金；④免税商品特许经营费
30	云南	5	①农网还贷资金；②可再生能源发展基金；③大中型水库移民后期扶持基金；④跨省大中型水库库区基金；⑤免税商品特许经营费
31	陕西	6	①农网还贷资金；②可再生能源发展基金；③大中型水库移民后期扶持基金；④免税商品特许经营费；⑤油价调控风险准备金；⑥石油特别收益金
32	甘肃	4	①可再生能源发展基金；②大中型水库移民后期扶持基金；③跨省大中型水库库区基金；④油价调控风险准备金
33	青海	2	①可再生能源发展基金；②大中型水库移民后期扶持基金
34	宁夏	3	①可再生能源发展基金；②大中型水库移民后期扶持基金；③油价调控风险准备金
35	新疆	2	①可再生能源发展基金；②大中型水库移民后期扶持基金

备注：本表为2019年1月1日财政部专员办划转至各省（自治区、直辖市和计划单列市）税务部门征收项目（西藏无划转项目），在实际执行中根据政策和费源情况动态调整。

根据《国家税务总局关于切实做好财政部驻地方财政监察专员办事处划转政府非税收入征收管理工作的通知》（税总发〔2018〕190号）的精神，国家重大水利工程建设基金、农网还贷资金、可再生能源发展基金、中央水库移民扶持基金（含大中型水库移民后期扶持基金、三峡水库库区基金、跨省大中型水库库区基金）、三峡电站水资源费、核电站乏燃料处理处置基金、免税商品特许经营费、核事故应急准备专项收入和国家留成油收入等非税收入适用于通用申报表进行申报管理；石油特别收益金使用、油价调控风险准备金等非税收入使用专门申报表进行申报管理。因此，为便于叙述，本章第二节专门介绍适用于通用申报表的非税收入；第三节专门介绍使用专门申报表的非税收入；第四节介绍性质特殊的受工会组织委托代征的工会经费。

第二节　适用于通用申报表的非税收入

一、国家重大水利工程建设基金

(一) 国家重大水利工程建设基金概述

国家重大水利工程建设基金(以下简称重大水利基金)是国家为支持南水北调工程建设、解决三峡工程后续问题以及加强中西部地区重大水利工程建设而设立的政府性基金。

国家重大水利工程建设基金的征收管理主要依据以下规定征收：

(1)《财政部　国家发展改革委　水利部关于印发〈国家重大水利工程建设基金征收使用管理暂行办法〉的通知》(财综〔2009〕90号)。该通知属于国家重大水利工程建设基金征收的纲领性文件。国家重大水利工程建设基金征收使用管理暂行办法明确了征收机关和入库级次,对缴费人、征收范围、费率等内容进行了规范,后面出台的所有文件都是对该文件的调整和修改。其中,确定该项基金的征收期限为2010年1月1日至2019年12月31日。

(2)《财政部关于征收国家重大水利工程建设基金有关问题的通知》(财综〔2010〕97号)。该通知主要规定拥有自备电厂企业应缴纳的基金改由省级电网企业代征。

(3)《关于对分布式光伏发电自发自用电量免征政府性基金有关问题的通知》(财综〔2013〕103号)、《财政部关于降低国家重大水利工程建设基金和大中型水库移民后期扶持基金征收标准的通知》(财税〔2017〕51号)、《关于明确国家重大水利工程建设基金和大中型水库移民后期扶持基金征收标准有关问题的函》(财办税〔2017〕60号)、《财政部关于降低部分政府性基金征收标准的通知》(财税〔2018〕39号),规定了关于该项基金相关的减免政策或者征收标准调整的政策。

(4)《国家税务总局关于国家重大水利工程建设基金等政府非税收入项目征管职责划转有关事项的公告》(2018年第63号),对划转后税务部门征收提出了具体要求。征收范围、对象、标准及收入分成等仍按现行规定执行。

(5)《财政部关于调整部分政府性基金有关政策的通知》(财税〔2019〕46号),涉及该项基金征收截止日期延长和费率下调。其中,将征收期限延续到2025年12月31日。

(二) 筹集和分配的原则

《财政部　国家发展改革委　水利部关于印发〈国家重大水利工程建设基金征收使用管理暂行办法〉的通知》(财综〔2009〕90号)的规定,明确了国家重大水利工程建设基金筹集和分配的原则：

（1）三峡工程建设基金向重大水利基金平稳过渡，保持三峡工程建设基金现行征收政策基本不变。

（2）南水北调和三峡工程直接受益省份筹集的重大水利基金，专项用于南水北调工程建设和三峡工程后续工作。

（3）南水北调和三峡工程非直接受益省份筹集的重大水利基金，留给所在省份用于本地重大水利工程建设。

（三）缴费主体

（1）国家重大水利工程建设基金的缴费主体为用电的单位和个人，但下列两种情况除外：西藏自治区的用电单位和个人；国家扶贫开发工作重点县用于农业排灌的用电单位和个人。农业排灌用电不等于农业用电，农业用电还包括农业生产、农副产品加工等用电。

（2）按照财综〔2009〕90号文件规定，省级电网企业在向电力用户收取电费时一并代征重大水利工程建设基金，个人用电、工商业用电等都是通过代征实现的基金缴纳；按照财综〔2010〕97号，自发自用企业自备电厂应缴纳的基金，由省级电网企业代征。

其中，未与电网连接、独立成网的自备电厂企业，直接向税务部门申报。

（3）第三类缴费主体为地方独立电网企业，主要是指不隶属于国家电网和南方电网的地方电网企业。地方独立电网企业名单在国家能源局网站中进行了公布。

（四）计费依据与计征标准

1. 计费依据

按照各省、自治区、直辖市扣除国家扶贫开发工作重点县农业排灌用电后的全部销售电量。全部销售电量，包括：

（1）省级电网企业销售给电力用户的电量。

（2）省级电网企业扣除合理线损后的趸售电量（即实际销售给转供单位的电量）。为促进农村地区电力发展，调动县政府管电、办电的积极性，由电网向县供电局售电，形成趸售电的关系。

（3）省级电网企业销售给子公司的电量和对境外销售电量。

（4）企业自备电厂自发自用电量。

（5）地方独立电网销售电量（不含省级电网企业销售给地方独立电网企业的电量）。

（6）跨省（自治区、直辖市）电力交易，计入受电省份销售电量。例如，天津向北京售电，计入北京销售电量。

2. 征收标准

依据《财政部 国家发展改革委 水利部关于印发〈国家重大水利工程建设基金征收使用管理暂行办法〉的通知》(财综〔2009〕90号)的规定,重大水利工程建设基金征收标准如表8-2所示。

表8-2 重大水利工程建设基金征收标准

(单位:厘/千瓦时)

省(自治区、直辖市)	基金征收标准	省(自治区、直辖市)	基金征收标准
北京	7	河南	11.34
天津	7	湖北	0
上海	13.92	湖南	3.75
河北	7	广东	7
山西	7	广西	4
内蒙古	4	海南	4
辽宁	4	重庆	7
吉林	4	四川	7
黑龙江	4	贵州	4
江苏	14.91	云南	4
浙江	14.36	陕西	4
安徽	12.92	甘肃	4
福建	7	青海	4
江西	5.52	宁夏	4
山东	7	新疆	4

在放管服改革和减税降费大环境下,重大水利工程建设基金经历了三次下调,近3年每年都在下调,在前面政策盘点版块我们也进行了介绍。最新的征收依据《财政部关于调整部分政府性基金有关政策的通知》(财税〔2019〕46号)自2019年7月1日起,将国家重大水利工程建设基金征收标准降低50%。降低后各省(自治区、直辖市)征收标准如表8-3所示。

表8-3 重大水利工程建设基金征收标准

(单位:厘/千瓦时)(2019年7月1日起执行)

省(自治区、直辖市)	基金征收标准	省(自治区、直辖市)	基金征收标准
北京	1.968 75	河南	3.189 375
天津	1.968 75	湖北	0
上海	3.915	湖南	1.054 687 5
河北	1.968 75	广东	1.968 75

(续表)

省（自治区、直辖市）	基金征收标准	省（自治区、直辖市）	基金征收标准
山西	1.968 75	广西	1.125
内蒙古	1.125	海南	1.125
辽宁	1.125	重庆	1.968 75
吉林	1.125	四川	1.968 75
黑龙江	1.125	贵州	1.125
江苏	4.193 437 5	云南	1.125
浙江	4.038 75	陕西	1.125
安徽	3.633 75	甘肃	1.125
福建	1.968 75	青海	1.125
江西	1.552 5	宁夏	1.125
山东	1.968 75	新疆	1.125

3. 计算公式

$$应缴基金＝计征电量×征收标准－扣除数$$

其中,扣除数,财综〔2011〕115号文件,对可再生能源电价附加征收增值税而减少的部分,由财政预算安排相应资金予以弥补。据此,国家税务总局在2018年的第三次视频会议上,延续了划转前的扣除政策,对重大水利工程建设基金等三项电力附加已征收增值税及附加的部分,可在缴费前予以全额扣除。

（五）申报日期与征收管理

1. 申报事项

申报事项主要包括计征电量、征收标准、扣除数。其中,扣除数是指该项基金已征收的增值税及附加。

2. 申报日期

它的申报日期和按月申报的增值税纳税人一致。缴费人应于每月15日前申报,期限最后一日是法定休假日的,以休假日期满的次日为最后一日,期限内有连续3日以上法定休假日的,按休假日天数顺延。

3. 汇算清缴

（1）财综〔2009〕90号文件规定,在次年3月底前完成对相关企业全年应缴重大水利基金的汇算清缴工作,审核电力用户欠缴电费、电网企业核销坏账损失的电量情况,经确认后不计入相关企业全年实际销售电量。

（2）国家税务总局 2018 年第 63 号公告明确，2018 年度的汇算清缴由专员办负责办理，以后年度的汇算清缴，缴费人向税务部门申报办理。

4. 征收管理

（1）征收主体。国家税务总局 2018 年第 63 号公告明确，税务部门按照属地原则征收划转的非税收入，实现了税费同管。

（2）滞纳金。从滞纳之日起按日加收滞纳部分 2‰的滞纳金。

二、农网还贷资金

（一）农网还贷资金概述

农网还贷资金是对农网改造贷款"一省多贷"的省、自治区、直辖市（指该省市区的农网改造工程贷款由多个电力企业承贷）电力用户征收的政府性基金，专项用于农村电网改造贷款还本付息。

（二）计征标准

农网还贷资金按社会用电量每度电 2 分钱标准，并入电价收取。

农网还贷资金由电网经营企业在向用户收取电费时一并收取，并在电费收款凭证中注明农网还贷资金的征收电量、征收标准和征收金额。除规定的减免用量外，电力用户必须及时足额缴纳农网还贷资金。

（三）减免范围

农网还贷资金减免范围包括：

（1）农业排灌、抗灾救灾及氮肥、磷肥、钾肥和原化工部颁发生产许可证的复合肥生产用电免征农网还贷资金。

（2）自备电厂自用电量免征农网还贷资金。

（3）国有重点煤炭企业生产用电、核工业铀扩散厂和堆化工厂生产用电农网还贷资金暂按每千瓦时用电量 3 厘钱标准征收。

征收农网还贷资金必须按照《中华人民共和国增值税暂行条例》及其他有关规定缴纳增值税和流转环节的其他税费，按规定纳入预算管理后免征企业所得税。

三、中央水库移民扶持基金

大中型水库移民后期扶持基金、跨省（自治区、直辖市）大中型水库库区基金、三峡水库库区基金合并为中央水库移民扶持基金。征收期限：从 2006 年 6 月 30 日起开始征收，属于中央级收入。

(一) 大中型水库移民后期扶持基金

1. 大中型水库移民后期扶持基金概述

大中型水库移民后期扶持基金(以下简称后期扶持基金),是国家为扶持大中型水库农村移民解决生产生活问题而设立的政府性基金。

大中型水库移民后期扶持基金主要依据以下规定征收:

(1)《财政部关于印发〈大中型水库移民后期扶持基金征收使用管理暂行办法〉的通知》(财综〔2006〕29号)以及《财政部关于印发〈财政监察专员办事处大中型水库移民后期扶持基金征收管理操作规程〉的通知》(财监〔2006〕95号),对大中型水库移民后期扶持基金的缴费人、征收范围、标准、滞纳金等内容进行了规范。

(2)《财政部关于对分布式光伏发电自发自用电量免征政府性基金有关问题的通知》(财综〔2013〕103号)、《财政部关于降低国家重大水利工程建设基金和大中型水库移民后期扶持基金征收标准的通知》(财税〔2017〕51号)、《关于明确国家重大水利工程建设基金和大中型水库移民后期扶持基金征收标准有关问题的函》(财办税〔2017〕60号)等三个文件大中型水库移民后期扶持基金的减免和征收标准调整的文件。

(3)《国家税务总局关于国家重大水利工程建设基金等政府非税收入项目征管职责划转有关事项的公告》(国家税务总局公告2018年第63号)对划转后税务部门征收提出了具体要求。征收范围、对象、标准及收入分成等仍按现行规定执行。

2. 筹集原则与筹集渠道

1) 筹集的原则

(1) 全国统筹,分省(自治区、直辖市)计征。

(2) 企业、社会、中央与地方合理负担。

(3) 工业反哺农业,城市支持农村。

(4) 东部地区支持中西部地区。

2) 筹集渠道

(1) 对省级电网企业在本省(自治区、直辖市)区域内扣除农业生产用电后的全部销售电量加价征收。

(2) 财政预算安排的大中型水库移民后期扶持专项资金,包括用对销售电量加价部分征收的增值税安排的资金和用于解决中央直属水库移民遗留问题的定额补助资金。

(3) 经营性大中型水库应承担的移民后期扶持资金,具体办法由国家发展改革委会同财政部、水利部另行制定。

3. 缴费主体

缴费主体是省级电网企业,由省级电网企业在向电力用户收取电费时一并代征,按月上缴中央国库。拥有自备电厂企业、地方独立电网企业不属于缴费主体。

4. 计费依据与计征标准

（1）计费依据是对省级电网企业在本省（自治区、直辖市）区域内的全部销售电量征收。但不包括农业生产用电、省级电网企业间销售电量（由买入方在最终销售环节向用户收取）、经国务院批准可以免征大中型水库移民后期扶持基金的其他电量。

（2）计征标准：

依据《财政部关于印发〈大中型水库移民后期扶持基金征收使用管理暂行办法〉的通知》（财综〔2006〕29号），大中型水库移民后期扶持基金征收标准如表8-4所示。

表8-4 大中型水库移民后期扶持基金征收标准

（单位：厘/千瓦时）

省（自治区、直辖市）	基金征收标准	省（自治区、直辖市）	基金征收标准
北京	8.3	河南	8.3
天津	8.3	湖北	8.3
上海	8.3	湖南	8.3
河北	8.3	广东	8.3
山西	3.5	广西	8.3
内蒙古	3.2	海南	8.3
辽宁	3.1	重庆	8.3
吉林	8.3	四川	8.3
黑龙江	5.5	贵州	6.3
江苏	3.9	云南	5.0
浙江	8.3	陕西	8.3
安徽	8.3	甘肃	3.5
福建	8.3	青海	1.9
江西	8.3	宁夏	2.1
山东	8.3	新疆	2.8

依据《财政部关于降低国家重大水利工程建设基金和大中型水库移民后期扶持基金

征收标准的通知》(财税〔2017〕51号)的精神,大中型水库移民后期扶持基金的征收标准统一降低25%。

总体上看,大中型水库移民后期扶持基金的优惠政策、缴纳计算方法、申报日期、汇算清缴、征收主体和滞纳金等费制要素,与国家重大水利工程建设基金一致。

(二)跨省(自治区、直辖市)大中型水库库区基金

1. 跨省大中型水库库区基金概述

跨省大中型水库库区基金属于中央水库移民扶持基金的子项,类别上属于政府性基金,收入归属为中央。国家将原库区维护基金、原库区后期扶持基金及经营性大中型水库承担的移民后期扶持资金进行整合,设立大中型水库库区基金。大中型水库库区基金主要用于库区及移民安置区基础设施建设和经济发展规划;库区防护工程和移民生产、生活设施维护;解决水库移民的其他遗留问题。实行分省统筹,纳入财政预算,实行"收支两条线"管理。

主要依据财政部关于印发《大中型水库库区基金征收使用管理暂行办法》的通知(财综〔2007〕26号)和财政部关于征收跨省大中型水库库区基金有关问题的通知(财综〔2009〕59号)的规定,征收管理。

2. 缴费人

有发电收入的大中型水库(大中型水库是指装机容量在2.5万千瓦及以上有发电收入的水库和水电站),具体由财政部《大中型水库库区基金征收使用管理暂行办法》的通知(财综〔2007〕26号)规定。

3. 计费依据

大中型水库上网销售电量,按不高于8厘/千瓦时的标准征收。库区基金列入企业成本,按规定不征收企业所得税。

4. 征收管理

省级辖内大中型水库的库区基金,由省级财政部门负责征收;跨省、自治区、直辖市的大中型水库库区基金,由财政部驻发电企业所在地财政专员办负责征收。

(三)三峡水库库区基金

三峡水库库区基金(以下简称库区基金)是中央财政安排重庆市用于三峡水库库区和移民安置区(以下简称库区)基础设施建设和经济发展,支持库区防护工程和移民生产、生活设施维护,解决库区移民的其他遗留问题的政府性基金。依据《财政部关于印发〈大中型水库库区基金征收使用管理暂行办法〉的通知》(财综〔2007〕26号)第十四条,三峡工程的库区基金政策,由财政部按照《长江三峡工程建设移民条例》(国务院令第299号)的有关规定另行制定。目前,相关文件未予公开。

四、可再生能源发展基金

(一) 可再生能源发展基金概述

可再生能源发展基金包括国家财政公共预算安排的专项资金(以下简称可再生能源发展专项资金)和依法向电力用户征收的可再生能源电价附加收入等。自 2012 年 1 月 1 日起开始征收,属于中央级收入。

可再生能源发展基金主要依据以下规定征收:

(1) 依据《财政部 国家发展改革委 国家能源局关于印发〈可再生能源发展基金征收使用管理暂行办法〉的通知》(财综〔2011〕115 号)。该文件规定,可再生能源发展基金筹集渠道有两个,包括国家财政公共预算安排的专项资金和依法向电力用户征收的可再生能源电价附加收入,税务部门负责征收的就是可再生能源电价附加收入。该文件对缴费人、征收范围、费率等内容进行了规定。

(2) 依据《关于调整可再生能源电价附加征收标准的通知》(财综〔2013〕89 号)、《财政部关于对分布式光伏发电自发自用电量免征政府性基金有关问题的通知》(财综〔2013〕103 号)、《财政部 国家发展改革委关于提高可再生能源发展基金征收标准等有关问题的通知》(财税〔2016〕4 号)对免征和征收标准进行调整的文件。

(3)《国家税务总局关于国家重大水利工程建设基金等政府非税收入项目征管职责划转有关事项的公告》(国家税务总局公告 2018 年第 63 号)对划转后税务部门征收可再生能源电价附加提出了具体要求。征收范围、对象、标准及收入分成等仍按现行规定执行。

(二) 缴费主体

电力用户应缴纳的可再生能源电价附加,按照下列方式由电网企业代征:

(1) 大用户与发电企业直接交易电量的可再生能源电价附加,由代为输送电量的电网企业代征。

(2) 地方独立电网销售电量的可再生能源电价附加,由地方电网企业在向电力用户收取电费时一并代征。

(3) 企业自备电厂自发自用电量应缴纳的可再生能源电价附加,由所在地电网企业代征。

(4) 其他社会销售电量的可再生能源电价附加,由省级电网企业在向电力用户收取电费时一并代征。

(三) 计缴依据与计征标准

1. 计缴依据

再生能源电价附加在除西藏自治区以外的全国范围内,对各省、自治区、直辖市扣除农业生产用电(含农业排灌用电)后的销售电量征收。各省、自治区、直辖市纳入可再生能源电价附加征收范围的销售电量包括：

(1) 省级电网企业(含各级子公司)销售给电力用户的电量。

(2) 省级电网企业扣除合理线损后的趸售电量(即实际销售给转供单位的电量,不含趸售给各级子公司的电量)。

(3) 省级电网企业对境外销售电量。

(4) 企业自备电厂自发自用电量。

(5) 地方独立电网(含地方供电企业,下同)销售电量(不含省级电网企业销售给地方独立电网的电量)。

(6) 大用户与发电企业直接交易的电量。

省(自治区、直辖市)际交易电量,计入受电省份的销售电量征收可再生能源电价附加。

2. 征收标准

依据《财政部 国家发展改革委 国家能源局关于印发〈可再生能源发展基金征收使用管理暂行办法〉的通知》(财综〔2011〕115号)的规定,可再生能源电价附加征收标准为8厘/千瓦时。根据可再生能源开发利用中长期总量目标和开发利用规划,以及可再生能源电价附加收支情况,征收标准可以适时调整。

依据财综〔2013〕103号和财税〔2016〕4号的规定,可再生能源电价附加征收标准已经从8厘/千瓦时分别提高到1.5分/千瓦时和1.9分/千瓦时。

总体上看,可再生能源发展基金的计费依据、优惠政策、缴纳计算方法、申报日期、汇算清缴和征收主体等费制要素,与国家重大水利工程建设基金一致。

五、三峡电站水资源费

(一) 三峡电站水资源费概述

三峡电站水资源费是依据《取水许可和水资源费征收管理条例》(国务院令第460号)和《财政部 国家发展改革委 水利部关于印发〈水资源费征收使用管理办法〉的通知》(财综〔2008〕79号,以下简称《通知》)的规定,经国务院同意而征收的中央和地方分成的水资源费。三峡电站水资源费收入的10%上缴中央国库,其余90%按比例(湖北省16.67%、重庆市83.33%)在湖北省和重庆市之间进行分配,并分别上缴两省市国库。

(二) 征收标准与计缴依据

自2009年9月1日起,中国长江电力股份有限公司按照三峡电站实际发电量和《国家发展改革委 财政部 水利部关于中央直属和跨省水利工程水资源费征收标准及有关问题的通知》(发改价格〔2009〕1779号)的规定征收标准缴纳水资源费。2009年9月1日以来中国长江电力股份有限公司尚未缴纳的水资源费予以补征。

2014年,发改委发布《关于调整中央直属和跨省水力发电用水水资源费征收标准的通知》(发改价格〔2014〕1959号),对水资源费的征收标准进行调整。①中央直属和跨省水电站水力发电用水水资源费,现行征收标准低于每千瓦时0.5分钱的,自2015年1月1日起调整为每千瓦时0.5分钱;现行征收标准高于每千瓦时0.5分钱的,维持现行征收标准不变,最高不超过每千瓦时0.8分钱。②跨省界河水电站水力发电用水水资源费,自2015年1月1日起统一征收标准,征收标准不一致的,按较高一方标准征收。③抽水蓄能发电用水暂免征收水资源费。

因此,自2015年1月1日起,中国长江电力股份有限公司应按照实际发电量和新的水资源费征收标准缴纳三峡电站水资源费。

(三) 征收管理

1. 征收机关

三峡电站水资源费由财政部驻湖北省财政监察专员办事处(以下简称湖北专员办)负责按月征收。2019年1月1日以后,划转为税务机关征收。依据《关于国家重大水利工程建设基金等政府非税收入项目征管职责划转有关事项的公告》(国家税务总局公告2018年第63号)的规定,三峡电站水资源费的中央分成和湖北省分成部分,由缴费人向湖北省税务部门申报缴纳;重庆市分成部分,由缴费人向重庆市税务部门申报缴纳。

2. 申报与缴纳

因划转后,征收范围、对象、标准及收入分成等仍按现行规定执行。现依据《关于三峡电站水资源费征收使用管理有关问题的通知》(财综〔2011〕19号)的规定,对过去的缴纳方式介绍如下。

(1) 中国长江电力股份有限公司于每月10日前向湖北专员办申报上月实际发电量和应缴纳的水资源费。

(2) 湖北专员办于每月12日前完成对申报的审核,确定水资源费征收数额,对中央分成的10%部分,由湖北专员办向中国长江电力股份有限公司开具《非税收入一般缴款书》,缴入财政部中央财政专户;对湖北省分成的15.003%部分和重庆市分成的74.997%部分,由中国长江电力股份有限公司自行开具《一般缴款书》分别缴入国库。

(3) 中国长江电力股份有限公司于每月15日前按《非税收入一般缴款书》和两份《一般缴款书》规定的缴款额足额上缴资金,其中:中央分成收入,由中国长江电力股份有限公司缴入财政部为湖北专员办开设的中央财政专户;湖北省分成收入,由中国长江电力股份有限公司通过其开户银行就地缴入国家金库湖北省宜昌市中心支库;重庆市分成收入,由中国长江电力股份有限公司从其开户银行通过中国现代化支付系统汇划至国家金库重庆市分库。国家金库重庆市分库收到汇款和缴款凭证后，及时准确办理入库手续。收款国库与湖北专员办及同级财政部门之间要加强资金入库的对账工作，确保缴库资金准确和安全。

（4）湖北专员办根据中国长江电力股份有限公司全年实际发电量，在次年3月底前完成对该公司全年应缴水资源费的清算和征缴。

六、核电站乏燃料处理处置基金

（一）核电站乏燃料处理处置基金的概述

核电站乏燃料处理处置基金属于政府性基金，收入全额上缴中央国库，按照"收支两条线"原则纳入中央财政预算管理。

凡拥有已投入商业运行5年以上压水堆核电机组的核电厂（以下简称核电厂），应当按照规定缴纳核电站乏燃料处理处置基金。

（二）计征方法

核电站乏燃料处理处置基金按照核电厂已投入商业运行5年以上压水堆核电机组的实际上网销售电量征收，征收标准为0.026元/千瓦时。今后，财政部会同国家发展改革委、工业和信息化部、国家能源局、国防科工局等部门根据核电发展规模及核电站乏燃料处理处置资金需求的变化，适时调整征收标准。

核电站乏燃料处理处置基金计入核电厂发电成本。

核电站乏燃料处理处置基金由财政部驻核电厂所在省、自治区、直辖市、计划单列市财政监察专员办事处（以下简称专员办）负责征收，并实行直接缴库。

核电厂应按照规定及时足额上缴核电站乏燃料处理处置基金，不得拖欠。凡无正当理由拖欠缴纳核电站乏燃料处理处置基金的，应责令其尽快补缴，并从逾期之日起按日加收滞纳金额1‰的滞纳金。滞纳金纳入核电站乏燃料处理处置基金收入管理。

七、场外核应急准备金

（一）概述

核应急准备资金分为：核电企业开展场内核事故应急准备工作所需资金；国家和地方核应急机构开展场外核事故应急准备工作所需资金；国务院有关部门和军队在核电厂核事故应急支援准备工作中所需的资金。

场内核应急准备资金由核电企业承担，并作为核电企业的成本开支项目。基建期在工程基建费中列支；运行期在企业的管理费中列支。

场外核应急准备资金由核电企业和地方省级人民政府共同承担。其中,核电企业承担的部分,按规定的比例,以财政专项收入的形式分别上缴中央和地方财政,并由中央和地方财政纳入预算内管理;地方承担的部分,由地方省级人民政府自行筹措使用。

核电企业承担上缴的场外核应急专项收入作为成本开支项目,基建期在工程基建费中列支,运行期在企业的管理费中列支。

国务院有关部门和军队所需的核应急准备资金,根据各自在核电厂核事故应急准备工作中的职责和任务,充分利用现有条件安排,不足部分按照各自的计划和资金渠道申请解决。

(二) 计征方法

核电企业承担上缴的场外核应急专项收入,在基建期和运行期分别按以下标准缴纳:

(1) 基建期按设计额定容量每千瓦时 5 元人民币的标准缴纳。

(2) 运行期按年度上网销售电量每千瓦时 0.2 厘人民币的标准缴纳。

核电企业按规定标准缴纳场外核应急专项收入后,任何单位、部门及地方各级人民政府不得以核应急准备或者与此相关名义向企业收取资金。

核电企业承担上缴的场外核应急专项收入,基建期应在核电工程浇灌第一罐混凝土的当年起 3 年内按规定承担数额的 30%、40% 和 30%,分年度缴清;运行期应在商业运行后的次年开始,根据上一年的实际上网销售电量按规定标准缴纳。

同一省、自治区、直辖市内,核电企业缴纳的场外核应急专项收入按以下比例分别上缴中央和地方财政:

(1) 首期建设的核电厂按 15% 和 85% 的比例上缴中央和地方财政;

(2) 后续再建的核电厂按 50% 和 50% 的比例上缴中央和地方财政。

核电企业应于每年 3 月底前,将当年应缴纳中央和地方管理的场外核应急专项收入分别及时足额缴库。

八、免税商品特许经营费

(一) 概述

根据《财政部关于印发〈免税商品特许经营费缴纳办法〉的通知》(财企〔2004〕241 号)中的解释,为进一步加强免税商品经营管理,体现免税业特许经营政策,理顺企业与国家的利益分配关系,凡经营免税商品的企业按经营免税商品业务年销售收入(额)的 1%,向国家上缴特许经营费。免税商品特许经营费属于十二类非税收入中的特许经营权收入。

免税商品特许经营费主要依据以下规定征收:

(1) 依据《财政部关于印发〈免税商品特许经营费缴纳办法〉的通知》(财企〔2004〕241号),从 2005 年 1 月 1 日起开始征收免税商品特许经营费,文件还对缴费人、费率等内容进行了规范;该项收入属于中央级收入。

(2) 依据《财政部关于印发〈免税商品特许经营费缴纳办法〉的补充通知》(财企〔2006〕70 号),对征收范围、征收主体、预算科目等内容做了修改和补充。

(3) 依据《国家税务总局关于国家重大水利工程建设基金等政府非税收入项目征管职责划转有关事项的公告》(2018 年第 63 号),对划转后税务部门征收提出了具体要求。征收范围、对象、标准及收入分成等仍按现行规定执行。

(二) 缴费主体

免税商品特许经营费的缴费主体是经营免税商品的企业。免税商品是指免征关税、进口环节税的进口商品和实行退(免)税(增值税、消费税)进入免税店销售的国产商品。

(三) 征收范围

免税商品特许经营费的范围是指免税商品经营业务,包括:中国免税品(集团)总公司的免税商品经营业务;设立在机场、港口、车站、陆路边境口岸和海关监管特定区域的免税商店;在出境飞机、火车、轮船上向出境的国际旅客、驻华外交官和国际海员等提供免税商品购物服务的特种销售业务。

当前,从事免税商品经营业务的企业主要有中国免税品(集团)总公司、深圳市国有免税商品(集团)有限公司、珠海免税企业(集团)有限公司、中国中旅(集团)公司、中国出国人员服务总公司、上海浦东国际机场免税店以及其他经营免税商品或代理销售免税商品的企业。

(四) 计费依据和征收标准

计费依据是经营免税商品业务年销售收入。征收标准是年销售收入的 1%。

(五) 申报事项

1. 申报要求

按照非税收入通用申报表的要求进行申报。

2. 申报日期

免税商品经营企业于年度终了的 5 个月内,依据注册会计师的审计报告,清算当年应交免税商品特许经营费并上缴中央金库。

3. 征收管理

(1) 中国免税品(集团)总公司按其合并会计报表口径,由总公司集中缴纳。

(2) 中国免税品(集团)总公司供货的其他免税商品经营企业,在企业所在地就地解缴。

（3）在国际交通工具上销售（或代理销售）免税商品的民航、交通、铁道等行业的企业，以及非全部经营免税商品的企业，在企业纳税所在地缴纳特许经营费。

九、国家留成油收入

（一）概述

国家留成油是指中国公司对外合作勘探开发生产海上石油，按规定缴纳增值税和矿区使用费后，在余额油分配时根据石油合同的约定比例留给国家的权益。国家留成油收入凭借的是资产所有权征收的收入。

"石油合同"是资源国或其国家石油公司与外国石油公司依东道国法律，为合作开采石油资源订立的，包括石油勘探、开发和生产等内容的协议的简称。

（二）合作油田分成模式与计算

中国公司对外合作勘探开发生产海上石油所取得的收入，首先应该向中国政府缴纳增值税、矿区费或资源税；其次用来弥补回收作业费（开发成本，包括双方的弃置费、勘探费、开发投资资金及成本）。剩余的部分称为余额油。"余额油"分为"留成油"和"分成油"两部分。留成油成为国家收入，分成油作为开发企业投资收入。一般情况下，会按照合同约定阶梯分成率，进行分成。所谓阶梯分成率是指在不同的产量水平采用不同的分成比率。这样，就需要根据最后的产量水平，确定一个平均的分成比率（X）。每个油田每个日历年的"分成油"应等于该日历年的"余额油"乘以分成率（X），即分成油＝余额油×X；留成油＝余额油×$(1-X)$。

上述分析如表 8-5 所示。

表 8-5　合作油田分成模式

增值税 5%	向中国政府上缴产量税（VAT）		
矿费和费用回收油约为 62.50%	0～12.5%	向中国政府上缴矿区费（或资源税）	
	50%～62.5%	回收作业费	
		回收中方弃置费	回收外方弃置费
		回收中方勘探费	回收外方勘探费
		回收中方开发投资及利息	回收外方开发投资及利息
余额油约为 32.50%	$X×32.5\%$	中方分成油	外方分成油
	$(1-X)×32.5\%$	上缴中国政府留成油	

【例 8-1】 某中外合作甲油田累计年产量 80 万吨,石油合同约定的阶梯分成率如表 8-6 所示,则甲油田的分成率为多少?

表 8-6 合同约定的阶梯分成率

累计年产量(万吨)	阶梯分成率
等于或少于 50	$X_1 = 95\%$
50 以上至 100	$X_2 = 92\%$
100 以上至 200	$X_3 = 86\%$
200 以上至 300	$X_4 = 82\%$

答案:分成率 X = [50×0.95 + (80−50)×0.92] ÷ 80 × 100% = 93.875%

年度留成油 = 累计余额油 × (1 − 93.875%)

(三) 申报与征收

1. 征收机关

自 2019 年 1 月 1 日起,国家留成油收入划转至税务部门征收。征收范围、对象、标准及收入分成等仍按现行规定执行。

2. 申报与缴纳

国家留成油随其合作油田生产的原油一起销售,实现变现折价,每月结束后 30 日内申报,并作为专项收入上缴中央财政。滞纳之日起按日加收 0.5‰ 的滞纳金。

3. 变现折价中的销售费用处理

(1) 公司应缴纳的国家留成油变价款,应当按照国家留成油实际销售额扣除其本身所发生的销售费用进行核定。销售费用包括国家留成油销售过程中实际发生的商检费用及销售机构管理费。

(2) 年度终了后的 3 个月内,将上年合作油田上缴国家留成油的实际销售费用情况报送相关部门审核。经审核后,可在缴纳以后期间国家留成油变价收入时扣除销售费用。

十、非税收入通用申报表样式与填写

非税收入通用申报表样式与填写说明参阅表 8-7。

表 8-7 非税收入通用申报表

金额单位：人民币元（列至角分）

缴费人名称								缴费人识别号（统一社会信用代码）						
征收项目	征收子目	费款所属期起	费款所属期止	应缴费基数	应缴费基数减除额	计费依据	征收标准	扣除数	征收比例	本期应纳费额	减免费额	减免性质	本期已缴费额	本期应补（退）费额
(1)	(2)	(3)	(4)	(5)	(6)	(7)	(8)=(6)-(7)	(9)	(10)	(11)	(12)=[(8)×(9)-(10)]×(11)	(13)	(14)	(15)	(16)=(12)-(13)-(15)
▲按次缴纳	*	*	*	*	*	*	*	*	*	*	*	*	—	*	*
	填写总量、总数量、销售额、应缴费人原值、利润总额、面积等非税收入的计费基数	填写允许减除的数额，金额、人数、面积等	填写应缴费基数减去应缴费基数减除额的余额	填写征收的费率或单位费额等	适用于累进费率的速算扣除数，或者其他扣除数	本征收机关征收的比例数，必须填写，缺省值为100%		填写允许减免的费额	如果减免费额>0，那么此项必填，减免性质选择相应代码	填写已经缴纳的本期费额	填写本期应纳费额减去费额及本期已缴费额后的余额
合计															
主管单位名称		负责确定计费依据的主管单位名称		主管单位识别号（统一社会信用代码）								备注			

谨声明：本申报表是根据非税收入法律法规及相关规定填报的，内容是真实的、可靠的、完整的。

缴费人签章：

代理机构签章：
代理机构统一社会信用代码：
经办人签字：
经办人身份证件号码：*

受理人：
受理税务机关（章）：
受理日期：　　年　　月　　日

《非税收入通用申报表》填报说明：

1. 缴费人名称、缴费人识别号（统一社会信用代码）：必须填写。
2. 征收项目：必须填写。填写非税收入项目名称。
3. 征收品目：必须填写。填写非税收入征收品目名称。
4. 征收子目：非必须填写。非税收入品目下设定细目时，按相关规定填写。
5. 费款所属期起（止）：必须填写。按期缴纳的，填写所属期起始日期和截止日期；按次缴纳的，填写缴费义务发生日期。
6. 应缴费基数：必须填写。填写总数量、收入总额、应缴费人数、销售数量、金额、面积、人数等。
7. 应缴费基数减除额：非必须填写。填写允许减除应缴费基数减除额的余额。
8. 计费依据：必须填写。填写应缴费基数减去应缴费基数减除额的余额。
9. 征收标准：必须填写。填写征收的费率或单位费额等。
10. 扣除数：非必须填写。适用于累进费率扣除数，或者其他扣除数。
11. 征收比例，本征收机关征收的比例数，缺省值为100%。
12. 本期应纳费额：必须填写。填写计费依据乘以征收标准，再减除扣除数后的余额，乘以征收比例后计算出的本期应纳费额。
13. 减免费额：非必须填写。填写允许减免的费额。
14. 减免性质：如果减免费额＞0，那么此项必须填写；减免性质选择相应代码。
15. 本期已缴费额：非必须填写。填写已经缴纳的本期费额。
16. 本期应补（退）费额：非必须填写。填写本期应缴费额减去减免费额及本期已缴费额后的余额。
17. 主管单位名称：非必须填写。填写负责确定计费依据的主管单位名称。
18. 主管单位识别号（统一社会信用代码）：非必须填写。
19. 备注：非必须填写。
20. 代理机构统一社会信用代码：代理机构代为办理申报的，应加盖代理机构印章，并填写代理机构统一社会信用代码。
21. 经办人签字、经办人身份证件号码：必须填写。由办理申报的经办人签字，并填写经办人身份证件号码。

143

第三节 适用于专门申报表的非税收入

一、石油特别收益金专项收入

(一) 石油特别收益金概述

石油特别收益金是指国家对石油开采企业销售国产原油因价格超过一定水平所获得的超额收入按比例征收的收益金。开征石油特别收益金,是为了妥善处理各方面利益关系,推进石油价格形成机制改革,加强国家调控,促进国民经济持续健康协调发展,国务院决定对石油开采企业销售国产原油因油价上涨获得的超额收入征收石油特别收益金。石油特别收益金属中央财政非税收入,纳入中央财政预算管理。

(1) 依据《国务院关于开采石油特别收益金的决定》(国发〔2006〕13 号)、《财政部关于印发〈石油特别收益金征收管理办法〉的通知》(财企〔2006〕72 号),主要对缴费主体、征收标准、申报缴纳进行了明确。

(2) 依据《财政部关于征收石油特别收益金有关问题的补充通知》(财企〔2006〕183 号)主要对征收范围、缴纳主体、部分计算缴纳方法进行了调整。

(3) 依据《国家税务总局关于国家重大水利工程建设基金等政府非税收入项目征管职责划转有关事项的公告》(2018 年第 63 号),对划转后税务部门征收的石油特别收益金提出了具体要求。其中,征收范围、对象、标准及收入分成等仍按现行规定执行,申报表和填报方法作了修正。

(二) 缴费主体

凡在中华人民共和国陆地领域和所辖海域独立开采并销售原油的企业,以及在上述领域以合资、合作等方式开采并销售原油的其他企业(以下简称合资合作企业),均应当按照《石油特别收益金征收管理办法》的规定缴纳石油特别收益金。

(三) 征收标准与计算

依据《财政部关于印发〈石油特别收益金征收管理办法〉的通知》(财企〔2006〕72 号)的规定,石油特别收益金实行 5 级超额累进从价定率计征,按月计算、按季缴纳。

石油特别收益金征收比率按石油开采企业销售原油的月加权平均价格确定。为便于参照国际市场油价水平,原油价格按美元/桶计价,起征点为 40 美元/桶。依据《关于提高石油特别收益金起征点的通知》(财税〔2014〕115 号)的精神,经国务院批准,财政部决定从 2015 年 1 月 1 日起,将石油特别收益金起征点提高至 65 美元/桶。起征点提高后,石油特别收益金征收仍实行5级超额累进从价定率计征。具体征收比率及速算扣除数见表8-8所示。

表8-8 石油特别收益金征收比率及速算扣除数

原油价格	征收比率	速算扣除数(美元/桶)
65~70(含)(美元/桶)	20%	0
70~75(含)(美元/桶)	25%	0.25
75~80(含)(美元/桶)	30%	0.75
80~85(含)(美元/桶)	35%	1.5
85(美元/桶)以上	40%	2.5

石油特别收益金={[当月加权平均销售价格(美元/桶)－起征点(美元/桶)]×征收标准－速算扣除数(美元/桶)}×销售数量(桶数)×美元兑换人民币汇率。

计算石油特别收益金时,原油价格计量单位不同,应按照原油吨桶比换算。原油吨桶比按石油开采企业实际执行或挂靠油种的吨桶比计算；美元兑换人民币汇率以中国人民银行当月每日公布的中间价按月平均计算。石油特别收益金以人民币缴纳。

【例8-1】 某企业2018年5月开采原油10 000桶,销售价格为80.03美元/桶,中国人民银行当月每日发布美元兑换人民币汇率中间价的月平均为6.375 8,问该企业2018年8月应缴纳石油特别收益金人民币多少元?

解答：该企业2018年8月应缴纳石油特别收益金人民币＝[(80.03－65)×0.35－1.5]×10 000×6.375 8＝2 397 619.59(元)。

(四) 免征政策

(1) 依据《财政部关于征收石油特别收益金有关问题的补充通知》(财企〔2006〕183号),中外合作油田按规定缴纳的石油增值税、矿区使用费、国家留成油不征收石油特别收益金。

(2) 依据《财政部关于原油天然气资源税改革后石油特别收益金征收有关问题的通知》(财企〔2014〕24号),2011年11月1日原油、天然气资源税改革后,新签订合同的中外合作油田按规定缴纳的资源税,不征收石油特别收益金。

(五) 申报缴纳

依据《财政部关于调整石油特别收益金征收方式的通知》(财企〔2012〕42号)的规定,从申报2012年征收石油特别收益金开始,将征收方式由原"按月计算,按季缴纳",调整为"按月计算、按季申报、按月缴纳"。

石油开采企业集团公司下属多家石油开采企业的,石油特别收益金以石油开采企业集团公司为单位汇总缴纳。

缴纳石油特别收益金的石油开采企业,应当如实填写石油特别收益金申报表,各集团公司汇总后,在每季度结束后的10个工作日内,向财政机关申报缴纳。

(六) 法律责任

石油开采企业在规定的期限内未足额缴纳石油特别收益金的,由财政机关责令限期缴纳,并从滞纳之日起按日加收0.5‰的滞纳金。财政机关不得擅自减征或免征石油开采企业应缴纳的石油特别收益金。石油特别收益金列入企业成本费用,准予在企业所得税税前扣除。石油开采企业未按照《石油特别收益金征收管理办法》规定缴纳石油特别收益金的,由财政机关按照《财政违法行为处罚处分条例》的规定予以处罚。

(七) 申报表填写

申报表样式及填写说明如表8-9所示。

二、油价调控风险准备金

(一) 油价调控风险准备金概述

油价调控风险准备金是为进一步完善成品油价格机制,并进一步推进价格市场化,当国际市场原油价格低于40美元/桶调控下限时,成品油价格未调金额全部纳入油价调整风险准备金,设立专项账户存储,经国家批准后使用,主要用于节能减排、提升油品质量及保障石油供应安全等方面以及应对国际油价大幅波动,实施保障措施的资金来源。油价调控风险准备金全额上缴中央国库,纳入一般公共预算管理,列入"其他专项收入"。

油价调控风险准备金的收缴、预算、使用和监督管理,依据《油价调控风险准备金征收管理办法》(财税〔2016〕137号)实施。依据《国家税务总局关于国家重大水利工程建设基金等政府非税收入项目征管职责转划有关事项的公告》(2018年第63号),对油价调控风险准备金的申报表填报方法做了修改。

(二) 缴费主体

油价调控风险准备金的缴纳义务人为中华人民共和国境内生产、委托加工和进口汽油、柴油的成品油生产经营企业。

(三) 计费依据和费额计算

(1) 当国际市场原油价格低于国家规定的成品油价格调控下限时,缴纳义务人应按照汽油、柴油的销售数量和规定的征收标准缴纳油价调整风险准备金。

(2) 汽油、柴油销售数量是指缴纳义务人于相邻两个调价窗口期之间实际销售数量。

(3) 油价调整风险准备金征收标准按照成品油价格未调金额确定。成品油价格未调金额由国家发展改革委、财政部根据国际原油价格变动情况,按照现行成品油价格形成

表 8-9 石油特别收益金申报表

费款所属期：自 年 月 日 至 年 月 日

金额单位：人民币元（列至角分）

缴费人名称											
缴费人识别号（统一社会信用代码）											

被扣缴或下属企业名称	被扣缴或下属企业识别码	月份	当月加权平均销售价格（美元/桶）	征收标准	速算扣除数（美元/桶）	销售数量（桶数）	月平均美元汇率	本期应纳费额	本期已缴费额	本期应补（退）费额 (11)=(9)-(10)
(1)	(2)	(3)	(4)	(5)	(6)	(7)	(8)	(9)	(10)	
合计	—	—	—	—	—		—			

谨声明：本申报表是根据非税收入法律法规及相关规定填报的，内容是真实的、可靠的、完整的。

缴费人签章：

代理机构签章：
代理机构统一社会信用代码：
经办人签字：
经办人身份证件号码：

受理人：
受理税务机关（章）：
受理日期： 年 月 日

(续表)

《石油特别收益金申报表》填报说明：

1. 费款所属期：必须填写。填写本次申报所属期的起止日期。
2. 缴费人名称、缴费人识别号（统一社会信用代码）：必须填写。应当缴纳石油特别收益金的合资合作企业，填写合资合作企业；石油开采企业集团公司下属多家石油开采企业的，填写石油开采企业集团公司；独立开采的，填写开采企业。
3. 被扣缴下属企业名称：必须填写。由合资合作的中方企业代扣代缴的，填写合资合作企业的中方企业；由石油开采企业集团公司为单位汇总缴纳的，填写石油开采企业集团公司下属的石油开采企业。
4. 被扣缴或下属企业识别号：非必须填写。
5. 月份：必须填写。填写属于本次申报费款所属的月份，不同月份分行填写。
6. 当月加权平均销售价格（美元/桶）：必须填写。填写该月销售原油所实现的加权平均销售价格。
7. 征收标准：必须填写。依据石油特别收益金征收管理相关规定，填写该月适用的加权平均收益金征收比率。
8. 速算扣除数（美元/桶）：必须填写。依据石油特别收益金征收管理相关规定，填写该月适用的速算扣除数。
9. 销售数量（桶数）：必须填写。填写该月实际发生的销售数量。计算销售桶数时，原油吨桶比按石油开采企业实际执行或挂靠油种的吨桶比计算。
10. 月平均美元汇率：填写美元兑换人民币汇率，以中国人民银行当月每日公布的中间价按月平均计算。
11. 本期应纳费额：必须填写。计算公式为：{[当月加权平均销售价格（美元/桶）－起征点（美元/桶）]×征收标准－速算扣除数（美元/桶）}×销售数量（桶数）×美元兑换人民币汇率。起征点和征收标准根据相关部门通知确定。
12. 本期已缴费额：非必须填写。填写已经缴纳的本期费额。
13. 本期应补（退）费额：必须填写。填写本期应纳费额减去费额及本期已缴费额后的余额。
14. 代理机构签章、代理机构统一社会信用代码：代理机构代为办理申报的，应加盖代理机构印章，并填写代理机构统一社会信用代码。
15. 经办人签字、经办人身份证件号码：必须填写。由办理申报的经办人签字，并填写经办人身份证件号码。

机制计算核定,于每季度前 10 个工作日内,将上季度每次调价窗口期的征收标准,书面告知征收机关。

(四) 征收管理

1. 征收机关

依据《财政部 国家发展改革委关于印发〈油价调控风险准备金征收管理办法〉的通知》(财税〔2016〕137 号)规定,中国石油天然气集团公司、中国石油化工集团公司、中国海洋石油总公司等中央企业应当缴纳的风险准备金,由财政部驻北京市专员办负责征收;地方企业应当缴纳的风险准备金,由所在省(自治区、直辖市)征收机关负责征收。

依据《财政部关于将国家重大水利工程建设基金等政府非税收入项目划转税务部门征收的通知》(财税〔2018〕147 号),自 2019 年 1 月 1 日起,风险准备金划转至税务部门征收。

2. 缴纳地点

风险准备金的缴纳地点为缴纳义务人注册登记地。

风险准备金由缴纳义务人申报缴纳。其中,缴纳义务人有两个及以上从事成品油生产经营企业的,可由征收机关指定集团公司或其他公司实行汇总缴纳。

3. 缴纳方式

缴纳义务人可以选择按季度或者按年度缴纳风险准备金。具体缴纳方式由缴纳义务人报征收机关核准。缴纳方式一经确定,不得随意变更。

4. 申报方式

缴纳义务人应当向所在地征收机关如实申报汽油、柴油销售数量和应缴纳的风险准备金。

按季度缴纳的,缴纳义务人应当于每季度前 15 个工作日内,如实填写《油价调控风险准备金申报表》,提交给征收机关审核。

按年度缴纳的,缴纳义务人应当于每年 1 月 20 日前,如实填写《油价调控风险准备金申报表》,提交给征收机关审核。

对于按季缴纳的,征收机关根据缴纳义务人实际销售的汽油、柴油数量,在次年 3 月底完成对缴纳义务人全年风险准备金的汇算清缴工作。

风险准备金计入"其他应付款"核算,不得计入企业当期收入。

任何单位和个人不得违反《油价调控风险准备金征收管理办法》的规定,擅自减免或缓征风险准备金,不得自行调整风险准备金征收对象、范围和标准。

5. 申报表填写

油价调控风险准备金申报表的样式和填写如表 8-10 所示。

表 8-10 油价调控风险准备金申报表

费款所属期：自 年 月 日 至 年 月 日

金额单位：人民币元（列至角分）

缴费人名称	所属成品油生产经营企业名称	所属成品油生产经营企业识别号	征收品目	征收子目	调价窗口期 起	调价窗口期 止	销售吨数	征收标准	缴费人识别号（统一社会信用代码）	本期应纳费额	本期已缴费额	本期应补（退）费额
(1)	(2)		(3)	(4)	(5)	(6)	(7)	(8)		(9)=(8)×(7)	(10)	(11)=(9)−(10)
合计					—	—		—				

谨声明：
本申报表是根据非税收入法律法规及相关规定填报的，内容是真实的、可靠的、完整的。

缴费人签章：

代理机构签章：

代理机构统一社会信用代码：

经办人签字：

经办人身份证件号码：

受理人：

受理税务机关（章）：

受理日期：　　年　　月　　日

填报说明：

1. 费款所属期：必须填写。填写本次申报所属的季度起止日期。
2. 缴费人名称、缴费人识别号（统一社会信用代码）：必须填写。填写应当缴纳风险准备金的缴费义务人名称及缴费人识别号（统一社会信用代码）。缴费义务人有两个及以上从事成品油生产经营企业的，应填写被汇总缴纳的所属成品油生产经营企业名称。
3. 所属成品油生产经营企业名称：必须填写。填写被汇总缴纳的所属成品油生产经营企业名称。
4. 所属成品油生产经营企业识别号：非必须填写。
5. 征收品目：必须填写。
6. 调价窗口期：必须填写。填写属于本次申报费款所属季度年度的调价窗口期起、止日期。
7. 销售吨数：必须填写。填写缴费义务人在相邻两个调价窗口期之间汽油或柴油的实际销售吨数。
8. 征收标准：必须填写。根据相关规定，填写所属窗口期的征收标准。
9. 本期应纳费额：必须填写。填写销售吨数乘以征收标准的乘积。
10. 本期已缴费额：非必须填写。填写已经缴纳的本期费额。
11. 本期应补（退）费额：必须填写。填写本期应纳费额减去费减免费额及本期已缴费额后的余额。
12. 代理机构签章，代理机构统一社会信用代码：必须填写。代理机构代为办理申报的，应加盖代理机构印章，并填写代理机构统一社会信用代码。
13. 经办人签字、经办人身份证件号码：必须填写。由办理申报的经办人签字，并填写经办人身份证件号码。

第四节 工会经费

一、工会经费概述

按照《中华人民共和国工会法》的规定,工会是职工自愿结合的工人阶级的群众组织。工会经费(筹备金)是指工会依法取得并开展正常活动所需的费用,是工会组织参与社会管理,发挥推动社会经济高质量发展作用的保障。

(一)工会经费的来源

(1)工会会员缴纳的会费。

(2)建立工会组织的企业、事业单位、机关按每月全部职工工资总额的2%向工会拨缴的经费。

(3)工会所属的企业、事业单位上缴的收入。

(4)人民政府的补助。

(5)其他收入。

未建立工会组织的企业、事业单位、机关的其他组织应当按规定向上级拨缴工会筹备金。工会经费主要用于为职工服务和工会活动。

(二)工会经费分成、使用的一般规定

(1)基层工会所收会费全部自行留用。

(2)行政拨交工会经费分成规定:基层工会分成不少于60%;省、县(市)两级工会不超过35%。各留多少由省(直辖市、自治区)总工会决定;上交全国总工会5%。

(3)中央或省、市、自治区直属大型工矿联合企业的总厂、公司、矿区,有二级工会组织的,其经费分成一般不少于70%,或者对其总厂、公司、矿区一级工会组织的经费按预算拨款或经费领报办法解决。

(4)跨越数省、按系统核算、多层次的大型企业的工会,如内河航运、流域规划、石油管道等的工会组织,要求按系统管理经费的,经该企业工会组织所在地的省、市、自治区总工会报全国总工会批准后,可按企业系统管理经费,基层工会一般按80%分成。其余经费,由基层工会上交所在地的县、市总工会。

可以看出,由于工会经费具备税前扣除和拨缴返还的特征,且主要用于为职工服务和开展工会活动,不属于财政资金的范畴。

二、工会经费的计征

(一) 征缴范围

(1) 建立工会组织的企业、事业单位、机关按规定征收工会经费。

(2) 上级工会派员帮助和指导尚未组建工会组织的企业、事业单位、机关和其他组织,按规定征收工会经费(筹备金)。

(二) 缴费主体

建立工会或尚未组建工会的企业、事业单位、机关和其他组织(以下简称缴费单位)。

(1) 企业是指从事生产、流通、服务等经济活动,以盈利为目的,实行自主经营、独立核算,并具备一定法律资格的组织形式,是社会经济生活中的基本经济单位,主要包括国有企业、集体企业、私营企业、联营企业、股份制企业、外商投资企业、外国企业、个人独资企业、合伙企业。

(2) 事业单位是指为了社会公益目的,由国家机关举办或者其他组织利用国有资产举办的,从事教育、科技、文化、卫生等活动的社会服务组织。

(3) 机关是指进行国家行政管理、组织经济建设和文化建设、维护社会公共秩序的单位,主要包括国家权力机关、行政机关、司法机关、检察机关以及实行预算管理的其他机关、政党组织等。

(4) 其他组织是指除了上述企业、事业单位、机关之外的,尚未建立工会的组织。

(三) 费额计算

缴费单位按全部职工工资总额的 2% 向本单位工会拨缴工会经费(筹备金)。

$$应缴工会经费 = 全部职工工资总额 \times 2\%$$

全部职工工资总额的含义具体如下。

1. 全部职工

依据《关于工资总额组成的规定》(国家统计局 1990 年第 1 号令),全部职工是指在企业、事业单位工作,取得工资或其他形式劳动报酬的全部人员(含外籍人员和港澳台人员),包括临时性、季节性用工以及离开本单位但保留劳动关系并领取生活费的职工和内部退养职工等。

2. 工资总额的范围

工资总额是指单位在一定时期内直接支付给本单位全部职工的劳动报酬总额,包括计时工资、计件工资、奖金、津贴和补贴、加班加点工资、特殊情况下支付的工资。

(1) 计时工资是指按计时工资标准(包括地区生活费补贴)和工作时间支付给个人的劳动报酬。

(2) 计件工资是指对已做工作按计件单价支付的劳动报酬。

(3) 奖金是指支付给职工的超额劳动报酬和增收节支的劳动报酬。

(4) 津贴和补贴是指为了补偿职工特殊或额外的劳动消耗和因其他特殊原因支付给职工的津贴,以及为了保证职工工资水平不受物价影响支付给职工的物价补贴。

(5) 加班加点工资是指按规定支付的加班工资和加点工资。

(6) 特殊情况下支付的工资是指根据国家法律、法规和政策规定,因病、工伤、产假、计划生育假、婚丧假、定期休假、停工学习、执行国家或社会义务等原因按计时工资标准或计时工资标准的一定比例支付的工资以及附加工资、保留工资。

3. 工资总额中不包括的项目

(1) 有关劳动保险和职工福利方面的费用,具体有:职工死亡丧葬费、医疗卫生费或公费医疗费用、职工生活困难补助费、集体福利事业补贴、工会文教费、集体福利费、探亲路费、冬季取暖补贴、上下班交通补贴以及洗理费等。

(2) 劳动保护的各种支出,具体有:工作服、手套等劳保用品,解毒剂、清凉饮料,以及按照1963年7月19日劳动部等七单位规定的对接触有毒物质、矽尘作业、放射性作业和潜水、沉箱作业、高温作业等五类工种所享受的由劳动保护费开支的保健食品待遇。

(3) 离休、退休、退职人员待遇的各项支出。

(4) 实行租赁经营单位承租人的风险性补偿收入。

(5) 对购买本企业股票和债券的职工所支付的股息(包括股金分红)和利息。

(6) 稿费、讲课费及专门工作报酬。

(7) 劳动合同制职工解除劳动合同时由企业支付的医疗补助费、生活补助费,即解雇金。

(四) 减免政策

工会经费(筹备金)不得减免。

三、工会经费的征收管理

(一) 征收主体

依据《中华人民共和国工会法》,工会经费由基层工会负责征收。为进一步加强工会经费管理,一些地区由政府协调或工会直接委托,将工会经费交由税务机关代收。截至目前,除上海、西藏等省(区)税务机关没有参与工会经费征收工作外,其他省税务机关受当地政府和工会委托,征收了全部或部分工会经费。

(二) 缴交期限与缴费地点

1. 缴交期限

工会经费的缴交期限一般按季或按年缴纳。按季缴纳的,按照上季度职工工资总额缴纳;按年缴纳的,按照上年职工工资总额缴纳。

采用简并征期申报纳税方式的单位,拨缴工会经费的期限按当地税务部门核准的纳税期限办理。

2. 缴费地点

工会经费收缴实行属地管理。

(三) 申报表

工会经费申报表及填写如表8-11所示。

(四) 征收凭证

税务机关代收工会经费统一使用税收票证,地方总工会不再开具《工会经费收入专用收据》。缴费单位所缴工会经费按规定在企业所得税税前扣除。

依据《国家税务总局关于工会经费企业所得税税前扣除凭据问题的公告》(国家税务总局公告2010年第24号)规定,自2010年7月1日起,企业拨缴的职工工会经费,不超过工资薪金总额2%的部分,凭工会组织开具的《工会经费收入专用收据》在企业所得税税前扣除。依据《国家税务总局关于税务机关代收工会经费企业所得税税前扣除凭据问题的公告》(国家税务总局公告〔2011〕第030号)规定,自2010年1月1日起,在委托税务机关代收工会经费的地区,企业拨缴的工会经费,也可凭合法、有效的工会经费代收凭据依法在税前扣除。对代收工会经费的征缴凭证统一按税收票证管理规定执行,除税务机关开具的税收票证外,银行出具的《电子缴税付款凭证》也可以作为征缴凭证。

(五) 部门职责

1. 联席会议制度

地方总工会、税务机关应当建立联席会议制度,共同研究解决工会经费收缴管理过程中存在的问题。

2. 工会部门的主要职责

(1) 负责工会经费日常上缴、下拨和退付管理。

(2) 负责工会经费法律、法规和政策宣传、解释。

(3) 负责与税务机关对账,建立和登记工会经费管理台账。

(4) 负责督促缴费单位按时足额拨缴工会经费,并协助税务机关开展工会经费的催报、催缴。

(5) 负责工会经费的退费审批。

(6) 负责向人民法院申请对欠费单位的支付令、提起诉讼和申请强制执行。

3. 税务部门的主要职责

(1) 负责工会经费代收及缴费信息传递。

表 8-11 通用申报表（税及附征税费）

纳税人识别号：　　　　　　　　　　　　　　　　纳税人名称：

征收项目	税（费）款所属期起	税（费）款所属期止	应税项目数量（总收入或总额、应缴费人数、原值、面积、缴费基数等）	减除项（允许减除数量、金额、面积、已安排残疾人数等）	计税（费）依据	税（费）率或单位税额	应税所得率	速算扣除数	本期应纳税（费）额	减免税（费）额	减免性质	本期已缴税（费）额	本期应补（退）税（费）额	税源名称	税源编号
合计	—	—	—	—			—	—			—			—	—

其他个人出租不动产租金是否分摊 □是 □否

其他个人出租不动产租赁期起：

其他个人出租不动产租赁期止：

其他个人出租不动产分摊后月租金收入：

办税人：　　　　申报日期：　　　　受理人：　　　　受理日期：　　　　受理税务机关：

(2) 负责对欠缴工会经费单位开展催报催缴。

(3) 协同工会部门开展工会经费法律、法规和政策宣传、解释。

(六) 法律责任

缴费单位无正当理由拖延或者拒不拨缴工会经费的,地方总工会可依据《中华人民共和国工会法》向所在地人民法院申请支付令;拒不执行支付令的,地方总工会可依法申请人民法院强制执行。

(七) 账户处理

单位缴纳的工会经费,企业(公司)从"管理费用"中列支,事业单位直接冲减收入。企业拨缴的职工工会经费,不超过工资薪金总额2%的部分,凭工会组织开具的《工会经费收入专用收据》或税收凭证在企业所得税税前扣除。

另外,需要注意的是,劳务派遣工应首先选择参加劳务派遣单位工会,劳务派遣单位没有建立工会组织的,劳务派遣工直接参加用工单位工会。劳务派遣工的工会经费应由用工单位按劳务派遣工工资总额的2%提取并拨付劳务派遣单位工会,属于应上缴上级工会的经费,由劳务派遣单位工会按规定比例上缴。用工单位工会接受委托管理劳务派遣工会员的,工会经费留用部分由用工单位工会使用或由劳务派遣单位工会和用工单位工会协商确定。

> **资料链接**
>
> ### 工会经费收缴协作管理系统介绍
>
> 工会经费收缴协作管理系统是按照"十二五"信息化建设规划确定的"实用、便捷、高效"的目标,以现代税收征管制度和税收管理现代化为引领,以便捷高效地收缴、返拨工会经费为中心,以支撑现代征管体系运行和征管信息共享应用公共服务为重点,简化、优化、规范工会经费收缴系统,加强顶层设计和智能易用性建设,大力提高信息化服务水平。
>
> 工会经费收缴协作管理系统是建立在工会、税务之间的一体化信息数据操作平台,平台内工会端、税务端各有独自的系统模块,实现双方数据在平台内实时交互。工会经费从最初的应缴核定,再到数据传递、数据修正、批扣发送、入库反馈、经费分割,最终到返拨基层,全部在平台内完成,确保征缴数据的准确性,提高入库、返拨的工作效率,以达到基层工会经费足额收缴、即时返拨。针对某些省内工会经费收缴方式有核定征收和自行申报两种方式的情况,系统还同时预留了单位自行申报端口。
>
> 工会经费收缴协作管理系统工会端共有五大模块,分别为系统管理、单位信息管理、数据管理、查询统计和核定收缴数据。
>
> (1) 系统管理。系统管理主要包括权限资源维护和权限管理维护。

（2）单位信息管理。单位信息是整个工会经费收缴管理的首要环节，通过信息采集及信息登记，能够及时掌握本辖区内的纳税人（缴费人）分布情况，对纳税人（缴费人）的开业、变更、停业复业、非正常状态、注销等进行管理，为工会经费收缴管理工作提供基础数据和信息。

（3）数据管理。数据管理是工会核定的工会经费收缴计划在"金税三期"系统收缴、调整、入库、分割、返回的操作，主要有到账数据维护、支付数据维护、支付数据查询打印、支付暂挂、收缴计划数据计划调整、认定等。

（4）查询统计。可按户、按区域、按登记时间查询缴费单位的基本信息；可按户、按区域、按登记时间查询缴费单位修改信息及修改信息痕迹。

（5）核定收缴数据。对工会收缴模块中应征有效单位根据季度申报的社保工资总额自动生成符合导入"金税三期"系统的数据格式。对初步生成的数据具有修改功能，对连续3个月未申报、缴纳税收和社会保险费且被税务局认定为非正常户的单位停止生成应征数据；对部分不按照社保基数生成数据的单位手工调整生成数据，修改完成后的数据发送地税。

第二部分

非税收入法规政策

一、非税收入管理与票据管理

政府非税收入管理办法

第一章 总 则

第一条 为了加强政府非税收入(以下简称非税收入)管理,规范政府收支行为,健全公共财政职能,保护公民、法人和其他组织的合法权益,根据国家有关规定,制定本办法。

第二条 非税收入设立、征收、票据、资金和监督管理等活动,适用本办法。

第三条 本办法所称非税收入,是指除税收以外,由各级国家机关、事业单位、代行政府职能的社会团体及其他组织依法利用国家权力、政府信誉、国有资源(资产)所有者权益等取得的各项收入。具体包括:

(一)行政事业性收费收入;

(二)政府性基金收入;

(三)罚没收入;

(四)国有资源(资产)有偿使用收入;

(五)国有资本收益;

(六)彩票公益金收入;

(七)特许经营收入;

(八)中央银行收入;

(九)以政府名义接受的捐赠收入;

(十)主管部门集中收入;

(十一)政府收入的利息收入;

(十二)其他非税收入。

本办法所称非税收入不包括社会保险费、住房公积金(指计入缴存人个人账户部分)。

第四条 非税收入是政府财政收入的重要组成部分,应当纳入财政预算管理。

第五条 非税收入实行分类分级管理。

根据非税收入不同类别和特点,制定与分类相适应的管理制度。鼓励各地区探索和建立符合本地实际的非税收入管理制度。

第六条 非税收入管理应当遵循依法、规范、透明、高效的原则。

第七条 各级财政部门是非税收入的主管部门。

财政部负责制定全国非税收入管理制度和政策,按管理权限审批设立非税收入,征缴、管理和监督中央非税收入,指导地方非税收入管理工作。

县级以上地方财政部门负责制定本行政区域非税收入管理制度和政策,按管理权限审批设立非税收入,征缴、管理和监督本行政区域非税收入。

第八条 各级财政部门应当完善非税收入管理工作机制,建立健全非税收入管理系统和统计报告制度。

第二章 设立和征收管理

第九条 设立和征收非税收入,应当依据法律、法规的规定或者按下列管理权限予以批准:

(一)行政事业性收费按照国务院和省、自治区、直辖市(以下简称省级)人民政府及其财政、价格主管部门的规定设立和征收。

(二)政府性基金按照国务院和财政部的规定设立和征收。

(三)国有资源有偿使用收入、特许经营收入按照国务院和省级人民政府及其财政部门的规定设立和征收。

(四)国有资产有偿使用收入、国有资本收益由拥有国有资产(资本)产权的人民政府及其财政部门按照国有资产(资本)收益管理规定征收。

(五)彩票公益金按照国务院和财政部的规定筹集。

(六)中央银行收入按照相关法律、法规征收。

(七)罚没收入按照法律、法规和规章的规定征收。

(八)主管部门集中收入、以政府名义接受的捐赠收入、政府收入的利息收入及其他非税收入按照同级人民政府及其财政部门的管理规定征收或者收取。

任何部门和单位不得违反规定设立非税收入项目或者设定非税收入的征收对象、范围、标准和期限。

第十条 取消、停征、减征、免征或者缓征非税收入,以及调整非税收入的征收对象、范围、标准和期限,应当按照设立和征收非税收入的管理权限予以批准,不许越权批准。

取消法律、法规规定的非税收入项目,应当按照法定程序办理。

第十一条 非税收入可以由财政部门直接征收,也可以由财政部门委托的部门和单位(以下简称执收单位)征收。

未经财政部门批准,不得改变非税收入执收单位。

法律、法规对非税收入执收单位已有规定的,从其规定。

第十二条 执收单位应当履行下列职责:

(一)公示非税收入征收依据和具体征收事项,包括项目、对象、范围、标准、期限和方式等;

(二)严格按照规定的非税收入项目、征收范围和征收标准进行征收,及时足额上缴非税收入,并对欠缴、少缴收入实施催缴;

(三)记录、汇总、核对并按规定向同级财政部门报送非税收入征缴情况;

(四)编报非税收入年度收入预算;

(五)执行非税收入管理的其他有关规定。

第十三条 执收单位不得违规多征、提前征收或者减征、免征、缓征非税收入。

第十四条 各级财政部门应当加强非税收入执收管理和监督,不得向执收单位下达非税收入指标。

第十五条 公民、法人或者其他组织(以下简称缴纳义务人)应当按规定履行非税收入缴纳义务。

对违规设立非税收入项目、扩大征收范围、提高征收标准的,缴纳义务人有权拒绝缴纳并向有关部门举报。

第十六条 缴纳义务人因特殊情况需要缓缴、减缴、免缴非税收入的,应当向执收单位提出书面申请,并由执收单位报有关部门按照规定审批。

第十七条 非税收入应当全部上缴国库,任何部门、单位和个人不得截留、占用、挪用、坐支或者拖欠。

第十八条 非税收入收缴实行国库集中收缴制度。

第十九条 各级财政部门应当加快推进非税收入收缴电子化管理,逐步降低征收成本,提高收缴水平和效率。

第三章 票据管理

第二十条 非税收入票据是征收非税收入的法定凭证和会计核算的原始凭证,是财政、审计等部门进行监督检查的重要依据。

第二十一条 非税收入票据种类包括非税收入通用票据、非税收入专用票据和非税收入一般缴款书。具体适用下列范围:

(一)非税收入通用票据,是指执收单位征收非税收入时开具的通用凭证。

(二)非税收入专用票据,是指特定执收单位征收特定的非税收入时开具的专用凭证,主要包括行政事业性收费票据、政府性基金票据、国有资源(资产)收入票据、罚没票据等。

(三)非税收入一般缴款书,是指实施非税收入收缴管理制度改革的执收单位收缴非税收入时开具的通用凭证。

第二十二条 各级财政部门应当通过加强非税收入票据管理,规范执收单位的征收行为,从源头上杜绝乱收费,并确保依法合规的非税收入及时足额上缴国库。

第二十三条 非税收入票据实行凭证领取、分次限量、核旧领新制度。

执收单位使用非税收入票据,一般按照财务隶属关系向同级财政部门申领。

第二十四条 除财政部另有规定以外,执收单位征收非税收入,应当向缴纳义务人开具财政部或者省级财政部门统一监(印)制的非税收入票据。

对附加在价格上征收或者需要依法纳税的有关非税收入,执收单位应当按规定向缴纳义务人开具税务发票。

不开具前款规定票据的,缴纳义务人有权拒付款项。

第二十五条 非税收入票据使用单位不得转让、出借、代开、买卖、擅自销毁、涂改非税收入票据;不得串用非税收入票据,不得将非税收入票据与其他票据互相替代。

第二十六条 非税收入票据使用完毕,使用单位应当按顺序清理票据存根、装订成册、妥善保管。

非税收入票据存根的保存期限一般为5年。保存期满需要销毁的,报经原核发票据的财政部门查验后销毁。

第四章 资金管理

第二十七条 非税收入应当依照法律、法规规定或者按照管理权限确定的收入归属和缴库要求,缴入相应级次国库。

第二十八条 非税收入实行分成的,应当按照事权与支出责任相适应的原则确定分成比例,并按下列管理权限予以批准:

(一)涉及中央与地方分成的非税收入,其分成比例由国务院或者财政部规定;

(二)涉及省级与市、县级分成的非税收入,其分成比例由省级人民政府或者其财政部门规定;

(三)涉及部门、单位之间分成的非税收入,其分成比例按照隶属关系由财政部或者省级财政部门规定。

未经国务院和省级人民政府及其财政部门批准,不得对非税收入实行分成或者调整分成比例。

第二十九条 非税收入应当通过国库单一账户体系收缴、存储、退付、清算和核算。

第三十条 上下级政府分成的非税收入,由财政部门按照分级划解、及时清算的原则办理。

第三十一条 已上缴中央和地方财政的非税收入依照有关规定需要退付的,分别按照财政部和省级财政部门的规定执行。

第三十二条 根据非税收入不同性质,分别纳入一般公共预算、政府性基金预算和国有资本经营预算管理。

第三十三条 各级财政部门应当按照规定加强政府性基金、国有资本收益与一般公共预算资金统筹使用,建立健全预算绩效评价制度,提高资金使用效率。

第五章 监督管理

第三十四条 各级财政部门应当建立健全非税收入监督管理制度,加强非税收入政策执行情况的监督检查,依法处理非税收入违法违规行为。

第三十五条 执收单位应当建立健全内部控制制度,接受财政部门和审计机关的监督检查,如实提供非税收入情况和相关资料。

第三十六条 各级财政部门和执收单位应当通过政府网站和公共媒体等渠道,向社会公开非税收入项目名称、设立依据、征收方式和标准等,并加大预决算公开力度,提高非税收入透明度,接受公众监督。

第三十七条 任何单位和个人有权监督和举报非税收入管理中的违法违规行为。

各级财政部门应当按职责受理、调查、处理举报或者投诉,并为举报人保密。

第三十八条 对违反本办法规定设立、征收、缴纳、管理非税收入的行为,依照《中华人民共和国预算法》《财政违法行为处罚处分条例》和《违反行政事业性收费和罚没收入收支两条线管理规定行政处分暂行规定》等国家有关规定追究法律责任;涉嫌犯罪的,依法移送司法机关处理。

第六章 附则

第三十九条 教育收费管理参照本办法规定执行,收入纳入财政专户管理。

第四十条 省级财政部门可以根据本办法的规定,结合本地区实际情况,制定非税收入管理的具体实施办法。

第四十一条 本办法自颁布之日起施行。

财政票据管理办法

(中华人民共和国财政部令第70号)

第一章 总则

第一条 为了规范财政票据行为,加强政府非税收入征收管理和单位财务监督,维护国家财经秩序,保护公民、法人和其他组织的合法权益,根据国家有关规定,制定本办法。

第二条 财政票据的印制、领购、发放、使用、保管、核销、销毁及监督检查等活动,适用本办法。

第三条 本办法所称财政票据,是指由财政部门监(印)制、发放、管理,国家机关、事业单位、具有公共管理或者公共服务职能的社会团体及其他组织(以下简称"行政事业单位")依法收取政府非税收入或者从事非营利性活动收取财物时,向公民、法人和其他组织开具的凭证。

财政票据是财务收支和会计核算的原始凭证;是财政、审计等部门进行监督检查的重要依据。

第四条 财政部门是财政票据的主管部门。

财政部负责全国财政票据管理工作,承担中央单位财政票据的印制、发放、核销、销毁和监督检查等工作,指导地方财政票据管理工作。

省、自治区、直辖市人民政府财政部门(以下简称省级财政部门)负责本行政区域财政票据的印制、发放、核销、销毁和监督检查等工作,指导下级财政部门财政票据管理工作。

省级以下财政部门负责本行政区域财政票据的申领、发放、核销、销毁和监督检查等工作。

第五条 财政部门应当积极推进财政票据电子化改革,依托计算机和网络技术手段,实行电子开票、自动核销、全程跟踪、源头控制,提高财政票据管理水平。

第二章 财政票据的种类、适用范围和内容

第六条 财政票据的种类和适用范围如下:

(一)非税收入类票据

1. 非税收入通用票据,是指行政事业单位依法收取政府非税收入时开具的通用凭证。

2. 非税收入专用票据,是指特定的行政事业单位依法收取特定的政府非税收入时开具的专用凭证。主要包括行政事业性收费票据、政府性基金票据、国有资源(资产)收入票据、罚没票据等。

3. 非税收入一般缴款书,是指实施政府非税收入收缴管理制度改革的行政事业单位收缴政府非税收入时开具的通用凭证。

(二)结算类票据

资金往来结算票据,是指行政事业单位在发生暂收、代收和单位内部资金往来结算时开具的凭证。

(三)其他财政票据

1. 公益事业捐赠票据,是指国家机关、公益性事业单位、公益性社会团体和其他公益

性组织依法接受公益性捐赠时开具的凭证。

2. 医疗收费票据,是指非营利医疗卫生机构从事医疗服务取得医疗收入时开具的凭证。

3. 社会团体会费票据,是指依法成立的社会团体向会员收取会费时开具的凭证。

4. 其他应当由财政部门管理的票据。

第七条 财政票据包括非定额和定额两种形式。

非定额财政票据应当包括票据名称、票据编码、票据监制章、项目、标准、数量、金额、交款人、开票日期、联次及其用途、开票单位、开票人、复核人等内容。

定额财政票据应当包括票据名称、票据编码、票据监制章、金额、开票日期、联次及其用途等内容。

第八条 非定额财政票据一般设置三联,包括存根联、收据联、记账联,各联次采用不同颜色予以区分。定额财政票据一般设置两联,包括存根联、收据联。存根联由开票方留存,收据联由支付方收执,记账联由开票方留做记账凭证。

非税收入一般缴款书属于非定额财政票据,一般设置五联,包括回单联、借方凭证、贷方凭证、收据联、存根联。回单联退执收单位,借方凭证和贷方凭证分别由缴款人、收款人开户银行留存,收据联由缴款人收执,存根联由执收单位留存。

第三章 财政票据的印制

第九条 财政票据由省级以上财政部门按照管理权限分别监(印)制。

第十条 省级以上财政部门应当按照国家政府采购有关规定确定承印财政票据的企业,并与其签订印制合同。

财政票据印制企业应当按照印制合同和财政部门规定的式样印制票据。

禁止私自印制、伪造、变造财政票据。

第十一条 印制财政票据应当使用省级以上财政部门确定的防伪专用品。禁止私自生产、使用或者伪造财政票据防伪专用品。

第十二条 财政票据应当套印全国统一式样的财政票据监制章。财政票据监制章的形状、规格和印色由财政部统一规定。

禁止伪造、变造财政票据监制章,禁止在非财政票据上套印财政票据监制章。

第十三条 财政票据应当使用中文印制。民族自治地方的财政票据,可以加印一种当地通用的民族文字。有实际需要的,可以同时使用中外两种文字印制。

第十四条 财政票据印制企业应当建立票据印制管理制度和保管措施,对财政票据式样模板、财政票据监制章印模、防伪专用品等的使用和管理实行专人负责,不得将承印的财政票据委托其他企业印制,不得向委托印制票据的财政部门以外的其他单位或者个人提供财政票据。

第十五条 印制合同终止后,财政票据印制企业应当将印制票据所需用品、资料交还委托印制票据的财政部门,不得自行保留或者提供给其他单位或者个人。

第十六条 禁止在境外印制财政票据。

第十七条 财政票据实行不定期换版制度。全国统一式样的财政票据换版时间、内容和要求,由财政部确定;非全国统一式样的财政票据换版时间、内容和要求,由财政部和省级财政部门按照职责权限分别确定。

财政票据换版时应当进行公告。

第四章 财政票据的领购与发放

第十八条 省级以下财政部门应当根据本地区用票需求,按照财政管理体制向上一级财政部门报送用票计划,申领财政票据。上级财政部门经审核后发放财政票据。

第十九条 财政票据实行凭证领购、分次限量、核旧领新制度。

领购财政票据,一般按照财务隶属关系向同级财政部门申请。

第二十条 首次领购财政票据,应当按照规定程序办理《财政票据领购证》。

办理《财政票据领购证》,应当提交申请函、单位法人证书、组织机构代码证书副本原件及复印件,填写《财政票据领购证申请表》,并按照领购财政票据的类别提交相关依据。

领购非税收入类票据的,应当根据收取非税收入的性质分别提交下列依据:

(一)收取行政事业性收费的,提交国务院或者省级人民政府及其财政、价格主管部门批准收取行政事业性收费的文件复印件;

(二)收取政府性基金的,提交国务院或者财政部批准收取政府性基金的文件复印件;

(三)收取国有资源(资产)收入的,提交国务院或者省级人民政府及其财政部门批准收取国有资源收入的文件复印件,或者有关部门批准出租、出借、处置国有资产的文件复印件;

(四)收取罚没收入的,提交证明本单位具有罚没处罚权限的法律依据。

领购其他财政票据的,分别提交下列依据:

(一)领购公益事业捐赠票据的,提交本单位符合接受捐赠条件的依据;

(二)领购医疗收费票据的,提交《医疗机构执业许可证》以及县级以上价格主管部门批准的收费文件复印件;

(三)领购社会团体会费票据的,提交社会团体章程以及收取会费的依据;

(四)同级财政部门要求的其他材料。

第二十一条 受理申请的财政部门应当对申请单位提交的材料进行审核,对符合条件的单位,核发《财政票据领购证》,并发放财政票据。

《财政票据领购证》应当包括单位基本信息、使用的财政票据名称、非税收入项目(含标准)、文件依据、购领票据记录、审核票据记录、作废票据记录、票据检查及违纪处理记录、销毁票据记录等项目。

第二十二条　再次领购财政票据,应当出示《财政票据领购证》,提供前次票据使用情况,包括票据的种类、册(份)数、起止号码、使用份数、作废份数、收取金额及票据存根等内容。受理申请的财政部门审核后,核销财政票据存根,并发放财政票据。

第二十三条　领购未列入《财政票据领购证》内的财政票据,应当向原核发领购证的财政部门提出申请,并依照本办法规定提交相应材料。受理申请的财政部门审核后,应当在《财政票据领购证》上补充新增财政票据的相关信息,并发放财政票据。

第二十四条　财政票据一次领购的数量一般不超过本单位六个月的使用量。

第二十五条　财政部门发放财政票据时,对按照规定可以收取工本费的,收取后应当缴入同级国库,纳入预算管理。

第五章　财政票据的使用与保管

第二十六条　财政票据使用单位应当指定专人负责管理财政票据,建立票据使用登记制度,设置票据管理台账,按照规定向财政部门报送票据使用情况。

第二十七条　财政票据应当按照规定填写,做到字迹清楚、内容完整真实、印章齐全、各联次内容和金额一致。填写错误的,应当另行填写。

因填写错误等原因而作废的财政票据,应当加盖作废戳记或者注明"作废"字样,并完整保存各联次,不得擅自销毁。

第二十八条　填写财政票据应当统一使用中文。财政票据以两种文字印制的,可以同时使用另一种文字填写。

第二十九条　财政票据使用单位不得转让、出借、代开、买卖、擅自销毁、涂改财政票据;不得串用财政票据,不得将财政票据与其他票据互相替代。

第三十条　省级财政部门印制的财政票据应当在本行政区域内发放使用,但派驻外地的单位在派驻地使用的情形除外。

第三十一条　财政票据应当按照规定使用。不按规定使用的,付款单位和个人有权拒付款项,财务部门不得报销。

第三十二条　财政票据使用完毕,使用单位应当按照要求填写相关资料,按顺序清理财政票据存根、装订成册、妥善保管。

财政票据存根的保存期限一般为5年。保存期满需要销毁的,报经原核发票据的财政部门查验后销毁。保存期未满、但有特殊情况需要提前销毁的,应当报原核发票据的财政部门批准。

第三十三条 尚未使用但应予作废销毁的财政票据,使用单位应当登记造册,报原核发票据的财政部门核准、销毁。

第三十四条 财政票据使用单位发生合并、分立、撤销、职权变更,或者收费项目被依法取消或者名称变更的,应当自变动之日起15日内,向原核发票据的财政部门办理《财政票据领购证》的变更或者注销手续;对已使用财政票据的存根和尚未使用的财政票据应当分别登记造册,报财政部门核准、销毁。

第三十五条 财政票据或者《财政票据领购证》灭失的,财政票据使用单位应当查明原因,及时以书面形式报告原核发票据的财政部门,并自发现之日起3日内登报声明作废。

第三十六条 财政部门、财政票据印制企业、财政票据使用单位应当设置财政票据专用仓库或者专柜,指定专人负责保管,确保财政票据安全。

第六章 监督检查及罚则

第三十七条 财政部门应当建立健全财政票据监督检查制度,对财政票据印制、使用、管理等情况进行检查。

第三十八条 财政部门实施监督检查,应当按照规定程序和要求进行,不得滥用职权、徇私舞弊,不得向被检查单位收取费用。

第三十九条 财政票据使用单位和财政票据印制企业应当自觉接受财政部门的监督检查,如实反映情况,提供有关资料,不得隐瞒、弄虚作假或者拒绝、阻挠。

第四十条 单位和个人违反本办法规定,有下列行为之一的,由县级以上财政部门责令改正并给予警告;对非经营活动中的违法行为,处以1 000元以下罚款;对经营活动中的违法行为,有违法所得的,处以违法所得金额3倍以下不超过30 000元的罚款,没有违法所得的,处以10 000元以下罚款。涉嫌犯罪的,依法移送司法机关:

(一)违反规定印制财政票据;

(二)转让、出借、串用、代开财政票据;

(三)伪造、变造、买卖、擅自销毁财政票据;

(四)伪造、使用伪造的财政票据监制章;

(五)未按规定使用财政票据监制章;

(六)违反规定生产、使用、伪造财政票据防伪专用品;

(七)在境外印制财政票据;

(八)其他违反财政票据管理规定的行为。

单位和个人违反本办法规定,对涉及财政收入的财政票据有本条第(一)款所列行为之一的,依照《财政违法行为处罚处分条例》第十六条的规定予以处理、处罚。

第四十一条 财政部门、行政事业单位工作人员违反本办法规定,在工作中徇私舞弊、玩忽职守、滥用职权的,依法给予处分;涉嫌犯罪的,依法移送司法机关。

第四十二条 单位和个人对处理、处罚决定不服的,可以依法申请行政复议或者提起行政诉讼。

国家工作人员对处分不服的,可以依照有关规定申请复核或者提出申诉。

第七章 附 则

第四十三条 中国人民解放军和中国人民武装警察部队适用《军队票据管理规定》。

第四十四条 省级财政部门可以依据本办法,结合本地区实际情况制定具体实施办法,报财政部备案。

第四十五条 本办法自 2013 年 1 月 1 日起施行。

二、教育费附加

国务院关于征收教育费附加的暂行规定

(国发〔1986〕50 号)

第一条 为贯彻落实《中共中央关于教育体制改革的决定》,加快发展地方教育事业,扩大地方教育经费的资金来源,特制定本规定。

第二条 凡缴纳产品税、增值税、营业税的单位和个人,除按照《国务院关于筹措农村学校办学经费的通知》(国发〔1984〕174 号文)的规定,缴纳农村教育事业费附加的单位外,都应当依照本规定缴纳教育费附加。

第三条 教育费附加,以各单位和个人实际缴纳的产品税、增值税、营业税的税额为计征依据,教育费附加率为 1%,分别与产品税、增值税、营业税同时缴纳。

对从事生产卷烟和经营烟叶产品的单位,减半征收教育费附加。

第四条 按照现行有关规定,除铁道、人民银行、专业银行和保险总公司等汇总缴纳营业税的单位集中向指定的银行缴款外,其余的单位和个人,向其所在地银行缴款。

第五条 教育费附加由税务机关负责征收,各级银行要为同级教育部门设立教育费附加专户。

第六条 教育费附加的征收管理,按照产品税、增值税、营业税的有关规定办理。

第七条 企业缴纳的教育费附加,一律在销售收入(或营业收入)中支付。

第八条 地方征收的教育费附加,按专项资金管理,由教育部门统筹安排,提出分配方案,商同级财政部门同意后,用于改善中小学教学设施和办学条件,不得用于职工福利和发放奖金。

铁道、人民银行、专业银行和保险总公司等汇总缴纳营业税的单位集中缴纳的教育费附加,由国家教育委员会按年度提出分配方案,商财政部同意后,用于基础教育的薄弱环节。

地方征收的教育费附加,主要留归当地安排使用。省、自治区、直辖市可根据各地征收教育费附加的实际情况,适当提取一部分数额,用于地区之间的调剂、平衡。

第九条 地方各级教育部门每年定期向当地人民政府、上级主管部门和财政部门报告教育费附加的收支情况。

第十条 凡办有职工子弟学校的单位,应当先按本规定缴纳教育费附加;教育部门可根据它们办学的情况酌情返还给办学单位,作为对所办学校经费的补贴。办学单位不得借口缴纳教育费附加而撤并学校,或者缩小办学规模。

第十一条 征收教育费附加以后,地方各级教育部门和学校,不准以任何名目向学生家长和单位集资,或者变相集资,不准以任何借口不让学生入学。

对违反前款规定者,其上级教育部门要予以制止,直接责任人员要给予行政处分。单位和个人有权拒缴。

第十二条 本规定由财政部负责解释。各省、自治区、直辖市人民政府可结合当地实际情况制定实施办法。

第十三条 本规定从1986年7月1日起施行。

财政部关于征收教育费附加几个具体问题的通知

([86]财税字第120号)

各省、自治区、直辖市财政厅(局)、税务局、三峡省筹备组,重庆、武汉、沈阳、大连、哈尔滨、西安、广州市财政局、税务局,加发南京市财政局、税务局:

为了加快教育事业的发展,提高全民族的科学文化水平,国务院于1986年4月28日以国发〔1986〕50号文件发布了《征收教育费附加的暂行规定》,从1986年7月1日起施行。现就几个具体问题通知如下,请抓紧部署执行。

一、根据国务院国发〔1984〕174号文件的规定,对农业、乡镇企业,由乡人民政府征收教育事业费附加。因此,对缴纳了农村教育事业费附加的单位,不征收教育费附加。

二、凡缴纳产品税、增值税、营业税的单位和个人,都应当依照规定征收教育费附加。但海关对进口产品征收的产品税、增值税不征收教育费附加。

三、根据《征收教育费附加的暂行规定》第3条规定,"教育费附加,以各单位和个人实际缴纳的产品税、增值税、营业税的税额为计征依据。"因此,对由于减免产品税、增值税、营业税而发生退税的,同时退还已征的教育费附加。但对出口产品退还产品税、增值税的,不退还已征的教育费附加。

四、征收教育费附加的环节和地点,原则上与征收产品税、增值税、营业税的规定一致。但国营和集体批发企业以及其他批发单位,在批发环节代扣代缴零售环节或临时经营的营业税时,不扣交教育费附加,而由纳税单位或个人回到其所在地申报缴纳。如果必须实行代扣代缴,只对本省、自治区、直辖市辖区内的纳税人代扣教育费附加,对外省、自治区、直辖市辖区内的纳税人回原地申报缴纳。

五、个体商贩及个人在集市上出售商品,对其征收临时经营营业税或产品税,是否同时按其实缴的税额征收教育费附加,请各省、自治区、直辖市人民政府根据实际情况规定。

六、铁道系统应缴纳的教育费附加,由铁道部在汇总缴纳营业税的同时缴纳教育费附加。人民银行、各专业银行和保险公司应缴纳的教育费附加,均由取得业务收入的核算单位在当地缴纳。但各银行总行和保险总公司应缴纳的教育费附加,由各银行总行和保险总公司向税务总局缴纳。

七、教育费附加收入的会计、统计等事项,另行规定。

八、请各省、自治区、直辖市人民政府按照国务院发布的《征收教育费附加的暂行规定》和本通知规定,结合当地实际情况制定实施方法,并抄知我部。

财政部 税务总局请改正营业所缴纳教育费附加地点的函

([86]财税地字第005号)

中国农业银行:

你行[86]农银字第208号文转发财政部《关于征收教育费附加几个具体问题的通知》的通知抄件收悉。你行《通知》第一点规定:"营业所按本身的营业收入5%计算营业税额,再按营业税额的1%缴纳教育费附加;县支行只缴纳本身营业收入计算的教育费附加。"根据国务院国发[1986]50号文件《征收教育费附加的暂行规定》,教育费附加,"分别与产品税、增值税、营业税同时缴纳"。农业银行缴纳营业税地点,按照税务总局[85]财税一字第013号通知的规定:"县及设区的市,由县支行或区办事处纳税"。由于营业所不就地缴纳营业税,没有计算缴纳教育费附加的依据,因此,营业所计算缴纳教育费附加的地点,应同缴纳营业税的纳税地点一致起来,即由县支行或区办事处在缴纳营业税的同时缴纳教育费附加。为了有利于国务院发布的《征收教育费附加的暂行规定》顺利贯彻执行,请按照上述意见通知所属改正过来。

财政部 税务总局关于征收教育费附加两个政策问题的批复

（〔86〕财税地字第006号）

广东省税务局：

你局〔86〕粤税三函字等031号文收悉。对你局提出的征收教育费附加的两个政策问题答复如下：

一、国务院发布的《征收教育费附加的暂行规定》中关于"对从事生产卷烟和经营烟叶产品的单位，减半征收教育费附加"，是指直接生产卷烟（包括雪茄烟、烟丝）和收购烟叶缴纳的产品税，减半征收教育费附加，不包括这些单位生产或经营其他产品以及零售环节所缴纳的产品税、增值税、营业税。

二、对生产卷烟和经营烟叶的单位减半征收教育费附加，是考虑到这些单位的实际负担而采取的一种照顾政策，并不是从适用税率的高低出发的。对生产其他高税率产品的企业，不应减征教育费附加。

财政部关于"112专项"进口汽车免征教育费附加的复函

（〔86〕财商字第243号）

国家物资局：

你局〔86〕物机财字263号《请准予专项进口汽车免征教育费附加的报告》收悉。经请示国务院领导同志同意，对"112专项"进口的汽车免征教育费附加。

国务院关于修改《征收教育费附加的暂行规定》的决定

（国务院令第60号）

《国务院关于修改〈征收教育费附加的暂行规定〉的决定》已经一九九〇年五月十一日第五十九次国务院常务会议通过，现予发布，自一九九〇年八月一日起施行。

总理　李鹏

一九九〇年六月七日

国务院关于修改《征收教育费附加的暂行规定》的决定

国务院决定对《征收教育费附加的暂行规定》作如下修改：

一、第三条修改为：

教育费附加，以各单位和个人实际缴纳的产品税、增值税、营业税的税额为计征依据，教育费附加率为2%，分别与产品税、增值税、营业税同时缴纳。

对从事生产卷烟和经营烟叶产品的单位，减半征收教育费附加。

除国务院另有规定者外，任何地区、部门不得擅自提高或者降低教育费附加率。

二、第四条修改为：

依照现行有关规定，除铁道系统、中国人民银行总行、各专业银行总行、保险总公司的教育费附加随同营业税上缴中央财政外，其余单位和个人的教育费附加，均就地上缴地方财政。

三、第五条修改为：

教育费附加由税务机关负责征收。

教育费附加纳入预算管理，作为教育专项资金，根据"先收后支、列收列支、收支平衡"的原则使用和管理。地方各级人民政府应当依照国家有关规定，使预算内教育事业费逐步增长，不得因教育费附加纳入预算专项资金管理而抵顶教育事业费拨款。

四、第八条第二款修改为：

铁道系统、中国人民银行总行、各专业银行总行、保险总公司随同营业税上缴的教育费附加，由国家教育委员会按年度提出分配方案，商财政部同意后，用于基础教育的薄弱环节。

本决定自1990年8月1日起施行。

附：《征收教育费附加的暂行规定》第三条、第四条、第五条、第八条修改前的条文

《征收教育费附加的暂行规定》第三条、第四条、第五条、第八条修改前的条文

第三条 教育费附加，以各单位和个人实际缴纳的产品税、增值税、营业税的税额为计征依据，教育费附加率为百分之一，分别与产品税、增值税、营业税同时缴纳。对从事生产卷烟和经营烟叶产品的单位，减半征收教育费附加。

第四条 依照现行有关规定，除铁道、人民银行、专业银行和保险总公司等汇总缴纳营业税的单位集中向指定的银行缴款外，其余的单位和个人，向其所在地银行缴款。

第五条 教育费附加由税务机关负责征收，各级银行要为同级教育部门设立教育费附加专户。

第八条 地方征收的教育费附加，按专项资金管理，由教育部门统筹安排，提出分配方案，商同级财政部门同意后，用于改善中小学教学设施和办学条件，不得用于职工福利

和发放奖金。

铁道、人民银行、专业银行和保险总公司等汇总缴纳营业税的单位集中缴纳的教育费附加,由国家教育委员会按年度提出分配方案,商财政部同意后,用于基础教育的薄弱环节。

地方征收的教育费附加,主要留归当地安排使用。省、自治区、直辖市可根据各地征收教育费附加的实际情况,适当提取一部分数额,用于地区之间的调剂、平衡。

国务院关于教育费附加征收问题的紧急通知

(国发明电〔1994〕2号)

各省、自治区、直辖市人民政府,国务院各部委、各直属机构:

根据国发〔1993〕85号《国务院关于实行分税制财政管理体制的决定》,为了保证教育费附加及时、足额征收,现将有关事项通知如下:

一、教育费附加以各单位和个人实际缴纳的增值税、营业税、消费税的税额为计征依据,附加率为3%,分别与增值税、营业税、消费税同时缴纳。对从事生产卷烟和烟叶生产的单位,减半征收。

二、按照改革后的税收征收管理规定,教育费附加分别由国家税务局和地方税务局负责征收。国家税务局系统征收的按铁道、各银行总行、保险总公司营业税附征的教育费附加,作为中央预算固定收入;国家税务局系统征收的按增值税、消费税附征的教育费附加和地方税务局征收的按营业税附征的教育费附加,作为地方预算固定收入。

三、国家税务局系统和地方税务局征收的教育费附加,原则上应单独填开"缴款单",以"教育费附加收入"科目,按上述收入归属的规定,分别缴入中央金库和地方金库。

四、其他事项暂按现行规定执行,具体使用管理办法另行制定下发。

五、本通知从一九九四年一月一日起执行。

国务院
一九九四年二月七日

国家税务总局 海洋石油税务管理局关于中国海洋石油总公司缴纳城市维护建设税和教育费附加的通知

(国税油函〔1994〕012号)

中国海洋石油总公司及其所属地区公司、专业公司(以下简称中油公司)由原缴纳工

商统一税改为缴纳增值税、消费税和营业税后,应相应开征城市维护建设税和教育费附加。现将有关问题明确如下:

一、城市维护建设税

中油公司应按照《中华人民共和国城市维护建设税暂行条例》及财政部1993年12月29日《关于城建税征收问题的通知》的规定,以其实际缴纳的增值税、消费税和营业税的税额为计税依据,按条例规定的税率计算缴纳城市维护建设税。

二、教育费附加

中油公司应按照国务院国发明电〔1994〕2号《国务院关于教育费附加征收问题的紧急通知》的规定,以其实际缴纳的增值税、消费税和营业税的税额为计税依据,按3%缴纳教育费附加。

三、本通知自1994年1月1日起施行。

财政部 国家税务总局关于中国石化总公司所属生产企业供应平价柴油财政返还的价差征收增值税的通知

(财税字〔1994〕037号)

经国务院决定,从今年5月1日起,提高柴油等成品油出厂价格,但对中国石化总公司所属生产企业5、6月份供应的97万吨农用柴油,在7月份前仍按原计划内平价330元供应,企业发生的亏损由中央财政采取价差补贴的办法予以解决,即由财政部根据实际销售数量按每吨定额1570元集中办理价差返还。企业收到财政返还的价差款后,应并入企业的销售收入,并按照增值税17%的税率计算补缴增值税,及按规定补缴城市维护建设税和教育费附加。

国家税务总局关于地质矿产部所属地勘单位征税问题的通知

(国税函发〔1995〕453号)

各省、自治区、直辖市和计划单列市国家税务局、地方税务局:

接地矿部《关于申请减免税收的函》(地函〔1995〕89号),要求国家对其所属的地勘单位在税收上继续给予减免税照顾。根据国务院严格控制减免税的精神,经研究,现对地矿部所属地勘单位的征税问题通知如下:

一、关于所得税问题

地矿部所属的地勘单位的所得,在 1994 年底以前减半征收所得税的期限已到期。从 1995 年 1 月 1 日起,对地勘单位开展生产经营取得的所得,应按照《中华人民共和国企业所得税暂行条例》的规定,照章征收所得税。各地税务部门应认真做好地勘单位恢复征税的各项征管工作。

二、关于营业税问题

对地矿部所属地勘单位的勘探收入,属于营业税的征收范围,应照章征收营业税。

三、关于房产税、车船使用税等税的问题

对地矿部所属的地勘单位的房产税、车船使用税、城镇土地使用税、印花税和城市维护建设税、教育费附加等,应按规定征收。

国家税务总局关于地质矿产部所属地勘单位征税问题的补充通知

(国税函〔1996〕656 号)

各省、自治区、直辖市和计划单列市地方税务局:

接地质矿产部《关于请对国税函发〔1995〕453 号文作进一步解释的函》(地函〔1996〕73 号)。经研究,现对地勘单位的有关税收问题补充通知如下:

一、关于营业税问题(编者注:国税发〔2006〕62 号废止。)

(一)地勘单位承担各级政府安排的地质勘探工作而取得的财政拨款,不属于营业税的征税范围。

(二)地勘单位承担其他各项地质勘探工作取得的收入,包括地勘单位分包其他单位承担的政府安排的地勘工作取得的收入,均属于营业税的征税范围。

(三)根据国务院严格控制减免税的精神,地勘单位取得的各项应纳营业税的收入,均应按税法规定征收营业税。

二、关于房产税,车船使用税等税收问题

(一)对财政部门拨付事业经费的地勘单位自用的房产、车船和土地,按有关规定免征房产税、车船使用税和城镇土地使用税;从事生产、经营活动等非自用的房产、车船、土地,则应按税法有关规定照章纳税。

(二)城市维护建设税、教育费附加随同增值税、消费税、营业税(以下简称"三税")征免,即单位和个人凡应缴纳"三税"的均应缴纳城市维护建设税、教育费附加。

(三)一切单位和个人书立的应税凭证均应照章缴纳印花税。但对有经营收入的事业单位,凡属由国家财政部门拨付事业经费,实行差额预算管理的单位,其记载经营业务的账簿,按其他账簿定额贴花,不记载经营业务的账簿不贴花;凡属经费来源实行自收自支的单位,应对记载资金的账簿和其他账簿分别按规定贴花。

财政部 国家税务总局关于出口货物征收城市维护建设税教育费附加有关问题的通知

(财税字〔1996〕84号)

各省、自治区、直辖市、计划单列市财政厅(局)、地方税务局:

近来,一些地方反映,财政部、国家税务总局《关于出口货物恢复使用增值税税收专用缴款书管理的通知》(财税字〔1996〕8号)第五条"供货企业在缴纳出口货物增值税时,必须按有关规定计算缴纳城市维护建设税(以下简称城建税)和教育费附加"的规定,在执行过程中,征收程序过于繁杂,不便于实际操作,为简化手续,提高工作效率,经研究,现就出口货物计征城建税、教育费附加的有关问题明确如下:

供货企业在向出口企业和市县外贸企业销售出口产品时,以增值税当期销项税额抵扣当期进项税额后的余额为计税依据,计算缴纳城建税、教育费附加。

上述规定自1997年1月1日起执行。

国务院关于调整金融保险业税收政策有关问题的通知

(国发〔1997〕5号)

各省、自治区、直辖市人民政府,国务院各部委、各直属机构:

为了发挥税收的调控作用,进一步理顺国家与金融、保险企业之间的分配关系,促进金融、保险企业间平等竞争,保证国家财政收入,国务院决定,从1997年1月1日起,调整金融保险业的税收政策。现将有关问题通知如下:

一、规范金融、保险企业的所得税税率,对目前执行55%所得税税率的金融、保险企业,其所得税税率统一降为33%。金融、保险企业所得税的预算级次不变。

二、修订《中华人民共和国营业税暂行条例》中有关金融保险业营业税税率的规定,将金融保险业营业税税率由现行的5%提高到8%。提高营业税税率后,除各银行总行、保险总公司缴纳的营业税仍全部归中央财政收入外,其余金融、保险企业缴纳的营业税,按原5%税率征收的部分,归地方财政收入,按提高3%税率征收的部分,归中央财政收入。

三、对经济特区内(包括上海浦东新区和苏州工业园区,下同)设立的外商投资和外国金融企业,凡来源于特区内的营业收入,继续执行自注册登记之日起,5年内免征营业税的优惠政策,免税期满后,按8%的税率征收(编者注:2001年5月1日起停止执行见财税〔2001〕74号);对来源于经济特区外的营业收入部分,不再执行特区内的免税优惠政策,按特区外设立的外商投资和外国金融企业的有关税收政策执行。

四、对1996年12月31日之前在特区外设立的外商投资和外国金融、保险企业,在1998年12月31日前,营业税减按5%征收,仍作为地方财政收入;自1999年1月1日起,按8%征收。对1997年1月1日后特区外新设立的外商投资和外国金融、保险企业,一律执行8%的营业税税率。

五、提高金融保险业营业税税率后,对国家政策性银行减按5%的税率征收。政策性银行缴纳的营业税仍作为国家资本金投资返还给政策性银行。政策性银行资本金达到国务院规定金额之日起,返还政策停止执行。

六、提高金融保险业营业税后,对农村信用社营业税,在1997年12月31日前减按5%征收,仍作为地方财政收入;自1998年1月1日起恢复按8%的税率征收。

七、提高金融保险业营业税税率后,对随同营业税附征的城市维护建设税及教育费附加,仍按原税率5%计征,提高3%税率的部分予以免征。附征的收入仍归地方财政收入。

八、提高金融保险业营业税税率后,现由地方税务局所属征收机关负责征收的金融、保险企业营业税,改由国家税务局和地方税务局所属征收机构共同征收。其中按原5%税率计征的部分,由地方税务局所属征收机构负责征收,按提高3%税率计征的部分,由国家税务局所属征收机构负责征收。各银行总行、保险总公司缴纳的营业税,继续由国家税务总局直属征收机构负责征收。随同营业税征收的城市维护建设税和教育费附加,由地方税务局所属征收机构负责征收。

调整金融保险业的税收政策,是国务院作出的一项重要决策,各地人民政府要高度重视,加强领导;各级国家税务局机关和地方税务局机关要密切合作,切实加强征管,堵塞"跑、冒、滴、漏";各金融,保险企业要进一步强化纳税意识,按国家规定及时足额申报纳税,确保国家金融保险企业税收政策的贯彻执行。

国家税务总局关于中央直属储备粮库建设有关税费问题的批复

(国税函〔1998〕842号)

河北省地方税务局:

你局《河北省地方税务局关于中央直属储备粮库建设有关免征税费事宜的请示》(冀

地税函〔1998〕234号)收悉。经研究,现批复如下:

《国务院办公厅关于搞好中央直属储备粮库建设的通知》(国办发明电〔1998〕9号)第三条规定:"免征本地区、国务院有关部门规定征收的各种与粮库建设相关的税费"。营业税、城市维护建设税、教育费附加是由全国人大常委会或国务院决定征收的,不是由国务院有关部门规定征收的,因此该通知第三条所称的免征税费的具体范围不包括营业税、城市维护建设税和教育费附加,也不包括其他由全国人大、全国人大常委会或国务院决定征收的各种税费。

财政部 国家税务总局关于黄金税收政策问题的通知

(财税〔2002〕142号)

各省、自治区、直辖市、计划单列市财政厅(局)、国家税务局、地方税务局、新疆生产建设兵团财务局:

为了贯彻国务院关于黄金体制改革决定的要求,规范黄金交易,加强黄金交易的税收管理,现将黄金交易的有关税收政策明确如下:

一、黄金生产和经营单位销售黄金(不包括以下品种:成色为 AU9999、AU9995、AU999、AU995;规格为 50 克、100 克、1 公斤、3 公斤、12.5 公斤的黄金,以下简称标准黄金)和黄金矿砂(含伴生金),免征增值税;进口黄金(含标准黄金)和黄金矿砂免征进口环节增值税。

二、黄金交易所会员单位通过黄金交易所销售标准黄金(持有黄金交易所开具的《黄金交易结算凭证》),未发生实物交割的,免征增值税;发生实物交割的,由税务机关按照实际成交价格代开增值税专用发票,并实行增值税即征即退的政策,同时免征城市维护建设税、教育费附加。增值税专用发票中的单价、金额和税额计算公式分别为:

$$单价 = 实际成交单价 \div (1 + 增值税税率)$$

$$金额 = 数量 \times 单价$$

$$税额 = 金额 \times 税率$$

实际成交单价是指不含黄金交易所收取的手续费的单位价格。

纳税人不通过黄金交易所销售的标准黄金不享受增值税即征即退和免征城市维护建设税、教育费附加政策。

三、黄金出口不退税;出口黄金饰品,对黄金原料部分不予退税,只对加工增值部分退税。

四、对黄金交易所收取的手续费等收入照章征收营业税。

五、黄金交易所黄金交易的增值税征收管理办法及增值税专用发票管理办法由国家税务总局另行制定。

国家税务总局
二〇〇二年九月十二日

财政部 国家税务总局关于被撤销金融机构有关税收政策问题的通知

(财税〔2003〕141号)

各省、自治区、直辖市、计划单列市财政厅(局)、国家税务局、地方税务局:

为了促进被撤销金融机构的清算工作,加强对金融活动的监督管理,维护金融秩序,根据《金融机构撤销条例》第二十一条的规定,现对被撤销金融机构清理和处置财产过程中有关税收优惠政策问题通知如下:

一、享受税收优惠政策的主体是指经中国人民银行依法决定撤销的金融机构及其分设于各地的分支机构,包括被依法撤销的商业银行、信托投资公司、财务公司、金融租赁公司、城市信用社和农村信用社。除另有规定者外,被撤销的金融机构所属、附属企业,不享受本通知规定的被撤销金融机构的税收优惠政策。

二、被撤销金融机构清理和处置财产可享受以下税收优惠政策:

1. 对被撤销金融机构接收债权、清偿债务过程中签订的产权转移书据,免征印花税。

2. 对被撤销金融机构清算期间自有的或从债务方接收的房地产、车辆,免征房产税、城镇土地使用税和车船使用税。

3. 对被撤销的金融机构在清算过程中催收债权时,接收债务方土地使用权、房屋所有权所发生的权属转移免征契税。

4. 对被撤销金融机构财产用来清偿债务时,免征被撤销金融机构转让货物、不动产、无形资产、有价证券、票据等应缴纳的增值税、营业税、城市维护建设税、教育费附加和土地增值税。

三、除第二条规定者外,被撤销的金融机构在清算开始后、清算资产被处置前持续经营的经济业务所发生的应纳税款应按规定予以缴纳。

四、被撤销金融机构的应缴未缴国家的税金及其他款项应按照法律法规规定的清偿顺序予以缴纳。

五、被撤销金融机构的清算所得应该依法缴纳企业所得税。

六、本通知自《金融机构撤销条例》生效之日起开始执行。凡被撤销金融机构在《金融机构撤销条例》生效之日起进行的财产清理和处置的涉税政策均按本通知执行。本通知发布前,属免征事项的应纳税款不再追缴,已征税款不予退还。

财政部 国家税务总局
二〇〇三年七月三日

财政部 国家税务总局关于中国东方资产管理公司处置港澳国际(集团)有限公司有关资产税收政策问题的通知

(财税〔2003〕212号)

各省、自治区、直辖市、计划单列市财政厅(局)、国家税务局、地方税务局,新疆生产建设兵团财务局:

为了加快港澳国际(集团)有限公司的资产处置、清算及机构关闭工作,经国务院批准,现就港澳国际(集团)有限公司资产清理、处置过程中有关税收政策问题通知如下:

一、享受税收优惠政策的主体

1. 负责接收和处置港澳国际(集团)有限公司资产的中国东方资产管理公司及其经批准分设于各地的分支机构(以下简称"东方资产管理公司")。

2. 港澳国际(集团)有限公司所属的东北国际投资有限公司、海国投集团有限公司、海南港澳国际信托投资公司[以下简称"港澳国际(集团)内地公司"]。

3. 在我国境内(不包括港澳,下同)拥有资产并负有纳税义务的港澳国际(集团)有限公司集团本部及其香港8家子公司[名单见附件,以下简称"港澳国际(集团)香港公司"]。

二、东方资产管理公司接收、处置港澳国际(集团)有限公司资产可享受以下税收优惠政策

1. 对东方资产管理公司在接收和处置港澳国际(集团)有限公司资产过程中签订的产权转移书据,免征东方资产管理公司应缴纳的印花税。

2. 对东方资产管理公司接收港澳国际(集团)有限公司的房地产以抵偿债务的,免征东方资产管理公司承受房屋所有权、土地使用权应缴纳的契税。

3. 对东方资产管理公司接收港澳国际(集团)有限公司的房地产、车辆,免征应缴纳的房产税、城镇土地使用税和车船使用税。

4. 对东方资产管理公司接收港澳国际(集团)有限公司的资产包括货物、不动产、有价证券等,免征东方资产管理公司销售转让该货物、不动产、有价证券等资产以及利用该货物、不动产从事融资租赁业务应缴纳的增值税、营业税、城市维护建设税、教育费附加和土地增值税。

5. 对东方资产管理公司所属的投资咨询类公司,为本公司接收、处置港澳国际(集

团)有限公司资产而提供资产、项目评估和审计服务取得的收入免征应缴纳的营业税、城市维护建设税和教育费附加。

三、港澳国际(集团)内地公司的资产在清理和处置期间可享受以下税收优惠政策

1. 对港澳国际(集团)内地公司在催收债权、清偿债务过程中签订的产权转移书据,免征港澳国际(集团)内地公司应缴纳的印花税。

2. 对港澳国际(集团)内地公司在清算期间自有的和从债务方接收的房地产、车辆,免征应缴纳的房产税、城市房地产税、城镇土地使用税、车船使用税和车船使用牌照税。

3. 对港澳国际(集团)内地公司在清算期间催收债权时,免征接收房屋所有权、土地使用权应缴纳的契税。

4. 对港澳国际(集团)内地公司的资产,包括货物、不动产、有价证券、股权、债权等,在清理和被处置时,免征港澳国际(集团)内地公司销售转让该货物,不动产、有价证券、股权、债权等资产应缴纳的增值税、营业税、城市维护建设税、教育费附加和土地增值税。

四、港澳国际(集团)香港公司中国境内的资产在清理和处置期间可享受以下税收优惠政策

1. 对港澳国际(集团)香港公司在中国境内催收债权、清偿债务过程中签订的产权转移书据,免征港澳国际(集团)香港公司应承担的印花税。

2. 对港澳国际(集团)香港公司在中国境内拥有的和从债务方接收的房地产、车辆,在清算期间免征应承担的城市房地产税和车船使用牌照税。

3. 对港澳国际(集团)香港公司清算期间在中国境内催收债权时,免征接收房屋所有权、土地使用权应缴纳的契税。

4. 对港澳国际(集团)香港公司在中国境内的资产,包括资产、不动产、有价证券股权、债权等,在清理和被处置时,免征港澳国际(集团)香港公司销售转让该货物、不动产、有价证券、股权、债权等资产应缴纳的增值税、营业税、预提所得税和土地增值税。

五、港澳国际(集团)内地公司、港澳国际(集团)香港公司在清算期间发生本通知未规定免税的应税行为以及东方资产管理公司除接收、处置不良资产业务外从事其他经营业务,应一律依法纳税。

六、本通知自港澳国际(集团)内地公司、港澳国际(集团)香港公司开始清算之日起执行,本通知发布前,属免征事项的应纳税款不再追缴,已征税款不予退还。

附件:
港澳国际(集团)有限公司在香港的8家子公司名单
1. 新港澳有限公司
2. 煌天投资有限公司
3. 海佳发展有限公司

4. 港澳国际置业有限公司
5. 金富运发展有限公司
6. 港澳国际财务有限公司
7. 恒琪发展有限公司
8. 集富置业有限公司

国家税务总局关于货物运输业若干税收问题的通知

(国税发〔2004〕88号)

各省、自治区、直辖市和计划单列市国家税务局、地方税务局：

为了加强对公路、内河货物运输业的税收管理，总局下发了《国家税务总局关于加强货物运输业税收征收管理的通知》(国税发〔2003〕121号)和四个明传电报，各地在执行中又陆续反映了一些问题。经研究，现将有关税收问题明确如下：

一、在中华人民共和国境内提供公路、内河货物运输劳务(包括内海及近海货物运输)的单位和个人适用《货物运输业营业税征收管理办法》(以下简称《试行办法》)。

二、关于纳税人认定问题

(一)适用《试行办法》从事货物运输的承包人、承租人、挂靠人和个体运输户不得认定为自开票纳税人。

(二)铁路运输(包括中央、地方、工矿及其他单位所属铁路)、管道运输、国际海洋运输业务，装卸搬运以及公路、内河客运业务的纳税人不需要进行自开票纳税人资格认定，不需要报送货物运输业发票清单。

(三)《货物运输业营业税纳税人认定和年审试行办法》中有关代开票纳税人认定和年审的规定停止执行。

三、关于办理税务登记前发生的货物运输劳务征税问题

(一)单位和个人在领取营业执照之日起三十日内向主管地方税务局申请办理税务登记的，对其自领取营业执照之日至取得税务登记证期间提供的货物运输劳务，办理税务登记手续后，主管地方税务局可为其代开货物运输业发票。

(二)单位和个人领取营业执照超过三十日未向主管地方税务局申请办理税务登记的，主管地方税务局应按《征管法》及其《实施细则》的规定进行处理，在补办税务登记手续后，对其自领取营业执照之日至取得税务登记证期间提供的货物运输劳务，可为其代开货物运输发票。

(三)地方税务局对提供货物运输劳务的单位和个人进行税收管理过程中，凡发现代

开票纳税人(包括承包人、承租人、挂靠人以及其他单位和个人)未办理税务登记的,符合税务登记条件的,必须依法办理税务登记。

四、关于货运发票开具问题

(一)按代开票纳税人管理的所有单位和个人(包括外商投资企业、特区企业和其他单位、个人),凡按规定应当征收营业税,在代开货物运输业发票时一律按开票金额3%征收营业税,按营业税税款7%预征城建税,按营业税税款3%征收教育附加费。同时按开票金额3.3%预征所得税,预征的所得税年终时进行清算。但代开票纳税人实行核定征收企业所得税办法的,年终不再进行所得税清算。

在代开票时已征收的属于法律法规规定的减征或者免征的营业税及城市维护建设税、教育费附加、所得税以及高于法律法规规定的城市维护建设税税率的税款,在下一征期退税。具体退税办法按《国家税务总局、中国人民银行、财政部关于现金退税问题的紧急通知》(国税发〔2004〕47号)执行。

(二)提供了货物运输劳务但按规定不需办理工商登记和税务登记的单位和个人,凭单位证明或个人身份证在单位机构所在地或个人车籍地由代开票单位代开货物运输业发票。

(三)《试行办法》第七条有关代开票纳税人在申请代开票时须提供《代开票纳税人资格证书》和承运货物时同货主签订的承运货物合同或其他有效证明,停止执行。

五、关于税款核定征收问题

(一)按照《试行办法》的规定,对代开票纳税人实行定期定额征收方法。凡核定的营业额低于当地确定的营业税起征点的,不征收营业税;凡核定的营业额高于当地确定的营业税起征点的,代开发票时按规定征收税款。

(二)单位和个人利用自备车辆偶尔对外提供货物运输劳务的,可不进行定期定额管理,代开票时对其按次征税。

(三)代开票纳税人实行定期定额征收方法时,为避免在代开票时按票征收发生重复征税,对代开票纳税人可采取以下征收方法:

1. 在代开票时按开具的货物运输业发票上注明的营业税应税收入按规定征收(代征)营业税、所得税及附加。

2. 代开票纳税人采取按月还是按季结算,由省级地方税务局确定。

3. 代开票纳税人在缴纳定额税款时,如其在代开票时取得的税收完税凭证上注明的税款大于定额税款的,不再缴纳定额税款;如完税凭证上注明的税款小于定额的,则补缴完税凭证上注明的税款与定额税款差额部分。

六、关于企业所得税征收问题

对2002年以后新办的货物运输业代开票纳税人的所得税,由代开票单位在代开货物运输业发票时统一代征税款,并由地方税务局统一入库。

七、关于代开票纳税人从事联营业务的计税依据问题

代开票纳税人从事联运业务的,其计征营业税的营业额为代开的货物运输业发票注明营业税应税收入,不得减除支付给其他联运合作方的各种费用。

八、关于物流劳务的征税问题

(一)利用自备车辆提供运输劳务的同时提供其他劳务(如对运输货物进行挑选、整理、包装、仓储、装卸搬运等劳务)的单位(以下简称物流劳务单位),凡符合规定的自开票纳税人条件的,可以认定为自开票纳税人。

(二)自开票的物流劳务单位开展物流业务应按其收入性质分别核算,提供运输劳务取得的运输收入按"交通运输业"税目征收营业税并开具货物运输业发票;提供其他劳务取得的收入按"服务业"税目征收营业税并开具服务业发票。凡未按规定分别核算其应税收入的,一律按"服务业"税目征收营业税。

(三)代开票单位在为代开票物流劳务单位代开发票时也应按照以上原则征税(代征)并代开发票。

九、关于税务机关纳税申报审核问题

(一)地方税务局在受理自开票纳税人纳税申报和中介机构代开票清单及代征税款时,要对其申报的纸质清单汇总数与电子信息汇总数以及缴纳税款数进行核对。

(二)国家税务局在受理增值税一般纳税人货物运输业发票申报抵扣时,要严格核对其申报的纸质清单汇总数与电子信息汇总数是否一致,录入的清单信息是否准确、规范。

十、关于货运发票的抵扣问题

(一)增值税一般纳税人外购货物(固定资产除外)和销售应税货物所取得的由自开票纳税人或代开票单位为代开票纳税人开具的货物运输业发票准予抵扣进项税额。

(二)增值税一般纳税人取得税务机关认定为自开票纳税人的联运单位和物流单位开具的货物运输业发票准予计算抵扣进项税额。准予抵扣的货物运费金额是指自开票纳税人和代开票单位为代开票纳税人开具的货运发票上注明的运费、建设基金和现行规定允许抵扣的其他货物运输费用;装卸费、保险费和其他杂费不予抵扣。货运发票应当分别注明运费和杂费,对未分别注明,而合并注明为运杂费的不予抵扣。

(三)增值税一般纳税人取得的货物运输业发票,可以在自发票开具日 90 天后的第一个纳税申报期结束以前申报抵扣。

(四)增值税一般纳税人在 2004 年 3 月 1 日以后取得的货物运输业发票,必须按照《增值税运费发票抵扣清单》的要求填写全部内容,对填写内容不全的不得予以抵扣进项税额。

(五)增值税一般纳税人取得的联运发票应当逐票填写在《增值税运费发票抵扣清

单》的"联运"栏次内。

（六）增值税一般纳税人取得的内海及近海货物运输发票,可暂填写在《增值税运输发票抵扣清单》内河运输栏内。

十一、关于协调配合问题

（一）地方税务局要按照有关规定的要求,将自开票纳税人和地方税务局、代开票中介机构开具的货物运输业发票的有关信息及时传送给国家税务局,国家税务局和地方税务局要建立密切、畅通的信息交换制度,切实落实好"三个办法和一个方案"。

（二）地方税务局要加强与交通管理部门的协作,将纳税人认定情况与交通管理部门发放的道路运输经营许可证、水路运输经营许可证情况进行逐户核对,凡对外提供货物运输劳务的单位和个人都要纳入税收管理。

十二、关于代开票中介机构管理问题

地方税务局要加强对代开票中介机构的管理,不得随意放宽代开票中介机构的条件和范围。接受委托代开货物运输业发票的中介机构必须按照《试行办法》中的有关规定开具发票,代征和解缴税款并按期向主管地方税务局报送《中介机构代开货物运输业发票清单》。

十三、本通知自 2004 年 7 月 1 日起执行。

（编者注：国税函〔2006〕249 号有补充规定。）

国家税务总局
二〇〇四年七月八日

财政部 国家税务总局关于生产企业出口货物实行免抵退税办法后有关城市维护建设税教育费附加政策的通知

（财税〔2005〕25 号）

各省、自治区、直辖市、计划单列市财政厅（局）、地方税务局,新疆生产建设兵团财务局：

经国务院批准,现就生产企业出口货物全面实行免抵退税办法后,城市维护建设税、教育费附加的政策明确如下：

一、经国家税务局正式审核批准的当期免抵的增值税税额应纳入城市维护建设税和教育费附加的计征范围,分别按规定的税（费）率征收城市维护建设税和教育费附加。

二、2005 年 1 月 1 日前,已按免抵的增值税税额征收的城市维护建设税和教育费附加不再退还,未征的不再补征。

三、本通知自 2005 年 1 月 1 日起执行。

请遵照执行。

抄送：各省、自治区、直辖市、计划单列市国家税务局。

财政部　国家税务总局
二○○五年二月二十五日

国家税务总局关于国家税务局为小规模纳税人代开发票及税款征收有关问题的通知

（国税发〔2005〕18号）

各省、自治区、直辖市和计划单列市国家税务局、地方税务局：

为加强税收征管，优化纳税服务，针对一些地方反映的问题，现对国家税务局为增值税小规模纳税人（以下简称纳税人）代开发票征收增值税时，如何与地税局协作加强有关地方税费征收问题通知如下：

一、经国、地税局协商，可由国税局为地税局代征有关税费。纳税人销售货物或应税劳务，按现行规定需由主管国税局为其代开普通发票或增值税专用发票（以下简称发票）的，主管国税局应当在代开发票并征收增值税（除销售免税货物外）的同时，代地税局征收城市维护建设税和教育费附加。

二、经协商，不实行代征方式的，则国、地税要加强信息沟通。国税局应定期将小规模纳税人缴纳增值税情况，包括国税为其代开发票情况通报给地税局，地税局用于加强对有关地方税费的征收管理。

三、实行国税代征方式的，为保证此项工作顺利进行，国税系统应在其征管软件上加列征收城市维护建设税和教育费附加的功能，总局综合征管软件总局负责修改，各地开发的征管软件由各地自行修改。在软件修改前，暂用人工方式进行操作。

四、主管国税局为纳税人代开的发票作废或销货退回按现行规定开具红字发票时，由主管国税局退还或在下期抵缴已征收的增值税，由主管地税局退还已征收的城市维护建设税和教育费附加或者委托主管国税局在下期抵缴已征收的城市维护建设税和教育费附加，具体退税办法按《国家税务总局　中国人民银行　财政部关于现金退税问题的紧急通知》（国税发〔2004〕47号）执行。

五、主管国税局应当将代征的地方预算收入按照国家规定的预算科目和预算级次及时缴入国库。

六、国税局代地税局征收城市维护建设税和教育费附加，使用国税系统征收票据，并由主管国税局负责有关收入对账、核算和汇总上拨工作。

各级国税局应在"应征类"和"入库类"科目下增设"城市维护建设税"和"教育费附加"

明细科目。

七、主管国税局应按月将代征地方税款入库信息,及时传送主管地税局。具体信息交换方式由各省级国税局和地税局协商确定。

八、各省级国税局和地税局应按照《中华人民共和国税收征收管理法》的有关规定签定代征协议,并分别通知所属税务机关执行。

国家税务总局
二〇〇五年二月二十八日

财政部 国家税务总局关于国家石油储备基地建设有关税收政策的通知

(财税〔2005〕23号)

大连、青岛、浙江、宁波省(市)财政厅(局)、地方税务局:

经国务院批准,现对国家石油储备基地第一期项目建设过程中的有关税收政策通知如下:

一、对国家石油储备基地第一期项目建设过程中涉及的营业税、城市维护建设税、教育费附加、城镇土地使用税、印花税、耕地占用税和契税予以免征。

二、上述免税范围仅限于应由国家石油储备基地缴纳的税收。

三、国家石油储备基地第一期项目包括大连、黄岛、镇海、舟山4个储备基地。

请遵照执行。

国家税务总局关于中国建银投资有限责任公司纳税申报地点问题的通知

(国税发〔2005〕52号)

各省、自治区、直辖市和计划单列市国家税务局、地方税务局,扬州税务进修学院,局内各单位:

经研究,现将中国建银投资有限责任公司(以下简称"建银投资公司")纳税申报地点问题明确如下:

一、建银投资公司直接向北京市有关税务机关申报缴纳企业所得税,不另向其他各地税务机关申报。

二、建银投资公司直接向北京市有关主管税务机关集中申报缴纳营业税及附征的城市维护建设税、教育费附加,不另向其他各地税务机关申报。

三、建银投资公司在全国各地财产所涉及的房产税、城镇土地使用税、车船使用税、契税，由该公司的受托代理人向财产所在地主管税务机关申报缴纳。

特此通知。

国家税务总局
二〇〇五年四月四日

国家税务总局关于进一步加强房地产税收管理的通知

（国税发〔2005〕82号）

各省、自治区、直辖市和计划单列市财政厅（局）、国家税务局、地方税务局，扬州税务进修学院，局内各单位：

随着我国房地产业的快速发展，房地产税收收入大幅增长，已成为我国财政收入的重要来源，房地产税收的宏观调控作用日益重要。但是房地产税收涉及的税种多，征管的难度大，税源控管存在较多漏洞。为了提高房地产税收管理的科学化、精细化水平，进一步发挥税收的调控职能，促进房地产业的健康发展，有必要在现行管理体制下落实各项管理要求的同时，通过整合现有征管资源，实现信息共享，加强部门协调配合，搞好各征管环节连接，进一步加强房地产税收管理，即实施一体化管理。现将有关事项及要求通知如下：

一、房地产税收一体化管理的总体目标和要求。以契税管理先缴纳税款，后办理产权证书（简称"先税后证"）为把手，以信息共享、数据比对为依托，以优化服务、方便纳税人为宗旨，通过部门配合、环节控制，实现房地产业诸税种间的有机衔接，不断提高征管质量和效率。目前，在土地使用权的出让和房地产开发、转让、保有诸环节分别征收营业税及城市维护建设税和教育费附加（以下简称营业税及附加）、企业所得税、外商投资企业和外国企业所得税、个人所得税（以下统称所得税）、土地增值税、城镇土地使用税、房产税、城市房地产税、印花税、耕地占用税、契税等税种。虽然各税种的纳税人、计税依据等税制要素不尽相同，但是税收征管所依据的基础信息大致相同。各级税务机关和征收契税的财政机关（以下统称征收机关），要加强申报管理，积极争取房地产管理等部门的配合与支持，充分掌握各税种征管所依据的基础信息；要加强征收机关之间的沟通协调，准确、快捷地传递信息，逐步实现各管理部门之间、各税种之间的信息共享，提高税源监控水平；同时要简化办税程序，优化纳税服务，方便纳税人。

二、以契税征管为把手，全面掌控税源信息。契税征收机关要会同房地产管理部门，严格执行"先税后证"的有关规定，把住房地产税收税源控管的关键环节，全面掌握、及时传递有关信息。

（一）规范契税申报管理。纳税人申报缴纳契税时，要填报总局统一制定的契税纳税申报表（另文下发），并附送购房发票、房地产转让合同和有效身份证件复印件等。征收机关要对纳税申报表及有关附件资料的完整性、准确性进行审核。审核无误后，办理征缴手续，开具统一的契税完税证明。

（二）契税征收机关要及时整理、归集房地产交易的有关信息。包括：转让方、中介方和承受方的名称、识别号码，房地产的转让价格、转让时间、面积、位置等信息。

（三）要建立信息传递机制，实现信息互通共享。征收契税的税务部门或岗位要将土地使用权承受方及其承受土地使用权的交易信息，及时传递给管理房地产开发环节有关税收的税务部门或岗位；要将房地产转让方及其房地产交易信息，及时传递给管理房地产转让环节有关税收的税务部门或岗位；要将房地产承受方及其承受房地产的有关交易信息，及时传递给管理房地产保有环节有关税收的税务部门或岗位。征收契税的财政部门要将获取的房地产交易信息集中传递给税务机关，税务机关再分解传递给有关税种的主管部门或岗位。同时，各税种主管税务机关或部门也要将实施有关税收管理过程中获取的房地产权属转移信息，及时传递给契税征收机关。

（四）各地可根据信息化水平、信息量大小、信息存储方式等情况确定适当的信息传递方式。有条件的地区应通过网络或软盘等电子介质传递信息；暂不具备条件的，也可用纸质的形式传递信息。

三、充分利用契税征管信息，加强房地产各环节的税收管理。主管税务机关要严格执行总局关于加强有关税种税收管理的各项规定，充分利用契税征管中获取的有关信息，明确责任人，跟踪掌握有关房地产税收的税源情况，提高管理质量和效率。

（一）要利用土地使用权交易信息，及时掌握承受土地使用权的单位或个人名称、土地坐落位置、价格、用途、面积等信息，了解或控制城镇土地使用税、耕地占用税税源，加强城镇土地使用税的征收管理；对占用耕地进行开发建设的，及时征收耕地占用税。

（二）要跟踪了解土地利用规划、计划投资、施工单位、出包合同或协议以及建设施工进度等情况，掌握从事建设施工、装饰装修的单位或个人应缴纳的营业税及附加、所得税、印花税等税种的税源情况，加强房地产开发建设过程中有关税收的征收管理。

（三）要跟踪了解并掌握房地产开发商发生的房地产开发成本、费用、商品房预售和实际销售、收款方式、收款时间等情况，并利用契税征管中获取的房地产开发商销售商品房的信息，对房地产开发企业缴税情况，进行纳税评估，发现问题，及时采取有效措施解决，加强房地产开发企业有关税收的税收管理。

（四）要利用契税征管中获取的房地产交易信息，掌握单位、个人在房地产二级市场转让房地产的有关税源信息，将转让方名称、识别号码，转让房地产的坐落地点、面积、价格与有关纳税申报资料进行比对分析。发现漏缴税款的，及时进行追缴，切实加强在房地产二级交易市场转让房地产的有关税收的管理。

（五）要采取多种方式跟踪了解承受方承受的房产的装饰装修情况，对承受的新建商品房还要跟踪了解物业管理情况，及时掌握有关税源，采取有效措施加强对实施装饰装修施工和物业管理的单位或个人应纳税收的征收管理。

（六）要利用房地产转让信息，掌握城镇土地使用税、房产税、城市房地产税税源变化情况，将承受方名称、识别号码，房地产的转让价格、类别等信息，与纳税人的纳税申报资料进行比对，对未申报或未如实申报的单位和个人，应及时进行催报催缴。要将契税征收中获取的房地产信息资料，作为长期的税源资料及时归入税源管理档案。

（七）要综合利用有关信息资料，加强对房地产出租应缴纳的营业税及附加、所得税、城镇土地使用税、房产税等税种的管理。对个人出租房屋的，应充分利用社会力量加强管理，如委托街道、居民委员会、流动人员管理机构等组织代征有关税收，并按规定付给手续费。实行委托代征的，税务机关对代征单位要加强业务指导，定期检查了解代征情况，及时研究代征工作中遇到的问题。

四、简化办税程序，方便纳税人。各地征收机关应根据实际情况，采取有效措施，简化办税程序，优化纳税服务，方便纳税人缴纳有关税收。对转让或承受房地产应缴纳的税收，如营业税及附加、个人所得税、土地增值税、印花税等，凡可在一个窗口一并征收的，可在交易双方办理产权过户或缴纳契税时一并征收。为了方便纳税人，及时掌握二手房交易价格情况，可在契税征收场所或房地产权属登记场所代开财产转让销售发票。

有条件的地方，要争取在办理房地产权属登记的场所开设房地产税收征收窗口，争取将金融机构引入征收场所，以节省纳税人的纳税时间和纳税成本。

五、逐步建立房地产税源信息数据库，通过信息比对堵塞税收漏洞。各地要利用税务机关现有的设备和资源，以当前契税征管中积累的信息为基础，对从房地产管理部门以及纳税申报过程中取得的信息进行整合归集，根据各地实际以省（市、区）或地区（市）或县（区、市）为单位逐步建立房地产税源信息数据库，充实、完善房地产企业户籍资料和其他纳税人户籍资料，做到数据集中，信息共享，方便查询，比对分析，促进管理。

各地要创造条件逐步实现利用计算机将税源数据库的信息，与纳税申报、税款入库情况进行多角度、多层次的比对，开展有关房地产税收的纳税评估，分析筛选存在的疑点，并及时组织调查核实。发现漏征漏管的，要采取相应措施进行处理。

六、加强领导，狠抓落实。实施房地产税收一体化管理，是整合管理资源、创新管理方式的重要举措，也是一项复杂的系统工程。各级征收机关要统一思想，提高认识，加强领导，广泛宣传，狠抓落实。要紧紧抓住契税征管这一关键环节，充实契税征管力量，加强人员培训，改善征管条件。要注重部门间的协调配合，广泛收集、有效利用涉税信息。各地要按照总局的工作要求,结合本地情况,总体设计,分步实施,由点到面,扎实推进,全面提升房地产税收管理水平。

七、本通知从2005年7月1日起实行。各地要将贯彻落实意见及时抄报总局。总局将选择部分省市跟踪了解本通知的贯彻落实情况。

国家税务总局
二〇〇五年五月十八日

财政部 国家税务总局关于增值税营业税消费税实行先征后返等办法有关城建税和教育费附加政策的通知

(财税〔2005〕72号)

各省、自治区、直辖市、计划单列市财政厅(局)、地方税务局,财政部驻各省、自治区、直辖市、计划单列市财政监察专员办事处:

经研究,现对增值税、营业税、消费税(以下简称"三税")实行先征后返、先征后退、即征即退办法有关的城市维护建设税和教育费附加政策问题明确如下:

对"三税"实行先征后返、先征后退、即征即退办法的,除另有规定外,对随"三税"附征的城市维护建设税和教育费附加,一律不予退(返)还。

国家税务总局关于调整国家开发银行城市维护建设税和教育费附加缴纳办法的通知

(国税函〔2007〕484号)

各省、自治区、直辖市和计划单列市地方税务局,西藏、宁夏自治区国家税务局:

为便于管理,保证税款及时入库,现决定自2007年1月1日起,将国家开发银行城市维护建设税和教育费附加由"集中划转,返还各地,各地入库"的缴纳方式改为由国家开发银行各省(区、市)分行直接向各地地方税务局申报缴纳。现将有关事项通知如下:

一、国家开发银行各分行应纳的城市维护建设税和教育费附加由国家开发银行总行于季度终了后的10日内统一计算,通知各分行,各分行向当地地方税务局申报缴纳。

二、具体缴纳事宜,由各省、自治区、直辖市和计划单列市地方税务局同国家开发银行各分行联系确定。2007年第一季度国家开发银行应纳的城市维护建设税和教育费附加于本通知发文之日起15日内申报缴纳。

三、《国家税务总局关于国家开发银行城市维护建设税和教育费附加缴纳办法的通知》(国税函〔1996〕694号)、《国家税务总局关于国家开发银行继续集中缴纳城市维护建设税和教育费附加的通知》(国税函〔1999〕493号)、《国家税务总局关于国家开发银行城市维护建设税和教育费附加款项划转办法的补充通知》(国税函〔1999〕521号)停止执行。

国家税务总局
二〇〇七年五月八日

财政部 国家税务总局关于免征国家重大水利工程建设基金的城市维护建设税和教育费附加的通知

(财税〔2010〕44号)

各省、自治区、直辖市、计划单列市财政厅(局)、地方税务局,新疆生产建设兵团财务局:

经国务院批准,为支持国家重大水利工程建设,对国家重大水利工程建设基金免征城市维护建设税和教育费附加。

本通知自发文之日起执行。

财政部 国家税务总局
二〇一〇年五月二十五日

国务院关于统一内外资企业和个人城市维护建设税和教育费附加制度的通知

(国发〔2010〕35号)

各省、自治区、直辖市人民政府,国务院各部委、各直属机构:

为了进一步统一税制、公平税负,创造平等竞争的外部环境,根据第八届全国人民代表大会常务委员会第五次会议通过的《全国人民代表大会常务委员会关于外商投资企业和外国企业适用增值税、消费税、营业税等税收暂行条例的决定》,国务院决定统一内外资企业和个人城市维护建设税和教育费附加制度,现将有关问题通知如下:

自2010年12月1日起,外商投资企业、外国企业及外籍个人适用国务院1985年发布的《中华人民共和国城市维护建设税暂行条例》和1986年发布的《征收教育费附加的暂行规定》。1985年及1986年以来国务院及国务院财税主管部门发布的有关城市维护建设税和教育费附加的法规、规章、政策同时适用于外商投资企业、外国企业及外籍个人。

凡与本通知相抵触的各项规定同时废止。

国务院
二○一○年十月十八日

财政部 国家税务总局关于对外资企业征收城市维护建设税和教育费附加有关问题的通知

(财税〔2010〕103号)

各省、自治区、直辖市、计划单列市财政厅(局)、国家税务局、地方税务局,新疆生产建设兵团财务局:

根据《国务院关于统一内外资企业和个人城市维护建设税和教育费附加制度的通知》(国发〔2010〕35号)决定,自2010年12月1日起,对外商投资企业、外国企业及外籍个人(以下简称外资企业)征收城市维护建设税和教育费附加。现将有关问题通知如下:

对外资企业2010年12月1日(含)之后发生纳税义务的增值税、消费税、营业税(以下简称"三税")征收城市维护建设税和教育费附加;对外资企业2010年12月1日之前发生纳税义务的"三税",不征收城市维护建设税和教育费附加。

各级财政、税务机关要增强服务意识,加强政策宣传,做好征管工作。对政策执行中遇到的问题,要认真研究,妥善解决,重大问题及时上报财政部、国家税务总局。

财政部 国家税务总局
二○一○年十一月四日

国家税务总局关于做好统一内外资企业和个人城市维护建设税和教育费附加制度有关工作的通知

(国税函〔2010〕587号)

各省、自治区、直辖市和计划单列市地方税务局:

根据《国务院关于统一内外资企业和个人城市维护建设税和教育费附加制度的通知》(国发〔2010〕35号),自2010年12月1日起,将外商投资企业、外国企业及外籍个人(以下简称外资企业)纳入城市维护建设税和教育费附加的征收范围。为做好对外资企业征收城市维护建设税和教育费附加工作,现将有关事项通知如下:

一、充分认识改革意义,做好贯彻落实工作

对外资企业征收城市维护建设税和教育费附加,符合党的十六届三中全会通过的《中共中央关于完善社会主义市场经济体制若干问题的决定》《中华人民共和国国民经济和社会发展第十一个五年规划纲要》关于"统一各类企业税收制度"的要求,符合税制改革总体方向,有利于公平内外资企业税费负担,促进企业间公平竞争。各地要充分认识将外资企业纳入城市维护建设税和教育费附加征收范围的重要意义,认真做好对外资企业征收城市维护建设税和教育费附加的各项准备和实施工作,确保此项政策贯彻落实。

二、加强宣传解释,搞好纳税服务

对外资企业征收城市维护建设税和教育费附加是一项重要而全新的工作。各级税务机关要增强纳税服务意识,加强政策宣传和解释,使纳税人充分了解城市维护建设税和教育费附加的现行政策和征管规定,提高纳税人依法纳税遵从度,保证征收工作顺利进行。

三、摸清税源,规范管理

各级地方税务机关要主动和国家税务局、工商管理局和主管外商投资的商务厅(局)等部门加强联系,充分利用各部门掌握的外资企业有关信息,及时做好对外资企业征收城市维护建设税和教育费附加各纳税事项的确认工作,包括纳税人、纳税申报、纳税地点、适用税率等事项的确认,做好税源管理和纳税鉴定工作。各地还要根据本地区征管实际情况,规范管理办法或操作规程,及时调整和完善税收征管系统,确保对外资企业征收城市维护建设税和教育费附加工作顺利施行。

对征管中遇到的问题,各地要认真研究,妥善解决,重大问题应及时上报国家税务总局(财产行为税司)。

国家税务总局
二〇一〇年十一月二十九日

国家税务总局关于中外合作开采石油资源适用城市维护建设税教育费附加有关事宜的公告

(国家税务总局公告2010年第31号)

根据《国务院关于统一内外资企业和个人城市维护建设税和教育费附加制度的通知》(国发〔2010〕31号)的规定,现将中外合作开采石油资源适用城市维护建设税和教育费附加的有关事宜公告如下:

一、中外合作油(气)田开采的原油、天然气,在依据《国务院关于外商投资企业和外国企业适用增值税、消费税、营业税等税收暂行条例有关问题的通知》(国发〔1994〕10号)和《国家税务总局关于中外合作开采石油资源缴纳增值税有关问题的通知》(国税发

〔1994〕114号），按5%税率缴纳实物增值税后，以合作油（气）田实际缴纳的增值税税额为计税依据，缴纳城市维护建设税和教育费附加。

合作油（气）田的城市维护建设税和教育费附加的申报缴纳事宜，由参与中外合作开采石油资源的中国石油公司负责办理。

二、开采海洋石油资源的中外合作油（气）田所在地在海上，根据《中华人民共和国城市维护建设税暂行条例》（国发〔1985〕19号）第四条的规定，其城市维护建设税适用1%的税率。

三、中国海洋石油总公司海上自营油（气）田按照上述规定执行。

四、本公告按照《国务院关于统一内外资企业和个人城市维护建设税和教育费附加制度的通知》（国发〔2010〕35号）规定的日期执行。

特此公告。

国家税务总局关于中国铁路总公司及其分支机构缴纳城市维护建设税教育费附加问题的通知

（税总发〔2014〕17号）

各省、自治区、直辖市和计划单列市地方税务局、北京市国家税务局：

根据营业税改征增值税试点政策，自2014年1月1日起，铁路运输纳入营改增试点，现将中国铁路总公司及其分支机构的城市维护建设税和教育费附加缴纳办法明确如下：

《财政部 国家税务总局关于铁路运输企业汇总缴纳增值税的通知》（财税〔2013〕111号）附件1中所列中国铁路总公司的分支机构预征1%增值税所应缴纳的城市维护建设税和教育费附加，由中国铁路总公司按季向北京市国家税务局缴纳。

本通知自2014年1月1日起执行。

国家税务总局
2014年1月29日

财政部 国家税务总局关于对小微企业免征有关政府性基金的通知

（财税〔2014〕122号）

各省、自治区、直辖市、计划单列市人民政府，中宣部、教育部、水利部、中国残联：

为进一步加大对小微企业的扶持力度，经国务院批准，现将免征小微企业有关政府性基金问题通知如下：

一、自2015年1月1日起至2017年12月31日，对按月纳税的月销售额或营业额不超过3万元（含3万元），以及按季纳税的季度销售额或营业额不超过9万元（含9万元）的缴纳义务人，免征教育费附加、地方教育附加、水利建设基金、文化事业建设费。

二、自工商登记注册之日起3年内，对安排残疾人就业未达到规定比例、在职职工总数20人以下（含20人）的小微企业，免征残疾人就业保障金。

三、免征上述政府性基金后，有关部门依法履行职能和事业发展所需经费，由同级财政预算予以统筹安排。

财政部　国家税务总局
2014年12月23日

财政部　海关总署　国家税务总局关于支持鲁甸地震灾后恢复重建有关税收政策问题的通知

（财税〔2015〕27号）

各省、自治区、直辖市、计划单列市财政厅（局）、国家税务局、地方税务局，新疆生产建设兵团财务局，广东分署、各直属海关：

为支持和帮助鲁甸地震受灾地区积极开展生产自救，重建家园，鼓励和引导社会各方面力量参与灾后恢复重建工作，使灾区基本生产生活条件和经济社会发展全面恢复并超过灾前水平，根据《国务院关于支持鲁甸地震灾后恢复重建政策措施的意见》（国发〔2014〕57号）的有关规定，现就支持鲁甸地震灾后恢复重建有关税收政策问题通知如下：

一、关于减轻企业税收负担的税收政策

1. 对受灾严重地区损失严重的企业，免征2014年至2016年度的企业所得税。

2. 自2014年8月3日起，对受灾地区企业通过公益性社会团体、县级以上人民政府及其部门取得的抗震救灾和灾后恢复重建款项和物资，以及税收法律、法规规定和国务院批准的减免税金及附加收入，免征企业所得税。

3. 自2014年1月1日至2018年12月31日，对受灾地区农村信用社免征企业所得税。

4. 自2014年8月3日起，对受灾地区企业、单位或支援受灾地区重建的企业、单位，在3年内进口国内不能满足供应并直接用于灾后恢复重建的大宗物资、设备等，给予进口税收优惠。

各省、自治区、直辖市、计划单列市人民政府或国务院有关部门负责将所在地企业或归口管理的单位提交的直接用于灾后恢复重建的进口国内不能满足供应的物资减免税申请汇总后报财政部,由财政部会同海关总署、国家税务总局等部门审核提出处理意见,报请国务院批准后执行。

二、关于减轻个人税收负担的税收政策

自2014年8月3日起,对受灾地区个人接受捐赠的款项、取得的各级政府发放的救灾款项,以及参与抗震救灾的一线人员,按照地方各级人民政府及其部门规定标准取得的与抗震救灾有关的补贴收入,免征个人所得税。

三、关于支持基础设施、房屋建筑物等恢复重建的税收政策

1. 对政府为受灾居民组织建设的安居房建设用地,免征城镇土地使用税,转让时免征土地增值税。

2. 对因地震住房倒塌的农民重建住房占用耕地的,在规定标准内的部分免征耕地占用税。

3. 由政府组织建设的安居房,对所签订的建筑工程勘察设计合同、建筑安装工程承包合同、产权转移书据、房屋租赁合同,免征印花税。

4. 对受灾居民购买安居房,免征契税;对在地震中损毁的应缴而未缴契税的居民住房,不再征收契税。

5. 经省级人民政府批准,对经有关部门鉴定的因灾损毁的房产、土地,免征2014年至2016年度的房产税、城镇土地使用税。对经批准免税的纳税人已缴税款可以从以后年度的应缴税款中抵扣。

本通知所称安居房,按照国务院有关部门确定的标准执行。所称毁损的居民住房,是指经县级以上(含县级)人民政府房屋主管部门出具证明,在地震中倒塌或遭受严重破坏而不能居住的居民住房。

四、关于鼓励社会各界支持抗震救灾和灾后恢复重建的税收政策

1. 自2014年8月3日起,对单位和个体经营者将自产、委托加工或购买的货物,通过公益性社会团体、县级以上人民政府及其部门捐赠给受灾地区的,免征增值税、城市维护建设税及教育费附加。

2. 自2014年8月3日起,对企业、个人通过公益性社会团体、县级以上人民政府及其部门向受灾地区的捐赠,允许在当年企业所得税前和当年个人所得税前全额扣除。

3. 对财产所有人将财产(物品)直接捐赠或通过公益性社会团体、县级以上人民政府及其部门捐赠给受灾地区或受灾居民所书立的产权转移书据,免征印花税。

4. 对专项用于抗震救灾和灾后恢复重建、能够提供由县级以上(含县级)人民政府或其授权单位出具的抗震救灾证明的新购特种车辆,免征车辆购置税。符合免税条件但已经征税的特种车辆,退还已征税款。

新购特种车辆是指 2014 年 8 月 3 日至 2016 年 12 月 31 日期间购买的警车、消防车、救护车、工程救险车,且车辆的所有者是受灾地区单位和个人。

五、关于促进就业的税收政策

1. 受灾严重地区的商贸企业、服务型企业、劳动就业服务企业中的加工型企业和街道社区具有加工性质的小型企业实体在新增加的就业岗位中,招用当地因地震灾害失去工作的人员,与其签订 1 年以上期限劳动合同并依法缴纳社会保险费的,经县级人力资源社会保障部门认定,按实际招用人数和实际工作时间予以定额依次扣减增值税、营业税、城市维护建设税、教育费附加、地方教育附加和企业所得税。

定额标准为每人每年 4 000 元,最高可上浮 30%,由云南省人民政府根据当地实际情况具体确定。

按上述标准计算的税收抵扣额应在企业当年实际应缴纳的增值税、营业税、城市维护建设税、教育费附加、地方教育附加和企业所得税税额中扣减,当年扣减不足的,不得结转下年使用。

2. 受灾严重地区因地震灾害失去工作后从事个体经营的人员,以及因地震灾害损失严重的个体工商户,按每户每年 8 000 元为限额依次扣减其当年实际应缴纳的增值税、营业税、城市维护建设税、教育费附加、地方教育附加和个人所得税。限额标准最高可上浮 20%,由云南省人民政府根据当地实际情况具体确定。

纳税人年度应缴纳税款小于上述扣减限额的,以其实际缴纳的税款为限;大于上述扣减限额的,应以上述扣减限额为限。

六、关于税收政策的适用范围

根据《云南鲁甸 6.5 级地震灾害损失评估报告》(民函〔2014〕269 号)的规定,本通知所称"受灾严重地区"是指极重灾区和重灾区,"受灾地区"是指极重灾区、重灾区和一般灾区。具体受灾地区范围见附件。

七、关于税收政策的执行期限

以上税收政策,凡未注明具体期限的,一律执行至 2016 年 12 月 31 日。

各地财政、税务部门和各直属海关要加强领导、周密部署,把大力支持灾后恢复重建工作作为当前的一项重要任务,贯彻落实好相关税收优惠政策。同时,要密切关注税收政策的执行情况,对发现的问题及时逐级向财政部、海关总署、国家税务总局反映。

财政部 海关总署 国家税务总局
2015 年 1 月 26 日

附件

鲁甸地震受灾地区范围

灾区类别	地市	县（市、区）
极重灾区	昭通市	鲁甸县
重灾区	昭通市	巧家县
	曲靖市	会泽县
一般灾区	昭通市	昭阳区、永善县

财政部　国家税务总局关于扩大有关政府性基金免征范围的通知

（财税〔2016〕12号）

教育部、水利部，各省、自治区、直辖市、计划单列市财政厅（局）、国家税务局、地方税务局、新疆生产建设兵团财务局：

经国务院批准，现将扩大政府性基金免征范围的有关政策通知如下：

一、将免征教育费附加、地方教育附加、水利建设基金的范围，由现行按月纳税的月销售额或营业额不超过3万元（按季度纳税的季度销售额或营业额不超过9万元）的缴纳义务人，扩大到按月纳税的月销售额或营业额不超过10万元（按季度纳税的季度销售额或营业额不超过30万元）的缴纳义务人。

二、免征上述政府性基金后，各级财政部门要做好经费保障工作，妥善安排相关部门和单位预算，保障工作正常开展，积极支持相关事业发展。

三、本通知自2016年2月1日起执行。

财政部　国家税务总局

2016年1月29日

国家税务总局关于个人保险代理人税收征管有关问题的公告

（国家税务总局公告2016年第45号）

现将个人保险代理人为保险企业提供保险代理服务税收征管有关问题公告如下：

一、个人保险代理人为保险企业提供保险代理服务应当缴纳的增值税和城市维护建设税、教育费附加、地方教育附加，税务机关可以根据《国家税务总局关于发布〈委托代征管理办法〉的公告》（国家税务总局公告2013年第24号）的有关规定，委托保险企业代征。

个人保险代理人为保险企业提供保险代理服务应当缴纳的个人所得税,由保险企业按照现行规定依法代扣代缴。

二、个人保险代理人以其取得的佣金、奖励和劳务费等相关收入(以下简称"佣金收入",不含增值税)减去地方税费附加及展业成本,按照规定计算个人所得税。

展业成本,为佣金收入减去地方税费附加余额的40%。

三、接受税务机关委托代征税款的保险企业,向个人保险代理人支付佣金费用后,可代个人保险代理人统一向主管国税机关申请汇总代开增值税普通发票或增值税专用发票。

四、保险企业代个人保险代理人申请汇总代开增值税发票时,应向主管国税机关出具个人保险代理人的姓名、身份证号码、联系方式、付款时间、付款金额、代征税款的详细清单。

保险企业应将个人保险代理人的详细信息,作为代开增值税发票的清单,随发票入账。

五、主管国税机关为个人保险代理人汇总代开增值税发票时,应在备注栏内注明"个人保险代理人汇总代开"字样。

六、本公告所称个人保险代理人,是指根据保险企业的委托,在保险企业授权范围内代为办理保险业务的自然人,不包括个体工商户。

七、证券经纪人、信用卡和旅游等行业的个人代理人比照上述规定执行。信用卡、旅游等行业的个人代理人计算个人所得税时,不执行本公告第二条有关展业成本的规定。

个人保险代理人和证券经纪人其他个人所得税问题,按照《国家税务总局关于保险营销员取得佣金收入征免个人所得税问题的通知》(国税函〔2006〕454号)、《国家税务总局关于证券经纪人佣金收入征收个人所得税问题的公告》(国家税务总局公告2012年第45号)执行。

本公告自发布之日起施行。

特此公告。

国家税务总局

2016年7月7日

财政部 国家税务总局关于纳税人异地预缴增值税有关城市维护建设税和教育费附加政策问题的通知

(财税〔2016〕74号)

各省、自治区、直辖市、计划单列市财政厅(局)、国家税务局、地方税务局,新疆生产建设兵团财务局:

根据全面推开"营改增"试点后增值税政策调整情况,现就纳税人异地预缴增值税涉及的城市维护建设税和教育费附加政策执行问题通知如下:

一、纳税人跨地区提供建筑服务、销售和出租不动产的,应在建筑服务发生地、不动产所在地预缴增值税时,以预缴增值税税额为计税依据,并按预缴增值税所在地的城市维护建设税适用税率和教育费附加征收率就地计算缴纳城市维护建设税和教育费附加。

二、预缴增值税的纳税人在其机构所在地申报缴纳增值税时,以其实际缴纳的增值税税额为计税依据,并按机构所在地的城市维护建设税适用税率和教育费附加征收率就地计算缴纳城市维护建设税和教育费附加。

三、本通知自2016年5月1日起执行。

财政部 国家税务总局
2016年7月12日

财政部 国家税务总局关于集成电路企业增值税期末留抵退税有关城市维护建设税 教育费附加和地方教育附加政策的通知

(财税〔2017〕17号)

各省、自治区、直辖市、计划单列市财政厅(局)、国家税务局、地方税务局,新疆生产建设兵团财务局:

按照《国务院关于印发进一步鼓励软件产业和集成电路产业发展若干政策的通知》(国发〔2011〕4号)有关要求,现就集成电路企业增值税期末留抵退税事项涉及的城市维护建设税、教育费附加和地方教育附加政策明确如下:

享受增值税期末留抵退税政策的集成电路企业,其退还的增值税期末留抵税额,应在城市维护建设税、教育费附加和地方教育附加的计税(征)依据中予以扣除。

本通知自发布之日起施行。

财政部 国家税务总局
2017年2月24日

财政部 税务总局 民政部关于继续实施扶持自主就业退役士兵创业就业有关税收政策的通知

(财税〔2017〕46号)

各省、自治区、直辖市、计划单列市财政厅(局)、国家税务局、地方税务局、民政厅(局),新疆生产建设兵团财务局、民政局:

为扶持自主就业退役士兵创业就业,现将有关税收政策通知如下:

一、对自主就业退役士兵从事个体经营的,在3年内按每户每年8 000元为限额依次扣减其当年实际应缴纳的增值税、城市维护建设税、教育费附加、地方教育附加和个人所得税。限额标准最高可上浮20%,各省、自治区、直辖市人民政府可根据本地区实际情况在此幅度内确定具体限额标准,并报财政部和税务总局备案。

纳税人年度应缴纳税款小于上述扣减限额的,以其实际缴纳的税款为限;大于上述扣减限额的,以上述扣减限额为限。纳税人的实际经营期不足一年的,应当以实际月份换算其减免税限额。换算公式为:

$$减免税限额 = 年度减免税限额 \div 12 \times 实际经营月数$$

纳税人在享受税收优惠政策的当月,持《中国人民解放军义务兵退出现役证》或《中国人民解放军士官退出现役证》以及税务机关要求的相关材料向主管税务机关备案。

二、对商贸企业、服务型企业、劳动就业服务企业中的加工型企业和街道社区具有加工性质的小型企业实体,在新增加的岗位中,当年新招用自主就业退役士兵,与其签订1年以上期限劳动合同并依法缴纳社会保险费的,在3年内按实际招用人数予以定额依次扣减增值税、城市维护建设税、教育费附加、地方教育附加和企业所得税优惠。定额标准为每人每年4 000元,最高可上浮50%,各省、自治区、直辖市人民政府可根据本地区实际情况在此幅度内确定具体定额标准,并报财政部和税务总局备案。

本条所称服务型企业是指从事《销售服务、无形资产、不动产注释》(《财政部 国家税务总局关于全面推开营业税改征增值税试点的通知》——财税〔2016〕36号附件)中"不动产租赁服务""商务辅助服务"(不含货物运输代理和代理报关服务)"生活服务"(不含文化体育服务)范围内业务活动的企业以及按照《民办非企业单位登记管理暂行条例》(国务院令第251号)登记成立的民办非企业单位。

纳税人按企业招用人数和签订的劳动合同时间核定企业减免税总额,在核定减免税总额内每月依次扣减增值税、城市维护建设税、教育费附加和地方教育附加。纳税人实际应缴纳的增值税、城市维护建设税、教育费附加和地方教育附加小于核定减免税总额的,以实际应缴纳的增值税、城市维护建设税、教育费附加和地方教育附加为限;实际应缴纳的增值税、城市维护建设税、教育费附加和地方教育附加大于核定减免税总额的,以核定减免税总额为限。

纳税年度终了,如果企业实际减免的增值税、城市维护建设税、教育费附加和地方教育附加小于核定的减免税总额,企业在企业所得税汇算清缴时扣减企业所得税。当年扣减不完的,不再结转以后年度扣减。

计算公式为:

$$企业减免税总额 = \sum 每名自主就业退役士兵本年度在本企业工作月份 \div 12 \times 定额标准$$

企业自招用自主就业退役士兵的次月起享受税收优惠政策,并于享受税收优惠政策的当月,持下列材料向主管税务机关备案：1.新招用自主就业退役士兵的《中国人民解放军义务兵退出现役证》或《中国人民解放军士官退出现役证》;2.企业与新招用自主就业退役士兵签订的劳动合同(副本),企业为职工缴纳的社会保险费记录;3.自主就业退役士兵本年度在企业工作时间表(见附件);4.主管税务机关要求的其他相关材料。

三、本通知所称自主就业退役士兵是指依照《退役士兵安置条例》(国务院、中央军委令第608号)的规定退出现役并按自主就业方式安置的退役士兵。

四、本通知的执行期限为2017年1月1日至2019年12月31日。本通知规定的税收优惠政策按照备案减免税管理,纳税人应向主管税务机关备案。税收优惠政策在2019年12月31日未享受满3年的,可继续享受至3年期满为止。

对《财政部 国家税务总局关于全面推开营业税改征增值税试点的通知》(财税〔2016〕36号)附件3第三条第(一)项政策,纳税人在2016年12月31日未享受满3年的,可按现行政策继续享受至3年期满为止。

五、如果企业招用的自主就业退役士兵既适用本通知规定的税收优惠政策,又适用其他扶持就业的专项税收优惠政策,企业可选择适用最优惠的政策,但不能重复享受。

各地财政、税务、民政部门要加强领导、周密部署,把扶持自主就业退役士兵创业就业工作作为一项重要任务,主动做好政策宣传和解释工作,加强部门间的协调配合,确保政策落实到位。同时,要密切关注税收政策的执行情况,对发现的问题及时逐级向财政部、税务总局、民政部反映。

财政部 税务总局 民政部
2017年6月12日

附件：自主就业退役士兵本年度在企业工作时间表(样式)

财政部 税务总局 人力资源社会保障部关于继续实施支持和促进重点群体创业就业有关税收政策的通知

(财税〔2017〕49号)

各省、自治区、直辖市、计划单列市财政厅(局)、国家税务局、地方税务局、人力资源社会保障厅(局),新疆生产建设兵团财务局、人力资源社会保障局：

为支持和促进重点群体创业就业,现将有关税收政策通知如下：

一、对持《就业创业证》(注明"自主创业税收政策"或"毕业年度内自主创业税收政策")或《就业失业登记证》(注明"自主创业税收政策"或附着《高校毕业生自主创业证》)的人员从事个体经营的,在3年内按每户每年8 000元为限额依次扣减其当年实际应缴纳的增值税、城市维护建设税、教育费附加、地方教育附加和个人所得税。限额标准最高可上浮20%,各省、自治区、直辖市人民政府可根据本地区实际情况在此幅度内确定具体限额标准,并报财政部和税务总局备案。

纳税人年度应缴纳税款小于上述扣减限额的,以其实际缴纳的税款为限;大于上述扣减限额的,以上述扣减限额为限。

上述人员是指:1.在人力资源社会保障部门公共就业服务机构登记失业半年以上的人员;2.零就业家庭、享受城市居民最低生活保障家庭劳动年龄内的登记失业人员;3.毕业年度内高校毕业生。高校毕业生是指实施高等学历教育的普通高等学校、成人高等学校应届毕业的学生;毕业年度是指毕业所在自然年,即1月1日至12月31日。

二、对商贸企业、服务型企业、劳动就业服务企业中的加工型企业和街道社区具有加工性质的小型企业实体,在新增加的岗位中,当年新招用在人力资源社会保障部门公共就业服务机构登记失业半年以上且持《就业创业证》或《就业失业登记证》(注明"企业吸纳税收政策")人员,与其签订1年以上期限劳动合同并依法缴纳社会保险费的,在3年内按实际招用人数予以定额依次扣减增值税、城市维护建设税、教育费附加、地方教育附加和企业所得税优惠。定额标准为每人每年4 000元,最高可上浮30%,各省、自治区、直辖市人民政府可根据本地区实际情况在此幅度内确定具体定额标准,并报财政部和税务总局备案。

按上述标准计算的税收扣减额应在企业当年实际应缴纳的增值税、城市维护建设税、教育费附加、地方教育附加和企业所得税税额中扣减,当年扣减不完的,不得结转下年使用。

本条所称服务型企业,是指从事《销售服务、无形资产、不动产注释》(《财政部 国家税务总局关于全面推开营业税改征增值税试点的通知》——财税〔2016〕36号附件)中"不动产租赁服务""商务辅助服务"(不含货物运输代理和代理报关服务)、"生活服务"(不含文化体育服务)范围内业务活动的企业以及按照《民办非企业单位登记管理暂行条例》(国务院令第251号)登记成立的民办非企业单位。

三、享受上述优惠政策的人员按以下规定申领《就业创业证》:

(一)按照《就业服务与就业管理规定》(人力资源社会保障部令第24号)第六十三条的规定,在法定劳动年龄内,有劳动能力,有就业要求,处于无业状态的城镇常住人员,在公共就业服务机构进行失业登记,申领《就业创业证》。对其中的零就业家庭、城市低保家庭的登记失业人员,公共就业服务机构应在其《就业创业证》上予以注明。

(二)毕业年度内高校毕业生在校期间凭学生证向公共就业服务机构按规定申领《就业创业证》,或委托所在高校就业指导中心向公共就业服务机构按规定代为其申领《就业创业证》;毕业年度内高校毕业生离校后直接向公共就业服务机构按规定申领《就业创业证》。

(三)上述人员申领相关凭证后,由就业和创业地人力资源社会保障部门对人员范围、就业失业状态、已享受政策情况进行核实,在《就业创业证》上注明"自主创业税收政策""毕业年度内自主创业税收政策"或"企业吸纳税收政策"字样,同时符合自主创业和企业吸纳税收政策条件的,可同时加注;主管税务机关在《就业创业证》上加盖戳记,注明减免税所属时间。

四、本通知的执行期限为2017年1月1日至2019年12月31日。本通知规定的税收优惠政策按照备案减免税管理,纳税人应向主管税务机关备案。税收优惠政策在2019年12月31日未享受满3年的,可继续享受至3年期满为止。

对《财政部 国家税务总局关于全面推开营业税改征增值税试点的通知》(财税〔2016〕36号)文件附件3第三条第(二)项政策,纳税人在2016年12月31日未享受满3年的,可按现行政策继续享受至3年期满为止。

五、本通知所述人员不得重复享受税收优惠政策,以前年度已享受扶持就业的专项税收优惠政策的人员不得再享受本通知规定的税收优惠政策。如果企业的就业人员既适用本通知规定的税收优惠政策,又适用其他扶持就业的专项税收优惠政策,企业可选择适用最优惠的政策,但不能重复享受。

六、上述税收政策的具体实施办法由税务总局会同财政部、人力资源社会保障部、教育部、民政部另行制定。

各地财政、税务、人力资源社会保障部门要加强领导、周密部署,把大力支持和促进重点群体创业就业工作作为一项重要任务,主动做好政策宣传和解释工作,加强部门间的协调配合,确保政策落实到位。同时,要密切关注税收政策的执行情况,对发现的问题及时逐级向财政部、税务总局、人力资源社会保障部反映。

财政部 税务总局 人力资源社会保障部
2017年6月12日

国家税务总局 财政部 人力资源社会保障部 教育部 民政部关于继续实施支持和促进重点群体创业就业有关税收政策具体操作问题的公告

(国家税务总局公告2017年第27号)

为贯彻落实《财政部 税务总局 人力资源社会保障部关于继续实施支持和促进重点群体创业就业有关税收政策的通知》(财税〔2017〕49号)精神,现就具体操作问题公告如下:

一、个体经营税收政策

（一）申请

1. 在人力资源社会保障部门公共就业服务机构登记失业半年以上的人员、零就业家庭或享受城市居民最低生活保障家庭劳动年龄内的登记失业人员，可持《就业创业证》（或《就业失业登记证》，下同）、个体工商户登记执照（未完成"两证整合"的还须持《税务登记证》）向创业地县以上（含县级，下同）人力资源社会保障部门提出申请。县以上人力资源社会保障部门应当按照财税〔2017〕49号文件的规定，核实创业人员是否享受过税收扶持政策。对符合条件人员在《就业创业证》上注明"自主创业税收政策"。

2. 毕业年度高校毕业生在校期间从事个体经营享受税收优惠政策的，凭学生证到公共就业服务机构申领《就业创业证》，或委托所在高校就业指导中心向公共就业服务机构代为其申领《就业创业证》。公共就业服务机构在《就业创业证》上注明"毕业年度内自主创业税收政策"。

3. 毕业年度高校毕业生离校后从事个体经营享受税收优惠政策的，可凭毕业证直接向公共就业服务机构申领《就业创业证》。公共就业服务机构在《就业创业证》上注明"毕业年度内自主创业税收政策"。

（二）税款减免顺序及额度

符合条件人员从事个体经营的，按照财税〔2017〕49号文件第一条的规定，在年度减免税限额内，依次扣减增值税、城市维护建设税、教育费附加、地方教育附加和个人所得税。纳税人的实际经营期不足一年的，应当以实际月份换算其减免税限额。换算公式为：减免税限额＝年度减免税限额÷12×实际经营月数。

纳税人实际应缴纳的增值税、城市维护建设税、教育费附加、地方教育附加和个人所得税小于减免税限额的，以实际应缴纳的增值税、城市维护建设税、教育费附加、地方教育附加和个人所得税税额为限；实际应缴纳的增值税、城市维护建设税、教育费附加、地方教育附加和个人所得税大于减免税限额的，以减免税限额为限。

上述城市维护建设税、教育费附加、地方教育附加的计税依据是享受本项税收优惠政策前的增值税应纳税额。

（三）税收减免备案

纳税人在享受本项税收优惠纳税申报时，持《就业创业证》（注明"自主创业税收政策"或"毕业年度内自主创业税收政策"）或《就业失业登记证》（注明"自主创业税收政策"或附着《高校毕业生自主创业证》），向其主管税务机关备案。

二、企业、民办非企业单位吸纳失业人员税收政策

（一）申请

符合条件的企业、民办非企业单位持下列材料向县以上人力资源社会保障部门递交

申请：

1. 新招用人员持有的《就业创业证》。

2. 企业、民办非企业单位与新招用持《就业创业证》人员签订的劳动合同（副本），企业、民办非企业单位为职工缴纳的社会保险费记录。可通过内部信息共享、数据比对等方式审核的地方，可不再要求企业提供缴纳社会保险费记录。

3.《持〈就业创业证〉人员本年度实际工作时间表》（见附件）。

其中，劳动就业服务企业要提交《劳动就业服务企业证书》，民办非企业单位提交《民办非企业单位登记证书》。

县以上人力资源社会保障部门接到企业、民办非企业单位报送的材料后，应当按照财税〔2017〕49号文件的规定，重点核实以下情况：

1. 新招用人员是否属于享受税收优惠政策人员范围，以前是否已享受过税收优惠政策；

2. 企业、民办非企业单位是否与新招用人员签订了1年以上期限劳动合同，为新招用人员缴纳社会保险费的记录；

3. 企业、民办非企业单位的经营范围是否符合税收政策规定。

核实后，对符合条件的人员，在《就业创业证》上注明"企业吸纳税收政策"，对符合条件的企业、民办非企业单位核发《企业实体吸纳失业人员认定证明》。

（二）税款减免顺序及额度

1. 纳税人按本单位吸纳人数和签订的劳动合同时间核定本单位减免税总额，在减免税总额内每月依次扣减增值税、城市维护建设税、教育费附加和地方教育附加。纳税人实际应缴纳的增值税、城市维护建设税、教育费附加和地方教育附加小于核定减免税总额的，以实际应缴纳的增值税、城市维护建设税、教育费附加、地方教育附加为限；实际应缴纳的增值税、城市维护建设税、教育费附加和地方教育附加大于核定减免税总额的，以核定减免税总额为限。

纳税年度终了，如果纳税人实际减免的增值税、城市维护建设税、教育费附加和地方教育附加小于核定的减免税总额，纳税人在企业所得税汇算清缴时，以差额部分扣减企业所得税。当年扣减不完的，不再结转以后年度扣减。

$$减免税总额 = \sum 每名失业人员本年度在本企业工作月份 \div 12 \times 定额$$

企业、民办非企业单位自吸纳失业人员的次月起享受税收优惠政策。

上述城市维护建设税、教育费附加、地方教育附加的计税依据是享受本项税收优惠政策前的增值税应纳税额。

2. 第二年及以后年度当年新招用人员、原招用人员及其工作时间按上述程序和办法执行。计算每名失业人员享受税收优惠政策的期限最长不超过3年。

（三）税收减免备案

1. 经县以上人力资源社会保障部门核实后，纳税人依法享受税收优惠政策。纳税人持县以上人力资源社会保障部门核发的《企业实体吸纳失业人员认定证明》《持〈就业创业证〉人员本年度实际工作时间表》，在享受本项税收优惠纳税申报时向主管税务机关备案。

2. 企业、民办非企业单位纳税年度终了前招用失业人员发生变化的，应当在人员变化次月按照前项规定重新备案。

三、税收优惠政策管理

（一）严格各项凭证的审核发放。任何单位或个人不得伪造、涂改、转让、出租相关凭证，违者将依法予以惩处；对采取上述手段已经获取减免税的企业、民办非企业单位和个人，主管税务机关要追缴其已减免的税款，并依法予以处罚；对出借、转让《就业创业证》的人员，主管人力资源社会保障部门要收回其《就业创业证》并记录在案。

（二）《就业创业证》采用实名制，限持证者本人使用。创业人员从事个体经营的，《就业创业证》由本人保管；被用人单位录用的，享受税收优惠政策期间，证件由用人单位保管。《就业创业证》由人力资源社会保障部统一样式，各省、自治区、直辖市人力资源社会保障部门负责印制，统一编号备案，作为审核劳动者就业失业状况和享受政策情况的有效凭证。

（三）《企业实体吸纳失业人员认定证明》由人力资源社会保障部统一式样，各省、自治区、直辖市人力资源社会保障部门统一印制，统一编号备案。

（四）县以上税务、财政、人力资源社会保障、教育、民政部门要建立劳动者就业信息交换和协查制度。人力资源社会保障部建立全国统一的就业信息平台，供各级人力资源社会保障、税务、财政、民政部门查询《就业创业证》信息。地方各级人力资源社会保障部门要及时将《就业创业证》信息（包括发放信息和内容更新信息）按规定上报人力资源社会保障部。

（五）主管税务机关应当在纳税人备案时，在《就业创业证》中加盖戳记，注明减免税所属时间。各级税务机关对《就业创业证》有疑问的，可提请同级人力资源社会保障部门予以协查，同级人力资源社会保障部门应根据具体情况规定合理的工作时限，并在时限内将协查结果通报提请协查的税务机关。

四、本公告自2017年1月1日起施行。《国家税务总局 财政部 人力资源社会保障部 教育部 民政部关于支持和促进重点群体创业就业有关税收政策具体实施问题的公告》（国家税务总局公告2014年第34号）和《国家税务总局 财政部 人力资源社会保障部 教育部 民政部关于支持和促进重点群体创业就业有关税收政策具体实施问题的补充公告》（国家税务总局公告2015年第12号）同时废止。

特此公告。

附件:持《就业创业证》人员本年度实际工作时间表(样表)

国家税务总局　财政部
人力资源社会保障部　教育部　民政部
2017年6月29日

财政部 税务总局关于增值税期末留抵退税有关城市维护建设税 教育费附加和地方教育附加政策的通知

(财税〔2018〕80号)

各省、自治区、直辖市、计划单列市财政厅(局),国家税务总局各省、自治区、直辖市、计划单列市税务局,新疆生产建设兵团财政局:

为保证增值税期末留抵退税政策有效落实,现就留抵退税涉及的城市维护建设税、教育费附加和地方教育附加问题通知如下:

对实行增值税期末留抵退税的纳税人,允许其从城市维护建设税、教育费附加和地方教育附加的计税(征)依据中扣除退还的增值税税额。

本通知自发布之日起施行。

财政部　税务总局
2018年7月27日

财政部 税务总局关于实施小微企业普惠性税收减免政策的通知

(财税〔2019〕13号)

各省、自治区、直辖市、计划单列市财政厅(局),新疆生产建设兵团财政局,国家税务总局各省、自治区、直辖市和计划单列市税务局:

为贯彻落实党中央、国务院决策部署,进一步支持小微企业发展,现就实施小微企业普惠性税收减免政策有关事项通知如下:

一、对月销售额10万元以下(含本数)的增值税小规模纳税人,免征增值税。

二、对小型微利企业年应纳税所得额不超过100万元的部分,减按25%计入应纳税所得额,按20%的税率缴纳企业所得税;对年应纳税所得额超过100万元但不超过300

万元的部分,减按50%计入应纳税所得额,按20%的税率缴纳企业所得税。

上述小型微利企业是指从事国家非限制和禁止行业,且同时符合年度应纳税所得额不超过300万元、从业人数不超过300人、资产总额不超过5 000万元等三个条件的企业。

从业人数,包括与企业建立劳动关系的职工人数和企业接受的劳务派遣用工人数。所称从业人数和资产总额指标,应按企业全年的季度平均值确定。具体计算公式如下:

季度平均值＝(季初值＋季末值)÷2

全年季度平均值＝全年各季度平均值之和÷4

年度中间开业或者终止经营活动的,以其实际经营期作为一个纳税年度确定上述相关指标。

三、由省、自治区、直辖市人民政府根据本地区实际情况,以及宏观调控需要确定,对增值税小规模纳税人可以在50%的税额幅度内减征资源税、城市维护建设税、房产税、城镇土地使用税、印花税(不含证券交易印花税)、耕地占用税和教育费附加、地方教育附加。

四、增值税小规模纳税人已依法享受资源税、城市维护建设税、房产税、城镇土地使用税、印花税、耕地占用税、教育费附加、地方教育附加其他优惠政策的,可叠加享受本通知第三条规定的优惠政策。

五、《财政部　税务总局关于创业投资企业和天使投资个人有关税收政策的通知》(财税〔2018〕55号)第二条第(一)项关于初创科技型企业条件中的"从业人数不超过200人"调整为"从业人数不超过300人","资产总额和年销售收入均不超过3 000万元"调整为"资产总额和年销售收入均不超过5 000万元"。

2019年1月1日至2021年12月31日期间发生的投资,投资满2年且符合本通知规定和财税〔2018〕55号文件规定的其他条件的,可以适用财税〔2018〕55号文件规定的税收政策。

2019年1月1日前2年内发生的投资,自2019年1月1日起投资满2年且符合本通知规定和财税〔2018〕55号文件规定的其他条件的,可以适用财税〔2018〕55号文件规定的税收政策。

六、本通知执行期限为2019年1月1日至2021年12月31日。《财政部　税务总局关于延续小微企业增值税政策的通知》(财税〔2017〕76号)、《财政部　税务总局关于进一步扩大小型微利企业所得税优惠政策范围的通知》(财税〔2018〕77号)同时废止。

七、各级财税部门要切实提高政治站位,深入贯彻落实党中央、国务院减税降费的决策部署,充分认识小微企业普惠性税收减免的重要意义,切实承担起抓落实的主体责任,将其作为一项重大任务,加强组织领导,精心筹划部署,不折不扣落实到位。要加大力度、创新方式,强化宣传辅导,优化纳税服务,增进办税便利,确保纳税人和缴费人实打实享受到减税降费的政策红利。要密切跟踪政策执行情况,加强调查研究,对政策执行中各方反映的突出问题和意见建议,要及时向财政部和税务总局反馈。

财政部　税务总局
2019 年 1 月 17 日

财政部　税务总局　退役军人部关于进一步扶持自主就业退役士兵创业就业有关税收政策的通知

(财税〔2019〕21 号)

各省、自治区、直辖市、计划单列市财政厅(局)、退役军人事务厅(局),国家税务总局各省、自治区、直辖市、计划单列市税务局,新疆生产建设兵团财政局:

为进一步扶持自主就业退役士兵创业就业,现将有关税收政策通知如下:

一、自主就业退役士兵从事个体经营的,自办理个体工商户登记当月起,在 3 年(36 个月,下同)内按每户每年 12 000 元为限额依次扣减其当年实际应缴纳的增值税、城市维护建设税、教育费附加、地方教育附加和个人所得税。限额标准最高可上浮 20%,各省、自治区、直辖市人民政府可根据本地区实际情况在此幅度内确定具体限额标准。

纳税人年度应缴纳税款小于上述扣减限额的,减免税额以其实际缴纳的税款为限;大于上述扣减限额的,以上述扣减限额为限。纳税人的实际经营期不足 1 年的,应当按月换算其减免税限额。换算公式为:减免税限额=年度减免税限额÷12×实际经营月数。城市维护建设税、教育费附加、地方教育附加的计税依据是享受本项税收优惠政策前的增值税应纳税额。

二、企业招用自主就业退役士兵,与其签订 1 年以上期限劳动合同并依法缴纳社会保险费的,自签订劳动合同并缴纳社会保险当月起,在 3 年内按实际招用人数予以定额依次扣减增值税、城市维护建设税、教育费附加、地方教育附加和企业所得税优惠。定额标准为每人每年 6 000 元,最高可上浮 50%,各省、自治区、直辖市人民政府可根据本地区实际情况在此幅度内确定具体定额标准。

企业按招用人数和签订的劳动合同时间核算企业减免税总额,在核算减免税总额内每月依次扣减增值税、城市维护建设税、教育费附加和地方教育附加。企业实际应缴纳的增值税、城市维护建设税、教育费附加和地方教育附加小于核算减免税总额的,以实际应缴纳的增值税、城市维护建设税、教育费附加和地方教育附加为限;实际应缴纳的增值税、城市维护建设税、教育费附加和地方教育附加大于核算减免税总额的,以核算减免税总额为限。

纳税年度终了,如果企业实际减免的增值税、城市维护建设税、教育费附加和地方教育附加小于核算减免税总额,企业在企业所得税汇算清缴时以差额部分扣减企业所得税。当年扣减不完的,不再结转以后年度扣减。

自主就业退役士兵在企业工作不满1年的,应当按月换算减免税限额。计算公式为:

$$企业核算减免税总额 = \sum 每名自主就业退役士兵本年度在本单位工作月份 \div 12 \times 具体定额标准$$

城市维护建设税、教育费附加、地方教育附加的计税依据是享受本项税收优惠政策前的增值税应纳税额。

三、本通知所称自主就业退役士兵是指依照《退役士兵安置条例》(国务院 中央军委令第608号)的规定退出现役并按自主就业方式安置的退役士兵。

本通知所称企业是指属于增值税纳税人或企业所得税纳税人的企业等单位。

四、自主就业退役士兵从事个体经营的,在享受税收优惠政策进行纳税申报时,注明其退役军人身份,并将《中国人民解放军义务兵退出现役证》《中国人民解放军士官退出现役证》或《中国人民武装警察部队义务兵退出现役证》《中国人民武装警察部队士官退出现役证》留存备查。

企业招用自主就业退役士兵享受税收优惠政策的,将以下资料留存备查:1. 招用自主就业退役士兵的《中国人民解放军义务兵退出现役证》《中国人民解放军士官退出现役证》或《中国人民武装警察部队义务兵退出现役证》《中国人民武装警察部队士官退出现役证》;2. 企业与招用自主就业退役士兵签订的劳动合同(副本),为职工缴纳的社会保险费记录;3. 自主就业退役士兵本年度在企业工作时间表(见附件)。

五、企业招用自主就业退役士兵既可以适用本通知规定的税收优惠政策,又可以适用其他扶持就业专项税收优惠政策的,企业可以选择适用最优惠的政策,但不得重复享受。

六、本通知规定的税收政策执行期限为2019年1月1日至2021年12月31日。纳税人在2021年12月31日享受本通知规定税收优惠政策未满3年的,可继续享受至3年期满为止。《财政部 税务总局 民政部关于继续实施扶持自主就业退役士兵创业就业有关税收政策的通知》(财税〔2017〕46号)自2019年1月1日起停止执行。

退役士兵以前年度已享受退役士兵创业就业税收优惠政策满3年的,不得再享受本通知规定的税收优惠政策;以前年度享受退役士兵创业就业税收优惠政策未满3年且符合本通知规定条件的,可按本通知规定享受优惠至3年期满。

各地财政、税务、退役军人事务部门要加强领导、周密部署,把扶持自主就业退役士兵创业就业工作作为一项重要任务,主动做好政策宣传和解释工作,加强部门间的协调配合,确保政策落实到位。同时,要密切关注税收政策的执行情况,对发现的问题及时逐级向财政部、税务总局、退役军人部反映。

附件:自主就业退役士兵本年度在企业工作时间表(样表)

财政部　税务总局　退役军人部

2019年2月2日

附件

自主就业退役士兵本年度在企业工作时间表(样表)

企业名称(盖章):　　　　　　　　　　　　　　　　　　　　　　年度:

序号	自主就业退役士兵姓名	身份证号码	证件编号	在本企业工作时间(单位:月)	备注

财政部　税务总局　人力资源社会保障部　国务院扶贫办关于进一步支持和促进重点群体创业就业有关税收政策的通知

(财税〔2019〕22号)

各省、自治区、直辖市、计划单列市财政厅(局)、人力资源社会保障厅(局)、扶贫办,国家税务总局各省、自治区、直辖市、计划单列市税务局,新疆生产建设兵团财政局、人力资源社会保障局、扶贫办:

为进一步支持和促进重点群体创业就业,现将有关税收政策通知如下:

一、建档立卡贫困人口、持《就业创业证》(注明"自主创业税收政策"或"毕业年度内自主创业税收政策")或《就业失业登记证》(注明"自主创业税收政策")的人员,从事个体经营的,自办理个体工商户登记当月起,在3年(36个月,下同)内按每户每年12 000元为限额依次扣减其当年实际应缴纳的增值税、城市维护建设税、教育费附加、地方教育附加和个人所得税。限额标准最高可上浮20%,各省、自治区、直辖市人民政府可根据本地区实际情况在此幅度内确定具体限额标准。

纳税人年度应缴纳税款小于上述扣减限额的,减免税额以其实际缴纳的税款为限;大于上述扣减限额的,以上述扣减限额为限。

上述人员具体包括：1.纳入全国扶贫开发信息系统的建档立卡贫困人口；2.在人力资源社会保障部门公共就业服务机构登记失业半年以上的人员；3.零就业家庭、享受城市居民最低生活保障家庭劳动年龄内的登记失业人员；4.毕业年度内高校毕业生。高校毕业生是指实施高等学历教育的普通高等学校、成人高等学校应届毕业的学生；毕业年度是指毕业所在自然年，即1月1日至12月31日。

二、企业招用建档立卡贫困人口，以及在人力资源社会保障部门公共就业服务机构登记失业半年以上且持《就业创业证》或《就业失业登记证》（注明"企业吸纳税收政策"）的人员，与其签订1年以上期限劳动合同并依法缴纳社会保险费的，自签订劳动合同并缴纳社会保险当月起，在3年内按实际招用人数予以定额依次扣减增值税、城市维护建设税、教育费附加、地方教育附加和企业所得税优惠。定额标准为每人每年6 000元，最高可上浮30%，各省、自治区、直辖市人民政府可根据本地区实际情况在此幅度内确定具体定额标准。城市维护建设税、教育费附加、地方教育附加的计税依据是享受本项税收优惠政策前的增值税应纳税额。

按上述标准计算的税收扣减额应在企业当年实际应缴纳的增值税、城市维护建设税、教育费附加、地方教育附加和企业所得税税额中扣减，当年扣减不完的，不得结转下年使用。

本通知所称企业是指属于增值税纳税人或企业所得税纳税人的企业等单位。

三、国务院扶贫办在每年1月15日前将建档立卡贫困人口名单及相关信息提供给人力资源社会保障部、税务总局，税务总局将相关信息转发给各省、自治区、直辖市税务部门。人力资源社会保障部门依托全国扶贫开发信息系统核实建档立卡贫困人口身份信息。

四、企业招用就业人员既可以适用本通知规定的税收优惠政策，又可以适用其他扶持就业专项税收优惠政策的，企业可以选择适用最优惠的政策，但不得重复享受。

五、本通知规定的税收政策执行期限为2019年1月1日至2021年12月31日。纳税人在2021年12月31日享受本通知规定税收优惠政策未满3年的，可继续享受至3年期满为止。《财政部 税务总局 人力资源社会保障部关于继续实施支持和促进重点群体创业就业有关税收政策的通知》（财税〔2017〕49号）自2019年1月1日起停止执行。

本通知所述人员，以前年度已享受重点群体创业就业税收优惠政策满3年的，不得再享受本通知规定的税收优惠政策；以前年度享受重点群体创业就业税收优惠政策未满3年且符合本通知规定条件的，可按本通知规定享受优惠至3年期满。

各地财政、税务、人力资源社会保障部门、扶贫办要加强领导、周密部署，把大力支持和促进重点群体创业就业工作作为一项重要任务，主动做好政策宣传和解释工作，加强部门间的协调配合，确保政策落实到位。同时，要密切关注税收政策的执行情况，对发现的问题及时逐级向财政部、税务总局、人力资源社会保障部、国务院扶贫办反映。

财政部 税务总局 人力资源社会保障部 国务院扶贫办
2019年2月2日

三、地方教育附加

中华人民共和国教育法

1995年3月18日,第八届全国人民代表大会第三次会议通过

1995年3月18日,中华人民共和国主席令第四十五号公布,自1995年9月1日起施行

2009年8月27日,根据第十一届全国人民代表大会常务委员会第十次会议《关于修改部分法律的决定》第一次修正

2015年12月27日,根据第十二届全国人民代表大会常务委员会第十八次会议《关于修改〈中华人民共和国教育法〉的决定》第二次修正

第一章 总 则

第一条 为了发展教育事业,提高全民族的素质,促进社会主义物质文明和精神文明建设,根据宪法,制定本法。

第二条 在中华人民共和国境内的各级各类教育,适用本法。

第三条 国家坚持以马克思列宁主义、毛泽东思想和建设有中国特色社会主义理论为指导,遵循宪法确定的基本原则,发展社会主义的教育事业。

第四条 教育是社会主义现代化建设的基础,国家保障教育事业优先发展。

全社会应当关心和支持教育事业的发展。

全社会应当尊重教师。

第五条 教育必须为社会主义现代化建设服务、为人民服务,必须与生产劳动和社会实践相结合,培养德、智、体、美等方面全面发展的社会主义建设者和接班人。

第六条 教育应当坚持立德树人,对受教育者加强社会主义核心价值观教育,增强受教育者的社会责任感、创新精神和实践能力。

国家在受教育者中进行爱国主义、集体主义、中国特色社会主义的教育,进行理想、道德、纪律、法治、国防和民族团结的教育。

第七条 教育应当继承和弘扬中华民族优秀的历史文化传统,吸收人类文明发展的一切优秀成果。

第八条 教育活动必须符合国家和社会公共利益。

国家实行教育与宗教相分离。任何组织和个人不得利用宗教进行妨碍国家教育制度的活动。

第九条 中华人民共和国公民有受教育的权利和义务。

公民不分民族、种族、性别、职业、财产状况、宗教信仰等,依法享有平等的受教育机会。

第十条 国家根据各少数民族的特点和需要,帮助各少数民族地区发展教育事业。

国家扶持边远贫困地区发展教育事业。

国家扶持和发展残疾人教育事业。

第十一条 国家适应社会主义市场经济发展和社会进步的需要,推进教育改革,推动各级各类教育协调发展、衔接融通,完善现代国民教育体系,健全终身教育体系,提高教育现代化水平。

国家采取措施促进教育公平,推动教育均衡发展。

国家支持、鼓励和组织教育科学研究,推广教育科学研究成果,促进教育质量提高。

第十二条 国家通用语言文字为学校及其他教育机构的基本教育教学语言文字,学校及其他教育机构应当使用国家通用语言文字进行教育教学。

民族自治地方以少数民族学生为主的学校及其他教育机构,从实际出发,使用国家通用语言文字和本民族或者当地民族通用的语言文字实施双语教育。

国家采取措施,为少数民族学生为主的学校及其他教育机构实施双语教育提供条件和支持。

第十三条 国家对发展教育事业做出突出贡献的组织和个人,给予奖励。

第十四条 国务院和地方各级人民政府根据分级管理、分工负责的原则,领导和管理教育工作。

中等及中等以下教育在国务院领导下,由地方人民政府管理。

高等教育由国务院和省、自治区、直辖市人民政府管理。

第十五条 国务院教育行政部门主管全国教育工作,统筹规划、协调管理全国的教育事业。

县级以上地方各级人民政府教育行政部门主管本行政区域内的教育工作。

县级以上各级人民政府其他有关部门在各自的职责范围内,负责有关的教育工作。

第十六条 国务院和县级以上地方各级人民政府应当向本级人民代表大会或者其常务委员会报告教育工作和教育经费预算、决算情况,接受监督。

第二章 教育基本制度

第十七条 国家实行学前教育、初等教育、中等教育、高等教育的学校教育制度。

国家建立科学的学制系统。学制系统内的学校和其他教育机构的设置、教育形式、修业年限、招生对象、培养目标等，由国务院或者由国务院授权教育行政部门规定。

第十八条 国家制定学前教育标准，加快普及学前教育，构建覆盖城乡，特别是农村的学前教育公共服务体系。

各级人民政府应当采取措施，为适龄儿童接受学前教育提供条件和支持。

第十九条 国家实行九年制义务教育制度。

各级人民政府采取各种措施保障适龄儿童、少年就学。

适龄儿童、少年的父母或者其他监护人以及有关社会组织和个人有义务使适龄儿童、少年接受并完成规定年限的义务教育。

第二十条 国家实行职业教育制度和继续教育制度。

各级人民政府、有关行政部门和行业组织以及企业事业组织应当采取措施，发展并保障公民接受职业学校教育或者各种形式的职业培训。

国家鼓励发展多种形式的继续教育，使公民接受适当形式的政治、经济、文化、科学、技术、业务等方面的教育，促进不同类型学习成果的互认和衔接，推动全民终身学习。

第二十一条 国家实行国家教育考试制度。

国家教育考试由国务院教育行政部门确定种类，并由国家批准的实施教育考试的机构承办。

第二十二条 国家实行学业证书制度。

经国家批准设立或者认可的学校及其他教育机构按照国家有关规定，颁发学历证书或者其他学业证书。

第二十三条 国家实行学位制度。

学位授予单位依法对达到一定学术水平或者专业技术水平的人员授予相应的学位，颁发学位证书。

第二十四条 各级人民政府、基层群众性自治组织和企业事业组织应当采取各种措施，开展扫除文盲的教育工作。

按照国家规定具有接受扫除文盲教育能力的公民，应当接受扫除文盲的教育。

第二十五条 国家实行教育督导制度和学校及其他教育机构教育评估制度。

第三章 学校及其他教育机构

第二十六条 国家制定教育发展规划，并举办学校及其他教育机构。

国家鼓励企业事业组织、社会团体、其他社会组织及公民个人依法举办学校及其他教育机构。

国家举办学校及其他教育机构，应当坚持勤俭节约的原则。

以财政性经费、捐赠资产举办或者参与举办的学校及其他教育机构不得设立为营利性组织。

第二十七条 设立学校及其他教育机构，必须具备下列基本条件：

（一）有组织机构和章程；

（二）有合格的教师；

（三）有符合规定标准的教学场所及设施、设备等；

（四）有必备的办学资金和稳定的经费来源。

第二十八条 学校及其他教育机构的设立、变更和终止，应当按照国家有关规定办理审核、批准、注册或者备案手续。

第二十九条 学校及其他教育机构行使下列权利：

（一）按照章程自主管理；

（二）组织实施教育教学活动；

（三）招收学生或者其他受教育者；

（四）对受教育者进行学籍管理，实施奖励或者处分；

（五）对受教育者颁发相应的学业证书；

（六）聘任教师及其他职工，实施奖励或者处分；

（七）管理、使用本单位的设施和经费；

（八）拒绝任何组织和个人对教育教学活动的非法干涉；

（九）法律、法规规定的其他权利。

国家保护学校及其他教育机构的合法权益不受侵犯。

第三十条 学校及其他教育机构应当履行下列义务：

（一）遵守法律、法规；

（二）贯彻国家的教育方针，执行国家教育教学标准，保证教育教学质量；

（三）维护受教育者、教师及其他职工的合法权益；

（四）以适当方式为受教育者及其监护人了解受教育者的学业成绩及其他有关情况提供便利；

（五）遵照国家有关规定收取费用并公开收费项目；

（六）依法接受监督。

第三十一条 学校及其他教育机构的举办者按照国家有关规定，确定其所举办的学校或者其他教育机构的管理体制。

学校及其他教育机构的校长或者主要行政负责人必须由具有中华人民共和国国籍、在中国境内定居、并具备国家规定任职条件的公民担任，其任免按照国家有关规定办理。学校的教学及其他行政管理，由校长负责。

学校及其他教育机构应当按照国家有关规定,通过以教师为主体的教职工代表大会等组织形式,保障教职工参与民主管理和监督。

第三十二条 学校及其他教育机构具备法人条件的,自批准设立或者登记注册之日起取得法人资格。

学校及其他教育机构在民事活动中依法享有民事权利,承担民事责任。

学校及其他教育机构中的国有资产属于国家所有。

学校及其他教育机构兴办的校办产业独立承担民事责任。

第四章 教师和其他教育工作者

第三十三条 教师享有法律规定的权利,履行法律规定的义务,忠诚于人民的教育事业。

第三十四条 国家保护教师的合法权益,改善教师的工作条件和生活条件,提高教师的社会地位。

教师的工资报酬、福利待遇,依照法律、法规的规定办理。

第三十五条 国家实行教师资格、职务、聘任制度,通过考核、奖励、培养和培训,提高教师素质,加强教师队伍建设。

第三十六条 学校及其他教育机构中的管理人员,实行教育职员制度。

学校及其他教育机构中的教学辅助人员和其他专业技术人员,实行专业技术职务聘任制度。

第五章 受 教 育 者

第三十七条 受教育者在入学、升学、就业等方面依法享有平等权利。

学校和有关行政部门应当按照国家有关规定,保障女子在入学、升学、就业、授予学位、派出留学等方面享有同男子平等的权利。

第三十八条 国家、社会对符合入学条件、家庭经济困难的儿童、少年、青年,提供各种形式的资助。

第三十九条 国家、社会、学校及其他教育机构应当根据残疾人身心特性和需要实施教育,并为其提供帮助和便利。

第四十条 国家、社会、家庭、学校及其他教育机构应当为有违法犯罪行为的未成年人接受教育创造条件。

第四十一条 从业人员有依法接受职业培训和继续教育的权利和义务。

国家机关、企业事业组织和其他社会组织,应当为本单位职工的学习和培训提供条件和便利。

第四十二条 国家鼓励学校及其他教育机构、社会组织采取措施,为公民接受终身教育创造条件。

第四十三条 受教育者享有下列权利：

（一）参加教育教学计划安排的各种活动，使用教育教学设施、设备、图书资料；

（二）按照国家有关规定获得奖学金、贷学金、助学金；

（三）在学业成绩和品行上获得公正评价，完成规定的学业后获得相应的学业证书、学位证书；

（四）对学校给予的处分不服向有关部门提出申诉，对学校、教师侵犯其人身权、财产权等合法权益，提出申诉或者依法提起诉讼；

（五）法律、法规规定的其他权利。

第四十四条 受教育者应当履行下列义务：

（一）遵守法律、法规；

（二）遵守学生行为规范，尊敬师长，养成良好的思想品德和行为习惯；

（三）努力学习，完成规定的学习任务；

（四）遵守所在学校或者其他教育机构的管理制度。

第四十五条 教育、体育、卫生行政部门和学校及其他教育机构应当完善体育、卫生保健设施，保护学生的身心健康。

第六章 教育与社会

第四十六条 国家机关、军队、企业事业组织、社会团体及其他社会组织和个人，应当依法为儿童、少年、青年学生的身心健康成长创造良好的社会环境。

第四十七条 国家鼓励企业事业组织、社会团体及其他社会组织同高等学校、中等职业学校在教学、科研、技术开发和推广等方面进行多种形式的合作。

企业事业组织、社会团体及其他社会组织和个人，可以通过适当形式，支持学校的建设，参与学校管理。

第四十八条 国家机关、军队、企业事业组织及其他社会组织应当为学校组织的学生实习、社会实践活动提供帮助和便利。

第四十九条 学校及其他教育机构在不影响正常教育教学活动的前提下，应当积极参加当地的社会公益活动。

第五十条 未成年人的父母或者其他监护人应当为其未成年子女或者其他被监护人受教育提供必要条件。

未成年人的父母或者其他监护人应当配合学校及其他教育机构，对其未成年子女或者其他被监护人进行教育。

学校、教师可以对学生家长提供家庭教育指导。

第五十一条 图书馆、博物馆、科技馆、文化馆、美术馆、体育馆（场）等社会公共文化体育设施,以及历史文化古迹和革命纪念馆(地),应当对教师、学生实行优待,为受教育者接受教育提供便利。

广播、电视台(站)应当开设教育节目,促进受教育者思想品德、文化和科学技术素质的提高。

第五十二条 国家、社会建立和发展对未成年人进行校外教育的设施。

学校及其他教育机构应当同基层群众性自治组织、企业事业组织、社会团体相互配合,加强对未成年人的校外教育工作。

第五十三条 国家鼓励社会团体、社会文化机构及其他社会组织和个人开展有益于受教育者身心健康的社会文化教育活动。

第七章 教育投入与条件保障

第五十四条 国家建立以财政拨款为主、其他多种渠道筹措教育经费为辅的体制,逐步增加对教育的投入,保证国家举办的学校教育经费的稳定来源。

企业事业组织、社会团体及其他社会组织和个人依法举办的学校及其他教育机构,办学经费由举办者负责筹措,各级人民政府可以给予适当支持。

第五十五条 国家财政性教育经费支出占国民生产总值的比例应当随着国民经济的发展和财政收入的增长逐步提高。具体比例和实施步骤由国务院规定。

全国各级财政支出总额中教育经费所占比例应当随着国民经济的发展逐步提高。

第五十六条 各级人民政府的教育经费支出,按照事权和财权相统一的原则,在财政预算中单独列项。

各级人民政府教育财政拨款的增长应当高于财政经常性收入的增长,并使按在校学生人数平均的教育费用逐步增长,保证教师工资和学生人均公用经费逐步增长。

第五十七条 国务院及县级以上地方各级人民政府应当设立教育专项资金,重点扶持边远贫困地区、少数民族地区实施义务教育。

第五十八条 税务机关依法足额征收教育费附加,由教育行政部门统筹管理,主要用于实施义务教育。

省、自治区、直辖市人民政府根据国务院的有关规定,可以决定开征用于教育的地方附加费,专款专用。

第五十九条 国家采取优惠措施,鼓励和扶持学校在不影响正常教育教学的前提下开展勤工俭学和社会服务,兴办校办产业。

第六十条 国家鼓励境内、境外社会组织和个人捐资助学。

第六十一条 国家财政性教育经费、社会组织和个人对教育的捐赠,必须用于教育,不得挪用、克扣。

第六十二条　国家鼓励运用金融、信贷手段,支持教育事业的发展。

第六十三条　各级人民政府及其教育行政部门应当加强对学校及其他教育机构教育经费的监督管理,提高教育投资效益。

第六十四条　地方各级人民政府及其有关行政部门必须把学校的基本建设纳入城乡建设规划,统筹安排学校的基本建设用地及所需物资,按照国家有关规定实行优先、优惠政策。

第六十五条　各级人民政府对教科书及教学用图书资料的出版发行,对教学仪器、设备的生产和供应,对用于学校教育教学和科学研究的图书资料、教学仪器、设备的进口,按照国家有关规定实行优先、优惠政策。

第六十六条　国家推进教育信息化,加快教育信息基础设施建设,利用信息技术促进优质教育资源普及共享,提高教育教学水平和教育管理水平。

县级以上人民政府及其有关部门应当发展教育信息技术和其他现代化教学方式,有关行政部门应当优先安排,给予扶持。

国家鼓励学校及其他教育机构推广运用现代化教学方式。

第八章　教育对外交流与合作

第六十七条　国家鼓励开展教育对外交流与合作,支持学校及其他教育机构引进优质教育资源,依法开展中外合作办学,发展国际教育服务,培养国际化人才。

教育对外交流与合作坚持独立自主、平等互利、相互尊重的原则,不得违反中国法律,不得损害国家主权、安全和社会公共利益。

第六十八条　中国境内公民出国留学、研究、进行学术交流或者任教,依照国家有关规定办理。

第六十九条　中国境外个人符合国家规定的条件并办理有关手续后,可以进入中国境内学校及其他教育机构学习、研究、进行学术交流或者任教,其合法权益受国家保护。

第七十条　中国对境外教育机构颁发的学位证书、学历证书及其他学业证书的承认,依照中华人民共和国缔结或者加入的国际条约办理,或者按照国家有关规定办理。

第九章　法律责任

第七十一条　违反国家有关规定,不按照预算核拨教育经费的,由同级人民政府限期核拨;情节严重的,对直接负责的主管人员和其他直接责任人员,依法给予处分。

违反国家财政制度、财务制度,挪用、克扣教育经费的,由上级机关责令限期归还被挪用、克扣的经费,并对直接负责的主管人员和其他直接责任人员,依法给予处分;构成犯罪的,依法追究刑事责任。

第七十二条　结伙斗殴、寻衅滋事,扰乱学校及其他教育机构教育教学秩序或者破坏校舍、场地及其他财产的,由公安机关给予治安管理处罚;构成犯罪的,依法追究刑事责任。

侵占学校及其他教育机构的校舍、场地及其他财产的,依法承担民事责任。

第七十三条 明知校舍或者教育教学设施有危险,而不采取措施,造成人员伤亡或者重大财产损失的,对直接负责的主管人员和其他直接责任人员,依法追究刑事责任。

第七十四条 违反国家有关规定,向学校或者其他教育机构收取费用的,由政府责令退还所收费用;对直接负责的主管人员和其他直接责任人员,依法给予处分。

第七十五条 违反国家有关规定,举办学校或者其他教育机构的,由教育行政部门或者其他有关行政部门予以撤销;有违法所得的,没收违法所得;对直接负责的主管人员和其他直接责任人员,依法给予处分。

第七十六条 学校或者其他教育机构违反国家有关规定招收学生的,由教育行政部门或者其他有关行政部门责令退回招收的学生,退还所收费用;对学校、其他教育机构给予警告,可以处违法所得五倍以下罚款;情节严重的,责令停止相关招生资格一年以上三年以下,直至撤销招生资格、吊销办学许可证;对直接负责的主管人员和其他直接责任人员,依法给予处分;构成犯罪的,依法追究刑事责任。

第七十七条 在招收学生工作中徇私舞弊的,由教育行政部门或者其他有关行政部门责令退回招收的人员;对直接负责的主管人员和其他直接责任人员,依法给予处分;构成犯罪的,依法追究刑事责任。

第七十八条 学校及其他教育机构违反国家有关规定向受教育者收取费用的,由教育行政部门或者其他有关行政部门责令退还所收费用;对直接负责的主管人员和其他直接责任人员,依法给予处分。

第七十九条 考生在国家教育考试中有下列行为之一的,由组织考试的教育考试机构工作人员在考试现场采取必要措施予以制止并终止其继续参加考试;组织考试的教育考试机构可以取消其相关考试资格或者考试成绩;情节严重的,由教育行政部门责令停止参加相关国家教育考试一年以上三年以下;构成违反治安管理行为的,由公安机关依法给予治安管理处罚;构成犯罪的,依法追究刑事责任:

(一)非法获取考试试题或者答案的;

(二)携带或者使用考试作弊器材、资料的;

(三)抄袭他人答案的;

(四)让他人代替自己参加考试的;

(五)其他以不正当手段获得考试成绩的作弊行为。

第八十条 任何组织或者个人在国家教育考试中有下列行为之一,有违法所得的,由公安机关没收违法所得,并处违法所得一倍以上五倍以下罚款;情节严重的,处五日以上十五日以下拘留;构成犯罪的,依法追究刑事责任;属于国家机关工作人员的,还应当依法给予处分:

（一）组织作弊的；

（二）通过提供考试作弊器材等方式为作弊提供帮助或者便利的；

（三）代替他人参加考试的；

（四）在考试结束前泄露、传播考试试题或者答案的；

（五）其他扰乱考试秩序的行为。

第八十一条 举办国家教育考试，教育行政部门、教育考试机构疏于管理，造成考场秩序混乱、作弊情况严重的，对直接负责的主管人员和其他直接责任人员，依法给予处分；构成犯罪的，依法追究刑事责任。

第八十二条 学校或者其他教育机构违反本法规定，颁发学位证书、学历证书或者其他学业证书的，由教育行政部门或者其他有关行政部门宣布证书无效，责令收回或者予以没收；有违法所得的，没收违法所得；情节严重的，责令停止相关招生资格一年以上三年以下，直至撤销招生资格、颁发证书资格；对直接负责的主管人员和其他直接责任人员，依法给予处分。

前款规定以外的任何组织或者个人制造、销售、颁发假冒学位证书、学历证书或者其他学业证书，构成违反治安管理行为的，由公安机关依法给予治安管理处罚；构成犯罪的，依法追究刑事责任。

以作弊、剽窃、抄袭等欺诈行为或者其他不正当手段获得学位证书、学历证书或者其他学业证书的，由颁发机构撤销相关证书。购买、使用假冒学位证书、学历证书或者其他学业证书，构成违反治安管理行为的，由公安机关依法给予治安管理处罚。

第八十三条 违反本法规定，侵犯教师、受教育者、学校或者其他教育机构的合法权益，造成损失、损害的，应当依法承担民事责任。

第十章 附 则

第八十四条 军事学校教育由中央军事委员会根据本法的原则规定。

宗教学校教育由国务院另行规定。

第八十五条 境外的组织和个人在中国境内办学和合作办学的办法，由国务院规定。

第八十六条 本法自1995年9月1日起施行。

财政部关于统一地方教育附加政策有关问题的通知

（财综〔2010〕98号）

各省、自治区、直辖市财政厅（局），新疆生产建设兵团财务局：

为贯彻落实《国家中长期教育改革和发展规划纲要（2010—2020年）》，进一步规范和拓宽财政性教育经费筹资渠道,支持地方教育事业发展,根据国务院有关工作部署和具体要求,现就统一地方教育附加政策有关事宜通知如下:

一、统一开征地方教育附加。尚未开征地方教育附加的省份,省级财政部门应按照《教育法》的规定,根据本地区实际情况尽快研究制定开征地方教育附加的方案,报省级人民政府同意后,由省级人民政府于2010年12月31日前报财政部审批。

二、统一地方教育附加征收标准。地方教育附加征收标准统一为单位和个人(包括外商投资企业、外国企业及外籍个人)实际缴纳的增值税、营业税和消费税税额的2%。已经财政部审批且征收标准低于2%的省份,应将地方教育附加的征收标准调整为2%,调整征收标准的方案由省级人民政府于2010年12月31日前报财政部审批。

三、各省、自治区、直辖市财政部门要严格按照《教育法》规定和财政部批复意见,采取有效措施,切实加强地方教育附加征收使用管理,确保基金应收尽收,专项用于发展教育事业,不得从地方教育附加中提取或列支征收或代征手续费。

四、凡未经财政部或国务院批准,擅自多征、减征、缓征、停征,或者侵占、截留、挪用地方教育附加的,要依照《财政违法行为处罚处分条例》(国务院令第427号)和《违反行政事业性收费和罚没收入收支两条线管理规定行政处分暂行规定》(国务院令第281号)追究责任人的行政责任;构成犯罪的,依法追究刑事责任。

财政部
二〇一〇年十一月七日

国务院关于进一步加大财政教育投入的意见

(国发〔2011〕22号)

各省、自治区、直辖市人民政府,国务院各部委、各直属机构:

《国家中长期教育改革和发展规划纲要(2010—2020年)》(以下简称《教育规划纲要》)明确提出,到2012年实现国家财政性教育经费支出占国内生产总值比例达到4%的目标(以下简称4%目标)。为确保按期实现这一目标,促进教育优先发展,现提出如下意见:

一、充分认识加大财政教育投入的重要性和紧迫性

教育投入是支撑国家长远发展的基础性、战略性投资,是发展教育事业的重要物质基础,是公共财政保障的重点。党中央、国务院始终坚持优先发展教育,高度重视增加财政教育投入,先后出台了一系列加大财政教育投入的政策措施。在各地区、各有关部门的共

同努力下,我国财政教育投入持续大幅增长。2001—2010年,公共财政教育投入从约2 700亿元增加到约14 200亿元,年均增长20.2%,高于同期财政收入年均增长幅度;教育支出占财政支出的比重从14.3%提高到15.8%,已成为公共财政的第一大支出。财政教育投入的大幅增加,为教育改革发展提供了有力支持。当前,我国城乡免费义务教育全面实现,职业教育快速发展,高等教育进入大众化阶段,办学条件显著改善,教育公平迈出重大步伐。

新形势下继续增加财政教育投入,实现4%目标,是深入贯彻党的十七大和十七届五中全会精神,推动科学发展、建设人力资源强国的迫切需要;是全面落实《教育规划纲要》,推动教育优先发展的重要保障;是履行公共财政职能,加快财税体制改革,完善基本公共服务体系的一项紧迫任务。地方各级人民政府、各有关部门必须切实贯彻党的教育方针,深入领会加大财政教育投入的重要意义,进一步提高思想认识,增强责任感和紧迫感,采取有力措施,切实保证经济社会发展规划优先安排教育发展,财政资金优先保障教育投入,公共资源优先满足教育和人力资源开发需要。

按期实现4%目标,资金投入量大,任务十分艰巨。各地区、各有关部门要认真贯彻落实国务院关于拓宽财政性教育经费来源渠道的各项政策措施,进一步调整优化财政支出结构,切实提高公共财政支出中教育支出所占比重。中央财政要充分发挥表率作用,进一步加大对地方特别是中西部地区教育事业发展转移支付力度,同时增加本级教育支出。地方各级人民政府要切实按照《教育规划纲要》要求,根据本地区教育事业发展需要,统筹规划,落实责任,大幅度增加教育投入。

二、落实法定增长要求,切实提高财政教育支出占公共财政支出比重

(一)严格落实教育经费法定增长要求。各级人民政府要严格按照《中华人民共和国教育法》等法律法规的规定,在年初安排公共财政支出预算时,积极采取措施,调整支出结构,努力增加教育经费预算,保证财政教育支出增长幅度明显高于财政经常性收入增长幅度。对预算执行中超收部分,也要按照上述原则优先安排教育拨款,确保全年预算执行结果达到法定增长的要求。

(二)提高财政教育支出占公共财政支出的比重。各级人民政府要进一步优化财政支出结构,压缩一般性支出,新增财力要着力向教育倾斜,优先保障教育支出。各地区要切实做到2011年、2012年财政教育支出占公共财政支出的比重都有明显提高。

(三)提高预算内基建投资用于教育的比重。要把支持教育事业发展作为公共投资的重点。在编制基建投资计划、实施基建投资项目时,充分考虑教育的实际需求,确保用于教育的预算内基建投资明显增加,不断健全促进教育事业发展的长效保障机制。

三、拓宽经费来源渠道,多方筹集财政性教育经费

(一)统一内外资企业和个人教育费附加制度。国务院决定,从2010年12月1日起

统一内外资企业和个人城市维护建设税和教育费附加制度,教育费附加统一按增值税、消费税、营业税实际缴纳税额的3%征收。

(二)全面开征地方教育附加。各省(区、市)人民政府应根据《中华人民共和国教育法》的相关规定和《财政部关于统一地方教育附加政策有关问题的通知》(财综〔2010〕98号)的要求,全面开征地方教育附加。地方教育附加统一按增值税、消费税、营业税实际缴纳税额的2%征收。

(三)从土地出让收益中按比例计提教育资金。进一步调整土地出让收益的使用方向。从2011年1月1日起,各地区要从当年以招标、拍卖、挂牌或者协议方式出让国家土地使用权取得的土地出让收入中,按照扣除征地和拆迁补偿、土地开发等支出后余额10%的比例,计提教育资金。具体办法由财政部会同有关部门制定。

各地区要加强收入征管,依法足额征收,不得随意减免。落实上述政策增加的收入,要按规定全部用于支持地方教育事业发展,同时,不得因此而减少其他应由公共财政预算安排的教育经费。

四、合理安排使用财政教育经费,切实提高资金使用效益

在加大财政教育投入的同时,各地区、各有关部门要按照《教育规划纲要》的要求,进一步突出重点、优化结构、加强管理,推动教育改革创新,促进教育公平,全面提高教育质量。

(一)合理安排使用财政教育经费。一是积极支持实施重大项目。坚持顶层设计、总体规划、政策先行、机制创新的基本原则,着力解决教育发展关键领域和薄弱环节的问题。国务院有关部门负责组织实施符合《教育规划纲要》总体目标、关系教育改革发展全局的项目,做好统筹规划和宏观指导工作。地方各级人民政府要按照《教育规划纲要》要求,结合本地实际,因地制宜地实施好相关重大项目。二是着力保障和改善民生。教育经费安排要坚持以人为本,重点解决人民群众关切的教育问题,切实减轻人民群众教育负担,使人民群众能够共享加大财政教育投入和教育改革发展的成果,保障公民依法享有受教育的权利。大力支持基本普及学前教育、义务教育均衡发展、加快普及高中阶段教育、加强职业教育能力建设、提升高等教育质量、健全家庭经济困难学生资助政策体系等重点任务。三是优化教育投入结构,合理配置教育资源。要统筹城乡、区域之间教育协调发展,重点向农村地区、边远地区、贫困地区和民族地区倾斜,加快缩小教育差距,促进基本公共服务均等化。要调整优化各教育阶段的经费投入结构,合理安排日常运转经费与专项经费。

(二)全面推进教育经费的科学化精细化管理。一是要坚持依法理财、科学理财。严格执行国家财政管理的法律法规和财经纪律,建立健全教育经费管理的规章制度。二是要强化预算管理。提高预算编制的科学性、准确性,提高预算执行效率,推进预算公开。

三是要明确管理责任。地方各级人民政府要按照教育事权划分,督促有关部门采取有效措施,加强经费使用管理。各级教育行政部门和学校在教育经费使用管理中负有主体责任,要采取有效措施,切实提高经费管理水平。四是要加强财务监督和绩效评价。进一步完善财务监督制度,强化重大项目经费的全过程审计,建立健全教育经费绩效评价制度。五是要加强管理基础工作和基层建设。充分发挥基层相关管理部门的职能作用,着力做好教育基础数据的收集、分析和信息化管理工作,完善教育经费支出标准,健全学校财务会计和资产制度,规范学校经济行为,防范学校财务风险。

五、加强组织领导,确保落实到位

(一)加强组织领导。各省(区、市)人民政府负责统筹落实本地区加大财政教育投入的相关工作。要健全工作机制,明确目标任务,做好动员部署,落实各级责任,加强监督检查。国务院各有关部门要按照职责分工,加强协调配合,共同抓好贯彻落实工作。

(二)加大各省(区、市)对下转移支付力度。要按照财力与事权相匹配的要求,进一步完善省以下财政体制,强化省级财政教育支出的统筹责任,防止支出责任过度下移。省级人民政府要根据财力分布状况和支出责任划分,加大对本行政区域内经济欠发达地区的转移支付力度。

(三)加强监测分析。各地区要加强对落实教育投入法定增长、提高财政教育支出比重、拓宽财政性教育经费来源渠道各项政策的监测分析和监督检查,及时发现和解决政策执行中的相关问题。财政部要会同有关部门制定科学合理的分析评价指标,对各省(区、市)财政教育投入状况作出评价分析,适时将分析结果报告国务院,并作为中央财政安排转移支付的重要依据。

国务院

二〇一一年六月二十九日

财政部 国家税务总局关于对小微企业免征有关政府性基金的通知

(财税〔2014〕122号)

各省、自治区、直辖市、计划单列市人民政府,中宣部、教育部、水利部、中国残联:

为进一步加大对小微企业的扶持力度,经国务院批准,现将免征小微企业有关政府性基金问题通知如下:

一、自2015年1月1日起至2017年12月31日,对按月纳税的月销售额或营业额不超过3万元(含3万元),以及按季纳税的季度销售额或营业额不超过9万元(含9万元)

的缴纳义务人,免征教育费附加、地方教育附加、水利建设基金、文化事业建设费。

二、自工商登记注册之日起3年内,对安排残疾人就业未达到规定比例、在职职工总数20人以下(含20人)的小微企业,免征残疾人就业保障金。

三、免征上述政府性基金后,有关部门依法履行职能和事业发展所需经费,由同级财政预算予以统筹安排。

财政部　国家税务总局
2014年12月23日

国家税务总局关于合理简并纳税人申报缴税次数的公告

(国家税务总局公告2016年第6号)

为落实《深化国税、地税征管体制改革方案》关于创新纳税服务机制的要求,推进办税便利化改革,根据《中华人民共和国税收征收管理法》《中华人民共和国增值税暂行条例》及其实施细则、《中华人民共和国消费税暂行条例》及其实施细则等有关税收法律法规的规定,现就合理简并纳税人申报缴税次数有关事项公告如下:

一、增值税小规模纳税人缴纳增值税、消费税、文化事业建设费,以及随增值税、消费税附征的城市维护建设税、教育费附加等税费,原则上实行按季申报。

纳税人要求不实行按季申报的,由主管税务机关根据其应纳税额大小核定纳税期限。

二、随增值税、消费税附征的城市维护建设税、教育费附加免于零申报。

三、符合条件的小型微利企业,实行按季度申报预缴企业所得税。

四、对于采取简易申报方式的定期定额户,在规定期限内通过财税库银电子缴税系统批量扣税或委托银行扣缴核定税款的,当期可不办理申报手续,实行以缴代报。

本公告自2016年4月1日起施行。

特此公告。

国家税务总局
2016年2月1日

国家税务总局关于个人保险代理人税收征管有关问题的公告

(国家税务总局公告2016年第45号)

现将个人保险代理人为保险企业提供保险代理服务税收征管有关问题公告如下:

一、个人保险代理人为保险企业提供保险代理服务应当缴纳的增值税和城市维护建设税、教育费附加、地方教育附加，税务机关可以根据《国家税务总局关于发布〈委托代征管理办法〉的公告》（国家税务总局公告2013年第24号）的有关规定，委托保险企业代征。

个人保险代理人为保险企业提供保险代理服务应当缴纳的个人所得税，由保险企业按照现行规定依法代扣代缴。

二、个人保险代理人以其取得的佣金、奖励和劳务费等相关收入（以下简称"佣金收入"，不含增值税）减去地方税费附加及展业成本，按照规定计算个人所得税。

展业成本，为佣金收入减去地方税费附加余额的40%。

三、接受税务机关委托代征税款的保险企业，向个人保险代理人支付佣金费用后，可代个人保险代理人统一向主管国税机关申请汇总代开增值税普通发票或增值税专用发票。

四、保险企业代个人保险代理人申请汇总代开增值税发票时，应向主管国税机关出具个人保险代理人的姓名、身份证号码、联系方式、付款时间、付款金额、代征税款的详细清单。

保险企业应将个人保险代理人的详细信息，作为代开增值税发票的清单，随发票入账。

五、主管国税机关为个人保险代理人汇总代开增值税发票时，应在备注栏内注明"个人保险代理人汇总代开"字样。

六、本公告所称个人保险代理人，是指根据保险企业的委托，在保险企业授权范围内代为办理保险业务的自然人，不包括个体工商户。

七、证券经纪人、信用卡和旅游等行业的个人代理人比照上述规定执行。信用卡、旅游等行业的个人代理人计算个人所得税时，不执行本公告第二条有关展业成本的规定。

个人保险代理人和证券经纪人其他个人所得税问题，按照《国家税务总局关于保险营销员取得佣金收入征免个人所得税问题的通知》（国税函〔2006〕454号）、《国家税务总局关于证券经纪人佣金收入征收个人所得税问题的公告》（国家税务总局公告2012年第45号）执行。

本公告自发布之日起施行。

特此公告。

国家税务总局
2016年7月7日

财政部　税务总局关于集成电路企业增值税期末留抵退税有关城市维护建设税　教育费附加和地方教育附加政策的通知

(财税〔2017〕17号)

各省、自治区、直辖市、计划单列市财政厅(局)、国家税务局、地方税务局,新疆生产建设兵团财务局:

按照《国务院关于印发进一步鼓励软件产业和集成电路产业发展若干政策的通知》(国发〔2011〕4号)有关要求,现就集成电路企业增值税期末留抵退税事项涉及的城市维护建设税、教育费附加和地方教育附加政策明确如下:

享受增值税期末留抵退税政策的集成电路企业,其退还的增值税期末留抵税额,应在城市维护建设税、教育费附加和地方教育附加的计税(征)依据中予以扣除。

本通知自发布之日起施行。

财政部　税务总局
2017年2月24日

财政部　国家税务总局关于增值税期末留抵退税有关城市维护建设税　教育费附加和地方教育附加政策的通知

(财税〔2018〕80号)

各省、自治区、直辖市、计划单列市财政厅(局),国家税务总局各省、自治区、直辖市、计划单列市税务局,新疆生产建设兵团财政局:

为保证增值税期末留抵退税政策有效落实,现就留抵退税涉及的城市维护建设税、教育费附加和地方教育附加问题通知如下:

对实行增值税期末留抵退税的纳税人,允许其从城市维护建设税、教育费附加和地方教育附加的计税(征)依据中扣除退还的增值税税额。

本通知自发布之日起施行。

财政部　国家税务总局
2018年7月27日

四、残疾人就业保障金

中华人民共和国残疾人保障法

（1990年12月28日第七届全国人民代表大会常务委员会第十七次会议通过 2008年4月24日第十一届全国人民代表大会常务委员会第二次会议修订）

第一章 总 则

第一条 为了维护残疾人的合法权益，发展残疾人事业，保障残疾人平等地充分参与社会生活，共享社会物质文化成果，根据宪法，制定本法。

第二条 残疾人是指在心理、生理、人体结构上，某种组织、功能丧失或者不正常，全部或者部分丧失以正常方式从事某种活动能力的人。

残疾人包括视力残疾、听力残疾、言语残疾、肢体残疾、智力残疾、精神残疾、多重残疾和其他残疾的人。

残疾标准由国务院规定。

第三条 残疾人在政治、经济、文化、社会和家庭生活等方面享有同其他公民平等的权利。

残疾人的公民权利和人格尊严受法律保护。

禁止基于残疾的歧视。禁止侮辱、侵害残疾人。禁止通过大众传播媒介或者其他方式贬低损害残疾人人格。

第四条 国家采取辅助方法和扶持措施，对残疾人给予特别扶助，减轻或者消除残疾影响和外界障碍，保障残疾人权利的实现。

第五条 县级以上人民政府应当将残疾人事业纳入国民经济和社会发展规划，加强领导，综合协调，并将残疾人事业经费列入财政预算，建立稳定的经费保障机制。

国务院制定中国残疾人事业发展纲要，县级以上地方人民政府根据中国残疾人事业发展纲要，制定本行政区域的残疾人事业发展规划和年度计划，使残疾人事业与经济、社会协调发展。

县级以上人民政府负责残疾人工作的机构，负责组织、协调、指导、督促有关部门做好残疾人事业的工作。

各级人民政府和有关部门，应当密切联系残疾人，听取残疾人的意见，按照各自的职责，做好残疾人工作。

第六条 国家采取措施,保障残疾人依照法律规定,通过各种途径和形式,管理国家事务,管理经济和文化事业,管理社会事务。

制定法律、法规、规章和公共政策,对涉及残疾人权益和残疾人事业的重大问题,应当听取残疾人和残疾人组织的意见。

残疾人和残疾人组织有权向各级国家机关提出残疾人权益保障、残疾人事业发展等方面的意见和建议。

第七条 全社会应当发扬人道主义精神,理解、尊重、关心、帮助残疾人,支持残疾人事业。

国家鼓励社会组织和个人为残疾人提供捐助和服务。

国家机关、社会团体、企业事业单位和城乡基层群众性自治组织,应当做好所属范围内的残疾人工作。

从事残疾人工作的国家工作人员和其他人员,应当依法履行职责,努力为残疾人服务。

第八条 中国残疾人联合会及其地方组织,代表残疾人的共同利益,维护残疾人的合法权益,团结教育残疾人,为残疾人服务。

中国残疾人联合会及其地方组织依照法律、法规、章程或者接受政府委托,开展残疾人工作,动员社会力量,发展残疾人事业。

第九条 残疾人的扶养人必须对残疾人履行扶养义务。

残疾人的监护人必须履行监护职责,尊重被监护人的意愿,维护被监护人的合法权益。

残疾人的亲属、监护人应当鼓励和帮助残疾人增强自立能力。

禁止对残疾人实施家庭暴力,禁止虐待、遗弃残疾人。

第十条 国家鼓励残疾人自尊、自信、自强、自立,为社会主义建设贡献力量。

残疾人应当遵守法律、法规,履行应尽的义务,遵守公共秩序,尊重社会公德。

第十一条 国家有计划地开展残疾预防工作,加强对残疾预防工作的领导,宣传、普及母婴保健和预防残疾的知识,建立健全出生缺陷预防和早期发现、早期治疗机制,针对遗传、疾病、药物、事故、灾害、环境污染和其他致残因素,组织和动员社会力量,采取措施,预防残疾的发生,减轻残疾程度。

国家建立健全残疾人统计调查制度,开展残疾人状况的统计调查和分析。

第十二条 国家和社会对残疾军人、因公致残人员以及其他为维护国家和人民利益致残的人员实行特别保障,给予抚恤和优待。

第十三条 对在社会主义建设中做出显著成绩的残疾人,对维护残疾人合法权益、发展残疾人事业、为残疾人服务做出显著成绩的单位和个人,各级人民政府和有关部门给予表彰和奖励。

第十四条 每年5月的第三个星期日为全国助残日。

第二章 康 复

第十五条 国家保障残疾人享有康复服务的权利。

各级人民政府和有关部门应当采取措施,为残疾人康复创造条件,建立和完善残疾人康复服务体系,并分阶段实施重点康复项目,帮助残疾人恢复或者补偿功能,增强其参与社会生活的能力。

第十六条 康复工作应当从实际出发,将现代康复技术与我国传统康复技术相结合;以社区康复为基础,康复机构为骨干,残疾人家庭为依托;以实用、易行、受益广的康复内容为重点,优先开展残疾儿童抢救性治疗和康复;发展符合康复要求的科学技术,鼓励自主创新,加强康复新技术的研究、开发和应用,为残疾人提供有效的康复服务。

第十七条 各级人民政府鼓励和扶持社会力量兴办残疾人康复机构。

地方各级人民政府和有关部门,应当组织和指导城乡社区服务组织、医疗预防保健机构、残疾人组织、残疾人家庭和其他社会力量,开展社区康复工作。

残疾人教育机构、福利性单位和其他为残疾人服务的机构,应当创造条件,开展康复训练活动。

残疾人在专业人员的指导和有关工作人员、志愿工作者及亲属的帮助下,应当努力进行功能、自理能力和劳动技能的训练。

第十八条 地方各级人民政府和有关部门应当根据需要有计划地在医疗机构设立康复医学科室,举办残疾人康复机构,开展康复医疗与训练、人员培训、技术指导、科学研究等工作。

第十九条 医学院校和其他有关院校应当有计划地开设康复课程,设置相关专业,培养各类康复专业人才。

政府和社会采取多种形式对从事康复工作的人员进行技术培训;向残疾人、残疾人亲属、有关工作人员和志愿工作者普及康复知识,传授康复方法。

第二十条 政府有关部门应当组织和扶持残疾人康复器械、辅助器具的研制、生产、供应、维修服务。

第三章 教 育

第二十一条 国家保障残疾人享有平等接受教育的权利。

各级人民政府应当将残疾人教育作为国家教育事业的组成部分,统一规划,加强领导,为残疾人接受教育创造条件。

政府、社会、学校应当采取有效措施,解决残疾儿童、少年就学存在的实际困难,帮助其完成义务教育。

各级人民政府对接受义务教育的残疾学生、贫困残疾人家庭的学生提供免费教科书,并给予寄宿生活费等费用补助;对接受义务教育以外其他教育的残疾学生、贫困残疾人家庭的学生按照国家有关规定给予资助。

第二十二条　残疾人教育,实行普及与提高相结合、以普及为重点的方针,保障义务教育,着重发展职业教育,积极开展学前教育,逐步发展高级中等以上教育。

第二十三条　残疾人教育应当根据残疾人的身心特性和需要,按照下列要求实施:

(一)在进行思想教育、文化教育的同时,加强身心补偿和职业教育;

(二)依据残疾类别和接受能力,采取普通教育方式或者特殊教育方式;

(三)特殊教育的课程设置、教材、教学方法、入学和在校年龄,可以有适度弹性。

第二十四条　县级以上人民政府应当根据残疾人的数量、分布状况和残疾类别等因素,合理设置残疾人教育机构,并鼓励社会力量办学、捐资助学。

第二十五条　普通教育机构对具有接受普通教育能力的残疾人实施教育,并为其学习提供便利和帮助。

普通小学、初级中等学校,必须招收能适应其学习生活的残疾儿童、少年入学;普通高级中等学校、中等职业学校和高等学校,必须招收符合国家规定的录取要求的残疾考生入学,不得因其残疾而拒绝招收;拒绝招收的,当事人或者其亲属、监护人可以要求有关部门处理,有关部门应当责令该学校招收。

普通幼儿教育机构应当接收能适应其生活的残疾幼儿。

第二十六条　残疾幼儿教育机构、普通幼儿教育机构附设的残疾儿童班、特殊教育机构的学前班、残疾儿童福利机构、残疾儿童家庭,对残疾儿童实施学前教育。

初级中等以下特殊教育机构和普通教育机构附设的特殊教育班,对不具有接受普通教育能力的残疾儿童、少年实施义务教育。

高级中等以上特殊教育机构、普通教育机构附设的特殊教育班和残疾人职业教育机构,对符合条件的残疾人实施高级中等以上文化教育、职业教育。

提供特殊教育的机构应当具备适合残疾人学习、康复、生活特点的场所和设施。

第二十七条　政府有关部门、残疾人所在单位和有关社会组织应当对残疾人开展扫除文盲、职业培训、创业培训和其他成人教育,鼓励残疾人自学成才。

第二十八条　国家有计划地举办各级各类特殊教育师范院校、专业,在普通师范院校附设特殊教育班,培养、培训特殊教育师资。普通师范院校开设特殊教育课程或者讲授有关内容,使普通教师掌握必要的特殊教育知识。

特殊教育教师和手语翻译,享受特殊教育津贴。

第二十九条　政府有关部门应当组织和扶持盲文、手语的研究和应用,特殊教育教材的编写和出版，特殊教育教学用具及其他辅助用品的研制、生产和供应。

第四章　劳　动　就　业

第三十条　国家保障残疾人劳动的权利。

各级人民政府应当对残疾人劳动就业统筹规划，为残疾人创造劳动就业条件。

第三十一条　残疾人劳动就业，实行集中与分散相结合的方针，采取优惠政策和扶持保护措施，通过多渠道、多层次、多种形式，使残疾人劳动就业逐步普及、稳定、合理。

第三十二条　政府和社会举办残疾人福利企业、盲人按摩机构和其他福利性单位，集中安排残疾人就业。

第三十三条　国家实行按比例安排残疾人就业制度。

国家机关、社会团体、企业事业单位、民办非企业单位应当按照规定的比例安排残疾人就业，并为其选择适当的工种和岗位。达不到规定比例的，按照国家有关规定履行保障残疾人就业义务。国家鼓励用人单位超过规定比例安排残疾人就业。

残疾人就业的具体办法由国务院规定。

第三十四条　国家鼓励和扶持残疾人自主择业、自主创业。

第三十五条　地方各级人民政府和农村基层组织，应当组织和扶持农村残疾人从事种植业、养殖业、手工业和其他形式的生产劳动。

第三十六条　国家对安排残疾人就业达到、超过规定比例或者集中安排残疾人就业的用人单位和从事个体经营的残疾人，依法给予税收优惠，并在生产、经营、技术、资金、物资、场地等方面给予扶持。国家对从事个体经营的残疾人，免除行政事业性收费。

县级以上地方人民政府及其有关部门应当确定适合残疾人生产、经营的产品、项目，优先安排残疾人福利性单位生产或者经营，并根据残疾人福利性单位的生产特点确定某些产品由其专产。

政府采购，在同等条件下应当优先购买残疾人福利性单位的产品或者服务。

地方各级人民政府应当开发适合残疾人就业的公益性岗位。

对申请从事个体经营的残疾人，有关部门应当优先核发营业执照。

对从事各类生产劳动的农村残疾人，有关部门应当在生产服务、技术指导、农用物资供应、农副产品购销和信贷等方面，给予帮助。

第三十七条　政府有关部门设立的公共就业服务机构，应当为残疾人免费提供就业服务。

残疾人联合会举办的残疾人就业服务机构，应当组织开展免费的职业指导、职业介绍和职业培训，为残疾人就业和用人单位招用残疾人提供服务和帮助。

第三十八条　国家保护残疾人福利性单位的财产所有权和经营自主权，其合法权益不受侵犯。

在职工的招用、转正、晋级、职称评定、劳动报酬、生活福利、休息休假、社会保险等方面,不得歧视残疾人。

残疾职工所在单位应当根据残疾职工的特点,提供适当的劳动条件和劳动保护,并根据实际需要对劳动场所、劳动设备和生活设施进行改造。

国家采取措施,保障盲人保健和医疗按摩人员从业的合法权益。

第三十九条 残疾职工所在单位应当对残疾职工进行岗位技术培训,提高其劳动技能和技术水平。

第四十条 任何单位和个人不得以暴力、威胁或者非法限制人身自由的手段强迫残疾人劳动。

第五章 文 化 生 活

第四十一条 国家保障残疾人享有平等参与文化生活的权利。

各级人民政府和有关部门鼓励、帮助残疾人参加各种文化、体育、娱乐活动,积极创造条件,丰富残疾人精神文化生活。

第四十二条 残疾人文化、体育、娱乐活动应当面向基层,融于社会公共文化生活,适应各类残疾人的不同特点和需要,使残疾人广泛参与。

第四十三条 政府和社会采取下列措施,丰富残疾人的精神文化生活:

(一)通过广播、电影、电视、报刊、图书、网络等形式,及时宣传报道残疾人的工作、生活等情况,为残疾人服务;

(二)组织和扶持盲文读物、盲人有声读物及其他残疾人读物的编写和出版,根据盲人的实际需要,在公共图书馆设立盲文读物、盲人有声读物图书室;

(三)开办电视手语节目,开办残疾人专题广播栏目,推进电视栏目、影视作品加配字幕、解说;

(四)组织和扶持残疾人开展群众性文化、体育、娱乐活动,举办特殊艺术演出和残疾人体育运动会,参加国际性比赛和交流;

(五)文化、体育、娱乐和其他公共活动场所,为残疾人提供方便和照顾。有计划地兴办残疾人活动场所。

第四十四条 政府和社会鼓励、帮助残疾人从事文学、艺术、教育、科学、技术和其他有益于人民的创造性劳动。

第四十五条 政府和社会促进残疾人与其他公民之间的相互理解和交流,宣传残疾人事业和扶助残疾人的事迹,弘扬残疾人自强不息的精神,倡导团结、友爱、互助的社会风尚。

第六章 社 会 保 障

第四十六条 国家保障残疾人享有各项社会保障的权利。

政府和社会采取措施,完善对残疾人的社会保障,保障和改善残疾人的生活。

第四十七条 残疾人及其所在单位应当按照国家有关规定参加社会保险。

残疾人所在城乡基层群众性自治组织、残疾人家庭,应当鼓励、帮助残疾人参加社会保险。

对生活确有困难的残疾人,按照国家有关规定给予社会保险补贴。

第四十八条 各级人民政府对生活确有困难的残疾人,通过多种渠道给予生活、教育、住房和其他社会救助。

县级以上地方人民政府对享受最低生活保障待遇后生活仍有特别困难的残疾人家庭,应当采取其他措施保障其基本生活。

各级人民政府对贫困残疾人的基本医疗、康复服务、必要的辅助器具的配置和更换,应当按照规定给予救助。

对生活不能自理的残疾人,地方各级人民政府应当根据情况给予护理补贴。

第四十九条 地方各级人民政府对无劳动能力、无扶养人或者扶养人不具有扶养能力、无生活来源的残疾人,按照规定予以供养。

国家鼓励和扶持社会力量举办残疾人供养、托养机构。

残疾人供养、托养机构及其工作人员不得侮辱、虐待、遗弃残疾人。

第五十条 县级以上人民政府对残疾人搭乘公共交通工具,应当根据实际情况给予便利和优惠。残疾人可以免费携带随身必备的辅助器具。

盲人持有效证件免费乘坐市内公共汽车、电车、地铁、渡船等公共交通工具。盲人读物邮件免费寄递。

国家鼓励和支持提供电信、广播电视服务的单位对盲人、听力残疾人、言语残疾人给予优惠。

各级人民政府应当逐步增加对残疾人的其他照顾和扶助。

第五十一条 政府有关部门和残疾人组织应当建立和完善社会各界为残疾人捐助和服务的渠道,鼓励和支持发展残疾人慈善事业,开展志愿者助残等公益活动。

第七章 无障碍环境

第五十二条 国家和社会应当采取措施,逐步完善无障碍设施,推进信息交流无障碍,为残疾人平等参与社会生活创造无障碍环境。

各级人民政府应当对无障碍环境建设进行统筹规划,综合协调,加强监督管理。

第五十三条 无障碍设施的建设和改造,应当符合残疾人的实际需要。

新建、改建和扩建建筑物、道路、交通设施等,应当符合国家有关无障碍设施工程建设标准。

各级人民政府和有关部门应当按照国家无障碍设施工程建设规定,逐步推进已建成设施的改造,优先推进与残疾人日常工作、生活密切相关的公共服务设施的改造。

对无障碍设施应当及时维修和保护。

第五十四条 国家采取措施,为残疾人信息交流无障碍创造条件。

各级人民政府和有关部门应当采取措施,为残疾人获取公共信息提供便利。

国家和社会研制、开发适合残疾人使用的信息交流技术和产品。

国家举办的各类升学考试、职业资格考试和任职考试,有盲人参加的,应当为盲人提供盲文试卷、电子试卷或者由专门的工作人员予以协助。

第五十五条 公共服务机构和公共场所应当创造条件,为残疾人提供语音和文字提示、手语、盲文等信息交流服务,并提供优先服务和辅助性服务。

公共交通工具应当逐步达到无障碍设施的要求。有条件的公共停车场应当为残疾人设置专用停车位。

第五十六条 组织选举的部门应当为残疾人参加选举提供便利;有条件的,应当为盲人提供盲文选票。

第五十七条 国家鼓励和扶持无障碍辅助设备、无障碍交通工具的研制和开发。

第五十八条 盲人携带导盲犬出入公共场所,应当遵守国家有关规定。

第八章 法 律 责 任

第五十九条 残疾人的合法权益受到侵害的,可以向残疾人组织投诉,残疾人组织应当维护残疾人的合法权益,有权要求有关部门或者单位查处。有关部门或者单位应当依法查处,并予以答复。

残疾人组织对残疾人通过诉讼维护其合法权益需要帮助的,应当给予支持。

残疾人组织对侵害特定残疾人群体利益的行为,有权要求有关部门依法查处。

第六十条 残疾人的合法权益受到侵害的,有权要求有关部门依法处理,或者依法向仲裁机构申请仲裁,或者依法向人民法院提起诉讼。

对有经济困难或者其他原因确需法律援助或者司法救助的残疾人,当地法律援助机构或者人民法院应当给予帮助,依法为其提供法律援助或者司法救助。

第六十一条 违反本法规定,对侵害残疾人权益行为的申诉、控告、检举,推诿、拖延、压制不予查处,或者对提出申诉、控告、检举的人进行打击报复的,由其所在单位、主管部门或者上级机关责令改正,并依法对直接负责的主管人员和其他直接责任人员给予处分。

国家工作人员未依法履行职责,对侵害残疾人权益的行为未及时制止或者未给予受害残疾人必要帮助,造成严重后果的,由其所在单位或者上级机关依法对直接负责的主管人员和其他直接责任人员给予处分。

第六十二条 违反本法规定,通过大众传播媒介或者其他方式贬低损害残疾人人格的,由文化、广播电影电视、新闻出版或者其他有关主管部门依据各自的职权责令改正,并依法给予行政处罚。

第六十三条 违反本法规定,有关教育机构拒不接收残疾学生入学,或者在国家规定的录取要求以外附加条件限制残疾学生就学的,由有关主管部门责令改正,并依法对直接负责的主管人员和其他直接责任人员给予处分。

第六十四条 违反本法规定,在职工的招用等方面歧视残疾人的,由有关主管部门责令改正;残疾人劳动者可以依法向人民法院提起诉讼。

第六十五条 违反本法规定,供养、托养机构及其工作人员侮辱、虐待、遗弃残疾人的,对直接负责的主管人员和其他直接责任人员依法给予处分;构成违反治安管理行为的,依法给予行政处罚。

第六十六条 违反本法规定,新建、改建和扩建建筑物、道路、交通设施,不符合国家有关无障碍设施工程建设标准,或者对无障碍设施未进行及时维修和保护造成后果的,由有关主管部门依法处理。

第六十七条 违反本法规定,侵害残疾人的合法权益,其他法律、法规规定行政处罚的,从其规定;造成财产损失或者其他损害的,依法承担民事责任;构成犯罪的,依法追究刑事责任。

第九章 附 则

第六十八条 本法自 2008 年 7 月 1 日起施行。

残疾人就业条例

(中华人民共和国国务院令第 488 号)

《残疾人就业条例》已经 2007 年 2 月 14 日国务院第 169 次常务会议通过,现予公布,自 2007 年 5 月 1 日起施行。

总理 温家宝
二〇〇七年二月二十五日

第一章 总 则

第一条 为了促进残疾人就业,保障残疾人的劳动权利,根据《中华人民共和国残疾人保障法》和其他有关法律,制定本条例。

第二条 国家对残疾人就业实行集中就业与分散就业相结合的方针,促进残疾人就业。

县级以上人民政府应当将残疾人就业纳入国民经济和社会发展规划,并制定优惠政策和具体扶持保护措施,为残疾人就业创造条件。

第三条 机关、团体、企业、事业单位和民办非企业单位(以下统称用人单位)应当依照有关法律、本条例和其他有关行政法规的规定,履行扶持残疾人就业的责任和义务。

第四条 国家鼓励社会组织和个人通过多种渠道、多种形式,帮助、支持残疾人就业,鼓励残疾人通过应聘等多种形式就业。禁止在就业中歧视残疾人。

残疾人应当提高自身素质,增强就业能力。

第五条 各级人民政府应当加强对残疾人就业工作的统筹规划,综合协调。县级以上人民政府负责残疾人工作的机构,负责组织、协调、指导、督促有关部门做好残疾人就业工作。

县级以上人民政府劳动保障、民政等有关部门在各自的职责范围内,做好残疾人就业工作。

第六条 中国残疾人联合会及其地方组织依照法律、法规或者接受政府委托,负责残疾人就业工作的具体组织实施与监督。

工会、共产主义青年团、妇女联合会,应当在各自的工作范围内,做好残疾人就业工作。

第七条 各级人民政府对在残疾人就业工作中做出显著成绩的单位和个人,给予表彰和奖励。

第二章 用人单位的责任

第八条 用人单位应当按照一定比例安排残疾人就业,并为其提供适当的工种、岗位。

用人单位安排残疾人就业的比例不得低于本单位在职职工总数的1.5%。具体比例由省、自治区、直辖市人民政府根据本地区的实际情况规定。

用人单位跨地区招用残疾人的,应当计入所安排的残疾人职工人数之内。

第九条 用人单位安排残疾人就业达不到其所在地省、自治区、直辖市人民政府规定比例的,应当缴纳残疾人就业保障金。

第十条 政府和社会依法兴办的残疾人福利企业、盲人按摩机构和其他福利性单位(以下统称集中使用残疾人的用人单位),应当集中安排残疾人就业。

集中使用残疾人的用人单位的资格认定,按照国家有关规定执行。

第十一条 集中使用残疾人的用人单位中从事全日制工作的残疾人职工,应当占本单位在职职工总数的25%以上。

第十二条 用人单位招用残疾人职工,应当依法与其签订劳动合同或者服务协议。

第十三条 用人单位应当为残疾人职工提供适合其身体状况的劳动条件和劳动保护,不得在晋职、晋级、评定职称、报酬、社会保险、生活福利等方面歧视残疾人职工。

第十四条 用人单位应当根据本单位残疾人职工的实际情况,对残疾人职工进行上岗、在岗、转岗等培训。

第三章 保障措施

第十五条 县级以上人民政府应当采取措施,拓宽残疾人就业渠道,开发适合残疾人就业的公益性岗位,保障残疾人就业。

县级以上地方人民政府发展社区服务事业,应当优先考虑残疾人就业。

第十六条 依法征收的残疾人就业保障金应当纳入财政预算,专项用于残疾人职业培训以及为残疾人提供就业服务和就业援助,任何组织或者个人不得贪污、挪用、截留或者私分。残疾人就业保障金征收、使用、管理的具体办法,由国务院财政部门会同国务院有关部门规定。

财政部门和审计机关应当依法加强对残疾人就业保障金使用情况的监督检查。

第十七条 国家对集中使用残疾人的用人单位依法给予税收优惠,并在生产、经营、技术、资金、物资、场地使用等方面给予扶持。

第十八条 县级以上地方人民政府及其有关部门应当确定适合残疾人生产、经营的产品、项目,优先安排集中使用残疾人的用人单位生产或者经营,并根据集中使用残疾人的用人单位的生产特点确定某些产品由其专产。

政府采购,在同等条件下,应当优先购买集中使用残疾人的用人单位的产品或者服务。

第十九条 国家鼓励扶持残疾人自主择业、自主创业。对残疾人从事个体经营的,应当依法给予税收优惠,有关部门应当在经营场地等方面给予照顾,并按照规定免收管理类、登记类和证照类的行政事业性收费。

国家对自主择业、自主创业的残疾人在一定期限内给予小额信贷等扶持。

第二十条 地方各级人民政府应当多方面筹集资金,组织和扶持农村残疾人从事种植业、养殖业、手工业和其他形式的生产劳动。

有关部门对从事农业生产劳动的农村残疾人,应当在生产服务、技术指导、农用物资供应、农副产品收购和信贷等方面给予帮助。

第四章 就业服务

第二十一条 各级人民政府和有关部门应当为就业困难的残疾人提供有针对性的就

业援助服务,鼓励和扶持职业培训机构为残疾人提供职业培训,并组织残疾人定期开展职业技能竞赛。

第二十二条 中国残疾人联合会及其地方组织所属的残疾人就业服务机构应当免费为残疾人就业提供下列服务:

(一) 发布残疾人就业信息;

(二) 组织开展残疾人职业培训;

(三) 为残疾人提供职业心理咨询、职业适应评估、职业康复训练、求职定向指导、职业介绍等服务;

(四) 为残疾人自主择业提供必要的帮助;

(五) 为用人单位安排残疾人就业提供必要的支持。

国家鼓励其他就业服务机构为残疾人就业提供免费服务。

第二十三条 受劳动保障部门的委托,残疾人就业服务机构可以进行残疾人失业登记、残疾人就业与失业统计;经所在地劳动保障部门批准,残疾人就业服务机构还可以进行残疾人职业技能鉴定。

第二十四条 残疾人职工与用人单位发生争议的,当地法律援助机构应当依法为其提供法律援助,各级残疾人联合会应当给予支持和帮助。

第五章 法律责任

第二十五条 违反本条例规定,有关行政主管部门及其工作人员滥用职权、玩忽职守、徇私舞弊,构成犯罪的,依法追究刑事责任;尚不构成犯罪的,依法给予处分。

第二十六条 违反本条例规定,贪污、挪用、截留、私分残疾人就业保障金,构成犯罪的,依法追究刑事责任;尚不构成犯罪的,对有关责任单位、直接负责的主管人员和其他直接责任人员依法给予处分或者处罚。

第二十七条 违反本条例规定,用人单位未按照规定缴纳残疾人就业保障金的,由财政部门给予警告,责令限期缴纳;逾期仍不缴纳的,除补缴欠缴数额外,还应当自欠缴之日起,按日加收5‰的滞纳金。

第二十八条 违反本条例规定,用人单位弄虚作假,虚报安排残疾人就业人数,骗取集中使用残疾人的用人单位享受的税收优惠待遇的,由税务机关依法处理。

第六章 附 则

第二十九条 本条例所称残疾人就业,是指符合法定就业年龄有就业要求的残疾人从事有报酬的劳动。

第三十条 本条例自2007年5月1日起施行。

财政部　国家税务总局关于对小微企业免征有关政府性基金的通知

（财税〔2014〕122号）

各省、自治区、直辖市、计划单列市人民政府，中宣部、教育部、水利部、中国残联：

为进一步加大对小微企业的扶持力度，经国务院批准，现将免征小微企业有关政府性基金问题通知如下：

一、自2015年1月1日起至2017年12月31日，对按月纳税的月销售额或营业额不超过3万元（含3万元），以及按季纳税的季度销售额或营业额不超过9万元（含9万元）的缴纳义务人，免征教育费附加、地方教育附加、水利建设基金、文化事业建设费。

二、自工商登记注册之日起3年内，对安排残疾人就业未达到规定比例、在职职工总数20人以下（含20人）的小微企业，免征残疾人就业保障金。

三、免征上述政府性基金后，有关部门依法履行职能和事业发展所需经费，由同级财政预算予以统筹安排。

财政部　国家税务总局
2014年12月23日

财政部　国家税务总局　中国残疾人联合会关于印发《残疾人就业保障金征收使用管理办法》的通知

（财税〔2015〕72号）

各省、自治区、直辖市财政厅（局）、地方税务局、国家税务局、残疾人联合会：

为了规范残疾人就业保障金征收使用管理，促进残疾人就业，保障残疾人权益，根据《残疾人保障法》《残疾人就业条例》的规定，我们制定了《残疾人就业保障金征收使用管理办法》，现印发给你们，请遵照执行。

附件：残疾人就业保障金征收使用管理办法

财政部　国家税务总局　中国残疾人联合会
2015年9月9日

残疾人就业保障金征收使用管理办法

第一章 总 则

第一条 为了规范残疾人就业保障金(以下简称保障金)征收使用管理,促进残疾人就业,根据《残疾人保障法》《残疾人就业条例》的规定,制定本办法。

第二条 保障金是为保障残疾人权益,由未按规定安排残疾人就业的机关、团体、企业、事业单位和民办非企业单位(以下简称用人单位)缴纳的资金。

第三条 保障金的征收、使用和管理,适用本办法。

第四条 本办法所称残疾人,是指持有《中华人民共和国残疾人证》上注明属于视力残疾、听力残疾、言语残疾、肢体残疾、智力残疾、精神残疾和多重残疾的人员,或者持有《中华人民共和国残疾军人证》(1级至8级)的人员。

第五条 保障金的征收、使用和管理应当接受财政部门的监督检查和审计机关的审计监督。

第二章 征 收 缴 库

第六条 用人单位安排残疾人就业的比例不得低于本单位在职职工总数的1.5%。具体比例由各省、自治区、直辖市人民政府根据本地区的实际情况规定。

用人单位安排残疾人就业达不到其所在地省、自治区、直辖市人民政府规定比例的,应当缴纳保障金。

第七条 用人单位将残疾人录用为在编人员或依法与就业年龄段内的残疾人签订1年以上(含1年)劳动合同(服务协议),且实际支付的工资不低于当地最低工资标准,并足额缴纳社会保险费的,方可计入用人单位所安排的残疾人就业人数。

用人单位安排1名持有《中华人民共和国残疾人证》(1级至2级)或《中华人民共和国残疾军人证》(1级至3级)的人员就业的,按照安排2名残疾人就业计算。

用人单位跨地区招用残疾人的,应当计入所安排的残疾人就业人数。

第八条 保障金按上年用人单位安排残疾人就业未达到规定比例的差额人数和本单位在职职工年平均工资之积计算缴纳。计算公式如下:

$$\text{保障金年缴纳额} = (\text{上年用人单位在职职工人数} \times \text{所在地省、自治区、直辖市人民政府规定的安排残疾人就业比例} - \text{上年用人单位实际安排的残疾人就业人数}) \times \text{上年用人单位在职职工年平均工资}$$

用人单位在职职工,是指用人单位在编人员或依法与用人单位签订1年以上(含1年)劳动合同(服务协议)的人员。季节性用工应当折算为年平均用工人数。以劳务派遣用工的,计入派遣单位在职职工人数。

用人单位安排残疾人就业未达到规定比例的差额人数,以公式计算结果为准,可以不是整数。

上年用人单位在职职工年平均工资,按用人单位上年在职职工工资总额除以用人单位在职职工人数计算。

第九条 保障金由用人单位所在地的地方税务局负责征收。没有分设地方税务局的地方,由国家税务局负责征收。

有关省、自治区、直辖市对保障金征收机关另有规定的,按其规定执行。

第十条 保障金一般按月缴纳。

用人单位应按规定时限向保障金征收机关申报缴纳保障金。在申报时,应提供本单位在职职工人数、实际安排残疾人就业人数、在职职工年平均工资等信息,并保证信息的真实性和完整性。

第十一条 保障金征收机关应当定期对用人单位进行检查。发现用人单位申报不实、少缴纳保障金的,征收机关应当催报并追缴保障金。

第十二条 残疾人就业服务机构应当配合保障金征收机关做好保障金征收工作。

用人单位应按规定时限如实向残疾人就业服务机构申报上年本单位安排的残疾人就业人数。未在规定时限申报的,视为未安排残疾人就业。

残疾人就业服务机构进行审核后,确定用人单位实际安排的残疾人就业人数,并及时提供给保障金征收机关。

第十三条 保障金征收机关征收保障金时,应当向用人单位开具省级财政部门统一印制的票据或税收票证。

第十四条 保障金全额缴入地方国库。

地方各级人民政府之间保障金的分配比例,由各省、自治区、直辖市财政部门商残疾人联合会确定。

具体缴库办法按照省级财政部门的规定执行。

第十五条 保障金由税务机关负责征收的,应积极采取财税库银税收收入电子缴库横向联网方式征缴保障金。

第十六条 自工商登记注册之日起 3 年内,对安排残疾人就业未达到规定比例、在职职工总数 20 人以下(含 20 人)的小微企业,免征保障金。

第十七条 用人单位遇不可抗力自然灾害或其他突发事件遭受重大直接经济损失,可以申请减免或者缓缴保障金。具体办法由各省、自治区、直辖市财政部门规定。

用人单位申请减免保障金的最高限额不得超过 1 年的保障金应缴额,申请缓缴保障金的最长期限不得超过 6 个月。

批准减免或者缓缴保障金的用人单位名单,应当每年公告一次。公告内容应当包括批准机关、批准文号、批准减免或缓缴保障金的主要理由等。

第十八条　保障金征收机关应当严格按规定的范围、标准和时限要求征收保障金,确保保障金及时、足额征缴到位。

第十九条　任何单位和个人均不得违反本办法规定,擅自减免或缓征保障金,不得自行改变保障金的征收对象、范围和标准。

第二十条　各地应当建立用人单位按比例安排残疾人就业及缴纳保障金公示制度。

残疾人联合会应当每年向社会公布本地区用人单位应安排残疾人就业人数、实际安排残疾人就业人数和未按规定安排残疾人就业人数。

保障金征收机关应当定期向社会公布本地区用人单位缴纳保障金情况。

第三章　使用管理

第二十一条　保障金纳入地方一般公共预算统筹安排,主要用于支持残疾人就业和保障残疾人生活。支持方向包括:

(一)残疾人职业培训、职业教育和职业康复支出。

(二)残疾人就业服务机构提供残疾人就业服务和组织职业技能竞赛(含展能活动)支出。补贴用人单位安排残疾人就业所需设施设备购置、改造和支持性服务费用。补贴辅助性就业机构建设和运行费用。

(三)残疾人从事个体经营、自主创业、灵活就业的经营场所租赁、启动资金、设施设备购置补贴和小额贷款贴息。各种形式就业残疾人的社会保险缴费补贴和用人单位岗位补贴。扶持农村残疾人从事种植、养殖、手工业及其他形式生产劳动。

(四)奖励超比例安排残疾人就业的用人单位,以及为安排残疾人就业做出显著成绩的单位或个人。

(五)对从事公益性岗位就业、辅助性就业、灵活就业,收入达不到当地最低工资标准、生活确有困难的残疾人的救济补助。

(六)经地方人民政府及其财政部门批准用于促进残疾人就业和保障困难残疾人、重度残疾人生活等其他支出。

第二十二条　地方各级残疾人联合会所属残疾人就业服务机构的正常经费开支,由地方同级财政预算统筹安排。

第二十三条　各地要积极推行政府购买服务,按照政府采购法律制度规定选择符合要求的公办、民办等各类就业服务机构,承接残疾人职业培训、职业教育、职业康复、就业服务和就业援助等工作。

第二十四条　地方各级残疾人联合会、财政部门应当每年向社会公布保障金用于支持残疾人就业和保障残疾人生活支出情况,接受社会监督。

第四章 法 律 责 任

第二十五条 单位和个人违反本办法规定,有下列情形之一的,依照《财政违法行为处罚处分条例》和《违反行政事业性收费和罚没收入收支两条线管理规定行政处分暂行规定》等国家有关规定追究法律责任;涉嫌犯罪的,依法移送司法机关处理:

(一)擅自减免保障金或者改变保障金征收范围、对象和标准的;

(二)隐瞒、坐支应当上缴的保障金的;

(三)滞留、截留、挪用应当上缴的保障金的;

(四)不按照规定的预算级次、预算科目将保障金缴入国库的;

(五)违反规定使用保障金的;

(六)其他违反国家财政收入管理规定的行为。

第二十六条 用人单位未按规定缴纳保障金的,按照《残疾人就业条例》的规定,由保障金征收机关提交财政部门,由财政部门予以警告,责令限期缴纳,逾期仍不缴纳的,除补缴欠缴数额外,还应当自欠缴之日起,按日加收5‰的滞纳金。滞纳金按照保障金入库预算级次缴入国库。

第二十七条 保障金征收、使用管理有关部门的工作人员违反本办法规定,在保障金征收和使用管理工作中滥用职权、玩忽职守、徇私舞弊的,依法给予处分;涉嫌犯罪的,依法移送司法机关。

第五章 附 则

第二十八条 各省、自治区、直辖市财政部门会同税务部门、残疾人联合会根据本办法制定具体实施办法,并报财政部、国家税务总局、中国残疾人联合会备案。

第二十九条 本办法由财政部会同国家税务总局、中国残疾人联合会负责解释。

第三十条 本办法自2015年10月1日起施行。《财政部关于发布〈残疾人就业保障金管理暂行规定〉的通知》(财综字〔1995〕5号)及其他与本办法不符的规定同时废止。

财政部关于取消、调整部分政府性基金有关政策的通知

(财税〔2017〕18号)

发展改革委、住房城乡建设部、商务部、水利部、税务总局、中国残联,各省、自治区、直辖市财政厅(局):

为切实减轻企业负担,促进实体经济发展,经国务院批准,现就取消、调整部分政府性基金有关政策通知如下:

一、取消城市公用事业附加和新型墙体材料专项基金。以前年度欠缴或预缴的上述政府性基金,相关执收单位应当足额征收或及时清算,并按照财政部门规定的渠道全额上缴国库或多退少补。

二、调整残疾人就业保障金征收政策

(一)扩大残疾人就业保障金免征范围。将残疾人就业保障金免征范围,由自工商注册登记之日起3年内,在职职工总数20人(含)以下小微企业,调整为在职职工总数30人(含)以下的企业。调整免征范围后,工商注册登记未满3年、在职职工总数30人(含)以下的企业,可在剩余时期内按规定免征残疾人就业保障金。

标注:财税〔2014〕122号—《财政部 国家税务总局关于对小微企业免征有关政府性基金的通知》规定,自工商登记注册之日起3年内,对安排残疾人就业未达到规定比例、在职职工总数20人以下(含20人)的小微企业,免征残疾人就业保障金(详细点击下面链接)。根据这一规定,假定某企业于2015年初成立,在职人数少于20人,可以免3年残疾人基金,如果该企业今年人数达到30人以下,根据财税〔2017〕18号规定,今年可以继续享受免征。

(二)设置残疾人就业保障金征收标准上限。用人单位在职职工年平均工资未超过当地社会平均工资(用人单位所在地统计部门公布的上年度城镇单位就业人员平均工资)3倍(含)的,按用人单位在职职工年平均工资计征残疾人就业保障金;超过当地社会平均工资3倍以上的,按当地社会平均工资3倍计征残疾人就业保障金。用人单位在职职工年平均工资的计算口径,按照国家统计局关于工资总额组成的有关规定执行。

三、"十三五"期间,省、自治区、直辖市人民政府可以结合当地经济发展水平、相关公共事业和设施保障状况、社会承受能力等因素,自主决定免征、停征或减征地方水利建设基金、地方水库移民扶持基金。各省、自治区、直辖市财政部门应当将本地区出台的减免政策报财政部备案。

标注:根据《吉林省财政厅〈关于水利建设基金征收范围和营改增后计征依据等问题的通知〉》(吉财水函〔2016〕353号)文件规定:根据《关于扩大有关政府性基金免征范围的通知》(财税〔2016〕12号)的要求,自2016年2月1日起,对于上一年度销售额或营业额不超过120万元的水利建设基金缴纳义务人,免征水利建设基金。详细点击下面链接。

四、各级财政部门要切实做好经费保障工作,妥善安排相关部门和单位预算,保障其依法履行职责,积极支持相关事业发展。

五、各级地区、有关部门和单位要通过广播、电视、报纸、网络等媒体,加强政策宣传解读,及时发布信息,做好舆论引导。

六、各地区、有关部门和单位要严格执行政府性基金管理有关规定,对公布取消、调整或减免的政府性基金,不得以任何理由拖延或者拒绝执行。有关部门要加强政策落实情况的监督检查,对违反规定的,应当按照《预算法》《财政违法行为处罚处分条例》等法律、行政法规规定予以处理。

七、本通知自2017年4月1日起执行。《财政部关于征收城市公用事业附加的几项规定》(〔64〕财预王字第380号)、《财政部 国家发展改革委关于印发〈新型墙体材料专项基金征收使用管理办法〉的通知》(财综〔2007〕77号)同时废止。

财政部
2017年3月15日

国家税务总局关于贯彻落实降低残疾人就业保障金征收标准政策的通知

(税总函〔2018〕175号)

各省、自治区、直辖市和计划单列市国家税务局、地方税务局,国家税务总局驻各地特派员办事处:

为进一步减轻社会负担,支持实体经济发展,根据党中央、国务院决策部署,财政部印发了《关于降低部分政府性基金征收标准的通知》(财税〔2018〕39号,以下简称《通知》),明确自2018年4月1日起,将残疾人就业保障金(以下简称"残保金")征收标准上限由当地社会平均工资的3倍降低至2倍。现就税务系统贯彻落实相关事项通知如下:

一、深刻领会中央精神,准确把握政策要义

继续降低残保金征收标准,是深入贯彻党的十九大、中央经济工作会议、《政府工作报告》关于降费减负决策部署的重要举措,也是党中央、国务院对社会关切的积极回应。各地税务机关要进一步学习《中华人民共和国残疾人保障法》《残疾人就业条例》等法律法规,充分认识征收残保金对促进残疾人就业的重要意义,深刻领会中央决策精神,准确把握《通知》要求,务求使降费减负政策落实到位,减轻用人单位负担,支持实体经济发展,保障残疾人合法就业权益。

二、认真学习宣传政策,促进政策顺利实施

负责征收残保金的税务机关要组织政策学习培训,促进征缴双方正确理解执行政策。要积极配合财政、残联部门通过互联网站、移动客户端、新闻媒体、12366纳税服务热线、办税服务厅等多种渠道广泛深入宣传政策,并结合征管解释辅导政策,力求使用人单位广为周知,从而保证政策顺利实施。

三、及时调整征管系统,确保征管有序高效

要严格按照《通知》要求做好政策衔接,及时调整征管系统参数配置,确保系统运行顺畅。对《通知》实施之日起已完成当月申报的用人单位,应及时告知其政策调整信息,并确认是否需要重新申报。对多缴费的用人单位,应按规定办理退抵手续,切实保障用人单位权益。要密切跟踪政策执行情况,关注舆情动态,对出现的问题要迅速果断处置,并及时报告上级税务机关和当地党委、政府。

为了解掌握上述降费减负政策实施情况,请承担残保金征收的省(区、市)税务局于年度终了15日内,通过FTP向国家税务总局(所得税司)报送《税务机关征收残疾人就业保障金地区减负情况表》和降费减负政策实施情况分析报告。报送地址:center/所得税司/社保费征管处/2018年落实减负政策汇总。

附件:税务机关征收残疾人就业保障金地区减负情况表

国家税务总局
2018年5月11日

财政部关于降低部分政府性基金征收标准的通知

(财税〔2018〕39号)

国家发展改革委、水利部、国家税务总局、中国残联、国家电网公司、中国南方电网有限责任公司,各省、自治区、直辖市财政厅(局),新疆生产建设兵团财政局,财政部驻各省、自治区、直辖市财政监察专员办事处:

为进一步减轻社会负担,支持实体经济发展,现就降低部分政府性基金征收标准有关政策通知如下:

一、自2018年4月1日起,将残疾人就业保障金征收标准上限,由当地社会平均工资的3倍降低至2倍。其中,用人单位在职职工平均工资未超过当地社会平均工资2倍(含)的,按用人单位在职职工年平均工资计征残疾人就业保障金;超过当地社会平均工资2倍的,按当地社会平均工资2倍计征残疾人就业保障金。

二、自2018年7月1日起,将国家重大水利工程建设基金征收标准,在按照《财政部关于降低国家重大水利工程建设基金和大中型水库移民后期扶持基金征收标准的通知》(财税〔2017〕51号)降低25%的基础上,再统一降低25%。调整后的征收标准=按照《财政部 国家发展改革委 水利部关于印发〈国家重大水利工程建设基金征收使用管理暂行办法〉的通知》(财综〔2009〕90号)规定的征收标准×(1−25%)×(1−25%)。

征收标准降低后南水北调、三峡后续规划等中央支出缺口,在适度压减支出、统筹现有资金渠道予以支持的基础上,由中央财政通过其他方式予以适当弥补。地方支出缺口,由地方财政统筹解决。

三、各地区、各有关部门和单位应当按照本通知规定,及时制定出台相关配套措施,确保上述政策落实到位。

财政部
2018 年 4 月 13 日

财政部关于发布《残疾人就业保障金管理暂行规定》的通知

(财综字〔1995〕5 号)

国务院各部委、各直属机构,各省、自治区、直辖市财政厅(局):

为贯彻《中华人民共和国残疾人保障法》中关于"机关、团体、企业事业组织、城乡集体经济组织,应当按一定比例安排残疾人就业"的规定,一些地方依据本省、自治区、直辖市人大制定的"残疾人保障法实施办法",对安排残疾人就业达不到规定比例的单位收取残疾人就业保障金。为规范地方已收取的残疾人就业保障金收支管理办法,经中国残疾人联合会提出、我部制定了《残疾人就业保障金管理暂行规定》,现发给你们,请遵照执行。

附件:一、残疾人就业保障金管理暂行规定
　　　二、残疾人就业保障金专用票据(格式)

中华人民共和国财政部
1995 年 10 月 14 日

残疾人就业保障金管理暂行规定

第一条 在贯彻实施《中华人民共和国残疾人保障法》的过程中,一些地方法规规定机关、团体、企业事业单位和城乡集体经济组织安排残疾人就业达不到一定比例的,要交纳残疾人保障金(以下简称"保障金")。为了规范和加强"保障金"的管理,特制定本《规定》。

第二条 "保障金"是指在实施分散按比例安排残疾人就业的地区,凡安排残疾人达不到省、自治区、直辖市人民政府规定比例的机关、团体、企业事业单位和城乡集体经济组织,根据地方有关法规的规定,按照年度差额人数和上年度本地区职工年平均工资计算交纳用于残疾人就业的专项资金。"保障金"按属地原则交纳,中央部门所属单位按照所在地地方法规的有关规定办理。机关、团体、企业事业单位和城乡集体经济组织,应当按照《中华人民共和国残疾人保障法》的有关规定,积极创造条件,逐步达到规定的安排比例。

第三条 企业、城乡集体经济组织交纳的"保障金"从管理费用中列支,机关、团体和事业单位交纳的"保障金"从单位预算经费包干结余或收支结余中列支。

第四条 "保障金"的收取、使用和管理,由县级以上(含县级)残疾人劳动服务机构具体负责,并接受本地区残疾人联合会的领导。

第五条 机关、团体、事业单位因经费困难,企业因政策性亏损等原因,确需减免"保障金"的,由单位提出申请,报同级财政部门和残疾人联合会,经财政部门会同残疾人联合会审批后,可以给予减免照顾。未经批准,逾期不交者,可对逾期不交的部分按日加收5‰滞纳金。

第六条 "保障金"专项用于下列开支:

(一)补贴残疾人职业培训费用;

(二)奖励超比例安置残疾人就业的单位及为安排残疾人就业做出显著成绩的单位;

(三)有偿扶持残疾人集体从业、个体经营;

(四)经同级财政部门批准,适当补助残疾人劳动服务机构经费开支;

(五)经同级财政部门批准,直接用于残疾人就业工作的其他开支。"保障金"必须按照上述规定用途使用,任何部门不得平调或挪作他用。

第七条 各级残疾人劳动服务机构应建立健全"保障金"的财务管理制度,配备专门人员负责"保障金"的收支管理,接受财政、审计部门的检查和监督。

第八条 收取"保障金",必须使用财政部统一制定,省级财政部门印制发放的《残疾人就业保障金专用票据》,并加盖本地区残疾人劳动服务机构印章。

第九条 "保障金"暂按预算外资金进行管理,实行财政专户储存,计划管理,严格审批。"保障金"的存款利息收入计入"保障金"。残疾人劳动服务机构收取的"保障金",应按规定交存财政专户,并按规定编制"保障金"年度使用计划,报经财政部门审批后,由财政部门将资金划拨残疾人劳动服务机构在银行开设的账户,并严格按计划使用。"保障金"年终结余结转下年安排使用。

第十条 残疾人劳动服务机构应编制"保障金"年度收支预决算,经同级残疾人联合会审核、财政部门批准后,报同级残疾人工作协调委员会和上一级残疾人联合会备案。

第十一条 各省、自治区、直辖市可以根据本《规定》制定具体实施办法,并报财政部、中国残疾人联合会备案。

第十二条 本《规定》自发布之日起执行。

财政部关于发布全国政府性基金项目目录的通知

(财综〔2004〕第6号)

各省、自治区、直辖市财政厅(局)、新疆生产建设兵团财务局,国务院各部委、各直属机构,各中央管理企业:

为了加强政府性基金监督管理,根据法律,行政法规,中共中央和国务院文件,以及财政部有关规定,我们编制了《全国政府性基金项目目录》(见附件,以下简称《基金目录》)。现将有关事项通知如下:

一、《基金目录》中所列的政府性基金项目为本通知发布之前法律、行政法规、中共中央和国务院文件规定,以及财政部会同有关部门批准的正在执行的向社会征收的全国政府性基金项目(包括资金、附加、专项收费,下同),不包括通过财政预算拨款建立的基金,公民、法人和其他组织自愿捐赠、赞助设立的基金,基金会募集建立的基金,通过社会统筹建立的社会保障基金,以及行政事业单位按照国家财务会计制度规定建立的专项基金。政府性基金具体征收范围、征收标准、资金管理方式等,应分别按照《基金目录》中注明的有关文件规定执行,征收期限按《财政部关于公布保留的政府性基金项目的通知》(财综〔2002〕33号)等有关文件规定执行。

二、根据《财政部关于公布保留的政府性基金项目的通知》(财综〔2002〕33号)的规定,按航空企业运输收入一定比例征收的民航基础设施建设基金执行至2003年12月31日。按照《财政部 国家计委关于延长国家碘盐基金征收期限等有关问题的通知》(财综〔2001〕74号)的规定,国家碘盐基金自2004年1月21日起停止征收。目前这两项政府性基金均已到期,有关部门和单位应严格按照规定停止征收。

三、根据《财政部关于重新申报政府性基金项目的通知》(财综函〔2002〕8号)的规定,价格调节基金为重新申报的政府性基金项目。鉴于价格调节基金涉及面广、情况比较复杂,我部将会同有关部门进行专题调查,另行研究解决办法。

四、截止本通知发布之日,全国政府性基金项目以《基金目录》为准,凡未列入《基金目录》的政府性基金项目,有关地区、部门和单位都应当停止执行,公民、法人和其他社会组织有权拒绝支付。本通知发布后新设立的政府性基金项目,统一按照国务院或财政部文件规定执行。

五、此前有关规定与本通知不一致的,一律以本通知规定为准。

附件:全国政府性基金项目目录

中华人民共和国财政部
二〇〇四年一月三十日

全国政府性基金项目目录

序号	项目名称	征收依据	资金管理方式	征收期限
1	农网还贷资金	国务院批准,财政部财企〔2001〕820号	缴入中央和地方国库	执行至2005年底
2	三峡工程建设基金	国务院国办发〔1993〕34号,财政部财企〔2002〕651号	缴入中央国库	待三峡工程完工时取消
3	墙体材料专项基金	国务院国发〔1992〕66号,财政部财综字〔2002〕55号	缴入地方国库	执行至2005年底
4	港口建设费	国务院国发〔1985〕124号、交通部、原国家计委、财政部、原国家物价局交财发〔1993〕456号	缴入中央国库	执行至2005年底
5	民航机场管理建设费	国务院国阅〔1991〕144号,国务院国办发〔1995〕57号,财政部财综字〔1999〕147号、财规〔2000〕28号	缴入中央和地方国库	执行至2005年底
6	铁路建设基金	国务院国发〔1992〕37号,财政部财工字〔1996〕371号	缴入中央国库	执行至2005年底
7	铁路建设附加费(福建)	国务院国发〔1998〕17号,财政部、原国家计委财综〔2001〕26号	缴入地方省级国库	执行至2005年底
8	国家茧丝绸发展风险基金	国阅〔1996〕151号,国茧协〔1997〕11号	缴入中央国库	执行至2005年底
9	散装水泥专项资金	国务院国函〔1997〕8号,财政部财综〔2002〕23号	缴入地方国库	执行至2005年底
10	中央对外贸易发展基金	国务院国函〔1996〕17号	缴入中央国库	执行至2005年底
11	育林基金	《森林法》,原农林部、财政部财事字〔1972〕250号,原国家经贸委、原林业部、财政部、原国家物价局、原国家工商行政管理局经重〔1988〕122号,原林业部、财政部林财字〔1991〕74号,财政部(91)财农字第333号、(93)财农字第144号	缴入中央和地方国库	在法律未作调整的情况下继续保留
11-1	集体育林和更改基金	《森林法》,原农林部、财政部财事字〔1972〕250号,原国家经贸委、原林业部、财政部、原国家物价局、原国家工商行政管理局经重〔1988〕122号,原林业部、财政部林财字〔1991〕74号,财政部(91)财农字第333号、(93)财农字第144号,四川省林财〔1986〕20号	缴入地方国库	在法律未作调整的情况下继续保留
11-2	国有育林和更改基金	《森林法》,原农林部、财政部财事字〔1972〕250号,原国家经贸委、原林业部、财政部、原国家物价局、原国家工商行政管理局经重〔1988〕122号,原林业部、财政部林财字〔1991〕74号,财政部(91)财农字第333号、(93)财农字第144号,四川省林财〔1986〕20号	缴入地方国库	在法律未作调整的情况下继续保留

(续表)

序号	项目名称	征收依据	资金管理方式	征收期限
11-3	维简费	财政部(93)财农字第 144 号	缴入地方国库	在法律未作调整的情况下继续保留
11-4	林业维简费	财政部(93)财农字第 144 号,贵州省政府黔府办〔1989〕39 号	缴入地方国库	在法律未作调整的情况下继续保留
12	林业基金（山西）	《森林法》,财政部财综函〔2003〕1 号	缴入地方国库	在法律未作调整的情况下继续保留
13	森林植被恢复费	《森林法》,财政部财综〔2002〕73 号	缴入中央和地方国库	在法律未作调整的情况下继续保留
14	水利建设基金	国务院国发〔1997〕7 号,财政部财综字〔1998〕117～145 号	缴入中央和地方国库	执行至 2005 年底
15	库区维护建设基金			
15-1	库区维护基金	原电力工业部、财政部〔81〕电财字第 56 号,财政部(86)财工字第 151 号,计价格〔1999〕2224 号	缴入地方国库	执行至 2005 年底
15-2	库区建设基金	国务院办公厅国办发〔2002〕3 号,财政部财企〔2003〕57 号,发改价格〔2003〕827 号	缴入中央和地方国库	执行至 2007 年底
15-3	库区后期扶持基金	国务院批准,原国家计委、财政部、原国家经贸委计建设〔1996〕526 号,财政部财综函〔2002〕22 号	缴入地方国库	执行至 2005 年底
15-4	库区移民后期扶持基金（湖南、四川）	国务院批准,财政部财综〔2002〕13 号、财综函〔2003〕10 号	缴入地方国库	执行至 2005 年底
15-5	库区移民扶助金（辽宁、安徽、河南、湖北）	国务院国办发〔1986〕56 号,财政部财综〔2002〕74 号、财综函〔2003〕2 号、9 号,财综〔2003〕19 号	缴入地方国库	执行至 2005 年底
15-6	三峡库区移民后期扶持基金	国务院令第 299 号,财政部财企〔2003〕258 号	缴入中央国库	每台机组征收 10 年
16	新菜地开发建设基金	《土地法》《国家建设征用土地条例》,原农牧渔业部、原国家计委、原商业部〔1985〕农（土）字第 11 号	缴入地方国库	在法律未作调整的情况下继续保留
17	城镇公用事业附加	财政部(64)财预字第 380 号	缴入地方国库	执行至 2005 年底
18	文化事业建设费	国务院国发〔1996〕37 号,财政部、国家税务总局财税字〔1997〕95 号	缴入中央和地方国库	执行至 2005 年底

(续表)

序号	项目名称	征收依据	资金管理方式	征收期限
19	国家电影事业发展专项资金	广播电影电视部、财政部广发影字〔1991〕187号、广发影字〔1996〕803号	缴入中央和地方国库	执行至2005年底
20	城市教育附加费	《教育法》，国务院令第60号，国发〔1986〕50号，国发明电〔1994〕2号、23号，（92）财预字第111号	缴入中央和地方国库	在法律未作调整的情况下继续保留
21	地方教育附加（辽宁、安徽、福建、四川、江苏、广西、宁夏、贵州、青海、河北）	《教育法》，财政部财综函〔2003〕2号、9号、10号、12号、13号、14号、15号、16号、18号，财综〔2001〕58号	缴入地方国库	在法律未作调整的情况下继续保留
22	地方教育基金（北京、江苏）	《教育法》，财政部财综函〔2002〕31号、财综函〔2003〕12号	缴入地方国库	在法律未作调整的情况下继续保留
23	旅游发展基金	国务院批准，国家旅游局、民用航空总局、财政部、原国家物价局旅办发〔1991〕124号	缴入中央国库	执行至2005年底
24	残疾人就业保障金	《残疾人保障法》，财政部财综字〔1995〕5号、财综〔2001〕16号	缴入地方国库	在法律未作调整的情况下继续保留
25	帮困基金（陕西）	中共中央中办发〔1996〕29号，财政部财综〔2002〕27号	缴入地方国库	执行至2005年底
26	能源基地建设基金（山西）	国务院批准，原国家计委、财政部计基础〔2001〕349号	缴入地方国库	执行至2005年底
27	水资源补偿费（山西）	国务院批准，原国家计委、财政部计基础〔2001〕349号，财政部财综〔2001〕62号	缴入地方国库	执行至2005年底
28	电源基地建设基金（山西）	国务院批准，原国家计委价管〔1997〕440号，财政部财综〔2002〕33号	缴入地方国库	执行至2005年底
29	燃油附加费（海南）	《公路法》，海南省人大36号令	缴入地方国库	待燃油税开征时取消
30	公路客货运附加费	国务院批准，原国家计委、财政部、交通部计价管〔1998〕1104号	缴入地方国库	待燃油税开征时取消
30-1	客运站场建设费	国务院批准，原国家计委、财政部、交通部计价管〔1998〕1104号，山西省晋交技字〔1992〕197号	缴入地方国库	待燃油税开征时取消
30-2	公路客运设施建设专用基金	国务院批准，原国家计委、财政部、交通部计价管〔1998〕1104号，辽宁省政府辽政发〔1986〕43号	缴入地方国库	待燃油税开征时取消
30-3	公路货运发展建设基金	国务院批准，原国家计委、财政部、交通部计价管〔1998〕1104号，辽宁省交通厅、计委、财政厅辽交财〔1992〕38号	缴入地方国库	待燃油税开征时取消

(续表)

序号	项目名称	征收依据	资金管理方式	征收期限
30-4	客货运输设施建设基金	国务院批准,原国家计委、财政部、交通部计价管〔1998〕1104号,吉林省政府吉政发〔1987〕49号	缴入地方国库	待燃油税开征时取消
30-5	客票附加费	国务院批准,原国家计委、财政部、交通部计价管〔1998〕1104号,江苏省苏财综〔1998〕128号	缴入地方国库	待燃油税开征时取消
30-6	货物附加费	国务院批准,原国家计委、财政部、交通部计价管〔1998〕1104号,江苏省苏财综〔1993〕200号	缴入地方国库	待燃油税开征时取消
30-7	公路客运附加费	国务院批准,原国家计委、财政部、交通部计价管〔1998〕1104号,四川省川交财〔1995〕184号	缴入地方国库	待燃油税开征时取消
30-8	公路货运附加费	国务院批准,原国家计委、财政部、交通部计价管〔1998〕1104号,四川省政府川办函〔1992〕71号	缴入地方国库	待燃油税开征时取消
30-9	客运车辆公路基础设施建设费	国务院批准,原国家计委、财政部、交通部计价管〔1998〕1104号,甘肃省甘财综发〔1995〕30号	缴入地方国库	待燃油税开征时取消
30-10	货运车辆公路基础设施建设费	国务院批准,原国家计委、财政部、交通部计价管〔1998〕1104号,甘肃省甘财综发〔1994〕25号	缴入地方国库	待燃油税开征时取消
31	水运客货运附加费	国务院批准,交通部、原国家计委、财政部、原国家物价局交财发〔1993〕456号	缴入中央国库	待燃油税开征时取消

五、文化事业建设费

国务院关于进一步完善文化经济政策的若干规定

(国发〔1996〕37号)

为切实加强社会主义精神文明建设、促进文化事业健康发展,国务院决定进一步完善文化经济政策,在加大各级财政对文化事业投入力度的同时,拓宽文化事业资金投入渠道,逐步形成适应社会主义市场经济要求的筹资机制和多渠道投入体制。

一、开征文化事业建设费

为引导和调控文化事业的发展,从1997年1月1日起,在全国范围内开征文化事业建设费(地方已开征的不重复征收)。

(一) 各种营业性的歌厅、舞厅、卡拉 OK 歌舞厅、音乐茶座和高尔夫球、台球、保龄球等娱乐场所,按营业收入的 3% 缴纳文化事业建设费。

广播电台、电视台和报纸、刊物等广告媒介单位以及户外广告经营单位,按经营收入的 3% 缴纳文化事业建设费。

(二) 文化事业建设费由地方税务机关在征收娱乐业、广告业的营业税时一并征收。中央和国家机关所属单位缴纳的文化事业建设费,由地方税务机关征收后全额上缴中央金库。地方缴纳的文化事业建设费,全额缴入省级金库。

(三) 文化事业建设费纳入财政预算管理,分别由中央和省级建立专项资金,用于文化事业建设。文化事业建设费的具体管理和使用办法,由财政部门会同有关主管部门制定。

二、鼓励对文化事业的捐赠

为鼓励社会力量资助文化事业,纳税人通过文化行政管理部门或批准成立的非营利性的公益性组织对下列文化事业的捐赠,在年度应纳税所得额 3% 以内的部分,经主管税务机关审核后,在计算应纳税所得额时予以扣除:

(一) 对国家重点交响乐团、芭蕾舞团、歌剧团和京剧团及其他民族艺术表演团体的捐赠。

(二) 对公益性的图书馆、博物馆、科技馆、美术馆、革命历史纪念馆的捐赠。

(三) 对重点文物保护单位的捐赠。

三、继续实行财税优惠政策

随着经济发展和财政收入的增长,逐步增加对文化事业的资金投入,继续实行财税优惠政策。

(一) "九五"期间,财政部、国家税务总局《关于继续对宣传文化单位实行财税优惠政策的法规》(〔94〕财税字第 089 号)中法规的 7 类出版物、县及县以下新华书店和农村供销社销售出版物的增值税,继续实行先征后退的办法;经国务院批准成立的电影制片厂销售的电影拷贝收入,继续免征增值税;中央和省级财政继续按宣传文化企业上年上缴所得税的实际入库数列支出预算,建立宣传文化发展专项资金;中央和省级财政要继续在预算中安排部分专项经费,纳入宣传文化发展专项资金。

财税优惠政策如因税制调整而停止执行,各级财政部门要通过预算方式相应解决宣传文化单位由此产生的经费问题。

(二) 适当增加"万里边境文化长廊"补助经费。在民族事业费和边境建设费中安排一定数量扶持边远地区、民族地区发展文化事业。有关地方政府也应逐步增加对边远地区、民族地区文化事业的投入。

四、建立健全专项资金制度

为促进宣传文化事业发展、增强调控能力、保证重点需要、规范资金管理,中央和省级要建立健全有关专项资金制度。

专项资金的来源为财政预算资金和按国家有关法规批准的收费等预算外资金。财政部门要做好专项资金的预算安排,有关部门要严格按照法规征收预算外资金。目前,要重点完善"宣传文化发展专项资金""优秀剧(节)目创作演出专项资金""国家电影事业发展专项资金"和"出版发展专项资金"制度。

专项资金是财政资金,要按照有关财政法规的要求健全制度、加强管理,保证专项专用,并接受财政和审计部门监督检查。

财政部关于开征文化事业建设费有关预算管理问题的通知

(财预字〔1996〕469号)

各省、自治区、直辖市、计划单列市财政厅(局)、地方税务局、分金库:

根据《国务院关于进一步完善文化经济政策的若干规定》(国发〔1996〕37号),现就关于开征文化事业建设费有关预算管理问题通知如下:

一、关于预算科目

在1997年基金预算收入科目中设置第443款"文化事业建设费收入","款"下设置"中央所属企事业单位文化事业建设费收入""地方所属企事业单位文化事业建设费收入""中央和地方所属企事业单位文化事业建设费收入"三个项级科目。

在1997年基金预算支出科目中设置第443款"文化事业建设费支出"。

二、关于预算级次和缴库办法

中央所属企事业单位缴纳的文化事业建设费,中央所属企事业单位组成的联营企业、股份制企业缴纳的文化事业建设费,中央所属企事业单位与集体企业、私营企业组成的联营企业、股份制企业缴纳的文化事业建设费,中央所属企事业单位与外商组成的中外合资经营企业、中外合作经营企业缴纳的文化事业建设费,全部作为中央基金预算收入,用"一般缴款书",以"中央所属企事业单位文化事业建设费收入""项"级科目,就地缴入中央国库。

地方所属企事业单位、集体企业、私营企业、外商独资企业缴纳的文化事业建设费,地方所属企事业单位、集体企业、私营企业组成的联营企业、股份制企业缴纳文化事业建设费,地方所属企事业单位、集体企业、私营企业与外商组成的中外合资经营企业、中外合作经营企业缴纳的文化事业建设费,全部作为地方预算收入,用"一般缴款书",以"地方所属企事业单位文化事业建设费收入"科目,就地缴入省级国库。

中央所属企事业单位与地方所属企事业单位组成的联营企业、股份制企业缴纳的文化事业建设费,中央所属企事业单位与地方所属企事业单位联合与集体企业、私营企业、外商组成的联营企业、股份制企业、中外合资经营企业、中外合作经营企业缴纳的文化事业建设费,按中央、地方各自投资占中央和地方投资之和的比例,分别作为中央基金预算收入和地方基金预算收入,分别填开"一般缴款书",以"中央和地方所属企事业单位文化事业建设费收入"科目,就地缴入中央国库和省级国库。

三、文化事业建设费的具体管理办法,由财政部会同有关部门另行制定。

四、本通知自1997年1月1日起执行。

财政部　中宣部关于颁发《文化事业建设费使用管理办法》的通知

（财文字〔1997〕243号）

各省、自治区、直辖市、计划单列市财政厅(局),党委宣传部：

根据党的十四届六中全会通过的《中共中央关于加强社会主义精神文明建设若干重要问题的决议》精神和《国务院关于进一步完善文化经济政策的若干规定》(国发〔1996〕37号),我们制定了《文化事业建设费使用管理办法》,现发给你们,请遵照执行。

附件：文化事业建设费使用管理办法

附件

文化事业建设费使用管理办法

第一条　根据十四届六中全会通过的《中共中央关于加强社会主义精神文明建设若干重要问题的决议》精神和《国务院关于进一步完善文化经济政策的若干规定》(国发〔1996〕37号),制定本办法。

第二条　为了引导和调控文化事业的发展,国务院决定从1997年1月1日起在全国范围内开征文化事业建设费,即按歌厅、舞厅、卡拉OK歌舞厅、音乐茶座和高尔夫球、台球、保龄球等各种营业性娱乐场所营业收入的3％和广播电台、电视台和报纸、刊物等广告媒介单位以及户外广告经营单位营业收入的3％缴纳文化事业建设费。

第三条　文化事业建设费由地方税务机关征收。中央单位缴纳的文化事业建设费,由地方税务机关征收后全额上缴中央金库。地方单位缴纳的文化事业建设费,全额缴入省级金库。具体按照财政部《关于开征文化事业建设费有关预算管理问题的通知》(财预字〔1996〕469号)执行。

第四条　中央级文化事业建设费由财政部会同中央精神文明建设指导委员会办公室(以下简称中央文明委办公室)管理。省级文化事业建设费由省级财政部门会同省级精神文明建设指导委员会办公室(以下简称省文明委办公室)管理。

第五条 文化事业建设费的支出范围。文化事业建设费主要用于国家对社会主义精神文明建设,重点是思想道德和文化建设进行宏观调控等方面的开支。

中央级文化事业建设费的具体支出范围包括:

(一)重大活动经费。即用于举办有关社会主义思想道德建设和群众性精神文明创建活动的开支:

1. 由中央文明委负责组织的群众性精神文明创建活动评比表彰支出;

2. 由中央文明委负责组织的各类思想道德教育活动等所需支出;

3. 由中央文明委负责组织的大型综合文艺演出、庆典等活动的补助;

4. 由中央文明委责成或批准有关部门承办的思想道德和文化建设等活动的补助。

(二)培训经费。即用于中央文明委负责组织或责成有关部门组织的宣传文化事业人才培训和教学设备等方面的补助。

(三)优秀作品奖励经费。即由中央文明委组织的用于支持文学艺术、新闻出版、广播影视、哲学社会科学方面的优秀作品的创作和奖励。

(四)中央级国家公益性文化事业单位维修购置补助经费。

(五)中央级国家公益性文化事业单位的特殊需要。

省级文化事业建设费的支出范围参照上述规定办理。

第六条 文化事业建设费不得用于下列各项开支:

(一)部门和单位人员支出、正常办公支出、行政后勤支出、职工福利支出。

(二)部门和单位的基本建设支出。特殊情况,报经中央文明委办公室、省文明委办公室审核批准后个案处理。

(三)宣传文化企业的支出。

(四)其他不属于文化事业建设费开支范围的支出。

第七条 预算的编报、核定和执行。文化事业建设费支出预算,根据"先收后支、收支平衡,专款专用,重点扶持"的原则编制和核定。

(一)中央级文化事业建设费支出年度预算的编报和核定。由中央文明委办公室提出当年支出预算建议数和具体项目。财政部根据上年度文化事业建设费收入征缴入库数和当年预计征缴入库数核定年度支出预算。

(二)中央级文化事业建设费支出预算的执行。财政部根据核定的支出预算和收入缴库情况按季将经费拨给中央文明委办公室。中央文明委责成或批准有关部门和单位承办的项目和活动,其经费由中央文明委办公室在财政部核定的年度预算指标之内拨付有关主管部门,同时抄送财政部。

(三)省级文化事业建设费年度支出预算的编报、核定和执行办法参照前两款制定。

第八条 预算的调整。文化事业建设费收入年终入库数超过当年财政部门核定的文化事业建设费支出预算数时,超过的部分在核定的文化事业建设费支出预算数量,超过的部分在核定下年度文化事业建设费支出预算时予以安排;财政部门核定的文化事业建设费支出预算数,超过当年文化事业建设费收入年终入库数与上年结余数之和时,相应调减当年文化事业建设费支出预算。

第九条 决算的编报和核批:

(一)中央文明委办公室于年度终了按照财政部有关规定编制年度文化事业建设费支出决算,并附文字说明,于下年度 3 月上旬报送财政部核批。

(二)由中央文明委责成或批准各有关主管部门和单位承办的项目和活动所开支的文化事业建设费,分别由承办的主管部门编制文化事业建设费支出决算并附文字说明,于下年度 2 月上旬报中央文明委办公室审核汇总。

(三)省文明委办公室按照同级财政部门的规定,将本省文化事业建设费支出年终决算报同级财政部门核批。

(四)省文明委责成或批准各有关主管部门和单位承办事项开支的文化事业建设费,其决算编报按省级财政部门的规定执行。

(五)省级财政部门要按照财政部有关规定将本地区文化事业建设费支出年终决算随地方文教事业费决算一并报送财政部审核、汇总。

第十条 年终结余的处理。

中央文明委办公室及有关部门、省文明委办公室及有关部门的文化事业建设费年终结余,随决算报同级财政部门审定。

(一)中央文明委办公室、省文明委办公室未完成事项的文化事业建设费结余,结转下年度继续使用;已完成事项的文化事业建设费结余,由同级财政部门在核定下年度文化事业建设费支出预算时安排使用。

(二)有关部门未完成事项的文化事业建设费结余,结转下年度继续使用;已完成事项的文化事业建设费结余,分别缴回中央文明委办公室、省文明委办公室。

第十一条 监督和检查:

(一)文化事业建设费的使用必须遵守国家财政、财务规章制度和财经纪律。必须接受财政、审计部门的指导、检查和监督。

(二)财政部门应定期对文化事业建设费的使用情况进行检查。违反本办法的,要按照《国务院关于违反财政法规处罚的暂行规定》予以处理。

第十二条 各省、自治区、直辖市、计划单列市的财政厅(局),可根据本办法,结合本地区实际情况制定省级文化事业建设费使用管理办法,并报财政部备案。

第十三条 本办法由财政部负责解释。

第十四条 本办法自 1997 年 1 月 1 日起施行。

财政部 国家税务总局关于对外商投资企业、外国企业和外籍个人征收文化事业建设费问题的通知

(财税字〔1998〕14号)

财政部、国家税务总局制定的《文化事业建设费征收管理暂行办法》(财税字〔1997〕95号,以下简称办法)已于1997年6月17日经国务院批准,1997年7月7日发布施行。依照办法规定,在中华人民共和国境内缴纳娱乐业、广告业营业税的单位和个人,为文化事业建设费的缴纳义务人。据此,具有上述纳税义务的外商投资企业、外国企业和外籍个人,应当依照办法缴纳文化事业建设费。

财政部 国家税务总局
1998年1月22日

国务院关于支持文化事业发展若干经济政策的通知

(国发〔2000〕41号)

各省、自治区、直辖市人民政府,国务院各部委、各直属机构:

改革开放以来,特别是党的十四大以来,党中央、国务院先后出台了一系列文化经济政策,对改革宣传文化管理体制和完善宣传文化机构内部经营机制,促进精神文化产品生产和宣传文化设施建设,改善宣传文化机构的物质条件,发挥了积极作用,推动了宣传文化事业健康发展。

为认真贯彻《中共中央关于制定国民经济和社会发展第十个五年计划的建议》中关于"继续实行支持文化事业发展的有关政策,增加对重要新闻媒体和公益文化事业的投入"的精神,深化宣传文化管理体制改革,推动宣传文化事业发展,在"九五"结束后,要继续执行《国务院关于进一步完善文化经济政策的若干规定》(国发〔1996〕37号)及相关文件并加大财税支持力度,对现行的各项文化经济政策加以调整和完善。现将有关问题通知如下:

一、继续征收文化事业建设费。

(一)各种营业性的歌厅、舞厅、卡拉OK歌舞厅、音乐茶座和高尔夫球、台球、保龄球等娱乐场所,按营业收入的3%缴纳文化事业建设费。

广播电台、电视台和报纸、刊物等广告媒介单位以及户外广告经营单位,按经营收入的3%缴纳文化事业建设费。

（二）文化事业建设费由地方税务机关在征收娱乐业、广告业的营业税时一并征收。中央和国家机关所属单位缴纳的文化事业建设费，由地方税务机关征收后全额上缴中央金库。地方缴纳的文化事业建设费，全额缴入省级金库。

（三）文化事业建设费纳入财政预算管理，分别由中央和省级建立专项资金，用于文化事业建设。文化事业建设费的管理和使用，继续按照财政部、中宣部《关于颁发〈文化事业建设费使用管理办法〉的通知》（财文字〔1997〕243号）执行。

二、对下列出版物的增值税继续实行先征后退的办法。违规出版物和多次出现违规出版物的出版社不得享受此项政策。

（一）中国共产党和各民主党派的机关报和机关刊物。

（二）各级人民政府的机关报和机关刊物。

（三）各级人大、政协、工会、共青团、妇联组织的机关报和机关刊物。

（四）新华通讯社的机关报和机关刊物。

（五）军事部门的机关报和机关刊物。

（六）大中小学的学生课本和专为少年儿童出版发行的报纸和刊物。

（七）科技图书和科技期刊。

三、全国县（含县级市）及县以下新华书店和农村供销社销售出版物的增值税，继续实行先征后退的办法。

四、继续实施下列发展电影事业的五项经济政策。

（一）对经国务院批准成立的电影制片厂销售的电影拷贝收入，免征增值税；对电影发行单位向放映单位收取的发行收入，免征营业税。

（二）从电影放映收入中提取5%建立"国家电影事业发展专项资金"，用于电影行业的宏观调控。

（三）从电视广告纯收入中提取3%建立"电影精品专项资金"，用于支持电影精品摄制。

（四）从进口影片收入中提取部分资金用于电影制片、译制。

（五）特别重点影片的创作生产，可个案报批财政补贴。

五、继续增加对宣传文化事业的财政投入。

（一）中央和省级财政继续按宣传文化企业上年上缴所得税的实际入库数列支出预算，建立宣传文化发展专项资金；中央和省级财政要继续在预算中安排部分专项经费，纳入宣传文化发展专项资金。

（二）适当增加"万里边境文化长廊"补助经费。在民族事业费和边境建设费中安排一定数量扶持边远地区、民族地区发展文化事业。有关地方人民政府也应逐步增加对边远地区、民族地区文化事业的投入。

六、建立健全专项资金制度。为促进宣传文化事业发展、增强调控能力、保证重点需要、规范资金管理,中央和省级要建立健全有关专项资金制度。

专项资金的来源为财政预算资金和按国家有关规定批准的收费等预算外资金。财政部门要做好专项资金的预算安排,有关部门要严格按照规定征收预算外资金。要进一步完善"宣传文化发展专项资金""优秀剧(节)目创作演出专项资金""国家电影事业发展专项资金""电影精品专项资金"和"出版发展专项资金"等专项资金制度。

专项资金是财政资金,要按照有关财政法规的要求健全制度、加强管理,保证专项专用并接受财政和审计部门监督检查。

七、继续鼓励对宣传文化事业的捐赠。社会力量通过国家批准成立的非营利性的公益组织或国家机关对下列宣传文化事业的捐赠,纳入公益性捐赠范围,经税务机关审核后,纳税人缴纳企业所得税时,在年度应纳税所得额10%以内的部分,可在计算应纳税所得额时予以扣除;纳税人缴纳个人所得税时,捐赠额未超过纳税人申报的应纳税所得额30%的部分,可从其应纳税所得额中扣除。

(一)对国家重点交响乐团、芭蕾舞团、歌剧团、京剧团和其他民族艺术表演团体的捐赠。

(二)对公益性的图书馆、博物馆、科技馆、美术馆、革命历史纪念馆的捐赠。

(三)对重点文物保护单位的捐赠。

(四)对文化行政管理部门所属的非生产经营性的文化馆或群众艺术馆接受的社会公益性活动、项目和文化设施等方面的捐赠。

八、抓好落实,加强管理。各级财税部门要认真落实各项文化经济政策。宣传文化主管部门要充分发挥文化经济政策的宏观调控作用。宣传文化机构要深化内部改革,转换经营机制,健全财务制度,加强资金管理,接受的捐赠资金要专门用于发展宣传文化事业,不得挤占、挪用甚至私分,也不得以捐赠为由搞乱摊派、乱集资等活动。对出现的各种违法违纪行为,要追究责任,严肃处理。

国家税务总局关于营业税改征增值税试点有关文化事业建设费登记与申报事项的公告

(国家税务总局公告2013年第64号)

根据《财政部 国家税务总局关于营业税改征增值税试点有关文化事业建设费征收管理问题的通知》(财综〔2013〕88号),现将文化事业建设费登记与申报有关事项公告如下:

一、登记事项

凡应缴纳和扣缴文化事业建设费的单位和个人(以下简称缴纳人、扣缴人),须按以下规定填写《文化事业建设费登记表》(附件1),向主管税务机关申报办理文化事业建设费登记事项。

(一)缴纳人、扣缴人在办理税务登记或扣缴税款登记的同时,办理文化事业建设费登记。

(二)本公告发布之日前已经办理税务登记或扣缴税款登记,但未办理文化事业建设费登记的缴纳人、扣缴人,应在本公告发布后,首次申报缴纳文化事业建设费前,补办登记事项。

(三)不经常发生文化事业建设费应缴纳行为或按规定不需要办理税务登记、扣缴税款登记的缴纳人、扣缴人,可以在首次文化事业建设费应缴纳行为发生后,办理登记事项。

二、申报事项

(一)缴纳人、扣缴人应在申报期内分别向主管税务机关报送《文化事业建设费申报表》(附件2)、《文化事业建设费代扣代缴报告表》(附件3,以下简称申报表)。申报数据实行电子信息采集的缴纳人、扣缴人,其纸质申报表按照各省税务机关的要求报送。

(二)缴纳人计算缴纳文化事业建设费时,允许从提供相关应税服务所取得的全部含税价款和价外费用中减除有关价款的,应根据取得的合法有效凭证逐一填列《应税服务扣除项目清单》(附件4),作为申报表附列资料,向主管税务机关同时报送。

缴纳人应将合法有效凭证的复印件加盖财务印章后编号并装订成册,作为备查资料并妥善保管,以备税务机关检查审核。

(三)文化事业建设费的申报期限与缴纳人、扣缴人的增值税申报期限相同。

三、本公告自2014年1月1日起施行。《国家税务总局关于营业税改征增值税试点文化事业建设费缴费信息登记有关事项的公告》(国家税务总局公告2012年第50号)、《国家税务总局关于营业税改征增值税试点文化事业建设费申报有关事项的公告》(国家税务总局公告2012年第51号)、《国家税务总局关于营业税改征增值税试点中文化事业建设费征收有关事项的公告》(国家税务总局公告2013年第35号)同时废止。

特此公告。

附件:1.《文化事业建设费登记表》及填表说明
　　　2.《文化事业建设费申报表》及填表说明
　　　3.《文化事业建设费代扣代缴报告表》及填表说明
　　　4.《应税服务减除项目清单》及填表说明

国家税务总局
2013年11月11日

财政部 国家税务总局关于对小微企业免征有关政府性基金的通知

(财税〔2014〕122号)

各省、自治区、直辖市、计划单列市人民政府,中宣部、教育部、水利部、中国残联:

为进一步加大对小微企业的扶持力度,经国务院批准,现将免征小微企业有关政府性基金问题通知如下:

一、自2015年1月1日起至2017年12月31日,对按月纳税的月销售额或营业额不超过3万元(含3万元),以及按季纳税的季度销售额或营业额不超过9万元(含9万元)的缴纳义务人,免征教育费附加、地方教育附加、水利建设基金、文化事业建设费。

二、自工商登记注册之日起3年内,对安排残疾人就业未达到规定比例、在职职工总数20人以下(含20人)的小微企业,免征残疾人就业保障金。

三、免征上述政府性基金后,有关部门依法履行职能和事业发展所需经费,由同级财政预算予以统筹安排。

财政部 国家税务总局
2014年12月23日

财政部 国家税务总局关于营业税改征增值税试点有关文化事业建设费政策及征收管理问题的通知

(财税〔2016〕25号)

各省、自治区、直辖市、计划单列市财政厅(局)、国家税务局、地方税务局:

为促进文化事业发展,现就营业税改征增值税(以下简称营改增)试点中文化事业建设费政策及征收管理有关问题通知如下:

一、在中华人民共和国境内提供广告服务的广告媒介单位和户外广告经营单位,应按照本通知规定缴纳文化事业建设费。

二、中华人民共和国境外的广告媒介单位和户外广告经营单位在境内提供广告服务,在境内未设有经营机构的,以广告服务接受方为文化事业建设费的扣缴义务人。

三、缴纳文化事业建设费的单位(以下简称缴纳义务人)应按照提供广告服务取得的计费销售额和3%的费率计算应缴费额,计算公式如下:

$$应缴费额 = 计费销售额 \times 3\%$$

计费销售额,为缴纳义务人提供广告服务取得的全部含税价款和价外费用,减除支付给其他广告公司或广告发布者的含税广告发布费后的余额。

缴纳义务人减除价款的,应当取得增值税专用发票或国家税务总局规定的其他合法有效凭证,否则,不得减除。

四、按规定扣缴文化事业建设费的,扣缴义务人应按下列公式计算应扣缴费额:

$$应扣缴费额=支付的广告服务含税价款\times 费率$$

五、文化事业建设费的缴纳义务发生时间和缴纳地点,与缴纳义务人的增值税纳税义务发生时间和纳税地点相同。

文化事业建设费的扣缴义务发生时间,为缴纳义务人的增值税纳税义务发生时间。

文化事业建设费的扣缴义务人应当向其机构所在地或者居住地主管税务机关申报缴纳其扣缴的文化事业建设费。

六、文化事业建设费的缴纳期限与缴纳义务人的增值税纳税期限相同。

文化事业建设费扣缴义务人解缴税款的期限,应按照前款规定执行。

七、增值税小规模纳税人中月销售额不超过2万元(按季纳税6万元)的企业和非企业性单位提供的应税服务,免征文化事业建设费。

自2015年1月1日起至2017年12月31日,对按月纳税的月销售额不超过3万元(含3万元),以及按季纳税的季度销售额不超过9万元(含9万元)的缴纳义务人,免征文化事业建设费。

八、营改增后的文化事业建设费,由国家税务局征收。

九、营改增试点中文化事业建设费的预算科目、预算级次和缴库办法等,参照《财政部关于开征文化事业建设费有关预算管理问题的通知》(财预字〔1996〕469号)的规定执行,具体如下:

中央所属企事业单位缴纳的文化事业建设费,中央所属企事业单位组成的联营企业、股份制企业缴纳的文化事业建设费,中央所属企事业单位与集体企业、私营企业组成的联营企业、股份制企业缴纳的文化事业建设费,中央所属企事业单位与港、澳、台商组成的合资经营企业(港或澳、台资)、合作经营企业(港或澳、台资)缴纳的文化事业建设费,中央所属企事业单位与外商组成的中外合资经营企业、中外合作经营企业缴纳的文化事业建设费,全部作为中央预算收入,由税务机关开具税收缴款书,以"1030217文化事业建设费收入"项级科目就地缴入中央国库。

地方所属企事业单位、集体企业、私营企业、港澳台商独资经营企业、外商独资企业缴纳的文化事业建设费,地方所属企事业单位、集体企业、私营企业组成的联营企业、股份制企业缴纳的文化事业建设费,地方所属企事业单位、集体企业、私营企业与港、澳、台商组成的合资经营企业(港或澳、台资)、合作经营企业(港或澳、台资)缴纳的文化事业建设费,地方所属企事业单位、集体企业、私营企业与外商组成的中外合资经营企业、中外合作经营企业缴纳的文化事业建设费,全部作为地方预算收入,由税务机关开具税收缴款书,以"1030217文化事业建设费收入"项级科目,按各地方规定的缴库级次就地缴入地方国库。

中央所属企事业单位与地方所属企事业单位组成的联营企业、股份制企业缴纳的文化事业建设费,中央所属企事业单位与地方所属企事业单位联合与集体企业、私营企业、港澳台商、外商组成的联营企业、股份制企业、合资经营企业(港或澳、台资)、合作经营企业(港或澳、台资)、中外合资经营企业、中外合作经营企业缴纳的文化事业建设费,按中央、地方各自投资占中央和地方投资之和的比例,分别作为中央预算收入和地方预算收入,由税务机关开具税收缴款书就地缴入中央国库和地方规定的地方国库。

十、文化事业建设费纳入财政预算管理,用于文化事业建设。具体管理和使用办法,另行制定。

十一、本通知所称广告服务,是指《财政部 国家税务总局关于全面推开营业税改征增值税试点的通知》(财税〔2016〕36号)的《销售服务、无形资产、不动产注释》中"广告服务"范围内的服务。

十二、本通知所称广告媒介单位和户外广告经营单位,是指发布、播映、宣传、展示户外广告和其他广告的单位,以及从事广告代理服务的单位。

十三、本通知自2016年5月1日起执行。《关于营业税改征增值税试点有关文化事业建设费征收管理问题的通知》(财综〔2013〕88号)同时废止。

财政部 国家税务总局
2016年3月28日

财政部 国家税务总局关于营业税改征增值税试点有关文化事业建设费政策及征收管理问题的补充通知

(财税〔2016〕60号)

各省、自治区、直辖市、计划单列市财政厅(局)、国家税务局、地方税务局:

为促进文化事业发展,现就全面推开营业税改征增值税试点(以下简称营改增)后娱乐服务征收文化事业建设费有关事项补充通知如下:

一、在中华人民共和国境内提供娱乐服务的单位和个人(以下称缴纳义务人),应按照本通知以及《财政部 国家税务总局关于营业税改征增值税试点有关文化事业建设费政策及征收管理问题的通知》(财税〔2016〕25号)的规定缴纳文化事业建设费。

二、缴纳义务人应按照提供娱乐服务取得的计费销售额和3%的费率计算娱乐服务

应缴费额,计算公式如下:

$$娱乐服务应缴费额＝娱乐服务计费销售额×3\%$$

娱乐服务计费销售额,为缴纳义务人提供娱乐服务取得的全部含税价款和价外费用。

三、未达到增值税起征点的缴纳义务人,免征文化事业建设费。

四、本通知所称娱乐服务,是指《财政部 国家税务总局关于全面推开营业税改征增值税试点的通知》(财税〔2016〕36号)的《销售服务、无形资产、不动产注释》中"娱乐服务"范围内的服务。

五、本通知自2016年5月1日起执行。《财政部 国家税务总局关于印发〈文化事业建设费征收管理暂行办法〉的通知》(财税字〔1997〕95号)同时废止。

财政部 国家税务总局
2016年5月13日

六、废弃电器电子产品处理基金

废弃电器电子产品回收处理管理条例

(国务院令第551号)

《废弃电器电子产品回收处理管理条例》已经2008年8月20日国务院第23次常务会议通过,现予公布,自2011年1月1日起施行。

总　理　温家宝
二〇〇九年二月二十五日

废弃电器电子产品回收处理管理条例

第一章 总　则

第一条 为了规范废弃电器电子产品的回收处理活动,促进资源综合利用和循环经济发展,保护环境,保障人体健康,根据《中华人民共和国清洁生产促进法》和《中华人民共和国固体废物污染环境防治法》的有关规定,制定本条例。

第二条 本条例所称废弃电器电子产品的处理活动,是指将废弃电器电子产品进行拆解,从中提取物质作为原材料或者燃料,用改变废弃电器电子产品物理、化学特性的方法减少已产生的废弃电器电子产品数量,减少或者消除其危害成分,以及将其最终置于符合环境保护要求的填埋场的活动,不包括产品维修、翻新以及经维修、翻新后作为旧货再使用的活动。

第三条 列入《废弃电器电子产品处理目录》(以下简称《目录》)的废弃电器电子产品的回收处理及相关活动,适用本条例。

国务院资源综合利用主管部门会同国务院环境保护、工业信息产业等主管部门制订和调整《目录》,报国务院批准后实施。

第四条 国务院环境保护主管部门会同国务院资源综合利用、工业信息产业主管部门负责组织拟订废弃电器电子产品回收处理的政策措施并协调实施,负责废弃电器电子产品处理的监督管理工作。国务院商务主管部门负责废弃电器电子产品回收的管理工作。国务院财政、工商、质量监督、税务、海关等主管部门在各自职责范围内负责相关管理工作。

第五条 国家对废弃电器电子产品实行多渠道回收和集中处理制度。

第六条 国家对废弃电器电子产品处理实行资格许可制度。设区的市级人民政府环境保护主管部门审批废弃电器电子产品处理企业(以下简称处理企业)资格。

第七条 国家建立废弃电器电子产品处理基金,用于废弃电器电子产品回收处理费用的补贴。电器电子产品生产者、进口电器电子产品的收货人或者其代理人应当按照规定履行废弃电器电子产品处理基金的缴纳义务。

废弃电器电子产品处理基金应当纳入预算管理,其征收、使用、管理的具体办法由国务院财政部门会同国务院环境保护、资源综合利用、工业信息产业主管部门制订,报国务院批准后施行。

制订废弃电器电子产品处理基金的征收标准和补贴标准,应当充分听取电器电子产品生产企业、处理企业、有关行业协会及专家的意见。

第八条 国家鼓励和支持废弃电器电子产品处理的科学研究、技术开发、相关技术标准的研究以及新技术、新工艺、新设备的示范、推广和应用。

第九条 属于国家禁止进口的废弃电器电子产品,不得进口。

第二章 相关方责任

第十条 电器电子产品生产者、进口电器电子产品的收货人或者其代理人生产、进口的电器电子产品应当符合国家有关电器电子产品污染控制的规定,采用有利于资源综合利用和无害化处理的设计方案,使用无毒无害或者低毒低害以及便于回收利用的材料。

电器电子产品上或者产品说明书中应当按照规定提供有关有毒有害物质含量、回收处理提示性说明等信息。

第十一条 国家鼓励电器电子产品生产者自行或者委托销售者、维修机构、售后服务机构、废弃电器电子产品回收经营者回收废弃电器电子产品。电器电子产品销售者、维修机构、售后服务机构应当在其营业场所显著位置标注废弃电器电子产品回收处理提示性信息。

回收的废弃电器电子产品应当由有废弃电器电子产品处理资格的处理企业处理。

第十二条 废弃电器电子产品回收经营者应当采取多种方式为电器电子产品使用者提供方便、快捷的回收服务。

废弃电器电子产品回收经营者对回收的废弃电器电子产品进行处理，应当依照本条例规定取得废弃电器电子产品处理资格；未取得处理资格的，应当将回收的废弃电器电子产品交有废弃电器电子产品处理资格的处理企业处理。

回收的电器电子产品经过修复后销售的，必须符合保障人体健康和人身、财产安全等国家技术规范的强制性要求，并在显著位置标识为旧货。具体管理办法由国务院商务主管部门制定。

第十三条 机关、团体、企事业单位将废弃电器电子产品交有废弃电器电子产品处理资格的处理企业处理的，依照国家有关规定办理资产核销手续。

处理涉及国家秘密的废弃电器电子产品，依照国家保密规定办理。

第十四条 国家鼓励处理企业与相关电器电子产品生产者、销售者以及废弃电器电子产品回收经营者等建立长期合作关系，回收处理废弃电器电子产品。

第十五条 处理废弃电器电子产品，应当符合国家有关资源综合利用、环境保护、劳动安全和保障人体健康的要求。

禁止采用国家明令淘汰的技术和工艺处理废弃电器电子产品。

第十六条 处理企业应当建立废弃电器电子产品处理的日常环境监测制度。

第十七条 处理企业应当建立废弃电器电子产品的数据信息管理系统，向所在地的设区的市级人民政府环境保护主管部门报送废弃电器电子产品处理的基本数据和有关情况。废弃电器电子产品处理的基本数据的保存期限不得少于3年。

第十八条 处理企业处理废弃电器电子产品，依照国家有关规定享受税收优惠。

第十九条 回收、储存、运输、处理废弃电器电子产品的单位和个人，应当遵守国家有关环境保护和环境卫生管理的规定。

第三章 监督管理

第二十条 国务院资源综合利用、质量监督、环境保护、工业信息产业等主管部门，依照规定的职责制定废弃电器电子产品处理的相关政策和技术规范。

第二十一条 省级人民政府环境保护主管部门会同同级资源综合利用、商务、工业信息产业主管部门编制本地区废弃电器电子产品处理发展规划，报国务院环境保护主管部门备案。

地方人民政府应当将废弃电器电子产品回收处理基础设施建设纳入城乡规划。

第二十二条 取得废弃电器电子产品处理资格,依照《中华人民共和国公司登记管理条例》等规定办理登记并在其经营范围中注明废弃电器电子产品处理的企业,方可从事废弃电器电子产品处理活动。

除本条例第三十四条规定外,禁止未取得废弃电器电子产品处理资格的单位和个人处理废弃电器电子产品。

第二十三条 申请废弃电器电子产品处理资格,应当具备下列条件:

(一)具备完善的废弃电器电子产品处理设施;

(二)具有对不能完全处理的废弃电器电子产品的妥善利用或者处置方案;

(三)具有与所处理的废弃电器电子产品相适应的分拣、包装以及其他设备;

(四)具有相关安全、质量和环境保护的专业技术人员。

第二十四条 申请废弃电器电子产品处理资格,应当向所在地的设区的市级人民政府环境保护主管部门提交书面申请,并提供相关证明材料。受理申请的环境保护主管部门应当自收到完整的申请材料之日起60日内完成审查,作出准予许可或者不予许可的决定。

第二十五条 县级以上地方人民政府环境保护主管部门应当通过书面核查和实地检查等方式,加强对废弃电器电子产品处理活动的监督检查。

第二十六条 任何单位和个人都有权对违反本条例规定的行为向有关部门检举。有关部门应当为检举人保密,并依法及时处理。

第四章 法 律 责 任

第二十七条 违反本条例规定,电器电子产品生产者、进口电器电子产品的收货人或者其代理人生产、进口的电器电子产品上或者产品说明书中未按照规定提供有关有毒有害物质含量、回收处理提示性说明等信息的,由县级以上地方人民政府产品质量监督部门责令限期改正,处5万元以下的罚款。

第二十八条 违反本条例规定,未取得废弃电器电子产品处理资格擅自从事废弃电器电子产品处理活动的,由工商行政管理机关依照《无照经营查处取缔办法》的规定予以处罚。

环境保护主管部门查出的,由县级以上人民政府环境保护主管部门责令停业、关闭,没收违法所得,并处5万元以上50万元以下的罚款。

第二十九条 违反本条例规定,采用国家明令淘汰的技术和工艺处理废弃电器电子产品的,由县级以上人民政府环境保护主管部门责令限期改正;情节严重的,由设区的市级人民政府环境保护主管部门依法暂停直至撤销其废弃电器电子产品处理资格。

第三十条 处理废弃电器电子产品造成环境污染的,由县级以上人民政府环境保护主管部门按照固体废物污染环境防治的有关规定予以处罚。

第三十一条 违反本条例规定,处理企业未建立废弃电器电子产品的数据信息管理系统,未按规定报送基本数据和有关情况或者报送基本数据、有关情况不真实,或者未按规定期限保存基本数据的,由所在地的设区的市级人民政府环境保护主管部门责令限期改正,可以处 5 万元以下的罚款。

第三十二条 违反本条例规定,处理企业未建立日常环境监测制度或者未开展日常环境监测的,由县级以上人民政府环境保护主管部门责令限期改正,可以处 5 万元以下的罚款。

第三十三条 违反本条例规定,有关行政主管部门的工作人员滥用职权、玩忽职守、徇私舞弊,构成犯罪的,依法追究刑事责任;尚不构成犯罪的,依法给予处分。

第五章 附 则

第三十四条 经省级人民政府批准,可以设立废弃电器电子产品集中处理场。废弃电器电子产品集中处理场应当具有完善的污染物集中处理设施,确保符合国家或者地方制定的污染物排放标准和固体废物污染环境防治技术标准,并应当遵守本条例的有关规定。

废弃电器电子产品集中处理场应当符合国家和当地工业区设置规划,与当地土地利用规划和城乡规划相协调,并应当加快实现产业升级。

第三十五条 本条例自 2011 年 1 月 1 日起施行。

补充说明:国务院法制办、环境保护部负责人就《废弃电器电子产品回收处理管理条例》答记者问

2009 年 2 月 25 日,温家宝总理签署国务院令公布《废弃电器电子产品回收处理管理条例》(以下简称条例),条例将于 2011 年 1 月 1 日起施行。就条例的有关问题,国务院法制办、环境保护部有关负责人回答了记者的提问。

问:为什么要制定该条例?

答:目前,我国已成为电器电子产品生产和消费大国,许多产品已到了淘汰报废的高峰期。根据 2006 年《中国统计年鉴》的数据计算,2006 年我国主要电器电子产品的社会保有量,电视机约为 4.9 亿台,电冰箱约为 2.2 亿台,洗衣机约为 2.6 亿台,空调器约为 1.5 亿台,计算机约为 8 000 万台,合计 12 亿台。2006 年这 5 种产品的实际废弃量,电视机约为 460 万台,电冰箱约为 210 万台,洗衣机约为 250 万台,空调器约为 140 万台,计算机约为 200 万台,合计 1 260 万台。此外,每年还有大量的手机、复印机、传真机、打印机等电子产品报废淘汰。

目前我国废旧电器电子产品的流向主要有三个:一是通过走街串巷的小商贩上门回收或者通过生产厂家、销售商"以旧换新"等方式回收后,流入旧货市场,销售给低端消费者。二是通过捐赠等方式,向西部地区、希望小学等特定地域、群体转移。三是拆解、处理,提取贵金属等原材料。目前的环境污染问题主要集中在第三个流向中,即由于一些地方存在为数众多的拆解处理废弃电器电子产品的个体手工作坊,它们为追求短期效益,采用露天焚烧、强酸浸泡等原始落后方式提取贵金属,随意排放废气、废液、废渣,对大气、土壤和水体造成了严重污染,危害了人类健康。尽管各级人民政府对电子废弃物引发的环境和健康问题给予了高度关注,但仍存在着应对措施不力的问题,有必要对电子废弃物处理加强法制化管理,以利于可持续发展。

废弃电器电子产品中有许多有用的资源,如铜、铝、铁及各种稀贵金属、玻璃和塑料等,具有很高的再利用价值。通过再生途径获得资源的成本大大低于直接从矿石、原材料等冶炼加工获取资源的成本,而且节约能源。加强废弃电器电子产品的回收利用,对于发展循环经济,克服资源短缺对中国经济发展的制约,具有重要意义。我国作为电器电子产品生产和消费大国,规范废弃电器电子产品回收处理活动,有利于防止和减少环境污染,有利于促进资源综合利用,发展循环经济,创建节约型社会,保障人体健康。

问:条例的调整范围是什么?

答:条例规范的是列入《废弃电器电子产品回收处理目录》(以下简称《目录》)的废弃电器电子产品的回收处理及相关活动。发展改革委正在会同国务院有关部门研究首批列入《目录》的电器电子产品的品种,将在条例的实施准备期内报国务院批准。今后可以视实际需要,通过增补或调整《目录》,逐步扩大条例的适用范围。

条例所称废弃电器电子产品的处理活动,是指将废弃电器电子产品进行拆解,从中提取物质作为原材料或者燃料,用改变废弃电器电子产品物理、化学特性的方法减少已产生的废弃电器电子产品数量,减少或者消除其危害成分,以及将其最终置于符合环境保护要求的填埋场的活动,不包括产品维修、翻新以及经维修、翻新后作为旧货再使用的活动。考虑到旧电器电子产品的管理主要涉及产品安全、知识产权保护、打击违法销赃等问题,管理的主要目的是保护旧电器电子产品消费者的合法权益,这与规范废弃电器电子产品的回收处理活动,促进资源综合利用、保护和改善环境、保障人体健康的目标以及管理的内容,有很大差别,因此,条例未规定旧货管理的内容,条例所称废弃电器电子产品的处理活动不包括产品维修、翻新以及经维修、翻新后作为旧货再使用的活动。

问:为什么对废弃电器电子产品实行多渠道回收和集中处理制度?

答:废弃电器电子产品的回收,涉及千家万户,目前已经自发形成了相对固定的回收渠道,包括销售(以旧换新)、维修、搬家公司、城市垃圾回收系统等多条渠道。商务部等有关部门正在采取措施对废旧物资回收予以引导和规范。条例维持了现行多渠道回收的体系。

不规范的拆解、提取原材料活动,是造成废弃电器电子产品严重污染环境、损害人体健康的主要原因,应当予以规范。根据《行政许可法》第十二条关于直接涉及公共安全、生态环境保护以及直接关系人身健康、生命财产安全等特定活动需要按照法定条件予以批准的事项,可以设定行政许可的规定,条例设定了废弃电器电子产品处理资格许可制度,规定由取得电器电子产品处理资格的企业对废弃电器电子产品进行拆解、提取原材料和按照环保要求进行最终处置,即集中处理制度。处理企业资格由设区的市级人民政府环境保护主管部门审批。审批的具体条件有:具备完善的废弃电器电子产品处理设施;具有对不能完全处理的废弃电器电子产品的妥善利用或者处置方案;具有与所处理的废弃电器电子产品相适应的分拣、包装以及其他设备;具有相关安全、质量和环境保护的专业技术人员等。

考虑到目前一些地方存在的群体化家庭手工作坊式的拆解处理活动,予以取缔或者在短期内转化为完全符合处理企业资格的企业有一定困难,需要有一个从分散拆解处理向地域化集中、再向企业化集中处理的过程,条例规定,经省级人民政府批准,可以设立废弃电器电子产品集中处理场。废弃电器电子产品集中处理场应当具有完善的污染物集中处理设施,确保符合国家或者地方制定的污染物排放标准和固体废物污染环境防治技术标准,并应当遵守本条例有关处理废弃电器电子产品须符合国家关于资源综合利用、环境保护、劳动安全、人体健康、技术和工艺要求等规定。废弃电器电子产品集中处理场应当符合国家和当地工业区设置规划,与当地土地利用规划和城乡规划相协调,并应当加快实现产业升级。

问:什么是废弃电器电子产品处理专项基金,为什么要规定这项制度?

答:条例规定,国家建立废弃电器电子产品处理基金,用于废弃电器电子产品回收处理费用的补贴。电器电子产品生产者、进口电器电子产品的收货人或者其代理人应当按照规定履行缴纳义务。

建立废弃电器电子产品处理专项基金制度,是依据有关法律规定,立足我国国情,并借鉴国外"生产者责任制"的做法而提出的。一是,《固体废物污染环境防治法》规定,国家对固体废物污染环境防治实行污染者依法负责的原则,产品的生产者、销售者、使用者对其产生的固体废物依法承担污染防治责任。二是,为推动生产者承担一定的废弃电器电子产品的回收处理责任,支持处理企业实现产业化经营,需要国家出台一定的激励措施。三是,从一些国家的实践情况看,生产者也是通过缴纳回收处理费用,由专门机构统一组织回收处理。

为提高废弃电器电子产品处理专项基金收取和使用的公平性和透明度,条例规定,制订废弃电器电子产品处理基金的征收标准和补贴标准,应当充分听取电器电子产品生产企业、处理企业、有关行业协会及专家的意见。

问:生产者、销售者、回收经营者、处理企业各应当承担什么责任?

答:1.电器电子产品生产者的责任。生产者的责任主要是"绿色"生产。"绿色"生产是《清洁生产促进法》规定的生产企业的责任。从国外经验看,生产者尽量做到"绿色"

设计、"绿色"生产、从源头上控制污染材料的使用,是解决电子污染的根本途径。条例规定,生产者、进口电器电子产品的收货人或者其代理人生产、进口的电器电子产品应当符合国家有关电器电子产品污染控制的规定,采用有利于资源综合利用和无害化处理的设计方案,使用无毒无害或者低毒低害以及便于回收利用的材料。电器电子产品上或者产品说明书中应当按照规定提供有关有毒有害物质含量、回收处理提示性说明等信息。

2. 电器电子产品销售者、维修机构、售后服务机构的责任。条例规定,电器电子产品销售者、维修机构、售后服务机构应当在其营业场所显著位置标注废弃电器电子产品回收处理提示性信息。回收的废弃电器电子产品应当由有资格的处理企业处理。

3. 废弃电器电子产品回收经营者的责任。条例规定,废弃电器电子产品回收经营者应当采取多种方式为电器电子产品使用者提供方便、快捷的回收服务。废弃电器电子产品回收经营者对回收的废弃电器电子产品进行处理,应当依照本条例规定取得处理资格;未取得处理资格的,应当将回收的废弃电器电子产品交有资格的处理企业处理。回收的电器电子产品经过修复后销售的,必须符合保障人体健康和人身、财产安全等国家技术规范的强制性要求,并在显著位置标识为旧货,具体管理办法由国务院商务主管部门制定。

4. 处理企业的责任。一是,从事废弃电器电子产品处理活动,应当取得废弃电器电子产品处理资格。二是,处理废弃电器电子产品,应当符合国家有关资源综合利用、环境保护、劳动安全和保障人体健康的要求,禁止采用国家明令淘汰的技术和工艺处理废弃电器电子产品。三是,处理企业应当建立废弃电器电子产品处理的日常环境监测制度。四是,处理企业应当建立废弃电器电子产品的数据信息管理系统,按照规定向所在地的环境保护主管部门报送基本数据和有关情况,基本数据的保存期限不得少于3年。

此外,回收、储存、运输、处理废弃电器电子产品的单位和个人,还应当遵守国家有关环境保护和环境卫生管理的规定。

问:政府对废弃电器电子产品处理的监督管理主要表现在哪些方面?

答:政府对废弃电器电子产品回收处理的监督管理,主要有以下四个方面:第一,国家鼓励和支持废弃电器电子产品处理的科学研究、技术开发、技术标准的研究以及新技术、工艺、设备的示范、推广和应用。第二,国务院资源综合利用、质量监督、环境保护、工业信息产业等主管部门依照规定的职责制定废弃电器电子产品处理的相关政策和技术规范。第三,省级人民政府环境保护主管部门会同同级资源综合利用、商务、工业信息产业主管部门编制本地区废弃电器电子产品处理发展规划,报国务院环境保护主管部门备案。第四,地方人民政府应当将废弃电器电子产品回收处理基础设施建设纳入城乡规划。

问:条例为什么于2011年1月1日起施行?

答:根据国外经验和国内实际情况,条例需要一定的实施准备期。实施准备期内主要有以下工作:一是向全社会普及节约和综合利用资源、保护环境的知识;二是制订《废弃电器电子产品处理目录》、废弃电器电子产品处理基金的征收使用管理办法，以及针对不同产品的基金收费标准及处理补贴标准；三是政府监督管理部门及生产者、销售者、回收经营者、处理企业的实施准备工作。条例公布到实施留出两年的准备和过渡时间，条例自 2011 年 1 月 1 日起施行。

财政部 环境保护部 国家发展改革委 工业和信息化部 海关总署 国家税务总局关于印发《废弃电器电子产品处理基金征收使用管理办法》的通知

(财综〔2012〕34 号)

各省、自治区、直辖市人民政府，国务院各部委、各直属机构：

《废弃电器电子产品处理基金征收使用管理办法》已经国务院批准，现印发给你们，请遵照执行。

附件：废弃电器电子产品处理基金征收使用管理办法

财政部 环境保护部 国家发展改革委
工业和信息化部 海关总署 国家税务总局
二〇一二年五月二十一日

附件

废弃电器电子产品处理基金征收使用管理办法

第一章 总 则

第一条 为了规范废弃电器电子产品处理基金征收使用管理，根据《废弃电器电子产品回收处理管理条例》（国务院令第 551 号，以下简称《条例》）的规定，制定本办法。

第二条 废弃电器电子产品处理基金（以下简称基金）是国家为促进废弃电器电子产品回收处理而设立的政府性基金。

第三条 基金全额上缴中央国库，纳入中央政府性基金预算管理，实行专款专用，年终结余结转下年度继续使用。

第二章 征 收 管 理

第四条 电器电子产品生产者、进口电器电子产品的收货人或者其代理人应当按照本办法的规定履行基金缴纳义务。

电器电子产品生产者包括自主品牌生产企业和代工生产企业。

第五条 基金分别按照电器电子产品生产者销售、进口电器电子产品的收货人或者其代理人进口的电器电子产品数量定额征收。

第六条 纳入基金征收范围的电器电子产品按照《废弃电器电子产品处理目录》（以下简称《目录》）执行，具体征收范围和标准见附件。

第七条 财政部会同环境保护部、国家发展改革委、工业和信息化部根据废弃电子产品回收处理补贴资金的实际需要，在听取有关企业和行业协会意见的基础上，适时调整基金征收标准。

第八条 电器电子产品生产者应缴纳的基金，由国家税务局负责征收。进口电器电子产品的收货人或者其代理人应缴纳的基金，由海关负责征收。

第九条 电器电子产品生产者按季申报缴纳基金。

国家税务局对电器电子产品生产者征收基金，适用税收征收管理的规定。

第十条 进口电器电子产品的收货人或者其代理人在货物申报进口时缴纳基金。

海关对基金的征收缴库管理，按照关税征收缴库管理的规定执行。

第十一条 对采用有利于资源综合利用和无害化处理的设计方案以及使用环保和便于回收利用材料生产的电器电子产品，可以减征基金，具体办法由财政部会同环境保护部、国家发展改革委、工业和信息化部、税务总局、海关总署另行制定。

第十二条 电器电子产品生产者生产用于出口的电器电子产品免征基金，由电器电子产品生产者依据《中华人民共和国海关出口货物报关单》列明的出口产品名称和数量，向国家税务局申请从应缴纳基金的产品销售数量中扣除。

第十三条 电器电子产品生产者进口电器电子产品已缴纳基金的，国内销售时免征基金，由电器电子产品生产者依据《中华人民共和国海关进口货物报关单》和《进口废弃电器电子产品处理基金缴款书》列明的进口产品名称和数量，向国家税务局申请从应缴纳基金的产品销售数量中扣除。

第十四条 基金收入在政府收支分类科目中列 103 类 01 款 75 项"废弃电器电子产品处理基金收入"（新增）下的有关目级科目。

第十五条 未经国务院批准或者授权，任何地方、部门和单位不得擅自减免基金，不得改变基金征收对象、范围和标准。

第十六条 电器电子产品生产者、进口电器电子产品的收货人或者其代理人缴纳的基金计入生产经营成本，准予在计算应纳税所得额时扣除。

第三章 使 用 管 理

第十七条 基金使用范围包括：

（一）废弃电器电子产品回收处理费用补贴；

（二）废弃电器电子产品回收处理和电器电子产品生产销售信息管理系统建设，以及相关信息采集发布支出；

（三）基金征收管理经费支出；

（四）经财政部批准与废弃电器电子产品回收处理相关的其他支出。

第十八条 依照《条例》和《废弃电器电子产品处理资格许可管理办法》（环境保护部令第13号）的规定取得废弃电器电子产品处理资格的企业（以下简称处理企业），对列入《目录》的废弃电器电子产品进行处理，可以申请基金补贴。

给予基金补贴的处理企业名单，由财政部、环境保护部会同国家发展改革委、工业和信息化部向社会公布。

第十九条 国家鼓励电器电子产品生产者自行回收处理列入《目录》的废弃电器电子产品。各省（区、市）环境保护主管部门在编制本地区废弃电器电子产品处理发展规划时，应当优先支持电器电子产品生产者设立处理企业。

第二十条 对处理企业按照实际完成拆解处理的废弃电器电子产品数量给予定额补贴。

基金补贴标准为：电视机85元/台、电冰箱80元/台、洗衣机35元/台、房间空调器35元/台、微型计算机85元/台。

上述实际完成拆解处理的废弃电器电子产品是指整机，不包括零部件或散件。

财政部会同环境保护部、国家发展改革委、工业和信息化部根据废弃电器电子产品回收处理成本变化情况，在听取有关企业和行业协会意见的基础上，适时调整基金补贴标准。

第二十一条 处理企业拆解处理废弃电器电子产品应当符合国家有关资源综合利用、环境保护的要求和相关技术规范，并按照环境保护部制定的审核办法核定废弃电器电子产品拆解处理数量后，方可获得基金补贴。

第二十二条 处理企业按季对完成拆解处理的废弃电器电子产品种类、数量进行统计，填写《废弃电器电子产品拆解处理情况表》，并在每个季度结束次月的5日前报送各省（区、市）环境保护主管部门。

第二十三条 处理企业报送《废弃电器电子产品拆解处理情况表》时，应当同时提供以下资料：

（一）废弃电器电子产品入库和出库记录报表；

（二）废弃电器电子产品拆解处理作业记录报表；

（三）废弃电器电子产品拆解产物出库和入库记录报表；

（四）废弃电器电子产品拆解产物销售凭证或处理证明。

相关报表和凭证按照环境保护部统一规定的格式报送。

第二十四条 各省（区、市）环境保护主管部门接到处理企业报送的《废弃电器电子产品拆解处理情况表》及相关资料后组织开展审核工作,并在每个季度结束次月的月底前将审核意见连同处理企业填写的《废弃电器电子产品拆解处理情况表》,以书面形式上报环境保护部。

环境保护部负责对各省(区、市)环境保护主管部门上报情况进行核实,确认每个处理企业完成拆解处理的废弃电器电子产品种类、数量,并汇总提交财政部。

财政部按照环境保护部提交的废弃电器电子产品拆解处理种类、数量和基金补贴标准,核定对每个处理企业补贴金额并支付资金。资金支付按照国库集中支付制度有关规定执行。

第二十五条 环境保护部、税务总局、海关总署等有关部门应当按照中央政府性基金预算编制的要求,编制年度基金支出预算,报财政部审核。

财政部应当按照预算管理规定审核基金支出预算并批复下达相关部门。

第二十六条 基金支出在政府收支分类科目中列211类61款"废弃电器电子产品处理基金支出"(新增)。

第四章 监督管理

第二十七条 电器电子产品生产者、进口电器电子产品的收货人或者其代理人应当分别向国家税务局、海关报送电器电子产品销售和进口的基本数据及情况,并按照规定申报缴纳基金,自觉接受国家税务局、海关的监督检查。

第二十八条 处理企业应当按照规定建立废弃电器电子产品的数据信息管理系统,跟踪记录废弃电器电子产品接收、贮存和处理,拆解产物出入库和销售,最终废弃物出入库和处理等信息,全面反映废弃电器电子产品在处理企业内部运转流程,并如实向环境保护等主管部门报送废弃电器电子产品回收和拆解处理的基本数据及情况。

第二十九条 处理企业申请基金补贴相关资料及记录废弃电器电子产品回收和拆解处理情况的原始凭证应当妥善保存备查,保存期限不得少于5年。

第三十条 环境保护部和各省(区、市)环境保护主管部门应当建立健全基金补贴审核制度,通过数据系统比对、书面核查、实地检查等方式,加强废弃电器电子产品拆解处理的环保核查和数量审核,防止弄虚作假、虚报冒领补贴资金等行为的发生。

第三十一条 财政部会同环境保护部、国家发展改革委、工业和信息化部建立实时监控废弃电器电子产品回收处理和生产销售的信息管理系统(以下简称监控系统)。

处理企业和电器电子产品生产者应当配合有关部门建立监控系统。处理企业建立的废弃电器电子产品数据信息管理系统应当与监控系统对接。电器电子产品生产者应当按照建立监控系统的要求,登记企业信息并报送电器电子产品生产销售情况。

第三十二条 财政部、审计署、环境保护部、国家发展改革委、工业和信息化部、税务总局、海关总署应当按照职责加强对基金缴纳、使用情况的监督检查,依法对基金违法违规行为进行处理、处罚。

第三十三条 有关行业协会应当协助环境保护主管部门和财政部门做好废弃电器电子产品拆解处理种类、数量的审核工作。

第三十四条 环境保护部和各省(区、市)环境保护主管部门应当分别公开全国和本地区处理企业拆解处理废弃电器电子产品及接受基金补贴情况,接受公众监督。

任何单位和个人有权监督和举报基金缴纳和使用中的违法违规问题。有关部门应当按照职责分工对单位和个人举报投诉的问题进行调查和处理。

第五章 法律责任

第三十五条 单位和个人有下列情形之一的,依照《财政违法行为处罚处分条例》(国务院令第427号)和《违反行政事业性收费和罚没收入收支两条线管理规定行政处分暂行规定》(国务院令第281号)等法律法规进行处理、处罚、处分;构成犯罪的,依法追究刑事责任:

(一)未经国务院批准或者授权,擅自减免基金或者改变基金征收范围、对象和标准的;

(二)以虚报、冒领等手段骗取基金补贴的;

(三)滞留、截留、挪用基金的;

(四)其他违反政府性基金管理规定的行为。

处理企业有第一款第(二)项行为的,取消给予基金补贴的资格,并向社会公示。

第三十六条 电器电子产品生产者违反基金征收管理规定的,由国家税务局比照税收违法行为予以行政处罚。进口电器电子产品的收货人或者其代理人违反基金征收管理规定的,由海关比照关税违法行为予以行政处罚。

第三十七条 基金征收、使用管理有关部门的工作人员违反本办法规定,在基金征收和使用管理工作中滥用职权、玩忽职守、徇私舞弊,构成犯罪的,依法追究刑事责任;尚不构成犯罪的,依法给予处分。

第六章 附 则

第三十八条 本办法由财政部、环境保护部、国家发展改革委、工业和信息化部、税务总局、海关总署负责解释。

第三十九条 本办法自2012年7月1日起执行。

附:1. 对电器电子产品生产者征收基金的产品范围和征收标准
    2. 对进口电器电子产品征收基金适用的商品名称、海关税则号列和征收标准(2012年版)

附 1

对电器电子产品生产者征收基金的产品范围和征收标准

序号	产品种类	产品范围	征收标准（元/台）
1	电视机	阴极射线管（黑白、彩色）电视机	13
		液晶电视机	13
		等离子电视机	13
		背投电视机	13
		其他用于接收信号并还原出图像及伴音的终端设备	13
2	电冰箱	冷藏冷冻箱（柜）	12
		冷藏箱（柜）	12
		冷冻箱（柜）	12
		其他具有制冷系统、消耗能量以获取冷量的隔热箱体	12
3	洗衣机	波轮式洗衣机	7
		滚筒式洗衣机	7
		搅拌式洗衣机	7
		脱水机	7
		其他依靠机械作用洗涤衣物（含兼有干衣功能）的器具	7
4	房间空调器	整体式空调（窗机、穿墙机等）	7
		分体式空调（分体壁挂、分体柜机等）	7
		一拖多空调器	7
		其他制冷量在 14 000 W 及以下的房间空气调节器具	7
5	微型计算机	台式微型计算机的显示器	10
		主机、显示器一体形式的台式微型计算机	10
		便携式微型计算机（含平板电脑、掌上电脑）	10
		其他信息事务处理实体	10

注：对电器电子产品生产者销售台式微型计算机整机不征收基金，但台式微型计算机显示器生产者将其生产的显示器组装成计算机整机销售的除外。对台式微型计算机显示器生产者组装的计算机整机按照 10 元/台的标准征收基金。

附2

对进口电器电子产品征收基金适用的商品名称、海关税则号列和征收标准（2012年版）

序号	产品种类	商品名称	税则号列	征收标准（元/台）
1	电视机	其他彩色的模拟电视接收机，带阴极射线显像管的	85287211	13
		其他彩色的数字电视接收机，阴极射线显像管的	85287212	13
		其他彩色的电视接收机，阴极射线显像管的	85287219	13
		彩色的液晶显示器的模拟电视接收机	85287221	13
		彩色的液晶显示器的数字电视接收机	85287222	13
		其他彩色的液晶显示器的电视接收机	85287229	13
		彩色的等离子显示器的模拟电视接收机	85287231	13
		彩色的等离子显示器的数字电视接收机	85287232	13
		其他彩色的等离子显示器的电视接收机	85287239	13
		其他彩色的模拟电视接收机	85287291	13
		其他彩色的数字电视接收机	85287292	13
		其他彩色的电视接收机	85287299	13
		黑白或其他单色的电视接收机	85287300	13
2	电冰箱	容积＞500升冷藏—冷冻组合机（各自装有单独外门的）	84181010	12
		200升＜容积≤500升冷藏—冷冻组合机（各自装有单独外门的）	84181020	12
		容积≤200升冷藏—冷冻组合机（各自装有单独外门的）	84181030	12
		容积＞150升压缩式家用型冷藏箱	84182110	12
		压缩式家用型冷藏箱（50升＜容积≤150升）	84182120	12
		容积≤50升压缩式家用型冷藏箱	84182130	12
		半导体制冷式家用型冷藏箱	84182910	12
		电气吸收式家用型冷藏箱	84182920	12
		其他家用型冷藏箱	84182990	12
		制冷温度＞－40℃小的其他柜式冷冻箱（小的指容积≤500升）	84183029	12
		制冷温度＞－40℃小的立式冷冻箱（小的指容积≤500升）	84184029	12
3	洗衣机	干衣量≤10 kg全自动波轮式洗衣机	84501110	7
		干衣量≤10 kg全自动滚筒式洗衣机	84501120	7
		其他干衣量≤10 kg全自动洗衣机	84501190	7
		装有离心甩干机的非全自动洗衣机（干衣量≤10 kg）	84501200	7
		干衣量≤10 kg的其他洗衣机	84501900	7

(续表)

序号	产品种类	商品名称	税则号列	征收标准（元/台）
4	房间空调器	独立窗式或壁式空气调节器（装有电扇及调温、调湿装置，包括不能单独调湿的空调器）	84151010	7
		制冷量≤4 000 大卡/时分体式空调，窗式或壁式（装有电扇及调温、调湿装置，包括不能单独调湿的空调器）	84151021	7
		4 000 大卡/时＜制冷量≤12 046 大卡/时（14 000 W）分体式空调，窗式或壁式（装有电扇及调温、调湿装置，包括不能单独调湿的空调器）	ex84151022	7
		制冷量≤4 000 大卡/时热泵式空调器（装有制冷装置及一个冷热循环换向阀的）	84158110	7
		4 000 大卡/时＜制冷量≤12 046 大卡/时（14 000 W）热泵式空调器（装有制冷装置及一个冷热循环换向阀的）	ex84158120	7
		制冷量≤4 000 大卡/时的其他空调器（仅装有制冷装置，而无冷热循环装置的）	84158210	7
		4 000 大卡/时＜制冷量≤12 046 大卡/时（14 000 W）的其他空调（仅装有制冷装置，而无冷热循环装置的）	ex84158220	7
5	微型计算机	便携式自动数据处理设备（重量≤10 kg，至少由一个中央处理器、键盘和显示器组成）	84713000	10
		微型机	84714140	10
		以系统形式报验的微型机	84714940	10
		含显示器的微型机的处理部件	ex84715040	10
		专用或主要用于 84.71 商品的阴极射线管监视器	85284100	10
		专用或主要用于 84.71 商品的液晶监视器	85285110	10
		其他专用或主要用于 84.71 商品的监视器	85285190	10
		其他彩色的监视器	85285910	10
		其他单色的监视器	85285990	10

国家税务总局关于征收废弃电器电子产品处理基金有关税收会计统计核算问题的通知

（国税函〔2012〕387 号）

各省、自治区、直辖市和计划单列市国家税务局：

根据《废弃电器电子产品回收处理管理条例》（国务院令第 551 号）、《财政部　环境保

护局　国家发展改革委　工业和信息化部　海关总署　国家税务总局关于印发〈废弃电器电子产品处理基金征收使用管理办法〉的通知》（财综〔2012〕34号）规定，自2012年7月1日起，征收废弃电器电子产品处理基金（以下简称基金），电器电子产品生产者应缴纳的基金，由国家税务局负责征收。现将国家税务局征收基金有关税收会计统计核算、票证管理等工作事项通知如下：

一、税收会计科目设置

各级国税机关税收会计核算单位应在"应征其他收入、待征其他收入、多缴税金、减免税金、在途税金、入库其他收入、待解税金、提退税金、待处理损失税金、损失税金核销"等会计科目下增设"废弃电器电子产品处理基金收入"明细科目，按照《税收会计制度》规定，全面核算反映废弃电器电子产品处理基金的应征、待征、多缴、减免、入库和退还等情况。

"废弃电器电子产品处理基金收入"科目核算的原始凭证按《税收会计制度》有关规定确定。

二、票证使用和管理

国税机关征收基金应采用与税收相同的方式办理税款征缴和退库，凭证和章戳使用等应执行《国家税务总局关于印发〈税收票证管理办法〉的通知》（国税发〔1998〕32号）及横向联网电子缴税有关税收票证使用的相关规定，具体入库和退库预算科目按《政府收支分类科目》规定办理，基金、滞纳金和罚款均通过"废弃电器电子产品处理基金收入"科目缴纳。

三、税收会计统计报表、税收月快报

为及时反映基金开征后其收入明细情况，对税收会计统计报表、税收月快报做以下变动：

（一）在《入库税金明细月报表》的"三、非税收入合计"项目下增设"7.废弃电器电子产品处理基金收入"项目，原"7.其他非税收入"项目修改为"8.其他非税收入"项目。

（二）《应征税金明细月报表》《待征税金变动情况月报表》《提退税金明细月报表》《减免税金明细月报表》《多缴、待解、在途、待处理损失税金及损失税金核销明细月报表》《代征代扣税款明细月报表》的"二、其他收入合计"项目中均核算反映废弃电器电子产品处理基金收入；"税收月快报"第274项"三、其他收入合计"中核算反映废弃电器电子产品处理基金收入。

（三）在《查补税金及税款滞纳金、罚款收入明细月报表》的"二、其他收入合计"项目下增设"3.废弃电器电子产品处理基金收入"项目，原"3.其他罚没收入"项目修改为"4.其他罚没收入"项目。

2012年会统月报任务更新后将于8月底前下发，下载路径为总局可控FTP系统下的E:/local（供各省下载使用）/收入规划核算司/统计处/TRS报表任务。

本通知自2012年10月1日起执行,各地在执行中发现新情况、新问题,请及时上报国家税务总局(收入规划核算司)。

2012年8月17日

国家税务总局关于发布《废弃电器电子产品处理基金征收管理规定》的公告

(国家税务总局公告2012年第41号)

根据国务院批准的《关于印发〈废弃电器电子产品处理基金征收使用管理办法〉的通知》(财综〔2012〕34号)的规定,现将国家税务总局制定的《废弃电器电子产品处理基金征收管理规定》予以发布,自2012年7月1日起施行。

各地对执行中遇到的情况和问题,请及时报告税务总局(征管科技司)。

特此公告。

国家税务总局
二○一二年八月二十日

废弃电器电子产品处理基金征收管理规定

第一条 为做好废弃电器电子产品处理基金(以下简称基金)的征收管理工作,根据国务院批准的《关于印发〈废弃电器电子产品处理基金征收使用管理办法〉的通知》(财综〔2012〕34号,以下简称《办法》),制定本规定。

第二条 中华人民共和国境内电器电子产品的生产者,为基金缴纳义务人,应当按照本规定缴纳基金。

第三条 基金的征收范围、征收标准依照《国内销售电器电子产品基金征收范围和标准》(附件1)执行。

基金的征收范围、征收标准调整的,依照调整后的范围和标准执行。

第四条 基金由国家税务局负责征收。

基金缴纳义务人向其主管税务机关申报缴纳基金。

对基金缴纳义务人征收基金,适用税收征收管理的规定。

第五条 基金缴纳义务人销售应征基金产品时缴纳基金。本规定所称销售,是指通过从购买方取得货物、货币或其他经济利益转让应征基金产品所有权。

基金缴纳义务人受托加工生产应征基金产品的,不论原料和主要材料由何方提供,不论在财务上是否做销售处理,均由受托方缴纳基金。

第六条 基金缴纳义务人将应征基金产品用于生产非应征基金产品、在建工程、管理部门、非生产机构、提供劳务、馈赠、赞助、集资、广告、样品、职工福利、奖励等方面,于移送使用时缴纳基金。

第七条 基金缴纳义务人销售或受托加工生产相关电器电子产品,按照从量定额的办法计算应缴纳基金。应缴纳基金的计算公式为:

$$应缴纳基金＝销售数量(受托加工数量)×征收标准$$

第八条 基金缴纳义务的发生时间按照如下要求确定:

(一)基金缴纳义务人销售电器电子产品的,按不同的销售结算方式分别为:

1. 采取赊销和分期收款结算方式的,为书面合同约定的收款日期的当天,书面合同没有约定收款日期或者无书面合同的,为发出电器电子产品的当天;

2. 采取预收货款结算方式的,为发出电器电子产品的当天;

3. 采取托收承付和委托银行收款方式的,为发出电器电子产品并办妥托收手续的当天;

4. 采取其他结算方式的,为收讫销售款或者取得索取销售款凭据的当天。

(二)受托加工应征基金产品,基金缴纳义务人只收取加工费的,为委托方提货的当天。

(三)基金缴纳义务人将应征基金产品用于本规定第六条规定情形的,为移送使用的当天。

(四)基金缴纳义务人以委托代销方式销售应征基金产品的,为收到代销单位的代销清单或者收到全部或者部分货款的当天。未收到代销清单及货款的,为发出应征基金产品满180天的当天。

第九条 基金缴纳义务人出口电器电子产品,免征基金。

第十条 基金缴纳义务人购进或者收回委托加工电器电子产品已缴纳基金的,从应征基金产品销售数量中扣除;不足扣除部分,可留待下期继续扣除。

第十一条 基金缴纳义务人应当准确核算购进和委托加工收回的已缴纳基金的电器电子产品数量,不能准确核算的,按实际销售数量征收基金。

第十二条 基金缴纳义务人已缴纳基金的电器电子产品发生销货退回的,准予在当期申报中扣除,不足扣除部分,可留待下期继续扣除。

第十三条 对采用有利于资源综合利用和无害化处理的设计方案以及使用环保和便于回收利用材料生产的电器电子产品,可以减征基金的,按照国务院相关部门的具体规定执行。

第十四条 基金缴纳义务人按季申报缴纳基金。

基金缴纳义务人应当自季度终了之日起15日内申报缴纳基金,向主管税务机关报送

《废弃电器电子产品处理基金申报表》(附件2)。

第十五条 国家税务局征收基金应使用税收票证。

第十六条 基金缴纳义务人应妥善保管基金缴款凭证、增值税专用发票及清单、海关进(出)口货物报关单、代理出口货物证明、委托代理出口协议、委托加工协议、退货证明及其他相关资料。

基金缴纳义务人应当自觉接受税务机关的监督检查,提供有关资料,如实反映情况,不得拒绝、隐瞒。

第十七条 基金缴纳义务人违反基金征收管理规定的,税务机关比照税收违法行为予以行政处罚。

第十八条 本规定自2012年7月1日起施行。

附件:1. 国内销售电器电子产品基金征收范围和标准
     2. 废弃电器电子产品处理基金申报表

附件1

国内销售电器电子产品基金征收范围和标准

序号	产品种类	产品范围	征收标准（元/台）
1	电视机	阴极射线管(黑白、彩色)电视机	13
		液晶电视机	13
		等离子电视机	13
		背投电视机	13
		其他用于接收信号并还原出图像及伴音的终端设备	13
2	电冰箱	冷藏冷冻箱(柜)	12
		冷藏箱(柜)	12
		冷冻箱(柜)	12
		其他具有制冷系统、消耗能量以获取冷量的隔热箱体	12
3	洗衣机	波轮式洗衣机	7
		滚筒式洗衣机	7
		搅拌式洗衣机	7
		脱水机	7
		其他依靠机械作用洗涤衣物(含兼有干衣功能)的器具	7
4	房间空调器	整体式空调(窗机、穿墙机等)	7
		分体式空调(分体壁挂、分体柜机等)	7
		一拖多空调器	7
		其他制冷量在14 000 W及以下的房间空气调节器具	7

（续表）

序号	产品种类	产品范围	征收标准（元/台）
5	微型计算机	台式微型计算机的显示器	10
		主机、显示器一体形式的台式微型计算机	10
		便携式微型计算机（含平板电脑、掌上电脑）	10
		其他信息事务处理实体	10

注：对电器电子产品生产者销售台式微型计算机整机不征收基金，但台式微型计算机显示器生产者将其生产的显示器组装成计算机整机销售的除外。对台式微型计算机显示器生产者组装的计算机整机按照10元/台的标准征收基金。

附件2

废弃电器电子产品处理基金申报表

纳税人识别号：　　　　　　　　　　　　　　　　　　　　　金额单位：元
纳税人名称：　　　　　　　　　　　　　　　　　　　　　　　数量单位：台
填表日期：　年　月　日　　　所属期：　年　月　日至　年　月　日

产品种类＼项目	栏次	一	二	三	四	五	合计
应征基金产品种类	1						／
本期销售数量	2＝3＋4						／
其中：应征销售数量	3						／
出口免征销售数量	4						／
上期未扣数量	5						／
本期可扣除数量	6＝7＋8＋9＋10						／
其中：进口数量	7						／
国内购进数量	8						／
委托加工收回数量	9						／
已征基金产品可抵退货数量	10						／
本期应征数量	11（若3－5－6＞0，为3－5－6；否则为0）						／
结转下期扣除数量	12（若3－5－6＜0，为5＋6－3；否则为0）						／
征收标准	13						／
本期应征基金金额	14＝11×13						
本期减征金额	15						
已预缴基金额	16						

(续表)

项目\产品种类	栏次	一	二	三	四	五	合计
上期结转基金额	17						
本期应补基金额	18(若 14－15－16－17＞0,为 14－15－16－17;否则为 0)						
本期结转下期基金额	19(若 14－15－16－17＜0,为 15＋16＋17－14;否则为 0)						

缴纳义务人或代理人声明： 此申报表是根据国家关于基金的相关规定填报，我确定它是真实的、可靠的、完整的。	如缴纳义务人填报，由缴纳义务人填写此栏：						
	经办人(签章)：						
	法定代表人(签章)： 联系电话：						
	如委托代理人填报，由代理人填写此栏：						
	代理人名称： 授权人(签章)：						
	代理经办人(公章)： 联系电话：						

以下由税务机关填写。

收到日期：　　　　　　　　接收人：　　　　　　　　主管税务机关盖章：

填表说明：

1. 本表适用于废弃电器电子产品处理基金(以下简称"基金")缴纳义务人填报。本表所称产品是指应征基金的电器电子产品。本表"合计"栏为 1 至 5 栏的合计数。

2. "纳税人识别号"栏，填写税务机关为基金缴纳义务人确定的识别号，即：税务登记证号码。

3. "纳税人名称"栏，填写基金缴纳义务人单位名称全称，不得填写简称。

4. "填表日期"栏，填写基金缴纳义务人填写本表的具体日期。

5. "所属期"栏，填写基金缴纳义务人申报的应纳基金所属时间，填写具体的起止年、月、日。

6. 第 1 项"应征基金产品种类"填写产品编码：电视机 01、电冰箱 02、洗衣机 03、房间空调器 04、微型计算机 05。

7. 第 2 项"本期销售数量"，填写第 3 项和第 4 项之和。

8. 第 3 项"应征销售数量"，填写按照本规定第五条和第六条确定的数量之和(不包括出口数量)。

9. 第 4 项"出口免征销售数量"，填写出口的产品数量。

10. 第 5 项"上期未扣数量"，填写本表上期第 12 项"结转下期扣除数量"。

11. 第 6 项"本期可扣除数量"，填写第 7 项、第 8 项、第 9 项、第 10 项之和。

12. 第 7 项"进口数量"，填写已由海关征收基金的进口产品数量。

13. 第8项"国内购进数量",填写从国内购进的已征基金产品数量。
14. 第9项"委托加工收回数量",填写从受托方收回委托加工已征基金的产品数量。
15. 第10项"已征基金产品可抵退货数量",填写已征基金产品发生销货退回的数量。
16. 第11项"本期应征数量",填写第3项减去第5项、第6项的余额,当余额为负数时,本项为0。
17. 第12项"结转下期扣除数量",填写第5项、第6项之和减去第3项的余额,当余额为负数时,本项为0。
18. 第13项"征收标准",按照《国内销售电器电子产品基金征收范围和标准》填写。
19. 第14项"本期应征基金金额",填写第11项与第13项的乘积。
20. 第15项"本期减征金额",本项在国务院相关部门的具体规定未明确之前暂不填写。
21. 第16项"已预缴基金额",填写已预缴的基金金额。
22. 第17项"上期结转基金额",填写本表上期第19项"本期结转下期基金额"。
23. 第18项"本期应补基金额",填写第14项减去第15项、第16项、第17项的余额,余额为负数时,本项为0。
24. 第19项"本期结转下期基金额",填写第15项、第16项、第17项之和减去第14项的余额,余额为负数时,本项为0。

财政部 国家税务总局关于进一步明确废弃电器电子产品处理基金征收产品范围的通知

(财综〔2012〕80号)

各省、自治区、直辖市财政厅(局)、国家税务局:

根据《财政部 环境保护部 国家发展改革委 工业和信息化部 海关总署 国家税务总局关于印发〈废弃电器电子产品处理基金征收使用管理办法〉的通知》(财综〔2012〕34号)的规定,现就国家税务局对电器电子产品生产者征收废弃电器电子产品处理基金(以下简称基金)的产品范围通知如下:

一、纳入基金征收范围的电视机,是指含有电视调谐器(高频头)的用于接收信号并还原出图像及伴音的终端设备,包括阴极射线管(黑白、彩色)电视机、液晶电视机、等离子电视机、背投电视机以及其他用于接收信号并还原出图像及伴音的终端设备。

二、纳入基金征收范围的电冰箱,是指具有制冷系统、消耗能量以获取冷量的隔热箱体,包括各自装有单独外门的冷藏冷冻箱(柜)、容积≤500升的冷藏箱(柜)、制冷温度≥−40℃且容积≤500升的冷冻箱(柜),以及其他具有制冷系统、消耗能量以获取冷量的隔热箱体。

对上述产品中分体形式的设备,按其制冷系统设备的数量计征基金。对自动售货机、容积<50升的车载冰箱以及不具有制冷系统的柜体,不征收基金。

三、纳入基金征收范围的洗衣机,是指干衣量≤10 kg 的依靠机械作用洗涤衣物(含兼有干衣功能)的器具,包括波轮式洗衣机、滚筒式洗衣机、搅拌式洗衣机、脱水机以及其他依靠机械作用洗涤衣物(含兼有干衣功能)的器具。

四、纳入基金征收范围的房间空调器,是指制冷量≤14 000 W(12 046 大卡/时)的房间空气调节器具,包括整体式空调(窗机、穿墙机、移动式等)、分体形式空调(分体壁挂、分体柜机、一拖多、单元式空调器等)以及其他房间空气调节器。

对分体形式空调器,按室外机的数量计征基金。对不具有制冷系统的空气调节器,不征收基金。

五、纳入基金征收范围的微型计算机,是指接口类型仅包括 VGA(模拟信号接口)、DVI(数字视频接口)或 HDMI(高清晰多媒体接口)的台式微型计算机的显示器、主机和显示器一体形式的台式微型计算机、便携式微型计算机(含笔记本电脑、平板电脑、掌上电脑)以及其他信息事务处理实体。

六、本通知自 2012 年 7 月 1 日起执行。

财政部　国家税务总局
2012 年 10 月 15 日

关于进(来)料受托加工复出口免征废弃电器电子产品处理基金有关问题的公告

(财政部公告 2014 年第 29 号)

为了完善废弃电器电子产品处理基金(以下简称基金)征收政策,现就进(来)料受托加工复出口免征基金有关问题公告如下:

一、基金缴纳义务人(以下称受托方)受外贸公司(以下称委托方)委托加工电器电子产品,其海关贸易方式为"进料加工"或"来料加工"且由委托方收回后复出口的,免征基金。

二、海关贸易方式为"进料加工"的,受托方受托加工业务免征基金,应当同时符合以下条件:

(一)委托方拥有加工贸易业务批准证(已取消商务主管部门加工贸易业务批准证的省份除外)。

(二)受托方提供与委托方签订的加工贸易合同备案委托书、协议书等证明业务真实发生的资料。

(三)委托方进料加工手(帐)册注明的加工单位是该受托方。

(四)受托方向委托方开具增值税专用发票收取加工费(含辅料费等相关费用)。

(五)原材料进口报关单上注明收货单位为该受托方。

(六)委托方出口电器电子产品,出口报关单备案号栏中载明的加工手(帐)册号与本款第三项中加工手(帐)册号一致,且注明发货单位为该受托方。

海关贸易方式为"来料加工"的,受托方受托加工业务免征基金,应当取得委托方税务机关出具的《来料加工免税证明》。

三、受托方按照《废弃电器电子产品处理基金征收管理规定》(国家税务总局公告2012年第41号)第八条的规定确定基金缴纳义务发生时间,申报免征基金,将免征数量填入"废弃电器电子产品处理基金申报表"第四栏"出口免征销售数量"。

四、受托加工产品未能复出口的,由海关在办理内销征税时一并补征基金。

五、委托方应及时将有关单证交受托方。委托方、受托方均应妥善保管进出口业务相关资料,以备税务机关、海关核查。

六、本公告自2014年6月1日起施行。

中华人民共和国财政部
2014年5月12日

关于公布《废弃电器电子产品处理目录(2014年版)》的公告

(国家发展和改革委员会 环境保护部 工业和信息化部
财政部 海关总署 国家税务总局公告2015年第5号)

根据《废弃电器电子产品回收处理管理条例》(国务院令第551号)规定,经国务院批准,现公布《废弃电器电子产品处理目录(2014年版)》,自2016年3月1日起实施。《废弃电器电子产品处理目录(第一批)》同时废止。

附件:《废弃电器电子产品处理目录(2014年版)》

国家发展改革委
环境保护部
工业和信息化部
财 政 部
海 关 总 署
国家税务总局
2015年2月9日

附件

《废弃电器电子产品处理目录(2014年版)》

序号	产品名称	产品范围及定义
1	电冰箱	冷藏冷冻箱(柜)、冷冻箱(柜)、冷藏箱(柜)及其他具有制冷系统,消耗能量以获取冷量的隔热箱体(容积≤800升)。
2	空气调节器	整体式空调器(窗式、穿墙式等)、分体式空调器(挂壁式、落地式等)、一拖多空调器等制冷量在14 000 W及以下(一拖多空调时,按室外机制冷量计算)的房间空气调节器具。
3	吸油烟机	深型吸排油烟机、欧式塔型吸排油烟机、侧吸式吸排油烟机和其他安装在炉灶上部,用于收集、处理被污染空气的电动器具。
4	洗衣机	波轮式洗衣机、滚筒式洗衣机、搅拌式洗衣机、脱水机及其他依靠机械作用洗涤衣物(含兼有干衣功能)的器具(干衣量≤10公斤)。
5	电热水器	储水式电热水器、快热式电热水器和其他将电能转换为热能,并将热能传递给水,使水产生一定温度的器具(容量≤500升)。
6	燃气热水器	以燃气作为燃料,通过燃烧加热方式将热量传递到流经热交换器的冷水中以达到制备热水目的的一种燃气用具(热负荷≤70 kW)。
7	打印机	激光打印机、喷墨打印机、针式打印机、热敏打印机和其他与计算机联机工作或利用云打印平台,将数字信息转换成文字和图像并以硬拷贝形式输出的设备,包括以打印功能为主,兼有其他功能设备(印刷幅面＜A2,印刷速度≤80张/分钟)。
8	复印机	静电复印机、喷墨复印机和其他用各种不同成像过程产生原稿复印品的设备,包括以复印功能为主,兼有其他功能的设备(印刷幅面＜A2,印刷速度≤80张/分钟)。
9	传真机	利用扫描和光电变换技术,把文字、图表、相片等静止图像变换成电信号发送出去,接收时以记录形式获取复制稿的通信终端设备,包括以传真功能为主,兼有其他功能的设备。
10	电视机	阴极射线管(黑白、彩色)电视机、等离子电视机、液晶电视机、OLED电视机、背投电视机、移动电视接收终端及其他含有电视调谐器(高频头)的用于接收信号并还原出图像及伴音的终端设备。
11	监视器	阴极射线管(黑白、彩色)监视器、液晶监视器等由显示器件为核心组成的图像输出设备(不含高频头)。
12	微型计算机	台式微型计算机(含一体机)和便携式微型计算机(含平板电脑、掌上电脑)等信息事务处理实体。
13	移动通信手持机	GSM手持机、CDMA手持机、SCDMA手持机、3G手持机、4G手持机、小灵通等手持式的,通过蜂窝网络的电磁波发送或接收两地讲话或其他声音、图像、数据的设备。
14	电话单机	PSTN普通电话机、网络电话机(IP电话机)、特种电话机和其他通信中实现声能与电能相互转换的用户设备。

国家税务总局关于修订《废弃电器电子产品处理基金申报表》的公告

(国家税务总局公告2015年第62号)

经国务院批准,发展改革委、环境保护部、工业和信息化部、财政部、海关总署和税务总局于2015年2月9日联合发布了《废弃电器电子产品处理目录(2014年版)》(发展改革委 环境保护部 工业和信息化部 财政部 海关总署 税务总局公告2015年第5号,以下简称《公告》)。为保证《公告》顺利实施,现将《国家税务总局关于发布〈废弃电器电子产品处理基金征收管理规定〉的公告》(国家税务总局公告2012年第41号)中附件2《废弃电器电子产品处理基金申报表》(以下简称原申报表)修订为《废弃电器电子产品处理基金申报表(2015年版)》(以下简称新申报表)。新申报表自2016年3月1日起启用,原申报表同时废止。

特此公告。

附件:废弃电器电子产品处理基金申报表(2015年版)

国家税务总局

2015年9月14日

附件

废弃电器电子产品处理基金申报表(2015年版)

纳税人识别号(统一社会信用代码):　　　　　　　　　　　　金额单位:元
纳税人名称(公章):　　　　　　　　　　　　　　　　　　　　数量单位:台
基金所属期:　　年　月　日至　　年　月　日　　　　填表日期:　年　月　日

	应征基金产品名称	征收标准	本期销售数量	其中		本期应征金额
				应征销售数量	出口免征销售数量	
	1	2	3=4+5	4	5	6=4*2
一、应征金额计算						
	合计					

（续表）

		其中				
	本期可扣除数量	进口数量	国内购进数量	委托加工收回数量	已征基金产品可抵退货数量	本期可扣除金额
二、扣除金额计算	7＝8＋9＋10＋11	8	9	10	11	12＝7＊2
	合计					

三、应缴金额计算	本期合计应征金额	13（第6项合计数）	如缴纳义务人填报，由缴纳义务人填写以下两栏：
	本期合计可扣除金额	14（第12项合计数）	经办人（签章）：
	本期减征金额	15	法定代表人（签章）：
	已预缴金额	16	如委托代理人填报，由代理人填写以下两栏：
	上期结转金额	17	
	本期应缴金额	18（若 13－14－15－16－17＞0，为 13－14－15－16－17；否则为0）	代理人名称（公章）：　　授权人（签章）：
	本期结转下期金额	19（若 14＋15＋16＋17－13＞0，为 14＋15＋16＋17－13；否则为0）	代理经办人（签章）：　　联系电话：

缴纳义务人或代理人声明：
本基金申报表是根据国家关于废弃电器电子产品处理基金的相关规定填报的，我确定它是真实的、可靠的、完整的。

受理税务机关：　　　受理人：　　　受理日期：　　年　月　日

填表说明：

1. 本表适用于废弃电器电子产品处理基金（以下简称"基金"）缴纳义务人填报。

2. "纳税人识别号"填写税务机关为基金缴纳义务人确定的识别号或统一社会信用代码。

3. "纳税人名称"填写基金缴纳义务人单位名称全称，不得填写简称。

4. "填表日期"填写基金缴纳义务人填写本表的具体日期。

5. "所属期"填写基金缴纳义务人申报的应缴纳基金所属时间,填写具体的起止年、月、日。

6. 第1项"应征基金产品名称"按照《国内销售电器电子产品基金征收范围和标准》填写相应的基金产品种类。

7. 第2项"征收标准"按照《国内销售电器电子产品基金征收范围和标准》对应填写。

8. 第5项"出口免征销售数量"填写出口的产品数量。

9. 第8项"进口数量"填写已由海关征收基金的进口产品数量。

10. 第9项"国内购进数量"填写从国内购进的已征基金产品数量。

11. 第10项"委托加工收回数量"填写从受托方收回委托加工已征基金的产品数量。

12. 第11项"已征基金产品可抵退货数量"填写已征基金产品发生销货退回的数量。

13. 第15项"本期减征金额"在国务院相关部门的具体规定未明确之前暂不填写。

14. 第16项"已预缴金额"填写已预缴的基金金额。

15. 第17项"上期结转金额"填写本表上期第19项"本期结转下期金额"。

国家发展和改革委员会办公厅　环境保护部办公厅　工业和信息化部办公厅 财政部办公厅　海关总署办公厅　国家税务总局办公厅 关于印发《废弃电器电子产品处理目录(2014年版)释义的通知》

(发改办环资〔2016〕1050号)

为贯彻实施《废弃电器电子产品处理目录(2014年版)》(以下简称《目录》),帮助各相关部门、电器电子产品生产企业、废弃电器电子产品处理企业及社会各有关方面理解目录范围,发展改革委、环境保护部、工业和信息化部、财政部、海关总署、税务总局组织有关专家制定了《〈废弃电器电子产品处理目录(2014年版)〉释义》(以下简称《目录释义》)。

《目录释义》根据《废弃电器电子产品回收处理管理条例》立法宗旨,并参考有关产品的国家标准、进出口税则商品及品目注释制定。《目录释义》是对《目录》的解释,产品征收的实际范围由财政部、海关总署及税务总局另行公布。

附件1:《废弃电器电子产品处理目录(2014年版)》释义

附件2:《废弃电器电子产品处理目录(2014年版)》释义制定说明

国家发展和改革委员会办公厅　环境保护部办公厅
工业和信息化部办公厅　财政部办公厅
海关总署办公厅　税务总局办公厅
2016年4月25日

附件 1

《废弃电器电子产品处理目录(2014 年版)》释义

一、电冰箱

（一）产品范围及定义

目录产品范围包括冷藏冷冻箱(柜)、冷冻箱(柜)、冷藏箱(柜)及其他具有制冷系统，消耗能量以获取冷量的隔热箱体(容积≤800 升)。

电冰箱指封闭式电机驱动压缩式冰箱，是有适当容积和装置的绝热箱体，采用消耗电能的手段来制冷，并具有一个或多个间室。

（二）目录产品释义

电冰箱的种类很多，一般按其内冷却、用途、气候环境、外形、放置方式制冷方式分类。《目录》按照产品用途进行分类。

冷藏冷冻箱(柜)：至少有一个间室为冷藏室，适用于储藏不须冷冻的物品，并至少有一个间室为冷冻室，适用于需要在－18℃或－18℃以下保存的冷冻物品和储存冷冻物品。

冷冻箱(柜)：一个有适当容积和装置的绝热箱体，具有一个或多个间室，在规定的试验条件下，将等于或低于－18℃的物品放入箱内，这些间室温度上升，不高于－18℃。该类型冰箱至少有一间为冷冻室，并能按规定储藏物品，可有冷冻物品储藏室。

冷藏箱(柜)：一个有适当容积和装置的绝热箱体，具有一个或多个间室，其中至少有一个冷藏室。该类型冰箱至少有一个间室是冷藏室，用以储藏不需冻结的物品，其温度应保持在 0℃以上。

该类型冰箱可以具有冷却室、制冰室、冷冻特品储藏室、冰温室，但是它没有冷冻室。

（三）本目录不包括的产品

本目录产品范围不包含非压缩式电冰箱及容积不超过 50 升的电冰箱。

附件 2

《废弃电器电子产品处理目录(2014 年版)释义》制定说明

一、制定发布的背景

2009 年，我国发布《废弃电器电子产品回收处理管理条例》(国务院令第 551 号，以下简称《条例》)。《条例》建立了《废弃电器电子产品处理目录》制度、基金制度、行业规划制度、处理企业资格许可制度、信息管理制度等。经国务院批准，2015 年 2 月，国家发展改革委、环境保护部、工业和信息化部、财政部、海关总署、税务总局等发布 2015 年第 5 号公告，公布了《废弃电器电子产品处理目录(2014 年版)》(以下简称 2014 年版目录)，调整扩大了目录范围，由过去的 5 类产品扩大到 14 类产品。

在 2014 年版目录公布之后,我们陆续接到了部分相关部门、行业协会、生产企业、处理企业等提出的咨询问题,对目录产品范围进行了解,为方便各相关部门、企业更好地理解目录所包括产品的范围和定义,保证《废弃电器电子产品回收处理条例》的顺利实施,我们组织制定了《废弃电器电子产品处理目录(2014 年版)释义》(以下简称《目录释义》)。《目录释义》仅是对 2014 年版目录所列产品的解释说明。

二、《目录释义》制定的过程和依据

我们在 2014 年的基金评估课题中设立《目录(2014 年版)释义编制研究》,委托有关行业协会开展相关研究。课题组采用数据收集、文献整理、实地调研、实验测试分析和专家论证相结合的方式,调研了国内外相关电器电子产品分类和定义,先后赴 30 余家生产企业、10 家处理企业进行了调研,听取了中国家电协会、中国文办设备制造行业协会、中国通信工业协会等协会和有关企业的意见建议,共收集、分析、比较国内外 14 种商品相关标准 100 余篇,参考使用 30 余篇。同时,收集分析了世界海关组织(WCO)《进出口税则商品及品目注释》及《中华人民共和国海关进出口税则本国子目注释》第十六类共计 38 个章节的内容。2015 年 12 月,我们将《目录释义》在网上公开征求意见,共收到 30 多个单位和个人反馈的 80 多条意见,还专门听取了有关行业协会、国内外骨干企业的意见,对《目录释义》再次进行了修改完善。

三、《目录释义》的框架结构

《目录释义》按照 14 个产品类型的顺序,分别从产品范围及定义、目录产品释义、不包括的产品等几个方面对每类产品进行解释和界定。

一是阐述了 2014 年版目录产品定义和分类,主要参考了现有的标准规范、世界海关组织和中国海关归类技术委员会发布的归类决定、归类裁定等,从产品的定义和实际结构、功能、用途进行解读;

二是对 2014 年版目录所包含的产品范围进行解释;

三是对容易产生歧义的部分类别产品进行了概念厘清,对不属于产品范围的产品种类进行了梳理界定。

四、《目录释义》中不包含部分产品的原因

《目录释义》编制过程中注意到部分产品不适用现有目录产品划分依据及标准,我们从《条例》的立法精神出发,并考虑到环境性、资源性、社会性、经济性,以及技术现状、征收成本、管理成本等因素,提出了不纳入目录产品范围的产品种类。

(一)关于部分电冰箱产品

从条例制定的初衷看,将冰箱纳入范围主要是环境危害性,而非压缩式电冰箱由于制冷原理不同,环境危害性不同,且产品生产数量较少,征管成本较大。同时,考虑到现行的实际管理中也未将容积不超过 50 升的电冰箱纳入管理范围,因此,《目录释义》中提出,本目录产品范围不包含非压缩式电冰箱及容积不超过50升的电冰箱。

（二）关于部分打印机产品

从条例制定的初衷看，将打印机纳入范围主要是环境危害性，而幅面小于110毫米的针式打印机、热敏打印机、热转印打印机和热升华打印机由于工作原理不同，不使用硒鼓墨盒，环境危害性较小，且产品结构单一，多为嵌入式安装难以单独回收，主要用于特种用途。同时，目录对打印机的界定范围是印刷幅面＜A2，印刷速度≤80张/分钟，据此标准，对应的针式打印机范围是打印头针数小于48的针式打印机。因此，《目录释义》中提出，本目录产品范围不包括打印头针数大于等于48的针式打印机及打印幅面小于110毫米的针式打印机、热敏打印机、热转印打印机和热升华打印机。

（三）关于部分液体加热功能设备

从条例制定的目的看，将电热水器纳入目录管理范围主要原因是含有保温材料等，具有一定的环境污染性，而一般性的液体加热功能设施从定义上就不属于电热水器，从结构上看比较简单，基本不含有保温材料，仅包括金属壳体和加热组件，因此，《目录释义》中提出，本目录产品范围不包含咖啡壶、电水壶、煮蛋器、热水售卖机等具备液体加热功能的液体加热器和商业售卖机。

（四）关于可穿戴产品

根据2014年版目录对移动通讯设备的界定，包含了部分具有通信功能的可穿戴设备。但考虑到这一产业仍处于快速发展期，产品种类日新月异，征收成本和难度较大，有待于进一步研究规范，因此，《目录释义》中提出，本目录产品不包括具有定位、简单通话等功能的可穿戴产品。

（五）其他一些产品

一是部分企业提出10升以下储水式电热水器不纳入管理范围。经征求协会及各方意见，虽然10升以下储水式电热水器体积小、价值低，但是原理、结构与10升以上电热水器基本相同，在此不作调整。二是部分电话机企业提出电话机不纳入目录管理范围，由于国家已明确将电话机纳入目录管理，在此不作调整。我们将建议有关部门在基金征收环节结合不同产品的价值、环境危害性和产业发展水平设置差别化征收标准。

五、关于《目录释义》与处理基金实际征收补贴范围

《目录释义》主要是从产品范围上进行的解释和说明，但在具体征收环节上还要综合考虑实施的可行性、征收监管成本、补贴审核监管成本等，因此，《目录释义》提出产品的基金实际征收范围（含进出口环节）由财政部、海关总署及税务总局按有关标准和规定另行确定，实际补贴范围由财政部商环境保护部等部门按照有关标准和规定另行确定。

六、目录实施的预期效果

为了落实《固体废物污染环境防治法》《循环经济促进法》和《清洁生产促进法》，国家

制定实施了《废弃电器电子产品回收处理管理条例》,率先在电器电子领域实行生产者责任延伸制度。目录自 2012 年 7 月实施以来,回收处理的五大类废弃电器电子产品从最初的每年 4 000 万台上升到 2015 年的 7 500 万台。预期新版目录实施后,将进一步推动我国废弃电器电子产品的规范回收利用和行业的健康发展,促进循环经济发展和环境保护,提高全民环境保护、资源节约意识。

七、工会经费

中华人民共和国工会法

(1992 年 4 月 3 日,第七届全国人民代表大会第五次会议通过;1992 年 4 月 3 日中华人民共和国主席令第五十七号公布;根据 2001 年 10 月 27 日,第九届全国人民代表大会常务委员会第二十四次会议《关于修改〈中华人民共和国工会法〉的决定》第一次修正;根据 2009 年 8 月 27 日,第十一届全国人民代表大会常务委员会第十次会议《关于修改部分法律的规定》第二次修正。)

第一章 总 则

第一条 为保障工会在国家政治、经济和社会生活中的地位,确定工会的权利与义务,发挥工会在社会主义现代化建设事业中的作用,根据宪法,制定本法。

第二条 工会是职工自愿结合的工人阶级的群众组织。

中华全国总工会及其各工会组织代表职工的利益,依法维护职工的合法权益。

第三条 在中国境内的企业、事业单位、机关中以工资收入为主要生活来源的体力劳动者和脑力劳动者,不分民族、种族、性别、职业、宗教信仰、教育程度,都有依法参加和组织工会的权利。任何组织和个人不得阻挠和限制。

第四条 工会必须遵守和维护宪法,以宪法为根本的活动准则,以经济建设为中心,坚持社会主义道路、坚持人民民主专政、坚持中国共产党的领导、坚持马克思列宁主义毛泽东思想邓小平理论,坚持改革开放,依照工会章程独立自主地开展工作。

工会会员全国代表大会制定或者修改《中国工会章程》,章程不得与宪法和法律相抵触。

国家保护工会的合法权益不受侵犯。

第五条 工会组织和教育职工依照宪法和法律的规定行使民主权利,发挥国家主人翁的作用,通过各种途径和形式,参与管理国家事务、管理经济和文化事业、管理社会事务;协助人民政府开展工作,维护工人阶级领导的、以工农联盟为基础的人民民主专政的社会主义国家政权。

第六条 维护职工合法权益是工会的基本职责。工会在维护全国人民总体利益的同时,代表和维护职工的合法权益。

工会通过平等协商和集体合同制度,协调劳动关系,维护企业职工劳动权益。

工会依照法律规定通过职工代表大会或者其他形式,组织职工参与本单位的民主决策、民主管理和民主监督。

工会必须密切联系职工,听取和反映职工的意见和要求,关心职工的生活,帮助职工解决困难,全心全意为职工服务。

第七条 工会动员和组织职工积极参加经济建设,努力完成生产任务和工作任务。教育职工不断提高思想道德、技术业务和科学文化素质,建设有理想、有道德、有文化、有纪律的职工队伍。

第八条 中华全国总工会根据独立、平等、互相尊重、互不干涉内部事务的原则,加强同各国工会组织的友好合作关系。

第二章　工　会　组　织

第九条 工会各级组织按照民主集中制原则建立。

各级工会委员会由会员大会或者会员代表大会民主选举产生。企业主要负责人的近亲属不得作为本企业基层工会委员会成员的人选。

各级工会委员会向同级会员大会或者会员代表大会负责并报告工作,接受其监督。

工会会员大会或者会员代表大会有权撤换或者罢免其所选举的代表或者工会委员会组成人员。

上级工会组织领导下级工会组织。

第十条 企业、事业单位、机关有会员二十五人以上的,应当建立基层工会委员会;不足二十五人的,可以单独建立基层工会委员会,也可以由两个以上单位的会员联合建立基层工会委员会,也可以选举组织员一人,组织会员开展活动。女职工人数较多的,可以建立工会女职工委员会,在同级工会领导下开展工作;女职工人数较少的,可以在工会委员会中设女职工委员。

企业职工较多的乡镇、城市街道,可以建立基层工会的联合会。

县级以上地方建立地方各级总工会。

同一行业或者性质相近的几个行业,可以根据需要建立全国的或者地方的产业工会。

全国建立统一的中华全国总工会。

第十一条　基层工会、地方各级总工会、全国或者地方产业工会组织的建立,必须报上一级工会批准。

上级工会可以派员帮助和指导企业职工组建工会,任何单位和个人不得阻挠。

第十二条　任何组织和个人不得随意撤销、合并工会组织。

基层工会所在的企业终止或者所在的事业单位、机关被撤销,该工会组织相应撤销,并报告上一级工会。

依前款规定被撤销的工会,其会员的会籍可以继续保留,具体管理办法由中华全国总工会制定。

第十三条　职工二百人以上的企业、事业单位的工会,可以设专职工会主席。工会专职工作人员的人数由工会与企业、事业单位协商确定。

第十四条　中华全国总工会、地方总工会、产业工会具有社会团体法人资格。

基层工会组织具备民法通则规定的法人条件的,依法取得社会团体法人资格。

第十五条　基层工会委员会每届任期三年或者五年。各级地方总工会委员会和产业工会委员会每届任期五年。

第十六条　基层工会委员会定期召开会员大会或者会员代表大会,讨论决定工会工作的重大问题。经基层工会委员会或者三分之一以上的工会会员提议,可以临时召开会员大会或者会员代表大会。

第十七条　工会主席、副主席任期未满时,不得随意调动其工作。因工作需要调动时,应当征得本级工会委员会和上一级工会的同意。

罢免工会主席、副主席必须召开会员大会或者会员代表大会讨论,非经会员大会全体会员或者会员代表大会全体代表过半数通过,不得罢免。

第十八条　基层工会专职主席、副主席或者委员自任职之日起,其劳动合同期限自动延长,延长期限相当于其任职期间;非专职主席、副主席或者委员自任职之日起,其尚未履行的劳动合同期限短于任期的,劳动合同期限自动延长至任期期满。但是,任职期间个人严重过失或者达到法定退休年龄的除外。

第三章　工会的权利和义务

第十九条　企业、事业单位违反职工代表大会制度和其他民主管理制度,工会有权要求纠正,保障职工依法行使民主管理的权利。

法律、法规规定应当提交职工大会或者职工代表大会审议、通过、决定的事项,企业、事业单位应当依法办理。

第二十条　工会帮助、指导职工与企业以及实行企业化管理的事业单位签订劳动合同。

工会代表职工与企业以及实行企业化管理的事业单位进行平等协商,签订集体合同。集体合同草案应当提交职工代表大会或者全体职工讨论通过。

工会签订集体合同,上级工会应当给予支持和帮助。

企业违反集体合同,侵犯职工劳动权益的,工会可以依法要求企业承担责任;因履行集体合同发生争议,经协商解决不成的,工会可以向劳动争议仲裁机构提请仲裁,仲裁机构不予受理或者对仲裁裁决不服的,可以向人民法院提起诉讼。

第二十一条 企业、事业单位处分职工,工会认为不适当的,有权提出意见。

企业单方面解除职工劳动合同时,应当事先将理由通知工会,工会认为企业违反法律、法规和有关合同,要求重新研究处理时,企业应当研究工会的意见,并将处理结果书面通知工会。

职工认为企业侵犯其劳动权益而申请劳动争议仲裁或者向人民法院提起诉讼的,工会应当给予支持和帮助。

第二十二条 企业、事业单位违反劳动法律、法规规定,有下列侵犯职工劳动权益情形,工会应当代表职工与企业、事业单位交涉,要求企业、事业单位采取措施予以改正;企业、事业单位应当予以研究处理,并向工会作出答复;企业、事业单位拒不改正的,工会可以请求当地人民政府依法作出处理:

(一) 克扣职工工资的;

(二) 不提供劳动安全卫生条件的;

(三) 随意延长劳动时间的;

(四) 侵犯女职工和未成年工特殊权益的;

(五) 其他严重侵犯职工劳动权益的。

第二十三条 工会依照国家规定对新建、扩建企业和技术改造工程中的劳动条件和安全卫生设施与主体工程同时设计、同时施工、同时投产使用进行监督。对工会提出的意见,企业或者主管部门应当认真处理,并将处理结果书面通知工会。

第二十四条 工会发现企业违章指挥、强令工人冒险作业,或者生产过程中发现明显重大事故隐患和职业危害,有权提出解决的建议,企业应当及时研究答复;发现危及职工生命安全的情况时,工会有权向企业建议组织职工撤离危险现场,企业必须及时作出处理决定。

第二十五条 工会有权对企业、事业单位侵犯职工合法权益的问题进行调查,有关单位应当予以协助。

第二十六条 职工因工伤亡事故和其他严重危害职工健康问题的调查处理,必须有工会参加。工会应当向有关部门提出处理意见,并有权要求追究直接负责的主管人员和有关责任人员的责任。对工会提出的意见,应当及时研究,给予答复。

第二十七条 企业、事业单位发生停工、怠工事件,工会应当代表职工同企业、事业单位或者有关方面协商,反映职工的意见和要求并提出解决意见。对于职工的合理要求,企业、事业单位应当予以解决。工会协助企业、事业单位做好工作,尽快恢复生产、工作秩序。

第二十八条 工会参加企业的劳动争议调解工作。

地方劳动争议仲裁组织应当有同级工会代表参加。

第二十九条 县级以上各级总工会可以为所属工会和职工提供法律服务。

第三十条 工会协助企业、事业单位、机关办好职工集体福利事业,做好工资、劳动安全卫生和社会保险工作。

第三十一条 工会会同企业、事业单位教育职工以国家主人翁态度对待劳动,爱护国家和企业的财产,组织职工开展群众性的合理化建议、技术革新活动,进行业余文化技术学习和职工培训,组织职工开展文娱、体育活动。

第三十二条 根据政府委托,工会与有关部门共同做好劳动模范和先进生产(工作)者的评选、表彰、培养和管理工作。

第三十三条 国家机关在组织起草或者修改直接涉及职工切身利益的法律、法规、规章时,应当听取工会意见。

县级以上各级人民政府制定国民经济和社会发展计划,对涉及职工利益的重大问题,应当听取同级工会的意见。

县级以上各级人民政府及其有关部门研究制定劳动就业、工资、劳动安全卫生、社会保险等涉及职工切身利益的政策、措施时,应当吸收同级工会参加研究,听取工会意见。

第三十四条 县级以上地方各级人民政府可以召开会议或者采取适当方式,向同级工会通报政府的重要的工作部署和与工会工作有关的行政措施,研究解决工会反映的职工群众的意见和要求。

各级人民政府劳动行政部门应当会同同级工会和企业方面代表,建立劳动关系三方协商机制,共同研究解决劳动关系方面的重大问题。

第四章 基层工会组织

第三十五条 国有企业职工代表大会是企业实行民主管理的基本形式,是职工行使民主管理权力的机构,依照法律规定行使职权。

国有企业的工会委员会是职工代表大会的工作机构,负责职工代表大会的日常工作,检查、督促职工代表大会决议的执行。

第三十六条 集体企业的工会委员会,应当支持和组织职工参加民主管理和民主监督,维护职工选举和罢免管理人员、决定经营管理的重大问题的权力。

第三十七条 本法第三十五条、第三十六条规定以外的其他企业、事业单位的工会委员会,依照法律规定组织职工采取与企业、事业单位相适应的形式,参与企业、事业单位民主管理。

第三十八条 企业、事业单位研究经营管理和发展的重大问题应当听取工会的意见;召开讨论有关工资、福利、劳动安全卫生、社会保险等涉及职工切身利益的会议,必须有工会代表参加。

企业、事业单位应当支持工会依法开展工作,工会应当支持企业、事业单位依法行使经营管理权。

第三十九条 公司的董事会、监事会中职工代表的产生,依照公司法有关规定执行。

第四十条 基层工会委员会召开会议或者组织职工活动,应当在生产或者工作时间以外进行,需要占用生产或者工作时间的,应当事先征得企业、事业单位的同意。

基层工会的非专职委员占用生产或者工作时间参加会议或者从事工会工作,每月不超过三个工作日,其工资照发,其他待遇不受影响。

第四十一条 企业、事业单位、机关工会委员会的专职工作人员的工资、奖励、补贴,由所在单位支付。社会保险和其他福利待遇等,享受本单位职工同等待遇。

第五章 工会的经费和财产

第四十二条 工会经费的来源:

(一)工会会员缴纳的会费;

(二)建立工会组织的企业、事业单位、机关按每月全部职工工资总额的百分之二向工会拨缴的经费;

(三)工会所属的企业、事业单位上缴的收入;

(四)人民政府的补助;

(五)其他收入。

前款第(二)项规定的企业、事业单位拨缴的经费在税前列支。

工会经费主要用于为职工服务和工会活动。经费使用的具体办法由中华全国总工会制定。

第四十三条 企业、事业单位无正当理由拖延或者拒不拨缴工会经费,基层工会或者上级工会可以向当地人民法院申请支付令;拒不执行支付令的,工会可以依法申请人民法院强制执行。

第四十四条 工会应当根据经费独立原则,建立预算、决算和经费审查监督制度。

各级工会建立经费审查委员会。

各级工会经费收支情况应当由同级工会经费审查委员会审查,并且定期向会员大会或者会员代表大会报告,接受监督。工会会员大会或者会员代表大会有权对经费使用情况提出意见。

工会经费的使用应当依法接受国家的监督。

第四十五条 各级人民政府和企业、事业单位、机关应当为工会办公和开展活动,提供必要的设施和活动场所等物质条件。

第四十六条 工会的财产、经费和国家拨给工会使用的不动产,任何组织和个人不得侵占、挪用和任意调拨。

第四十七条 工会所属的为职工服务的企业、事业单位,其隶属关系不得随意改变。

第四十八条 县级以上各级工会的离休、退休人员的待遇,与国家机关工作人员同等对待。

第六章 法 律 责 任

第四十九条 工会对违反本法规定侵犯其合法权益的,有权提请人民政府或者有关部门予以处理,或者向人民法院提起诉讼。

第五十条 违反本法第三条、第十一条规定,阻挠职工依法参加和组织工会或者阻挠上级工会帮助、指导职工筹建工会的,由劳动行政部门责令其改正;拒不改正的,由劳动行政部门提请县级以上人民政府处理;以暴力、威胁等手段阻挠造成严重后果,构成犯罪的,依法追究刑事责任。

第五十一条 违反本法规定,对依法履行职责的工会工作人员无正当理由调动工作岗位,进行打击报复的,由劳动行政部门责令改正、恢复原工作;造成损失的,给予赔偿。

对依法履行职责的工会工作人员进行侮辱、诽谤或者进行人身伤害,构成犯罪的,依法追究刑事责任;尚未构成犯罪的,由公安机关依照治安管理处罚条例的规定处罚。

第五十二条 违反本法规定,有下列情形之一的,由劳动行政部门责令恢复其工作,并补发被解除劳动合同期间应得的报酬,或者责令给予本人年收入二倍的赔偿:

(一)职工因参加工会活动而被解除劳动合同的;

(二)工会工作人员因履行本法规定的职责而被解除劳动合同的。

第五十三条 违反本法规定,有下列情形之一的,由县级以上人民政府责令改正,依法处理:

(一)妨碍工会组织职工通过职工代表大会和其他形式依法行使民主权利的;

(二)非法撤销、合并工会组织的;

(三)妨碍工会参加职工因工伤亡事故以及其他侵犯职工合法权益问题的调查处理的;

(四)无正当理由拒绝进行平等协商的。

第五十四条 违反本法第四十六条规定,侵占工会经费和财产拒不返还的,工会可以向人民法院提起诉讼,要求返还,并赔偿损失。

第五十五条 工会工作人员违反本法规定,损害职工或者工会权益的,由同级工会或者上级工会责令改正,或者予以处分;情节严重的,依照《中国工会章程》予以罢免;造成损失的,应当承担赔偿责任;构成犯罪的,依法追究刑事责任。

第七章 附 则

第五十六条 中华全国总工会会同有关国家机关制定机关工会实施本法的具体办法。

第五十七条 本法自公布之日起施行。1950年6月29日中央人民政府颁布的《中华人民共和国工会法》同时废止。

国家税务总局关于税务机关代收工会经费
企业所得税税前扣除凭据问题的公告

(国家税务总局公告2011年第30号)

为进一步加强对工会经费企业所得税税前扣除的管理,现就税务机关代收工会经费税前扣除凭据问题公告如下:

自2010年1月1日起,在委托税务机关代收工会经费的地区,企业拨缴的工会经费,也可凭合法、有效的工会经费代收凭据依法在税前扣除。

特此公告。

国家税务总局
二〇一一年五月十一日

八、先行划转部分非税收入

国家税务总局关于国家重大水利工程建设基金等政府
非税收入项目征管职责划转有关事项的公告

(国家税务总局公告2018年第63号)

根据党中央、国务院关于政府非税收入(以下简称"非税收入")征管职责划转的有关要求,国家重大水利工程建设基金等非税收入项目划转至税务部门征收。为确保非税收

入征管职责划转及各项征管工作平稳有序运行,现将有关事项公告如下:

一、自2019年1月1日起,原由财政部驻地方财政监察专员办事处(以下简称"专员办")负责征收的国家重大水利工程建设基金、农网还贷资金、可再生能源发展基金、中央水库移民扶持基金(含大中型水库移民后期扶持基金、三峡水库库区基金、跨省大中型水库库区基金)、三峡电站水资源费、核电站乏燃料处理处置基金、免税商品特许经营费、油价调控风险准备金、核事故应急准备专项收入,以及国家留成油收入、石油特别收益金,划转至税务部门征收。征收范围、对象、标准及收入分成等仍按现行规定执行。

二、税务部门按照属地原则征收划转的非税收入,具体征收机关由国家税务总局各省、自治区、直辖市和计划单列市税务局按照"便民、高效"原则确定。三峡电站水资源费的中央分成和湖北省分成部分,由缴费人向湖北省税务部门申报缴纳;重庆市分成部分,由缴费人向重庆市税务部门申报缴纳。

三、国家重大水利工程建设基金、农网还贷资金、可再生能源发展基金、中央水库移民扶持基金(含大中型水库移民后期扶持基金、三峡水库库区基金、跨省际大中型水库库区基金)、三峡电站水资源费、核电站乏燃料处理处置基金、免税商品特许经营费、核事故应急准备专项收入和国家留成油收入等非税收入的申报,统一使用《非税收入通用申报表》(附件1),石油特别收益金使用《石油特别收益金申报表》(附件2),油价调控风险准备金使用《油价调控风险准备金申报表》(附件3)。

四、缴费人采用自行申报方式办理非税收入申报缴纳等有关事项。相关电网企业按照现行规定进行代征,并向税务部门申报缴纳。符合非税收入减免政策的,缴费人自行申报享受,相关资料由缴费人留存备查,并对资料的真实性和合法性承担责任。

五、各项非税收入缴纳期限按现行规定执行,期限最后一日是法定休假日的,以休假日期满的次日为最后一日,期限内有连续3日以上法定休假日的,按休假日天数顺延。

六、对于国家重大水利工程建设基金、可再生能源发展基金、跨省大中型水库库区基金、大中型水库移民后期扶持基金、三峡电站水资源费2018年度的汇算清缴,缴费人向专员办申报办理。以后年度的汇算清缴,缴费人向税务部门申报办理。

七、涉及误收误缴、汇算清缴需要退库的,缴费人向主管税务机关申请办理。涉及收入减免等政策性原因需要退库的,按照财政部有关退库管理规定办理。

八、国家税务总局各省、自治区、直辖市和计划单列市税务局可根据本公告制定具体实施办法。

本公告自2019年1月1日起施行。

特此公告。

附件:1. 非税收入通用申报表
      2. 石油特别收益金申报表

3. 油价调控风险准备金申报表

国家税务总局

2018年12月25日

财政部 国家发展改革委 水利部关于印发《国家重大水利工程建设基金征收使用管理暂行办法》的通知

(财综〔2009〕90号)

各省、自治区、直辖市人民政府,监察部、审计署、中国人民银行、国务院南水北调办、国务院三峡办,国家电网公司、中国南方电网有限责任公司:

《国家重大水利工程建设基金征收使用管理暂行办法》已经国务院同意,现印发给你们,请遵照执行。

财政部 国家发展改革委 水利部
二〇〇九年十二月三十一日

附件

国家重大水利工程建设基金征收使用管理暂行办法

第一条 为筹集国家重大水利工程建设资金,确保国家重大水利工程建设的顺利实施,促进经济社会可持续发展,根据国家有关规定,制定本办法。

第二条 国家重大水利工程建设基金(以下简称重大水利基金)是国家为支持南水北调工程建设、解决三峡工程后续问题以及加强中西部地区重大水利工程建设而设立的政府性基金。

第三条 重大水利基金利用三峡工程建设基金停征后的电价空间设立。

第四条 重大水利基金按下列原则筹集和分配:

(一)三峡工程建设基金向重大水利基金平稳过渡,保持三峡工程建设基金现行征收政策基本不变;

(二)南水北调和三峡工程直接受益省份筹集的重大水利基金,专项用于南水北调工程建设和三峡工程后续工作;

(三)南水北调和三峡工程非直接受益省份筹集的重大水利基金,留给所在省份用于本地重大水利工程建设。

第五条 重大水利基金在除西藏自治区以外的全国范围内筹集,按照各省、自治区、直辖市扣除国家扶贫开发工作重点县农业排灌用电后的全部销售电量和规定征收标准计征。各省、自治区、直辖市全部销售电量包括省级电网企业销售给电力用户的电量、省级电网企业扣除合理线损后的趸售电量(即实际销售给转供单位的电量)、省级电网企业销售给子公司的电量和对境外销售电量、企业自备电厂自发自用电量、地方独立电网销售电量(不含省级电网企业销售给地方独立电网企业的电量,下同)。跨省(自治区、直辖市)电力交易,计入受电省份销售电量。

各省、自治区、直辖市重大水利基金的具体征收标准见附件。

第六条 重大水利基金从2010年1月1日起开始征收,至2019年12月31日止。

第七条 除企业自备电厂自发自用电量和地方独立电网销售电量外,重大水利基金由省级电网企业在向电力用户收取电费时一并代征。

第八条 北京、天津、河北、河南、山东、江苏、上海、浙江、安徽、江西、湖北、湖南、广东、重庆等14个南水北调和三峡工程直接受益省份(以下简称14个省份)电网企业代征的重大水利基金,由财政部驻当地财政监察专员办事处(以下简称专员办)负责征收,并全额上缴中央国库。

山西、内蒙古、辽宁、吉林、黑龙江、福建、广西、海南、四川、贵州、云南、陕西、甘肃、青海、宁夏、新疆等16个南水北调和三峡工程非直接受益省份(以下简称16个省份)电网企业代征的重大水利基金,由当地省级财政部门负责征收,并全额上缴省级国库。

第九条 对企业自备电厂自发自用电量和地方独立电网销售电量应缴纳的重大水利基金,按照本办法第八条划分省份分别由驻当地专员办和省级财政部门直接征收,并分别缴入中央和省级国库。

第十条 14个省份的重大水利基金由专员办按月征收,实行直接缴库。省级电网企业、拥有自备电厂企业和地方独立电网企业应于每月10日前向驻当地专员办申报上月实际销售电量(自发自用电量)和应缴纳的重大水利基金。专员办应于每月12日前完成对申报的审核,确定重大水利基金征收数额,并向申报企业开具《非税收入一般缴款书》。省级电网企业、拥有自备电厂企业和地方独立电网企业应于每月15日前,按照专员办开具《非税收入一般缴款书》所规定的缴款额,足额上缴资金。

专员办应根据省级电网企业、拥有自备电厂企业和地方独立电网企业全年实际销售电量(自发自用电量),在次年3月底前完成对相关企业全年应缴重大水利基金的汇算清缴工作。专员办开展汇算清缴工作时,应对电力用户欠缴电费、电网企业核销坏账损失的电量情况进行审核,经确认后不计入相关企业全年实际销售电量。

16个省份重大水利基金的具体征管办法由当地省级财政部门制定。

第十一条 拥有自备电厂企业、地方独立电网企业应准确计量自发自用电量和销售电量,不能准确计量的,由专员办和省级财政部门按照其最大发电(售电)能力核定自发自用电量和销售电量,并确定重大水利基金征收数额。

第十二条 重大水利基金收入列政府收支分类科目第103类01款58项"国家重大

水利工程建设基金收入"。其中：专员办对14个省份征收的重大水利基金分别计入"国家重大水利工程建设基金收入"项下01目"南水北调工程建设资金"和02目"三峡工程后续工作资金"；16个省份省级财政部门征收的重大水利基金计入"国家重大水利工程建设基金收入"项下03目"省级重大水利工程建设资金"。

第十三条 14个省份省级电网企业代征重大水利基金，由中央财政按代征额的2‰付给代征手续费，代征手续费从重大水利基金支出预算中安排，分别支付给国家电网公司和中国南方电网有限责任公司，具体支付方式按照财政部有关规定执行。代征电网企业不得从代征收入中直接提留代征手续费。

16个省份省级电网企业代征重大水利基金，由省级财政从本级重大水利基金支出预算中付给代征手续费，具体办法由省级财政部门规定。

第十四条 省级电网企业应将代征的重大水利基金与其正常业务收入分账核算。省级电网企业、拥有自备电厂企业和地方独立电网企业应及时足额上缴重大水利基金，不得拖延缴纳，如逾期不缴纳的，专员办和省级财政部门应责令其限期缴纳，并从滞纳之日起按日加收滞纳部分2‰的滞纳金。滞纳金纳入本金一并核算。

第十五条 未经国务院批准，任何地方、部门和单位均不得擅自减免重大水利基金，不得调整基金征收范围和征收标准。

第十六条 对重大水利基金征收增值税而减少的收入，由财政预算安排相应资金予以弥补，并记入"国家重大水利工程建设基金收入"科目核算。

第十七条 重大水利基金按下列规定进行分配和使用。

（一）14个省份缴入中央国库的重大水利基金，纳入中央财政预算管理，由中央财政安排用于南水北调工程建设、三峡工程后续工作和支付三峡工程公益性资产运行维护费用、支付重大水利基金代征手续费。其中：南水北调工程建设与三峡工程后续工作之间的分配比例另行规定。

（二）16个省份缴入省级国库的重大水利基金，纳入省级财政预算管理，专项用于本地重大水利工程建设。

第十八条 用于南水北调工程建设的重大水利基金，由南水北调工程项目法人根据工程建设进度提出年度投资建议，报国务院南水北调办审查，并由国务院南水北调办报国家发展改革委审核后，纳入国家固定资产投资计划。同时，国务院南水北调办要编制重大水利基金年度支出预算，报财政部审核。财政部根据批准的年度投资计划、基金收支预算和基金实际征收入库情况安排资金。

重大水利基金用于南水北调工程建设，暂作为中央资本金管理。

第十九条 用于三峡工程后续工作的重大水利基金，按照经国务院批准的《三峡工程后续工作规划》要求安排使用，具体使用管理办法另行制定。

第二十条　缴入中央国库的重大水利基金在满足南水北调工程建设和三峡工程后续工作需要后的结余资金,由财政部会同国家发展改革委、水利部提出分配和使用意见,报国务院确定。

第二十一条　缴入省级国库的重大水利基金,由省级发展改革部门纳入固定资产投资计划统筹安排,并由省级财政部门编制年度基金收支预算。省级财政部门根据批准的年度投资计划、基金收支预算和基金实际征收入库情况安排资金。

16个省份要将重大水利基金年度收支情况报财政部、国家发展改革委、水利部备案。

第二十二条　重大水利基金应严格按规定安排使用,实行专款专用,年终结余结转下年度继续使用。

重大水利基金的资金支付按照财政国库管理制度有关规定执行。

第二十三条　重大水利基金支出在政府收支分类科目中列第213类04款70项"国家重大水利工程建设基金支出(南水北调工程建设)"、71项"国家重大水利工程建设基金支出(三峡工程后续工作)"、72项"国家重大水利工程建设基金支出(地方重大水利工程建设)"。

第二十四条　各级财政、发展改革、水利、审计、监察部门应按照职责分工,加强对重大水利基金征收、拨付、使用和管理情况的监督检查,确保基金按规定征缴和使用。

第二十五条　对违反本规定,多征、减征、缓征、停征,或者侵占、截留、挪用重大水利基金的单位及责任人,依照《财政违法行为处罚处分条例》(国务院令第427号)和《违反行政事业性收费和罚没收入收支两条线管理规定行政处分暂行规定》(国务院令第281号)进行处罚或行政处分,构成犯罪的,依法追究刑事责任。

第二十六条　16个省份可根据本办法制定本地区重大水利基金具体实施办法,并报财政部、国家发展改革委、水利部备案。

第二十七条　本办法由财政部商有关部门负责解释。

第二十八条　本办法自2010年1月1日起执行,三峡工程建设基金同时停止征收,原涉及三峡工程建设基金征收使用管理的文件一律废止。

财政部关于征收国家重大水利工程建设基金有关问题的通知

(财综〔2010〕97号)

财政部驻北京、天津、河北、河南、山东、江苏、上海、浙江、安徽、江西、湖北、湖南、重庆、广东省(直辖市)财政监察专员办事处,国家电网公司、中国南方电网有限责任公司:

最近,财政部驻一些省市财政监察专员办事处反映,对企业自备电厂征收国家重大水利工程建设基金(以下简称基金)等一些具体政策仍不尽明确,给基金征收工作带来一定

困难,要求进一步明确相关政策。经研究,现将有关问题通知如下:

一、为确保基金应征尽征,提高征管效率,对企业自备电厂应缴纳的基金,不再由财政部驻当地财政监察专员办事处直接征收,改由省级电网企业代征,并由财政部驻当地财政监察专员办事处按月征缴。具体征缴方式、时间和程序,仍按照《财政部 国家发展改革委 水利部关于印发〈国家重大水利工程建设基金征收使用管理暂行办法〉的通知》(财综〔2009〕90号)规定执行。

二、财综〔2009〕90号文件已明确,资源综合利用(利用余热余压发电、煤矸石发电等)、热电联产的企业自备电厂纳入基金征收范围,各地应按此规定对资源综合利用、热电联产的企业自备电厂征收基金,不得免征。

三、对重庆市电力公司所属控股子公司(目前为24家)和地方独立电网企业全部销售电量,均应计征基金,自2010年1月1日起至今尚未计征基金的,应足额补征。

四、各地应严格按照财综〔2009〕90号文件的规定执行,未经国务院批准,任何地方、部门和单位均不得擅自调整基金征收范围和征收标准,也不得擅自减免基金。凡违反规定的,要予以严肃查处。

财政部
二〇一〇年十一月三日

财政部关于印发农网还贷资金征收使用管理办法的通知

(财企〔2001〕820号)

财政部驻山西、吉林、湖南、湖北、广东、广西、四川、重庆、云南、陕西省(自治区、直辖市)财政监察专员办事处,山西、吉林、湖南、湖北、广东、广西、四川、重庆、云南、陕西省(自治区、直辖市)财政厅(局),国家电力公司:

"九五"期间每度电2分钱的电力建设基金政策已执行期满。经国务院领导批准,从2001年起每度电2分钱并入电价,其收入专项用于解决农村电网改造还贷问题,具体分两种情况处理:即对农网改造贷款一省多贷的山西、吉林、湖南、湖北、广东、广西、四川、重庆、云南、陕西等省、自治区、直辖市建立农网还贷资金,对农网改造贷款一省一贷的省、自治区、直辖市由企业自收自用。根据分工,财政部制定了《农网还贷资金征收使用管理办法》,现印发给你们,请遵照执行。执行中有何问题,请及时告知。

财政部
二〇〇一年十二月十七日

附件

《农网还贷资金征收使用管理办法》

第一条 农网还贷资金是对农网改造贷款"一省多贷"的省、自治区、直辖市（指该省市区的农网改造工程贷款由多个电力企业承贷，下同）电力用户征收的政府性基金，专项用于农村电网改造贷款还本付息。根据《国务院关于加强预算外资金管理的决定》（国发〔1996〕29号）的规定，农网还贷资金纳入国家财政预算管理。

第二条 农网还贷资金按社会用电量每度电2分钱标准，并入电价收取。

第三条 农网还贷资金减免范围包括：

（一）农业排灌、抗灾救灾及氮肥、磷肥、钾肥和原化工部颁发生产许可证的复合肥生产用电免征农网还贷资金；

（二）自备电厂自用电量免征农网还贷资金；

（三）国有重点煤炭企业生产用电、核工业铀扩散厂和堆化工厂生产用电农网还贷资金暂按每千瓦时用电量3厘钱标准征收。

第四条 农网还贷资金由电网经营企业在向用户收取电费时一并收取，并在电费收款凭证中注明农网还贷资金的征收电量、征收标准和征收金额。除规定的减免用量外，电力用户必须及时足额交纳农网还贷资金。

第五条 征收农网还贷资金必须按照《中华人民共和国增值税暂行条例》及其他有关规定缴纳增值税和流转环节的其他税费，按规定纳入预算管理后免征企业所得税。

第六条 征收农网还贷资金的电网经营企业，可按年征收额的千分之二提取手续费，并记入企业的应付工资科目。

第七条 电网经营企业将收取的农网还贷资金在销售收入中单独核算，集中到省级电力企业，由省级电力企业按月向财政部驻当地财政监察专员办事处申报农网还贷资金征收情况，由财政部驻当地财政监察专员办事处按比例开具一般缴款书分别缴入中央和地方省级国库。具体缴库比例原则上按国家批准的农网改造贷款计划确定，详见附表。农网改造竣工后，实际投资没有完成计划的省、自治区、直辖市，由财政部相应调整缴入中央和地方省级国库的比例。缴入国库的农网还贷资金暂时分别列入《2001年政府预算收支科目》的基金预算收入科目第800101项"中央电力建设基金收入"及第800102项"地方电力建设基金收入"。

第八条 农网还贷资金使用单位必须按规定编制农网还贷资金使用预算，分别报财政部和省级财政部门。其中，中央单位报财政部审批，地方单位报省级财政部门审批。

第九条 对经批准的农网还贷资金使用预算，由财政部和省级财政部门根据农网还贷资金缴库进度办理拨款手续。

中央单位向财政部提出拨款申请,由财政部拨款,原则上每月拨付一次。

缴入地方省级国库的农网还贷资金由有关省、自治区、直辖市财政厅(局)比照缴入中央国库的农网还贷资金拨付原则制定具体办法,报财政部备案。

拨付的农网还贷资金暂时分别列入《2001年政府预算收支科目》的基金预算支出科目第800101项"中央电力建设基金支出"、第800102项"地方电力建设基金支出"。

第十条 农网还贷资金征收使用应接受财政、审计等部门的监督。有关企业必须严格按照国家规定征收农网还贷资金,不得擅自调整征收范围和标准。使用单位应严格按批准的预算和财政部门核拨的资金及规定用途安排使用农网还贷资金。

第十一条 本办法执行时间暂定5年,即从2001年1月1日至2005年12月31日止。征收期满后,根据农网改造还贷情况由财政部另行规定。

第十二条 有关省、自治区、直辖市财政厅(局)应根据本办法规定制定具体实施办法,并报财政部备案。

财政部关于印发《大中型水库移民后期扶持基金项目资金管理办法》的通知

(财农〔2017〕128号)

各省、自治区、直辖市财政厅(局),新疆生产建设兵团财务局:

为进一步加强大中型水库移民后期扶持基金项目资金管理,提高资金使用的规范性、安全性和有效性,根据《国务院关于完善大中型水库移民后期扶持政策的意见》(国发〔2006〕17号)、《中央对地方专项转移支付管理办法》(财预〔2015〕230号)等有关规定,财政部会同有关部门对《大中型水库移民后期扶持结余资金管理暂行办法》(财企〔2012〕315号)进行了修订,制定了《大中型水库移民后期扶持基金项目资金管理办法》。现印发给你们,请遵照执行。

财政部

2017年10月13日

大中型水库移民后期扶持基金项目资金管理办法

第一条 为加强大中型水库移民后期扶持基金项目资金(以下简称项目资金)管理,提高资金使用的规范性、安全性和有效性,根据《国务院关于完善大中型水库移民后期扶持政策的意见》(国发〔2006〕17号)、《中央对地方专项转移支付管理办法》(财预〔2015〕230号)等有关规定,制定本办法。

第二条 本办法所称项目资金,是指中央财政根据国发〔2006〕17号文件规定筹集的大中型水库移民后期扶持基金中,每年按照国家核定的农村移民人数和规定的扶持标准,分配各省、自治区、直辖市和新疆生产建设兵团(以下简称省)后的资金。项目资金的分配、使用、管理和监督适用本办法。

项目资金使用管理遵循科学规范、公开透明、统筹兼顾、突出重点、绩效管理、强化监督的原则。

第三条 项目资金由财政部会同发展改革委、水利部管理。财政部负责编制项目资金预算,会同发展改革委、水利部确定项目资金分配方案并下达预算,组织开展预算绩效管理工作,指导地方财政部门加强项目资金管理等工作。发展改革委、水利部及地方有关部门根据职责分工做好相关工作。

第四条 项目资金支出范围包括:

(一)支持库区和移民安置区基础设施建设及经济社会发展。

1. 基本口粮田及配套水利设施建设。
2. 交通、供电、通信和社会事业等基础设施建设。
3. 生态建设和环境保护。
4. 移民劳动力就业技能培训和职业教育。
5. 移民能够直接受益的生产开发项目。
6. 与移民生产生活密切相关的其他项目。

(二)中央实施大中型水库移民后期扶持政策专项经费支出。

(三)国务院批准的其他支出。

项目资金不得用于财政补助单位人员经费和运转经费、交通工具和办公设备购置、楼堂馆所建设、偿还债务等支出。

第五条 按照从严从紧原则,各省可在项目资金中列支大中型水库移民后期扶持政策实施情况监测评估费用,具体由省级财政部门会同省级移民管理机构确定。

第六条 项目资金主要采取因素法分配,分配因素及权重如下:

(一)各省经核定的大中型水库农村移民人数(权重50%)。以水利部、发展改革委、财政部核定的大中型水库农村移民后期扶持人口为依据。

(二)对全国统筹大中型水库移民后期扶持基金的贡献情况(权重15%)。以财政部收到各省上缴的大中型水库移民后期扶持基金为依据。

(三)水库移民突出问题情况(权重20%)。以发展改革委、财政部、水利部根据库区和移民安置区经济社会发展情况,研究确定的水库移民突出问题为依据。在移民脱贫攻坚任务完成前,以国家标准建档立卡贫困移民数量为依据。

(四)项目资金绩效(权重15%)。以财政部、发展改革委、水利部组织开展的相关绩效评价结果为依据。

中央实施大中型水库移民后期扶持政策专项经费,每年根据实际工作量核定,由财政部会同发展改革委审核后,按部门预算管理程序纳入水利部部门预算。

国务院批准的其他支出,采取定额分配。

第七条 本办法第四条第(一)项支出列政府收支分类科目"2082202 基础设施建设和经济发展",第(二)、(三)项支出列"2082299 其他大中型水库移民后期扶持基金支出"。

第八条 财政部应当在每年 10 月 31 日前,将下一年度项目资金预算指标按规定比例提前下达省级财政部门,抄送发展改革委、水利部和财政部驻各地财政监察专员办事处(以下简称专员办)。财政部应当在规定时间内将项目资金正式预算下达省级财政部门,次年可以根据大中型水库移民后期扶持基金征收情况进行清算。

第九条 各级财政部门和移民管理机构应当加强项目资金绩效管理,建立健全全过程预算绩效管理机制,提高财政资金使用效益。绩效管理办法另行制定。

第十条 各级财政部门和移民管理机构应当加强项目资金管理,加快预算执行进度,确保资金使用安全规范。结转结余资金,按照财政部关于结转结余资金管理的相关规定处理。

第十一条 项目资金的支付按照国库集中支付制度有关规定执行。属于政府采购管理范围的,按照政府采购有关法律法规规定执行。

第十二条 项目资金的使用管理应当全面落实财政预算信息公开有关要求。

第十三条 各级财政部门和移民管理机构应当加强项目资金的监督检查,发现问题及时纠正。专员办按照工作职责和财政部要求,开展项目资金预算监管工作。

第十四条 地方各级财政部门、移民管理机构及资金使用单位,应当接受上级财政、发展改革、水利、审计、监察、移民等部门的监督检查,及时提供相关资料,任何单位不得以任何理由阻挠或逃避。

第十五条 项目资金使用中存在弄虚作假或截留、挤占、挪用等财政违法行为的,对相关单位及个人,按照《中华人民共和国预算法》《财政违法行为处罚处分条例》进行处罚,情节严重的追究法律责任。

各级财政部门、移民管理机构等有关单位及其工作人员在项目资金分配、使用过程中,存在违反规定分配或使用资金,以及其他滥用职权、玩忽职守、徇私舞弊等违法违纪行为的,按照《中华人民共和国预算法》《中华人民共和国公务员法》《中华人民共和国监察法》《财政违法行为处罚处分条例》《大中型水利水电工程建设征地补偿和移民安置条例》和《违反大中型水库移民后期扶持基金征收使用管理规定责任追究办法》等法律法规规定追究相应责任;涉嫌犯罪的,移送司法机关处理。

第十六条 各省财政部门应当会同省级发展改革部门、移民管理机构依据本办法,结合实际制定相应的实施细则,抄送财政部、发展改革委、水利部及专员办。

第十七条　本办法由财政部会同发展改革委、水利部解释。

第十八条　本办法自印发之日起施行。《财政部关于印发〈大中型水库移民后期扶持结余资金使用管理暂行办法〉的通知》（财企〔2012〕315号）和《财政部关于印发〈大中型水库移民后期扶持政策实施工作专项补助经费使用管理暂行办法〉的通知》（财企〔2011〕303号）同时废止。

财政部关于印发《大中型水库库区基金征收使用管理暂行办法》的通知

（财综〔2007〕26号）

省、自治区、直辖市财政厅（局），新疆生产建设兵团财务局：

根据《国务院关于完善大中型水库移民后期扶持政策的意见》（国发〔2006〕17号）的相关规定，经国务院批准，财政部制定了《大中型水库库区基金征收使用管理暂行办法》，现印发给你们，请遵照执行。关于跨省、自治区、直辖市的大中型水库名单，具体负责征收大中型水库库区基金的财政部驻地方财政监察专员办事处名单，以及各水库适用的大中型水库库区基金征收标准等事项，将另行通知。

附件：大中型水库库区基金征收使用管理暂行办法

中华人民共和国财政部
二〇〇七年四月十七日

附件

大中型水库库区基金征收使用管理暂行办法

第一条　为促进库区和移民安置区经济及社会发展，根据《国务院关于完善大中型水库移民后期扶持政策的意见》（国发〔2006〕17号）的相关规定，制定本办法。

第二条　国家将原库区维护基金、原库区后期扶持基金及经营性大中型水库承担的移民后期扶持资金进行整合，设立大中型水库库区基金（以下简称库区基金），主要用于以下方面：

（一）支持实施库区及移民安置区，基础设施建设和经济发展规划；

（二）支持库区防护工程和移民生产、生活设施维护；

（三）解决水库移民的其他遗留问题。

第三条　库区基金从有发电收入的大中型水库发电收入中筹集，根据水库实际上网销售电量，按不高于8厘/千瓦时的标准征收。

第四条　库区基金属于政府性基金，实行分省统筹，纳入财政预算，实行"收支两条线"管理。其中,省级辖区内大中型水库的库区基金,由省级财政部门负责征收;跨省、自治区、直辖市的大中型水库库区基金,由财政部驻发电企业所在地区财政监察专员办事处负责征收。

第五条　地方政府在安排库区基金时,应将其中的75%用于支持实施库区及移民安置区基础设施建设和经济发展规划,以及解决水库移民的其他遗留问题,其余部分用于库区防护工程及移民生产、生活设施维护。

第六条　库区基金列入企业成本,按规定不征收企业所得税。

第七条　应缴纳库区基金的大中型水库应在每月终了后7日内,按规定上缴库区基金。

第八条　跨省、自治区、直辖市大中型水库库区基金,由相关省、自治区、直辖市按照国家审定的相关大中型水库移民人数比例分享。

第九条　跨省、自治区、直辖市的大中型水库库区基金,按照发电企业所在地区的库区基金征收标准征收,金额缴入中央国库,由中央财政按相关省份应分享的比例,根据资金入库情况按季拨付给相关省级财政。

第十条　相关省、自治区、直辖市财政部门应会同同级投资主管部门、价格主管部门、水行政主管部门、移民主管机构,根据本办法的规定,结合本地实际情况,制定本地区库区基金征收使用管理实施细则上报财政部,由财政部会同发展改革委、水利部、国务院移民主管机构批准后执行。

第十一条　库区基金收入列《2007年政府收支分类科目》第103010401项"大中型水库库区基金收入"科目,该科目为中央与地方共用科目,反映按本办法征收的库区基金收入,同时取消原103010401项"库区维护基金收入"、103010403项"库区后期扶持基金收入"、103010404项"库区移民后期扶持基金收入"、103010405项"库区移民扶助基金收入"和103010407项"棉花滩水电站库区后期扶持基金收入"等科目;库区基金支出,中央财政列《2007年政府收支分类科目》第2300401项"政府性基金补助支出"科目,反映中央用本级库区基金收入安排的对省级财政库区基金的补助支出,省级财政列《2007年政府收支分类科目》第2130336项"库区基金支出"科目,反映地方用库区基金收入安排的支出,同时取消2130321项"库区维护基金支出"、2130323项"库区后期扶持基金支出"、2130324项"库区移民后期扶持基金支出"、2130325项"库区移民扶助金支出"和2130327项"棉花滩水电站库区后期扶持基金支出"科目。

第十二条　各级财政、审计、监察和移民管理机构等部门应按照职责分工,加强对库区基金征收、拨付、使用的监督检查,以确保库区基金及时足额征收和按规定使用。

第十三条　各省、自治区、直辖市要严格按照国发〔2006〕17号文件的要求,停止收取涉及水库移民的各种其他基金、资金。对违反本规定,擅自改变库区基金征收范围、标准、对象和期限,以及截留、挤占、挪用库区基金的单位及个人,按照《财政违法行为处罚处分条例》(国务院令第 427 号)的有关规定进行处罚。构成犯罪的,移送司法机关处理。

第十四条 三峡工程的库区基金政策,由财政部按照《长江三峡工程建设移民条例》(国务院令第 299 号)的有关规定另行制定。

第十五条 本办法中的大中型水库是指装机容量在 2.5 万千瓦及以上有发电收入的水库和水电站。

第十六条 本办法由财政部负责解释。

第十七条 本办法自 2007 年 5 月 1 日起施行。本办法施行前印发的关于库区基金的规定,与本办法不一致的,以本办法为准。

财政部 发展改革委 能源局关于印发《可再生能源发展基金征收使用管理暂行办法》的通知

(财综〔2011〕115 号)

各省、自治区、直辖市财政厅(局)、发展改革委、能源局、物价局,财政部驻各省、自治区、直辖市财政监察专员办事处、国家电网公司、中国南方电网有限责任公司、内蒙古自治区电力有限责任公司:

为了促进可再生能源的开发利用,根据《中华人民共和国可再生能源法》有关规定,财政部会同国家发展改革委、国家能源局共同制定了《可再生能源发展基金征收使用管理暂行办法》,现印发给你们,请遵照执行。

财 政 部
发展改革委
能 源 局
二○一一年十一月二十九日

可再生能源发展基金征收使用管理暂行办法

第一章 总 则

第一条 为了促进可再生能源的开发利用,根据《中华人民共和国可再生能源法》的有关规定,制定本办法。

第二条 可再生能源发展基金的资金筹集、使用管理和监督检查等适用本办法。

第二章 资 金 筹 集

第三条 可再生能源发展基金包括国家财政公共预算安排的专项资金(以下简称可

再生能源发展专项资金)和依法向电力用户征收的可再生能源电价附加收入等。

第四条 可再生能源发展专项资金由中央财政从年度公共预算中予以安排(不含国务院投资主管部门安排的中央预算内基本建设专项资金)。

第五条 可再生能源电价附加在除西藏自治区以外的全国范围内,对各省、自治区、直辖市扣除农业生产用电(含农业排灌用电)后的销售电量征收。

第六条 各省、自治区、直辖市纳入可再生能源电价附加征收范围的销售电量包括:

(一)省级电网企业(含各级子公司)销售给电力用户的电量;

(二)省级电网企业扣除合理线损后的趸售电量(即实际销售给转供单位的电量,不含趸售给各级子公司的电量);

(三)省级电网企业对境外销售电量;

(四)企业自备电厂自发自用电量;

(五)地方独立电网(含地方供电企业,下同)销售电量(不含省级电网企业销售给地方独立电网的电量);

(六)大用户与发电企业直接交易的电量。

省(自治区、直辖市)际间交易电量,计入受电省份的销售电量征收可再生能源电价附加。

第七条 可再生能源电价附加征收标准为8厘/千瓦时。根据可再生能源开发利用中长期总量目标和开发利用规划,以及可再生能源电价附加收支情况,征收标准可以适时调整。

第八条 可再生能源电价附加由财政部驻各省、自治区、直辖市财政监察专员办事处(以下简称专员办)按月向电网企业征收,实行直接缴库,收入全额上缴中央国库。

电力用户应缴纳的可再生能源电价附加,按照下列方式由电网企业代征:

(一)大用户与发电企业直接交易电量的可再生能源电价附加,由代为输送电量的电网企业代征;

(二)地方独立电网销售电量的可再生能源电价附加,由地方电网企业在向电力用户收取电费时一并代征;

(三)企业自备电厂自发自用电量应缴纳的可再生能源电价附加,由所在地电网企业代征;

(四)其他社会销售电量的可再生能源电价附加,由省级电网企业在向电力用户收取电费时一并代征。

第九条 可再生能源电价附加收入填列政府收支分类科目第103类01款68项"可再生能源电价附加收入"。

第十条 省级电网企业和地方独立电网企业,应于每月10日前向驻当地专员办申报上月实际销售电量(含自备电厂自发自用电量,下同)和应缴纳的可再生能源电价附加。专员办应于每月 12 日前完成对企业申报的审核,确定可再生能源电价附加征收额,并向申报企业开具《非税收入一般缴款书》。省级电网企业和地方独立电网企业,应于每月 15 日前,按照专员办开具《非税收入一般缴款书》所规定的缴款额,足额上缴可再生能源电价附加。

第十一条 专员办根据省级电网企业和地方独立电网企业全年实际销售电量,在次年 3 月底前完成对相关企业全年应缴可再生能源电价附加的汇算清缴工作。

专员办开展汇算清缴工作时,应对电力用户欠缴电费、电网企业核销坏账损失的电量情况进行审核,经确认后不计入相关企业全年实际销售电量。

第十二条 中央财政按照可再生能源附加实际代征额的 2‰ 付给相关电网企业代征手续费,代征手续费从可再生能源发展基金支出预算中安排,具体支付方式按照财政部的有关规定执行。代征电网企业不得从代征收入中直接提留代征手续费。

第十三条 对可再生能源电价附加征收增值税而减少的收入,由财政预算安排相应资金予以弥补,并记入"可再生能源电价附加收入"科目核算。

第三章 资金使用

第十四条 可再生能源发展基金用于支持可再生能源发电和开发利用活动:

(一)可再生能源发展专项资金主要用于支持以下可再生能源开发利用活动:

1. 可再生能源开发利用的科学技术研究、标准制定和示范工程;
2. 农村、牧区生活用能的可再生能源利用项目;
3. 偏远地区和海岛可再生能源独立电力系统建设;
4. 可再生能源的资源勘查、评价和相关信息系统建设;
5. 促进可再生能源开发利用设备的本地化生产;
6. 《中华人民共和国可再生能源法》规定的其他相关事项。

(二)可再生能源电价附加收入用于以下补助:

1. 电网企业按照国务院价格主管部门确定的上网电价,或者根据《中华人民共和国可再生能源法》有关规定通过招标等竞争性方式确定的上网电价,收购可再生能源电量所发生的费用高于按照常规能源发电平均上网电价计算所发生费用之间的差额;

2. 执行当地分类销售电价,且由国家投资或者补贴建设的公共可再生能源独立电力系统,其合理的运行和管理费用超出销售电价的部分;

3. 电网企业为收购可再生能源电量而支付的合理的接网费用以及其他合理的相关费用,不能通过销售电价回收的部分。

第十五条 相关企业申请可再生能源发展专项资金补助的具体办法,按照《财政部关于印发〈可再生能源发展专项资金管理暂行办法〉的通知》(财建〔2006〕237 号)等有关文件的规定执行。

可再生能源发展专项资金用于固定资产投资的,还应按照中央政府投资管理的有关规定执行。

第十六条 电网企业应按照《中华人民共和国可再生能源法》相关规定,全额收购其电网覆盖范围内符合并网技术标准的可再生能源并网发电项目的上网电量。

第十七条 可再生能源电价附加补助资金的申报、审核、拨付等具体办法,由财政部会同国家发展改革委、国家能源局另行制定。

第十八条 可再生能源发展专项资金支出填列政府收支分类科目中第211类12款01项"可再生能源";可再生能源电价附加支出填列政府收支分类科目中第211类15款01项"可再生能源电价附加收入安排的支出"(新增)。

第四章 监督检查

第十九条 财政、价格、能源、审计部门按照职责分工,对可再生能源电价附加的征收、拨付、使用和管理情况进行监督检查。

第二十条 省级电网企业和地方独立电网企业,应及时足额上缴可再生能源电价附加,不得拖延缴纳。

第二十一条 未经批准,多征、减征、缓征、停征或截留、挤占、挪用可再生能源电价附加收入的单位及责任人,由财政、价格、能源、审计等相关部门依照《中华人民共和国价格法》《财政违法行为处罚处分条例》《价格违法行为行政处罚规定》等法律法规追究法律责任。

第五章 附 则

第二十二条 本办法由财政部会同国家发展改革委、国家能源局解释。

第二十三条 本办法自2012年1月1日起施行。

关于调整可再生能源电价附加征收标准的通知

(财综〔2013〕89号)

财政部驻各省、自治区、直辖市、计划单列市财政监察专员办事处:

为了促进可再生能源的开发利用,自2013年9月25日起,将向除居民生活和农业生产以外的其他用电量征收的可再生能源电价附加征收标准提高至1.5分钱/千瓦时。财政部驻各地财政监察专员办事处要严格按照本通知的规定,切实加强对可再生能源电价附加的征收管理和监督检查,确保资金应收尽收,及时入库。

财政部

2013年9月10日

关于提高可再生能源发展基金征收标准等有关问题的通知

(财税〔2016〕4号)

各省、自治区、直辖市财政厅(局)、发展改革委、物价局,财政部驻各省、自治区、直辖市财政监察专员办事处,国家电网公司、中国南方电网有限责任公司、内蒙古自治区电力有限责任公司:

为支持可再生能源发展,切实加强可再生能源发展基金(以下简称基金)征收管理,经国务院同意,现就有关问题通知如下:

一、自2016年1月1日起,将各省(自治区、直辖市,不含新疆维吾尔自治区、西藏自治区)居民生活和农业生产以外全部销售电量的基金征收标准,由每千瓦时1.5分提高到每千瓦时1.9分。

二、各省(自治区、直辖市)价格主管部门要同幅度调整省级电网和地方独立电网销售电价,确保将提高基金征收标准政策落实到位。此前因电价调整不到位,有关地区居民生活用电和地方独立电网销售电量的基金征收标准低于国家统一标准的,要在履行法定程序后将电价及时调整到位,严格执行国家统一规定的基金征收标准。

三、切实加强企业自备电厂等基金征收管理。企业自备电厂(含利用余热余压发电、煤矸石发电等资源综合利用和热电联产企业自备电厂)自发自用电量,以及大用户与发电企业直接交易电量,均应纳入基金征收范围,各地不得擅自减免或缓征。对企业自备电厂以前年度欠缴基金,要足额补征。国家电网公司、中国南方电网有限责任公司、内蒙古自治区电力有限责任公司和地方独立电网企业要切实履行基金代征责任,对经营范围内企业自备电厂应缴纳的基金,要及时足额征收。与电网不联接没有电费结算关系的企业自备电厂,由财政部驻所在地财政监察专员办事处直接征收基金。财政部驻各地财政监察专员办事处要切实履行基金征管职责,加强监督检查,确保基金征收到位,并及时上缴中央国库。

四、各级财政、价格、审计部门要加强对基金征收管理和落实电价调整政策的监督检查,对违规多征、减征、免征或缓征基金以及不按规定调整电价的,依照《预算法》《价格法》《财政违法行为处罚处分条例》等国家有关法律法规追究法律责任。

财政部　国家发展改革委
2016年1月5日

关于三峡电站水资源费征收使用管理有关问题的通知

(财综〔2011〕19号)

湖北省、重庆市人民政府,财政部驻湖北省财政监察专员办事处,中国人民银行武汉分行、重庆营业管理部,中国长江三峡集团公司:

根据《取水许可和水资源费征收管理条例》(国务院令第460号)和《财政部 国家发展改革委 水利部关于印发〈水资源费征收使用管理办法〉的通知》(财综〔2008〕79号,以下简称《通知》)的规定,经国务院同意,现将三峡电站水资源费征收使用管理有关问题通知如下:

一、自2009年9月1日起,中国长江电力股份有限公司按照三峡电站实际发电量和《国家发展改革委 财政部 水利部关于中央直属和跨省水利工程水资源费征收标准及有关问题的通知》(发改价格〔2009〕1779号)规定的征收标准缴纳水资源费。2009年9月1日以来中国长江电力股份有限公司尚未缴纳的水资源费予以补征。

二、三峡电站水资源费收入的10%上缴中央国库,其余90%按比例(湖北省16.67%、重庆市83.33%)在湖北省和重庆市之间进行分配,并分别上缴两省市国库。

三、在《政府收支分类科目》103类02款02项"水资源费收入"下增设01目"三峡电站水资源费收入",用于核算上缴中央和地方国库的三峡电站水资源费收入。

四、三峡电站水资源费由财政部驻湖北省财政监察专员办事处(以下简称湖北专员办)负责按月征收,暂实行以下收缴方式。中国长江电力股份有限公司于每月10日前向湖北专员办申报上月实际发电量和应缴纳的水资源费。湖北专员办于每月12日前完成对申报的审核,确定水资源费征收数额,对中央分成的10%部分,由湖北专员办向中国长江电力股份有限公司开具《非税收入一般缴款书》;对湖北省分成的15.003%部分和重庆市分成的74.997%部分,由湖北专员办分别向中国长江电力股份有限公司开具两份《一般缴款书》。中国长江电力股份有限公司于每月15日前按《非税收入一般缴款书》和两份《一般缴款书》规定的缴款额足额上缴资金,其中:中央分成收入,由中国长江电力股份有限公司缴入财政部为湖北专员办开设的中央财政汇缴专户;湖北省分成收入,由中国长江电力股份有限公司通过其开户银行就地缴入国家金库湖北省宜昌市中心支库;重庆市分成收入,由中国长江电力股份有限公司从其开户银行通过中国现代化支付系统汇划至国家金库重庆市分库,汇款凭证中"收款人账号"为"278""附言"中应载明"地方级,103020201三峡电站水资源费收入",同时将加盖开户银行业务印章的《一般缴款书》第三、第四联寄往国库金库重庆市分库,第五联送湖北专员办,并将汇款凭证复印件寄往重庆市财政局。国家金库重庆市分库收到汇款和缴款凭证后,及时准确办理入库手续。收款国库与湖北专员办及同级财政部门之间要加强资金入库的对账工作,确保缴库资金准确和安全。

湖北专员办根据中国长江电力股份有限公司全年实际发电量,在次年3月底前完成对该公司全年应缴水资源费的清算和征缴。

五、缴入中央国库的三峡电站水资源费收入,由中央财政安排使用;缴入湖北省和重庆市国库的三峡电站水资源费收入,分别由两省市统筹安排,重点用于三峡库区及三峡大坝下游水资源节约、保护和管理,也可以用于相关地区水资源的合理开发,具体使用范围按照《通知》的规定执行。

六、湖北省、重庆市人民政府要加强三峡电站水资源费使用管理,确保专款专用,并制定具体使用管理办法。财政部、国家发展改革委、水利部、中国人民银行和审计署按照职责加强对三峡电站水资源费征收缴库及使用情况的监督检查。

财政部　国家发展改革委　水利部　中国人民银行
二〇一一年四月十六日

关于调整中央直属和跨省水力发电用水水资源费征收标准的通知

(发改价格〔2014〕1959号)

各省、自治区、直辖市发展改革委、物价局、财政厅(局)、水利(水务)厅(局):

为进一步完善和规范水力发电用水水资源费政策,现就中央直属和跨省(自治区、直辖市)水力发电用水水资源费征收标准通知如下:

一、中央直属和跨省水电站水力发电用水水资源费,现行征收标准低于每千瓦时0.5分钱的,自2015年1月1日起调整为每千瓦时0.5分钱;现行征收标准高于每千瓦时0.5分钱的,维持现行征收标准不变,最高不超过每千瓦时0.8分钱。

二、跨省界河水电站水力发电用水水资源费,自2015年1月1日起统一征收标准,征收标准不一致的,按较高一方标准征收。

三、抽水蓄能发电用水暂免征收水资源费。

四、各地要严格落实《水资源费征收使用管理办法》(财综〔2008〕79号)的规定,确保将水资源费专项用于水资源的节约、保护和管理,也可以用于水资源的合理开发,任何单位和个人不得平调、截留或挪作他用。

国家发展改革委
财　政　部
水　利　部
2014年8月26日

财政部关于印发《免税商品特许经营费缴纳办法》的通知

(财企〔2004〕241号)

外交部,民航总局,交通部,铁道部,中国免税品(集团)总公司,中国出国人员服务总公司,中国中旅(集团)公司,深圳市国有免税商品(集团)有限公司,珠海免税企业(集团)有限公司,上海浦东国际机场及免税店,中国远洋运输(集团)总公司等免税品经营单位,财政部驻各省、自治区、直辖市、计划单列市财政监察专员办事处:

现将《免税商品特许经营费缴纳办法》印发给你们,请遵照执行。执行中有什么问题,请及时反馈我部。

附件:免税商品特许经营费缴纳办法

财政部
二〇〇四年十一月二十五日

附件

免税商品特许经营费缴纳办法

第一条 为进一步加强免税商品经营管理,体现免税业特许经营政策,理顺企业与国家的利益分配关系,特制定本办法。

第二条 免税商品是指免征关税、进口环节税的进口商品和实行退(免)税(增值税、消费税)进入免税店销售的国产商品。

第三条 免税商品经营业务包括:中国免税品(集团)总公司的免税商品经营业务,以及设立在机场、港口、车站、陆路边境口岸和海关监管特定区域的免税商店以及在出境飞机、火车、轮船上向出境的国际旅客、驻华外交官和国际海员等提供免税商品购物服务的特种销售业务。

第四条 凡经营免税商品的企业,均按经营免税商品业务年销售收入(额)的1%,向国家上缴特许经营费。

第五条 征收免税商品特许经营费的企业包括:中国免税品(集团)总公司、深圳市国有免税商品(集团)有限公司、珠海免税企业(集团)有限公司、中国中旅(集团)公司、中国出国人员服务总公司、上海浦东国际机场免税店以及其他经营免税商品或代理销售免税商品的企业。

第六条 中国免税品(集团)总公司按其合并会计报表口径,由总公司集中缴纳;中国免税品(集团)总公司供货的其他免税商品经营企业在企业所在地就地解缴。

第七条 在国际交通工具上销售(或代理销售)免税商品的民航、交通、铁道等行业的企业,以及非全部经营免税商品的企业,应将免税商品销售额单独核算,并在企业纳税所在地缴纳特许经营费。

第八条 经营国产品的免税企业,应将享受出口退税政策的国产品及从境外以免税方式进口经营的国产品均视同免税商品,按规定缴纳特许经营费。企业经营完税国产品,不缴纳特许经营费。

国务院关于开征石油特别收益金的决定

(国发〔2006〕13号)

各省、自治区、直辖市人民政府,国务院各部委、各直属机构:

石油是关系国民经济和社会发展全局的重要战略资源。2004年以来,由于国际市场石油价格持续大幅度上涨,国内原油采掘业利润增加较多,其他行业和社会用油成本加大,造成各行业利益分配不平衡,影响经济平稳运行。为妥善处理各方面利益关系,推进石油价格形成机制改革,加强国家调控,促进国民经济持续健康协调发展,国务院决定对石油开采企业销售国产原油因油价上涨获得的超额收入征收石油特别收益金。

石油特别收益金属中央财政非税收入,纳入中央财政预算管理,具体征收管理办法由财政部制定并公布施行。

国务院

二〇〇六年三月十五日

财政部关于印发《石油特别收益金征收管理办法》的通知

(财企〔2006〕第72号)

各省、自治区、直辖市、计划单列市财政厅(局),国务院有关部委、有关直属机构,中国石油天然气集团公司、中国石油化工集团公司、中国海洋石油总公司:

根据《国务院关于开征石油特别收益金的决定》(国发〔2006〕13号),现将我们制定的《石油特别收益金征收管理办法》印发给你们,请遵照执行。

附件:石油特别收益金征收管理办法

财政部

二〇〇六年三月二十五日

附件

石油特别收益金征收管理办法

第一条 为推动石油价格机制改革,促进国民经济持续健康协调发展,规范石油特别收益金征收管理,制定本办法。

第二条 本办法所称石油特别收益金,是指国家对石油开采企业销售国产原油因价格超过一定水平所获得的超额收入按比例征收的收益金。

第三条 凡在中华人民共和国陆地领域和所辖海域独立开采并销售原油的企业,以及在上述领域以合资、合作等方式开采并销售原油的其他企业(以下简称合资合作企业),均应当按照本办法的规定缴纳石油特别收益金。

第四条 石油特别收益金属中央财政非税收入,纳入中央财政预算管理。

第五条 财政部负责石油特别收益金的征收管理工作。中央石油开采企业向财政部申报缴纳石油特别收益金;地方石油开采企业向财政部驻所在地财政监察专员办事处申报缴纳;合资合作企业应当缴纳的石油特别收益金由合资合作的中方企业代扣代缴。

第六条 石油特别收益金实行5级超额累进从价定率计征,按月计算、按季缴纳。

第七条 石油特别收益金征收比率按石油开采企业销售原油的月加权平均价格确定。为便于参照国际市场油价水平,原油价格按美元/桶计价,起征点为40美元/桶。具体征收比率及速算扣除数见下表(计算公式见附表):

原油价格(美元/桶)	征收比率	极速算扣除数(美元/桶)
40～45(含)	20%	0
45～50(含)	25%	0.25
50～55(含)	30%	0.75
55～60(含)	35%	1.5
60以上	40%	2.5

第八条 计算石油特别收益金时,原油吨桶比按石油开采企业实际执行或挂靠油种的吨桶比计算;美元兑换人民币汇率以中国人民银行当月每日公布的中间价按月平均计算。

第九条 石油开采企业集团公司下属多家石油开采企业的,石油特别收益金以石油开采企业集团公司为单位汇总缴纳。

第十条 缴纳石油特别收益金的石油开采企业,应当如实填写石油特别收益金申报表(见附表),各集团公司汇总后,在每季度结束后的10个工作日内,向财政机关申报缴纳。

第十一条 财政机关对石油开采企业集团公司上报的特别收益金申报表进行认真审核,并以书面形式确认石油开采企业应缴石油特别收益金金额。石油开采企业应在接到书面确认通知的5个工作日内缴入中央金库。

第十二条 石油特别收益金缴库一律使用财政部统一监制的"一般缴款书"。缴款书所列各项内容必须填列完整、正确。"财政机关"栏填写"财政部","预算级次"栏填写"中央级","预算科目"栏填写第71类"其他收入"中第7113款"石油特别收益金专项收入"。

第十三条 石油开采企业在规定的期限内未足额缴纳石油特别收益金的,由财政机关责令限期缴纳,并从滞纳之日起按日加收万分之五的滞纳金。

第十四条 财政机关不得擅自减征或免征石油开采企业应缴纳的石油特别收益金。

第十五条 石油特别收益金列入企业成本费用,准予在企业所得税税前扣除。

第十六条 石油开采企业未按照本办法规定缴纳石油特别收益金的,由财政机关按照《财政违法行为处罚处分条例》的规定予以处罚。

第十七条 本办法自2006年3月26日起执行。

第十八条 本办法由财政部负责解释。

附表

石油特别收益金申报表

企业名称: ××××年×月

石油开采企业名称	销售价格(a)		销售数量		应缴纳石油特别收益金(元)(f)
	元/吨(b)	美元/桶(c)	吨(d)	桶(e)	
合计					

注:(1) a 指石油开采企业当月销售原油所实现的加权平均销售价格,按当月实际销售收入除以销售量计算

(2) $c = b/(吨桶比 \times 美元兑换人民币汇率)$

(3) $f = [(c-40) \times 征收率 - 速算扣除数] \times d \times 吨桶比 \times 美元兑换人民币汇率 = [(c-40) \times 征收率 - 速算扣除数] \times e \times 美元兑换人民币汇率$

财政部关于征收石油特别收益金有关问题的补充通知

(财企〔2006〕183号)

各省、自治区、直辖市、计划单列市财政厅(局),国务院有关部委、有关直属机构,中国石油天然气集团公司、中国石油化工集团公司、中国海洋石油总公司:

《财政部关于印发〈石油特别收益金征收管理办法〉的通知》(财企〔2006〕72号,以下简称《办法》)下发后,部分石油开采企业就全面、准确地执行该《办法》提出了一些建议。现就征缴石油特别收益金的有关问题补充通知如下:

一、关于石油特别收益金的征收范围

凡在中华人民共和国陆地领域和所辖海域开采的石油,无论其是否在中国境内销售,均应按规定缴纳石油特别收益金。中外合作油田按规定上缴国家的石油增值税、矿区使用费、国家留成油不征收石油特别收益金。

二、关于合资合作企业石油特别收益金的缴纳主体

合资合作企业应当缴纳的石油特别收益金,由合资合作的各方中拥有石油勘探和开采许可证的一方企业统一向财政机关申报。财政机关对上报的特别收益金申报表审核后,以书面形式确认各方企业应缴的石油特别收益金金额。企业按照书面通知中确认的金额,填写"一般缴款书"直接办理缴库。

三、关于中外合作油田石油特别收益金计算的有关问题

中外合作油田的合作各方企业,应以合作各方按期确定的分成价格为依据计算缴纳石油特别收益金。石油特别收益金不作为合作企业联合账簿中合作各方的相关成本费用进行回收。

四、其他有关问题

(一)石油特别收益金以人民币缴纳。

(二)对合作油田的各方企业应缴纳的石油特别收益金,在申报缴纳时应分别列示。在规定期限内由于申报环节或缴款环节延误须加收的滞纳金和罚款,由有关责任方分别承担。

(三)石油开采企业在申报应缴纳的石油特别收益金时,应同时提供本企业各个月份销售原油的价格执行依据文件。中外合作油田应提供合作各方确定的分成价格确定文件。

中华人民共和国财政部
二〇〇六年六月三十日

关于提高石油特别收益金起征点的通知

(财税〔2014〕115号)

国务院有关部委、有关直属机构,各省、自治区、直辖市、计划单列市财政厅(局),中国石油天然气集团公司、中国石油化工集团公司、中国海洋石油总公司:

经国务院批准,财政部决定从2015年1月1日起,将石油特别收益金起征点提高至65美元/桶。起征点提高后,石油特别收益金征收仍实行5级超额累进从价定率计征。具体征收比率及速算扣除数见下表:

原油价格(美元/桶)	征收比率	速算扣除数(美元/桶)
65~70(含)	20%	0
70~75(含)	25%	0.25
75~80(含)	30%	0.75
80~85(含)	35%	1.5
85以上	40%	2.5

石油特别收益金起征点提高后,其他征收管理的有关问题,仍按照《财政部关于印发〈石油特别收益金征收管理办法〉的通知》(财企〔2006〕72号)等有关文件的规定执行。

财政部

2014年12月25日

财政部关于调整石油特别收益金征收方式的通知

(财企〔2012〕42号)

国务院有关部委、有关直属机构,各省、自治区、直辖市、计划单列市财政厅(局),中国石油天然气集团公司、中国石油化工集团公司、中国海洋石油总公司:

为进一步完善石油特别收益金征收管理办法,财政部决定适当调整石油特别收益金征收方式。现通知如下:

一、从申报缴纳2012年石油特别收益金开始,将征收方式由原"按月计算、按季缴纳"调整为"按月计算、按季申报,按月缴纳"。

二、缴纳石油特别收益金的石油开采企业,应当如实填写石油特别收益金申报表,各集团公司汇总后,在每季度结束后的10个工作日内,向财政机关申报缴纳上季度各月石油特别收益金。

三、财政机关对石油开采企业集团公司上报的石油特别收益金申报表进行认真审核,并以书面形式确认石油开采企业分月应缴石油特别收益金时间和金额。石油开采企业应按书面通知确认的时限和金额将石油特别收益金分月缴入中央金库。

四、石油特别收益金其他征收管理的有关问题,仍按照《财政部关于印发〈石油特别收益金征收管理办法〉的通知》(财企〔2006〕72号)和《财政部关于提高石油特别收益金起征点的通知》(财企〔2011〕480号)的有关规定执行。

财政部
2012年3月28日

财政部 国家发展改革委关于印发
《油价调控风险准备金征收管理办法》的通知

(财税〔2016〕137号)

各省、自治区、直辖市财政厅(局)、发展改革委、物价局,中国石油天然气集团公司、中国石油化工集团公司、中国海洋石油总公司,财政部驻各省、自治区、直辖市财政监察专员办事处:

为完善成品油价格形成机制,规范油价调控风险准备金征收管理,经国务院同意,我们制定了《油价调控风险准备金征收管理办法》,现印发给你们,请遵照执行。

附件:油价调控风险准备金征收管理办法

抄送:国务院办公厅。

附件:油价调控风险准备金征收管理办法

财政部 国家发展改革委
2016年12月15日

第一章 总 则

第一条 为完善成品油价格形成机制,加强和规范油价调控风险准备金(以下简称风险准备金)征收管理,根据《中华人民共和国预算法》和《国家发展改革委关于进一步完善成品油价格形成机制有关问题的通知》(发改价格〔2016〕64号)的有关规定,制定本办法。

第二条 风险准备金的收缴、预算、使用和监督管理,适用本办法。

第三条 风险准备金全额上缴中央国库,纳入一般公共预算管理,列"其他专项收入",统筹用于节能减排、提升油品质量、保障石油供应安全,以及应对国际油价大幅波动,实施保障措施的资金来源。

第二章 征收管理

第四条 风险准备金的缴纳义务人为中华人民共和国境内生产、委托加工和进口汽、柴油的成品油生产经营企业。

第五条 当国际市场原油价格低于国家规定的成品油价格调控下限时,缴纳义务人应按照汽油、柴油的销售数量和规定的征收标准缴纳风险准备金。

第六条 汽油、柴油销售数量是指缴纳义务人于相邻两个调价窗口期之间实际销售数量。

第七条 风险准备金征收标准按照成品油价格未调金额确定。

第八条 成品油价格未调金额由国家发展改革委、财政部根据国际原油价格变动情况,按照现行成品油价格形成机制计算核定,于每季度前10个工作日内,将上季度每次调价窗口期的征收标准,书面告知征收机关。

第九条 财政部驻各省、区、市财政监察专员办事处(以下简称专员办)负责征收风险准备金。

第十条 风险准备金的缴纳地点为缴纳义务人注册登记地。

第十一条 风险准备金由缴纳义务人申报缴纳。其中,缴纳义务人有两个及以上从事成品油生产经营企业的,可由征收机关指定集团公司或其他公司实行汇总缴纳。

(一)中国石油天然气集团公司、中国石油化工集团公司、中国海洋石油总公司等中央企业应当缴纳的风险准备金,由财政部驻北京市专员办负责征收。

(二)地方企业应当缴纳的风险准备金,由所在省(区、市)征收机关负责征收。

第十二条 缴纳义务人可以选择按季度或者按年度缴纳风险准备金。具体缴纳方式由缴纳义务人报征收机关核准。缴纳方式一经确定,不得随意变更。

第十三条 缴纳义务人应当根据本办法规定,向所在地征收机关如实申报汽油、柴油销售数量和应缴纳的风险准备金。

按季度缴纳的,缴纳义务人应当于每季度前15个工作日内,如实填写《油价调控风险准备金申报表》(见附1),提交给征收机关审核。

按年度缴纳的,缴纳义务人应当于每年1月20日前,如实填写《油价调控风险准备金申报表》,提交给征收机关审核。

第十四条 征收机关应当于5个工作日内完成对申报材料的审核,并向缴纳义务人开具《非税收入一般缴款书》。

第十五条 缴纳义务人按照《非税收入一般缴款书》所规定的缴款额,在5个工作日内足额上缴风险准备金。

第十六条 风险准备金缴库时,填列政府收支分类科目第103029999目"其他专项收入"。

第十七条 风险准备金具体缴库办法,按照财政部国库集中收缴制度有关规定执行。

第十八条 对于按季缴纳的,征收机关根据缴纳义务人实际销售的汽油、柴油数量,在次年3月底完成对缴纳义务人全年风险准备金的汇算清缴工作。

第十九条 风险准备金计入"其他应付款"核算,不得计入企业当期收入。

第二十条 任何单位和个人不得违反本办法规定,擅自减免或缓征风险准备金,不得自行调整风险准备金征收对象、范围和标准。

第三章 监督管理

第二十一条 风险准备金的征收情况应当接受财政、发展改革(价格)部门的监督检查和审计机关的审计监督。

第二十二条 缴纳义务人应当按照本通知规定,及时申报和缴纳风险准备金,不得拒绝或拖延。

第二十三条 征收机关要加强风险准备金征收管理,对逃避缴纳、应申报未申报、申报不实等情况,严格按照法律、行政法规规定查处,确保资金及时足额入库。

征收机关违反规定,多征、提前征收或者减征、免征、缓征应征风险准备金收入的,严格按照有关法律、行政法规规定,追究负有直接责任的主管人员和其他直接责任人员法律责任。

第四章 附则

第二十四条 本办法由财政部、国家发展改革委解释。

第二十五条 本办法自2016年1月13日起施行。